한 권으로 읽는

백제왕조실록

박영규 지음

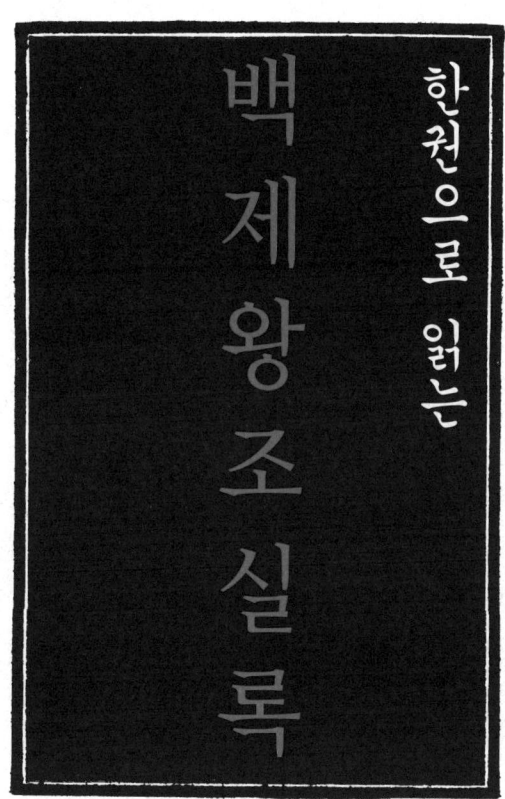

한권으로 읽는
백제왕조실록

웅진 지식하우스

들어가는 말

백제인에게 보내는 초대장

백제는 우리에게 무엇인가?

백제사 집필을 시작했던 1997년부터 지금까지 내 뇌리를 맴돌고 있는 화두다. 정말 백제는 우리에게 어떤 의미가 있는가?

백제라는 이름을 반복해서 불러보면 이상하게도 쓸쓸하고 측은한 느낌이 든다. 부여의 후예로서 고구려 건국에 막중한 역할을 했던 계루부 집단의 우두머리 소서노. 그녀는 남편 주몽에 이어 유리가 왕위에 오르자, 아들 비류와 온조 그리고 자신을 따르는 신하와 백성을 이끌고 새로운 땅을 찾아 망명길에 오른다. 발해를 건너 산동반도에 이르고, 다시 황해를 건너 한반도로 찾아든 그녀는 고구려보다 훨씬 위대한 국가를 건설하여 돌아오리라는 꿈을 꾸었을 것이다. 그러나 왕위를 두고 비류와 온조 사이에 다툼이 일어났고, 소서노는 의리와 명분을 저버린 온조를 응징하기 위해 직접 갑옷을 입고 투구를 쓴 채 위례성으로 말을 몰았지만, 불행히도 아들의 칼날에 희생되는 불운한 죽음을 맞이한다.

이렇듯 백제는 소서노라는 한 여인의 죽음으로부터 시작되었다. 그녀의 한과 눈물과 웅지가 뒤엉켜 핏빛 선연한 한 송이 꽃을 피웠으니, 그것이 곧 백제였다. 온조에게 그것은 형과 어머니를 죽이고 피운 악의 꽃이요, 조국을 등지고 망명한 백성의 설움과 한을 담은 눈물의 꽃이었다.

고향을 떠난 사람들은 언젠가는 다시 고향으로 돌아가는 꿈을 꾸듯이 백제인들 역시 자신의 고향인 저 대륙으로 돌아갈 꿈을 꾸며 힘을 키우고 세력을 확대하였고, 드디어 고이왕 대에 이르러 대륙백제를 건설함으로써 고향으로 가는 징검다리를 놓았다. 그리고 근초고왕에 이르러 마침내 대국의 위업을 달성하고 고향 땅을 다시 밟았다. 반드시 다시 고향 땅으로 돌아오리라던 소서노의 다짐은 그녀가 죽은 지 4백 년이 지나서야 이뤄졌던 것이다.

그러나 애석하게도 백제의 영화는 그리 오래가지 못했다. 고향 땅에 발을 디딘 것도 잠시, 백제의 땅은 그 뒤로 점점 줄어들어 성왕 대엔 대륙의 땅을 모두 잃고 한반도 남부의 서부 일원으로 쪼그라들기에 이른다. 급기야 고구려와 당의 치열한 주도권 싸움에 휘말려 신라에 병합되는 불행한 최후로 국운의 막을 내렸다.

패자는 말이 없다 했던가. 백제 몰락 이후 신라는 줄기차게 백제의 역사를 축소해 한반도에 한정시켰고, 그것은 결국 역사 속에서 대륙백제의 존재를 완전히 폐기처분함으로써 백제를 한반도 남부의 자그마한 국가로 전락시켰다. 『삼국사기』의 「백제본기」는 바로 그런 음모와 왜곡의 결과라 할 것이다.

그런 까닭에 우리는 백제의 진짜 얼굴을 알 수 없게 되었다. 그나마 중국의 『남제서』, 『송서』, 『수서』 등에 백제의 진면목에 대한 기록들이 극히 일부라도 남아 있어 불행 중 다행이라고 가슴을 쓸어내리며 위안을 삼는 정도이다.

중국 사서들을 살피면서 나는 정말 한숨을 쏟아내며 가슴을 쓸어내렸다. 이 기록들이라도 남아 있지 않았다면, 백제는 영원히 한반도 남부의 별 볼 일 없는 소국으로 기록될 것이고, 우리는 백제의 진면목을 전혀 알지 못한 채 그 역사와 문화와 영토를 논했을 것이란 생각 때문이었다.

하지만 중국 사서들에 언뜻언뜻 비치는 백제 관련 기사들을 모두 동원한다 하더라도 백제의 광활했던 영토 전체를 알아내는 것은 요원한 일이다. 현재 남아 있는 사료만으론 백제인들이 어떤 경로로 대륙에 진출했으며, 어떻게 대륙

백제를 확대해 나갔으며, 어떤 방식으로 대륙을 경영했으며, 어떻게 수백 년 동안 그 땅을 유지할 수 있었는지를 제대로 알 수 없기 때문이다.

단언컨대 대륙백제의 역사가 없는 백제사는 반토막의 백제사다. 따라서 지금까지 쓰여진 모든 백제사는 반토막의 백제사다. 이 책 역시 그 한계에서 자유롭지 못하다. 비록 대륙백제의 형체라도 그려보기 위해 안간힘을 쓰긴 했지만, 사료의 한계를 극복할 수 없었다. 그러나 확신할 수 있는 것은 백제의 진짜 모습은 이 책에서 그려진 백제보다 훨씬 크고 대단하다는 것이다.

백제는 우리가 생각하는 것보다 훨씬 거인이다. 우리는 아직 그 거인의 발 크기조차 제대로 알지 못한다. 겨우 다리 한쪽을 발견하고 백제라는 거인을 모두 다 아는 것처럼 떠벌려댄 것이 지금까지 우리가 한 일이다.

우리에게 지금 가장 절실하게 요구되는 것은 백제를 거인으로 인정하는 일이다. 백제의 발에 묶인 한반도 사관이라는 족쇄를 풀어주는 일이다.

백제사를 쓴다는 것은 키를 알 수 없는 엄청난 거인의 무덤을 발굴하는 일과 같다. 무덤을 발굴하면서 우리는 이미 많은 것을 속단하고 있다. 무덤 속에 묻힌 인간은 우리보다 훨씬 작고 왜소할 것이라고 짐작하고 있다. 그 짐작을 바탕으로 사그라진 거인의 관을 다시 짜고, 찾지도 못한 유골을 복원하려고 한다.

역사학은 모르는 것을 알아내는 작업이 아니며, 없는 것을 지어내는 작업도 아니다. 동시에 역사학은 있는 것을 감추는 작업이 아니며, 모르는 것을 아는 척하는 작업도 아니다. 어떤 틀을 만들어두고, 그 틀에 맞게 끼워 맞추는 작업도 아니다. 역사학은 있었던 것에 대해 정직하게 인정하는 작업이다.

지금 백제사에 가장 절실하게 요구되는 것은 바로 남아 있는 기록에 대해 인정하는 학문적인 태도다. 그래야만 백제라는 거인을 만날 수 있다.

나는 그 거인을 초대하기 위한 초대장을 만드는 심정으로 이 글을 썼다. 그런 의미에서 이것은 백제인에게 보내는 초대장이라고 할 수 있다.

2000년 10월
박 영 규

한권으로 읽는 백제왕조실록

들어가는 말 4

제1대 온조왕실록
1. 비류와 온조의 출생과 성장 15
2. 망명, 그리고 백제의 탄생 19
3. 하남 위례성의 실체와 계루부 집단의 망명 경로 21
4. 온조파와 비류파의 왕위 다툼 30
5. 온조왕의 팽창정책과 백제의 강성 33
6. 비류백제에 관한 여러 가설과 그 허구성 38
7. 온조왕 시대의 주변 국가들 43
   대방/낙랑군과 낙랑국/말갈/마한
8. 온조왕 시대의 행정 조직 57
▶ 온조왕 시대의 세계 약사 58

제2대 다루왕실록
1. 다루왕의 조직 정비와 영토 확장 59
2. 다루왕 시대를 풍미한 인물 63
   해루/흘우
▶ 다루왕 시대의 세계 약사 64

제3대 기루왕실록
1. 기루왕의 유화정책과 끝없이 이어지는 천재지변 65
2. 한강에 나타난 두 마리의 용 67
▶ 기루왕 시대의 세계 약사 71

제4대 개루왕실록
1. 불안한 정치적 입지를 딛고 왕위에 오른 개루왕 72
2. 한산과 북한산, 그리고 한성과 위례성 75
▶ 개루왕 시대의 세계 약사 78

제5대 초고왕실록
1. 초고왕의 영토 확장 노력과 신라와의 세력 다툼 79
2. 국란에 버금가는 메뚜기 떼의 창궐 83
▶ 초고왕 시대의 세계 약사 86

제6대 구수왕실록
1. 털북숭이 거인 구수왕의 20년 치세 87
▶ 구수왕 시대의 세계 약사 91

제7대 사반왕실록
1. 모래 반쪽 인생 사반왕 92

제8대 고이왕실록
1. 고이왕의 왕위 찬탈과 왕실의 분란 95
2. 고이왕의 대륙 진출과 백제의 위상 정립 98
3. 백제의 대륙 진출 과정과 그

증거들 102
4. 대륙백제의 위치는 어디인가? 107
▶ 고이왕 시대의 세계 약사 109

제9대 책계왕실록
1. 대륙백제의 영토 확장에 주력한
   책계왕 110

제10대 분서왕실록
1. 분서왕의 짧은 치세와 안타까운
   죽음 116

제11대 비류왕실록
1. 비류왕의 한성 장악과 백제의
   분열 118
2. 분단 상황에서 이어진 비류왕의 40년
   치세 122
▶ 비류왕 시대의 세계 약사 125

제12대 계왕실록
1. 베일에 가려진 계왕의 즉위와
   죽음 126

제13대 근초고왕실록
1. 대국(大國)의 위업을 달성한
   근초고왕 129
2. 대륙백제의 확대와 고구려와의
   충돌 135
3. 대왜 관계와 칠지도 140
▶ 근초고왕 시대의 세계 약사 143

제14대 근구수왕실록
1. 호방한 성격의 근구수왕과 숙적
   고구려 144

제15대 침류왕실록
1. 침류왕의 짧은 치세와 불교의
   전파 148
2. 침류왕의 가족들 149
   부여 홍/부여 훈해

제16대 진사왕실록
1. 진사왕의 불행한 죽음과 백제의
   위기 151
2. 대륙백제의 위축과 관미성 156

제17대 아신왕실록
1. 굴욕의 왕 아신왕과 백제의 위축 160
2. 아신왕의 가족들 164
   부여 신/부여 혈례/신제도원
3. 아신왕과 광개토왕의 지속되는
   라이벌전 167
   관미성 수복전쟁/패수싸움/병신년의 치욕/신라
   병합전쟁/대방전투
4. 일본인의 스승이 된 백제인들 176

▶ 아신왕 시대의 세계 약사 178

제18대 전지왕실록
1. 태자 영의 험난한 왕위 계승 179
2. 온건주의자 전지왕과 해씨 세력의
   득세 182
3. 전지왕의 가족들 183
   정비 팔수부인/제2비 해씨
▶ 전지왕 시대의 세계 약사 185

제19대 구이신왕실록
1. 불운한 어린 군주 구이신왕과
   팔수태후의 난정(亂政) 186

제20대 비유왕실록
1. 비유왕의 전방위 외교와 나제동맹 191
2. 비유왕의 가족들 195
   곤지
▶ 비유왕 시대의 세계 약사 199

제21대 개로왕실록
1. 개로왕의 파란만장한 삶과 한성시대의
   종말 200
2. 첩자 도림과 개로왕의 처참한
   말로 205
3. 개로왕이 북위에 보낸 국서와 북위
   현조의 답변 209
▶ 개로왕 시대의 세계 약사 214

제22대 문주왕실록
1. 위기의 백제와 살얼음판 위의
   문주왕 215

제23대 삼근왕실록
1. 세 근(斤)짜리 어린 왕 삼근왕의
   서글픈 치세 219

제24대 동성왕실록
1. 왜에서 건너와 왕위에 오르는
   모대 222
2. 동성왕의 강단 있는 정치와 되찾은 옛
   명성 225
3. 북위와의 일대 격전과 그 배경 230
4. 남제에 보낸 동성왕의 표문 236
▶ 동성왕 시대의 세계 약사 239

제25대 무령왕실록
1. 무령왕의 출생과 즉위 과정 240
2. 대국화(大國化)를 이끌어낸 무령왕과
   백제의 위상 강화 243
3. 무령왕의 가족들 247
   순타/사아
4. 백제의 섭라(임나) 병합과 가야의
   반발 249
5. 무령왕과 왜왕 계체천황 257
▶ 무령왕 시대의 세계 약사 262

제26대 성왕실록

1. 희대의 책략가 성왕의 불운과 추락하는 백제 263
2. 관산성 싸움과 성왕의 최후 272
▶ 성왕 시대의 세계 약사 276

제27대 위덕왕실록

1. 위덕왕의 생존 전략과 국제 정세의 급변 277
2. 일본에 불교를 전파한 백제인들 283
▶ 위덕왕 시대의 세계 약사 285

제28대 혜왕실록

1. 늙은 혜왕의 왕위 찬탈과 짧은 재위 286

제29대 법왕실록

1. 왕권 강화를 위해 불제자를 자처한 법왕 289

제30대 무왕실록

1. 한낱 서동에서 왕으로 등극한 무왕 292
2. 마지막 전성기를 구가한 무왕과 격변하는 국제 정세 297
3. 서동과 선화공주 이야기 302
▶ 무왕 시대의 세계 약사 305

제31대 의자왕실록

1. 해동증자 의자왕과 백제의 패망 306
2. 의자왕의 가족들 311
   부여 융/부여 태/부여 풍/부여 효/부여 연/부여 용/부여 궁/충승/충지
3. 『삼국사기』에 기록된 백제 몰락의 징후들 316
4. 백제의 황혼을 장식한 두 영웅 318
   하늘이 낳은 불세출의 재상, 성충/황산벌에 피어난 불멸의 꽃, 계백
5. 들불처럼 번져간 백제부흥운동 325

부록

1. 백제의 관제 및 행정 체계 335
2. 백제인의 발자취 339
3. 백제왕조실록 관련 사료 349
4. 백제시대를 거쳐간 중국 국가들 355
5. 백제왕조실록 인물 찾기 362

한권으로 읽는 백제왕조실록

제1대 온조왕실록

1. 비류와 온조의 출생과 성장

『삼국사기』는 백제를 건국한 비류(沸流)와 온조(溫祚)의 출생에 대해서 서로 다른 두 가지의 견해를 전하고 있다. 첫 번째는 그들이 고구려의 시조 추모(주몽)의 친자라는 것이고, 두 번째는 그들이 주몽의 양자라는 것이다. 『삼국사기』는 이 두 가지 중에 첫 번째 견해, 즉 온조와 비류가 주몽의 친자라는 주장에 무게를 싣고 있다. 하지만 객관적인 사실에 근거해 볼 때 그들이 주몽의 친자라는 주장보다는 양자라는 주장이 더 설득력이 있다.

『삼국사기』의 편자들은 비류와 온조가 주몽의 친자임을 내세우면서 다음과 같은 기록을 남겼다.

백제의 시조 온조왕은 아버지가 추모(혹은 주몽)이다. 주몽은 북부여로부터 난을 피해 졸본부여에 이르렀다. 그 곳 부여 왕은 아들이 없고 딸만 셋 있었는데, 주몽을 대하자 그가 비상한 사람임을 알아채고 그에게 둘째 딸을 시집보냈다. 그 얼마 후에 부여 왕이 죽자 주몽이 왕위를 이었다.

주몽은 아들을 둘 낳았는데, 첫째는 비류이고 둘째는 온조이다(혹은 주몽이 졸본에서 월군 출신의 여자를 취하여 두 아들을 낳았다고도 한다).

이 기록에 따르면 온조와 비류는 분명 주몽의 친자이다. 그러나 『삼국사기』 편자들은 이 내용이 미심쩍었던지 다음과 같은 견해를 덧붙였다.

일설에는 시조 비류왕의 아버지는 북부여 왕 해부루(『삼국사기』「고구려본기」에서는 해부루를 동부여 왕으로 기술하고 있다)의 서손인 우태(優台)이고 어머니는 졸본 사람 연타취발의 딸 소서노(召西奴)라고 전한다. 소서노는 처음에 우태에게 시집가서 두 아들을 낳았는데, 장자는 비류 차자는 온조였다. 우태가 죽은 뒤에 그녀는 졸본에 와서 혼자 살았다. 그 후 주몽이 부여에서 받아들여지지 않자, 전한(서한) 건소 2년(서기전 37년) 봄 2월에 남쪽으로 도망하여 졸본에 도착했다. 그리고 그 곳을 도읍으로 삼아 국호를 고구려라 하였으며, 소서노에게 장가들어 그녀를 왕후로 삼았다.

주몽이 창업의 기초를 다지는 데 소서노의 내조가 매우 컸다. 그런 까닭에 주몽은 소서노를 무척 아꼈으며, 비류 형제를 자신의 친자처럼 돌보았다.

『삼국사기』 편자들에 의해 보충된 이 내용은 비류와 온조의 아버지는 주몽이 아니라 해부루의 서손인 우태이고, 어머니는 졸본 사람 연타취발의 딸 소서노라고 밝히고 있다. 따라서 이 기록에 따른다면 주몽은 졸본에 망명한 이후 졸본의 유력가인 연타취발과 손을 잡았으며, 이를 위하여 두 아들을 둔 과부 소서노에게 장가들었다는 결론이 도출된다. 이는 곧 비류와 온조가 주몽의 친자가 아니라 양자라는 뜻이 된다.

한낱 망명객에 불과한 주몽이 어느 날 갑자기 졸본부여 왕의 부마가 되고, 다시 왕위를 이어받는다는 내용보다는 과부 소서노를 통하여 졸본의 유력가 연타취발의 후광을 입게 되고, 그것을 바탕으로 고구려를 건국한다는 내용이 훨씬 구체적이고 설득력 있다.

주몽의 두 번째 아내이자 비류와 온조의 어머니인 소서노는 주몽보다 8살이나 연상이었다. 즉 주몽이 졸본에 망명했을 때 21살의 청년이었다면 그녀는 이미 29살의 성숙한 여인이었다는 뜻이다. 『삼국사기』의 기록대로 그녀가 졸본부여의 공주였다면 서른이 가깝도록 시집을 가지 않았다는 것은 있을 수 없는 일이다. 그녀가 공주의 신분이 아니라 단지 졸본 유력가의 딸이라고 하더라도 마찬가지다. 따라서 주몽이 8살이나 연상인 여자와 결혼했다는 것은 곧 결혼 경험이 있는 과부에게 장가들었다는 의미이다. 이는 주몽이 이미 한 번 결혼하여 두 명의 아들을 두었던 소서노에게 장가들었다는 기록에 신뢰성을 더해준다.

이에 따라 비류와 온조는 주몽의 친자가 아니라 양자이며, 해부루의 서손 우태가 그들의 친아버지라는 결론이 가능하다. 말하자면 비류와 온조는 동부여 계통의 우태라는 인물과 졸본의 유력가 연타취발의 딸 소서노 사이에서 태어났다는 것이다.

그렇다면 이들은 언제쯤 태어났으며, 어떻게 자랐을까? 『삼국사기』는 비류와 온조의 출생 연대에 대한 기록은 전혀 남기지 않았다. 하지만 소서노의 나이를 통해 출생 시기를 대충 짚어낼 수는 있다.

고구려 여인들의 결혼 적령기는 대개 15세에서 18세 사이라고 보아야 할 것이다. 고구려와 백제가 15세 이상 되는 남자를 부역에 동원한 기록이 있는데, 이는 15세부터 장정의 대열에 낄 수 있었음을 의미한다. 장정의 대열에 낀다는 것은 성인으로 취급받는다는 것을 뜻하며, 여자 역시 이 기준에 따랐을 것이다. 따라서 고구려 여성은 늦어도 스무 살 이전에 시집을 갔다고 볼 수 있다. 특히 이 같은 관례는 귀족층에서 더욱 철저히 지켜졌을 것이고, 귀족 가문의 딸 소서노 역시 18세 이전에 우태와 결혼한 것으로 보아야 한다. 그리고 적어도 20세를 전후하여 첫 아이를 낳았을 것이다. 비류는 소서노가 낳은 첫 번째 아이였다. 소서노가 서기전 66년 태생임을 감안한다면 비류는 서기전 47년을 전후하여 태어났을 것이고, 온조는 2년 정도 뒤인 시기전 45년을 전후하여 태어난 것으로 볼 수 있다.

주몽이 소서노와 결혼한 시기를 서기전 38년으로 본다면, 이 때 비류는 10살 온조는 8살 정도 되었을 것이다.

주몽은 이 두 어린 소년을 친자식처럼 대해줬다. 그 이면에는 무엇보다도 소서노와 그녀가 속해 있는 부족의 힘이 작용하고 있었다. 한낱 망명객에 불과했던 주몽은 소서노와 그 친족들의 도움 없이는 고구려 건국이 불가능했을 것이고, 때문에 그는 언제나 소서노와 그 친족들의 눈치를 살펴야 했을 것이다.

하지만 주몽은 소서노의 아들들을 태자로 삼지는 않았다. 그는 비류국 및 주변 국가들을 복속해 나가며 독자적인 힘을 키웠고, 소서노와 그 친족들의 힘은 상대적으로 약화되었다. 권력을 장악한 주몽은 동부여에 두고 온 친자를 염두에 두고 있다가 결국 친자 유리를 졸본으로 불러들여 그를 태자에 책봉하기에 이른다.

주몽이 유리를 태자로 책봉하는 과정에서 근왕파와 소서노파 간에 치열한 권력다툼이 전개되었다. 소서노는 자신의 부족인 계루부 출신의 신하들을 앞세워 비류를 태자에 봉해야 한다고 주장했을 것이고, 근왕파는 왕의 원자가 있는데 양자를 태자로 세울 수는 없다고 맞섰을 것이다. 결과는 근왕파의 승리였다.

비류와 온조는 이 같은 치열한 권력다툼의 소용돌이 속에서 성장기를 보내다가 결국 근왕파의 승리로 유리가 태자에 오르자 급기야 자신들을 추종하는 신하들을 이끌고 망명길에 오른 것이다.

학계 일각에서는 비류와 온조의 아버지가 각각 다르다는 주장을 펴기도 한다. 말하자면 비류는 우태와 소서노 사이에서 태어났고, 온조는 주몽과 소서노 사이에서 태어났기에 그들은 이부동복(異父同腹, 아버지는 다르고 어머니는 같음)의 형제라는 것이다. 이는 고구려를 떠난 비류와 온조가 서로 다른 곳에 도읍을 건설한 점에 착안한 주장이다. 또한 온조가 나라를 세운 뒤에 동명성왕의 사당을 세운 것도 이 같은 추론의 단초로 작용했다. 만약 온조가 양자라면 굳이 주몽의 사당을 세울 필요가 없었을 것이라는 판단에 따른 것이다.

그러나 『삼국사기』의 기록은 모두 비류와 온조를 같은 아버지에게서 태어난 형제로 기술하고 있다. 온조가 백제를 세운 뒤에 '부여'를 자신의 성씨로 삼은 것도 온조가 주몽의 친자가 아니라는 점을 대변해 준다. 만약 온조가 주몽의 친자였다면 자신의 성씨로 고씨 또는 주몽의 원래 성씨인 해씨를 택했을 것이다. 그런데도 굳이 '부여'를 성씨로 택한 것은 자신이 졸본부여의 후예이자 부여 왕족 출신인 우태에게서 태어난 것을 강조하려는 의도였다고 판단된다.

2. 망명, 그리고 백제의 탄생

유리가 즉위하자 소서노는 비류와 온조를 데리고 망명길에 오르는데, 그 망명행렬에는 그녀를 지지하던 세력들이 대거 동참하였다.

이들 망명세력은 대부분 계루부 출신들이었을 것이다. 5부족 연맹체인 구려(고구려의 전신)는 원래 연노부에서 왕을 배출하다가 주몽이 고구려를 일으키면서 계루부 중심의 사회로 전환되었다. 이는 주몽을 왕으로 등극시킨 중심세력이 계루부였다는 것을 증명한다. 당시 주몽의 정치적 기반이 소서노의 아버지 연타취발이었다는 사실을 감안할 때 연타취발이 계루부의 족장이었음을 알 수 있다. 주몽은 연타취발의 사위로서 연타취발이 죽자 계루부의 족장직을 승계하였고, 그것을 바탕으로 연노부를 제치고 왕으로 등극하여 고구려를 개국했다.

계루부는 주몽의 등극에 핵심적인 역할을 했지만 시간이 지나면서 점차 조정에서 밀려나게 되었다. 주몽은 고구려의 국력을 신장시키는 과정에서 계루부를 소외시키는데 이는 근본적으로 태자 책봉 문제에서 비롯되었다. 계루부는 소서노의 장자이자 계루부의 혈통을 이어받은 비류를 태자로 세워야 한다고 주장했지만 주몽은 동부여에 머무르고 있던 자신의 친자 유리를 불러들여 태자로 세우려 하였다. 이 때문에 소서노와 주몽은 대립으로 치달았고, 두 사람의 대립은 급기야 조정의 양분사태를 불러일으켰다.

태자 책봉 문제에 휘말린 고구려 조정은 순식간에 근왕세력과 소서노세력으로 양분되어 치열한 권력 투쟁을 벌였고, 결국 근왕세력이 승리를 거둔다. 이에 따라 동부여에 머물고 있던 주몽의 친자 유리와 그의 어머니 예씨가 고구려로 오고, 주몽은 자신의 소원대로 서기전 19년 4월에 유리를 태자에 책봉한다. 그리고 5개월 뒤에 주몽이 죽자 유리가 즉위한다.

이에 반발한 계루부 세력 및 소서노 일파는 유리의 즉위를 인정할 수 없다며 망명길에 오르게 된 것이다.

이들의 망명행렬에는 오간, 마려, 을음 등 열 명의 중신과 졸본의 많은 백성이 동참했다. 말하자면 계루부 전체가 대이동을 했던 것이다. 물론 이 이동행렬에는 계루부에 예속된 병력들도 포함되었을 것이다.

『삼국사기』는 이들의 망명사건에 대해 다음과 같이 기록하고 있다.

주몽이 북부여에서 낳았던 아들이 찾아와 태자에 오르자 비류와 온조는 자신들이 태자에게 받아들여지지 않을 것을 염려하여 오간, 마려 등 열 명의 신하와 함께 남쪽으로 떠났다. 백성 가운데 따르는 자가 많았다.

주몽은 부여에서 낳았던 예씨의 아들 유류(또는 유리)가 오자 그를 태자로 삼았다. 그 후 유류가 왕위를 잇게 되었다. 그러자 비류는 아우 온조에게 "처음 대왕께서 부여의 난을 피하여 이 곳으로 도망해 왔을 때 우리 어머니가 가산을 내주어 나라를 세우는 일을 도와주었으니, 어머니의 공로가 많았다. 그런데 대왕께서 승하하시자 나라가 유류에게 돌아갔다. 그래서 우리가 여기에 머물러 있으면 괜히 쓸모없는 사람들처럼 답답하고 우울하게 지내게 될 것이 뻔하다. 그러니 차라리 어머님을 모시고 남쪽으로 가서 땅을 택하여 별도의 도읍을 세우는 것이 좋겠다."고 제의했다. 그리고 비류는 그의 아우와 함께 무리를 이끌고 패수와 대수를 건너 미추홀에 거하게 되었다.

이 기록에서처럼 망명길에 오른 소서노 일행은 남쪽으로 갔다. 그리고 서기전 18년 10월에 나라를 세우고 국호를 십제(十濟)라 하였다가 후에 백제(百濟)로 개칭한다. 망명길에 오른 때가 서기전 19년 9월이었기에 망명지를 전전한 지 13개월 만에 비로소 터전을 잡아 개국의 대업을 이뤘던 것이다.

처음에 국호를 '십제'라고 한 것은 아마도 열 명의 신하가 보좌한 것에 근거한 듯하다. 그러다가 다시 '백제'로 개칭했는데, 이에 대하여 『삼국사기』는 '애초에 백성들이 즐거이 따라왔다고 하여 국호를 백제로 바꾸었다.'고 기록하고 있고, 『북사』와 『수서』에는 '처음에 일백 가구가 건넜기 때문에 백제라 이름한 것이다.'라고 기록되어 있다. 또한 '부여'를 왕실의 성씨로 삼는데 이에 대해 『삼국사기』는 '조상이 고구려와 함께 부여에서 나왔기 때문에 부여를 성씨로 삼았다.'고 기술하고 있다.

3. 하남 위례성의 실체와 계루부 집단의 망명 경로

백제를 건국한 계루부의 망명 집단이 어떤 경로를 통해 한반도에 이르렀는가 하는 것은 백제의 초기 역사를 파악하는 데 매우 중요한 요소이다. 그런데 『삼국사기』는 주몽의 고구려 건국 과정과 마찬가지로 백제 건국세력의 망명 경로에 대해서도 몇 가지 다른 견해를 동시에 제시하고 있다.

이에 따라 백제의 망명 경로와 초기 정착지에 대한 사학계의 해석이 분분하다. 많은 학자가 다음의 기록을 바탕으로 백제의 망명 경로를 해석하려는 경향을 보이고 있다.

비류와 온조는 자신들이 태자(유리)에게 받아들여지지 않을 것을 염려하여 오간, 마려 등 열 명의 신하와 함께 남쪽으로 떠났다. 백성 가운데 그들을 따르는 자가 많았다.

그들(비류와 온조)은 한산에 도착하여 부아악에 올라가 거주할 만한 곳을 찾았다. 비류는 바닷가에 거주하기를 원하였다. 이에 열 명의 신하가 간하여

비류와 온조 일행은 요동의 졸본을 출발하여 배를 타고 발해를 건넌 뒤, 패수와 대수를 건너 첫 도읍지인 하남 위례성에 이르렀다. 이후 낙랑의 압력 때문에 비류는 온조를 마한에 보내 한강 북쪽 아차산 동쪽에 위례성을 건설하게 한다.

말하였다.

"이 곳 하남 땅만이 북쪽으로 한수가 흐르고, 동쪽으로는 높은 산이 있으며, 남쪽으로는 비옥한 들이 보이고, 서쪽은 큰 바다로 막혀 있습니다. 이 같은 천혜의 땅은 다시 얻기 어려우니, 이 곳에 도읍을 정하는 것이 좋지 않겠습니까?"

그러나 비류는 이를 듣지 않고 백성들을 나누어 미추홀로 가서 거기에 머물렀다. 온조는 하남 위례성에 도읍을 정하고 열 명의 신하로 하여금 보좌하게 하였다. 그리고 국호를 십제라고 하였다. 이 때가 전한 성제 홍가 3년(서기전 18년)이었다.

이 기록을 바탕으로 볼 때 비류가 이끄는 계루부 망명세력은 우선 남쪽으로 향했다는 판단을 내릴 수 있다. 좀더 정확히 말하면 유리의 즉위에 반대한 계루부 망명세력은 새로운 나라를 건설하기 위해 자신들의 터전인 졸본을 떠나 남쪽으로 향했다는 것이다. 또한 그들이 처음으로 도착한 곳은 한산이었으며, 도읍을 정하기 위해 부아악이라는 곳에 올라갔다. 부아악에 올라간 그들은 도읍지를 정하는 과정에서 의견 차이로 양분된다. 동생인 온조는 하남의 위례성에 정착하고 비류는 백성을 나누어 미추홀에 가서 정착했다.

학계 일각에서는 여기에 등장하는 한산을 북한산, 부아악을 인수봉으로 보고 있으며, 미추홀은 인천으로 보고 있다. 하지만 이렇게 되면 하남 위례성이 한강 북쪽에 놓이게 되어 하북 위례성이 된다. 이런 혼선은 『삼국사기』 본문의 기록이 위례성이 한수 북쪽에 있었음을 밝히고 있는 데 따른 것이다(미추홀을 인천으로 보는 것은 『삼국사기』 지리지에 따른 것이다. 그리고 일각에서는 미추홀을 충남 아산으로 보기도 한다).

이들의 주장이 이처럼 혼선을 겪을 수밖에 없는 것은 하남을 한강 남쪽으로 해석하기 때문이다. 이 해석에 따른다면 당연히 계루부 집단의 망명경로는 졸본을 떠나 동쪽으로 향하여 압록강을 건너고, 다시 남쪽으로 향하여 현재의 서울 지역에 당도한 것으로 보아야 한다. 또 서울에 당도한 그들 세력은 온조파와 비류파로 갈라져, 온조파는 한강을 건너 강남에 자리를 잡고 비류파는 거기서 더 서쪽으로 가서 바닷가에 위치한 인천에 정착해야 한다. 그런데 이른바 강단사학의 주류라고 말하는 학자들은 자신들의 주장에 대한 주된 근거 사료인 이 같은 기록을 무시하고 『삼국사기』 본문에 의존하여 한산을 한강 북쪽의 북한산으로, 부아악을 북한산의 최고봉인 인수봉이라고 주장하고 있다. '하남'을 '한강 남쪽'이라고 해석하면서 한편으론 위례성은 한강 북쪽에다 설정하는 참으로 이해할 수 없는 논리를 전개시킨 것이다.

하남을 '한강의 남쪽'이라고 단정하는 것은 '북쪽으로는 한수가 흐르고, 동쪽으로는 높은 산이 있으며, 남쪽으로는 비옥한 들이 보이고, 서쪽은 큰 바다로 막혀 있다.'는 위례성에 대한 설명에 근거한 것이다.

그런데 온조는 이 같은 입지 조건에도 불구하고 처음에는 한강 남쪽에 도읍을 정하지 않았으며, 위례성 역시 한강 북쪽에 건설했다. 다음의 『삼국사기』 「백제본기」 온조 13년, 14년, 15년의 기사는 그것을 증명하고 있다.

13년 여름 5월, 왕이 신하들에게 말했다.

"동쪽에는 낙랑이 있고, 북쪽에는 말갈이 있다. 그들이 변경을 침입하여 편안한 날이 없다. 황차 근래에는 요사스러운 징조가 자주 보이고, 어머니마저 세상을 떠났다. 이 때문에 나라의 형세가 불안하니 필히 도읍을 옮겨야겠다. 내가 어제 순행하는 중에 한수의 남쪽을 보니 토양이 비옥하였다. 그래서 그곳으로 도읍을 옮겨 영원히 평안할 수 있는 계획을 세워야겠다."

가을 7월, 한산 아래에 목책을 세우고, 위례성의 백성들을 이주시켰다.

8월, 마한에 사신을 보내 도읍을 옮긴다는 것을 알렸다. 마침내 국토의 영역이 확정되었다. 북으로는 패하에 이르고, 남으로는 웅천이 경계이며, 서로는 대해에 닿고, 동으로는 주양에 이르렀다.

14년 봄 정월, 도읍을 옮겼다.

15년 봄 정월, 세 궁실을 지었다. 궁실은 검소하면서도 누추하지 않았고, 화려하면서도 사치스럽지 않았다.

이 기록들은 온조가 처음에는 한수 북쪽에 도읍을 세우고 위례성을 건설했다가 온조 13년인 서기전 6년에야 비로소 한수 남쪽으로 옮겨온다는 사실을 알려주고 있다. 그리고 온조 17년 봄인 서기전 2년의 '낙랑이 침입하여 위례성을 불태웠다.'는 기록과 온조 41년인 서기 23년 2월의 '한수 동북의 모든 부락의 15세 이상 되는 장정을 선발하여 위례성을 수리하였다.'는 기록을 통해 위례성은 새 도읍지에서 바라볼 때 한수 동북방에 있었음을 확인할 수 있다(이는 새 도읍지가 위례성으로부터 한수 서남쪽에 있었음을 의미하기도 한다).

이는 온조가 처음부터 한수의 남쪽에 위례성을 건설했다는 기록이 조작된 것이라는 사실을 확인해 준다. 뿐만 아니라 위례성의 입지에 대한 설명 역시 조작되었다는 뜻이기도 하다.

오히려 「백제본기」 온조 편의 도입부에 있는 '북쪽으로는 한수가 흐르고, 동쪽으로는 높은 산이 있으며, 남쪽으로는 비옥한 들이 보이고, 서쪽은 큰 바다로 막혀 있다.'는 내용은 위례성이 아닌 한강 남쪽의 새 도읍지에 대한 설명이다.

그렇다면 왜 이 같은 조작된 기사가 등장했을까? 이 의문을 풀기 위해서는 우선 최초로 백제의 역사가 기록된 순간이 언제인지부터 파악할 필요가 있다.

백제가 최초로 역사서를 만든 것은 근초고왕 30년인 375년이다. 『삼국사기』는 이에 대해 다음과 같은 기사를 남기고 있다.

근초고왕 30년, 『고기』에는 "백제는 개국 이래 문자로 사적을 기록한 적이 없다가 이 때에 와서 박사 고흥이 처음으로 『서기』를 썼다."고 기록되어 있다. 그러나 고흥이라는 이름이 다른 서적에 나타난 적이 없기 때문에 그가 어떤 사람인지는 알 수 없다.

이 기록에 따른다면 백제는 건국 후 약 400년이 지난 다음에야 비로소 역사서를 편찬한 것이다. 이 사실은 건국 당시 상황에 대해 정확하게 알 수 없는 처지에서 역사를 기술했다는 것을 알려주고 있다. 그렇게 만들어진 『고기』를 바탕으로 『삼국사기』가 편찬됐을 것이다.

이 과정에서 어느 순간에 백제의 첫 도읍지가 '하남의 위례성'이라는 내용이 쓰였다. 『삼국사기』 편찬자들은 자신들의 기록을 통해 백제의 위례성을 한수 북쪽에 설정하고 있기 때문에 적어도 그들이 '하남의 위례성'을 고의적으로 설정했을 가능성은 전혀 없다. 따라서 '하남의 위례성'은 『서기』 또는 『고기』에 적혀 있는 내용을 『삼국사기』 편찬자들이 그대로 옮겨 적은 것으로 보아야 한다.

하남이 사학계 일각의 주장대로 한강 남쪽을 가리킨다면 위례성은 한강 남쪽에 있어야 했다. 그런데 『삼국사기』는 위례성이 한강 동북쪽에 있었다고 한다. 때문에 하남의 위례성은 한강과는 무관하며, '하남'이 '한강의 남쪽'을 가리키는 것이 아님을 말해준다. 이는 '하남(河南)'의 '하(河)'가 한강을 지칭하는 것이 아니라는 것을 뜻한다.

[이를 증명하듯 한강에 대한 최초의 기록인 '광개토왕릉비문'은 한강을 '아리수'로 표기하고 있다. '아리수'는 고구려말로 '큰 물'이라는 뜻이며, 이를 한반도 토착어로 바꾸면 '한물'이 된다. 이를 다시 한자로 표기하면 '한수(韓水)' 또는 '한강(韓江)'이 된다. 그런데 『삼국사기』는 이를 '한수(漢水)' 또는 '한강(漢江)'이라고 썼고, 이를 한자 뜻대로 풀이하면 '한(漢)나라의 강'이 된다.

우리말의 '아리수' 또는 '한물'이 '한나라의 강'이 된 것은 당나라의 영향을 받은 통일신라 이후의 표기일 것이다. 『삼국사기』 편찬자들은 통일신라 이후의 표기법에 따라 아리수를 '한강(漢江)' 또는 '한수(漢水)'로 표기했을 것이다. 말하자면 우리말의 '큰 물'이 '한나라의 물'로 변해버린 것이다.]

당시 세계에서 '하(河)'라고 하면 흔히 황하를 지칭하는 말이었다. 때문에 백제의 첫 도성인 하남의 위례성은 한강의 남쪽이 아니라 황하의 남쪽에 건설되었을 가능성이 높다. 『삼국사기』 편찬자들이 백제의 땅이 대륙에도 있었다는 사실을 전혀 몰랐을 뿐 아니라 중국 대륙에서 벌어진 일과 한반도에서 벌어진 일을 마구 뒤섞어 놓은 점을 감안할 때 하수(황하)와 한강을 같은 곳으로 인식했을 가능성은 충분하다.

'하남의 위례성'이라는 용어는 이 같은 추론에 가장 확실한 단초를 제공한다. 백제 건국 당시 '하남'이란 곧 '하수의 남쪽'을 의미하는 것으로 지금의 중국 하남의 산동성 지역을 일컬었다. 그렇다면 '하남 위례성'이란 말은 한강의 남쪽 위례성이 아니라 하수의 남쪽 위례성을 의미하게 된다. 한반도의 한강 남쪽에는 위례성이 건립된 적이 없었다는 『삼국사기』의 기록들 역시 이를 뒷받침해 주고 있다.

『삼국사기』의 다음 기록은 백제의 최초 정착지가 중국 황하 남쪽이었다는 추론을 가능케 한다.

『북사』와 『수서』에는 모두 "동명의 후손 중에 구태라는 사람이 있었는데, 사람이 어질고 신의가 있었다. 그가 처음으로 대방 옛 땅에 나라를 세웠는데, 한나라 요동 태수 공손도(탁)가 자기의 딸을 구태에게 시집보냈고, 그들은 마침내 동이의 강국이 되었다."라고 기록되어 있다.

중국의 『북사』와 『수서』는 백제가 처음에는 대방의 옛 땅에 나라를 세웠다고 쓰고 있으며, 『삼국사기』 편자들은 이 기록을 어떻게 이해해야 할지 알지 못한 채 다만 보충적인 의미로 덧붙여 놓았다.

또 이 기록을 바탕으로 사학계 일각에서는 대방의 옛 땅을 한반도의 황해도 일대에 비정하고 있는데, 이는 이른바 '한반도사관'에 한정된 시각이다. '동명의 후손 구태(九台, 혹은 구이)'를 제8대 고이왕으로 해석하는 학자들도 있는데 이는 단순히 '구이'와 '고이'의 발음이 비슷하다는 사실에 의존한 억측 논리이다.

대방의 옛 땅은 한나라의 무제가 서기전 108년에 조선을 치기 위해 설치한 전진기지인 4군 중 진번 지역을 일컫는 것으로 한반도의 황해도가 아니라 중국 대륙의 황하 남쪽, 즉 하남과 산동 일원에 설정되어야 하며('온조왕 시대의 주변 국가들' 대방 편 참조), '구태'는 망명세력을 이끌었던 비류왕의 이름이라고 보아야 할 것이다('온조파와 비류파의 왕위 다툼' 참조).

다음의 기록들은 백제가 처음에 황하 남쪽의 대방 옛 땅인 진번 지역에 머물렀다는 추론에 더욱 확신을 더해준다.

책계왕 원년(286년), 고구려가 대방을 치자 대방은 우리에게 구원을 요청하였다. 이에 앞서 왕이 대방 왕 딸 보과를 부인으로 맞이했기 때문에 왕은 "대방은 우리와 옹서간이 되는 나라이니 그들의 요청을 들어주어야 한다."고 말하고, 마침내 군사를 출동시켜 구원하였다.

책계왕 13년(298년), 한(漢)나라가 맥 사람들을 이끌고 와서 침략하였다. 왕이 직접 나가서 방어하다가 적병에게 살해되었다.

이 기록에 등장하는 '한(漢)'은 서진 말년에 흥기한 흉노 귀족 유연의 세력을 일컫는 것으로 이들이 백제를 침략했다는 것은 백제 영토가 대륙에도 있었다는 것을 의미하며, 또 대방에서 왕비를 간택했다는 것은 대방 땅 또는 대방 주변에 있었다는 뜻이다(「고이왕실록」, '백제의 대륙 진출 과정과 그 증거들' 참조). 대륙에 진출한 백제가 대방과 이웃하고 있었다면 대방은 당연히 대륙에서 찾아야 할 것이다. 그리고 백제가 건국 초기에 대방 옛 땅에 머물렀다면 백제의 첫 도읍지인 하남 위례성은 하수 남쪽의 대방 옛 땅, 즉 진번 지역 근처에 설정될 수밖에 없다.

백제가 황하 남쪽의 하남에 정착했다는 것은 『북사』와 『수서』의 '처음에 1백 가구가 바다를 건넜다고 하여 백제라고 부르게 되었다.'는 기록을 통해서 더욱 확실해진다. 『수서』의 기록은 백제의 망명객들이 육로를 통해 망명한 것이 아니라 해로를 통해 망명했음을 분명히 밝히고 있는 것이다. 다시 말해서 비류가 이끄는 계루부 망명객들은 졸본을 출발하여 배로 발해를 건넌 뒤에 하남 지역인 지금의 산동반도에 정착했다는 것이다.

계루부의 망명객들이 초기에 산동성에 머물렀다는 증거는 '비류가 그의 아우와 함께 패수와 대수를 건너 미추홀에 와서 살았다.'는 기록에서도 드러난다.

백제 건국세력이 육로를 통해서 한반도에 진입했다는 주장을 펼치는 사람들은 지금껏 비류 일행이 건넜다는 패수(浿水)와 대수(帶水)를 한반도 안에 있는 강으로 설정했다. 그래서 패수는 예성강에 비정하고 대수는 임진강에 비정하고 있다. 하지만 이 같은 추론은 그 구체적인 증거가 전혀 없다. 다만 『삼국

『사기』의 기록을 한반도 지리에 끼워 맞추면서 생긴 정황적인 주장일 뿐이다.

비류 일행이 건넜다는 패수와 대수는 한반도 안에 있는 것이 아니라 중국의 황하 남쪽 산동 지역에 있는 강이다. 비류 일행은 『북사』와 『수서』의 기록대로 졸본을 출발하여 발해를 건넜으며, 황하 아래의 대방 지역에 도착하여 패수(浿水)와 기수(沂水)를 건넜던 것이다.

현재 황하 아래 남쪽을 흐르는 소청하(小淸河)는 진(秦)나라 시대에는 제수(濟水) 또는 패수(沛水)로 불리다가 백제 건국 당시인 서한 무렵부터는 패수로 고정되었다. 그리고 기수는 소청하 바로 아래쪽을 흐르는 강으로 현재도 기수로 불리고 있다. 비류 일행이 건넜다는 패수(浿水)와 산동 지역의 패수(沛水)는 서로 글자는 다르나 그 뜻(물)과 음(패)이 같기 때문에 같은 강을 가리키는 것으로 볼 수 있다. 기수를 대수라고 부른 것은 기수가 대방 지역의 중앙을 흘렀기 때문일 것이다. 말하자면 기수의 또 다른 이름이 '대방의 물'이란 뜻의 '대수(帶水)'였을 것이란 뜻이다. 이 같은 예는 패수(沛水)를 제수라고 불렀던 사실에서도 찾아볼 수 있다.

이런 내용들을 종합해 보면 졸본을 떠난 비류 일행은 황하 남쪽의 하남에 도착하여 대방에 의지하고, 대방의 배려로 패수와 대수를 건너 정착하였다는 결론에 도달한다. 그리고 대방이 자신들에게 '위로와 예로 대해준 것'을 기리기 위해 도성의 이름을 '위례성(慰禮城)'이라고 붙였던 것이다. 이것이 바로 『삼국사기』 「백제본기」 온조 편에 나오는 '하남 위례성'의 실체이다.

하남의 위례성에 정착한 비류 일행은 열 명의 중신이 중심이 되어 세운 국가라고 하여 국호를 '십제'라고 한다. 하지만 대방은 낙랑의 간섭을 받아야만 하는 처지였기 때문에 망명객들은 낙랑의 압력에 시달리게 된다. 그러자 자구책으로 비류는 온조에게 군사와 백성의 반을 내주고 바다를 건너 한반도의 마한 땅으로 가서 새로운 정착지를 물색할 것을 명령한다. 비류의 명령을 받은 온조 일행은 배를 타고 황해를 건너 미추홀(인천)에 도착하게 되고, 마한의 배려로 마한의 북방 지역에 터전을 잡는다. 이것이 바로 한반도의 한강 북쪽에 건설된 위례성으로, 하남의 위례성과 마찬가지로 '마한의 위로와 예'에 보답한다는 의미가 깃들어 있는 것이다('온조왕 시대의 주변 국가들' 마한 편 참조).

4. 온조파와 비류파의 왕위 다툼

비류 일행이 대방 땅에 도착했을 때, 이 지역은 낙랑의 통치를 받고 있었다. 서기전 108년에 한나라의 무제가 설치한 현도, 낙랑, 임둔, 진번 등의 이른바 전진기지 4군 중 임둔과 진번은 설치 26년 만인 서기전 82년에 각각 현도와 낙랑에 폐합되었다. 이에 따라 낙랑은 진번 지역에 남부도위를 설치하고 소명, 대방, 함자, 열구, 장잠, 제혜, 해명 등의 7현을 관리하였던 것이다(그리고 이들 7현 중 대방현은 후한 말에 공손씨 세력에 의해 대방군으로 승격된다. 따라서 옛 대방 지역이란 진번 지역 전체를 일컫는 것으로 보아야 한다).

이처럼 낙랑의 남부도위인 대방에 의탁하게 된 비류는 우선 낙랑과 화친을 맺는다. 하지만 낙랑의 간섭이 계속될 것을 염려하여 온조에게 백성의 절반을 내주고 마한 땅으로 건너가 새로운 도읍지를 물색할 것을 명령한다.

비류의 명령을 받은 온조 일행은 열 명의 중신 중 재종숙부 을음을 비롯한 다섯 명과 백성 절반을 이끌고 황해를 건너 마한의 미추홀(인천)에 도착하였다. 이에 마한 왕은 동북방의 100리 땅을 온조에게 내주었는데, 그 곳은 색리국(索離國)으로서 마한 54국 중 가장 북단에 위치한 지역이었다.

온조 일행이 정착한 색리국은 북으로 말갈과 이웃하고 있었으며, 동으로는 한반도 낙랑(동예)과 이웃하고 있었다(한반도 낙랑에 대해서는 '온조왕 시대의 주변 국가들' 낙랑 편 참조). 온조는 말갈, 한반도 낙랑 등과 대치하면서 한편으로는 마한에 속한 주변 소국들을 병합하여 국력을 신장시켰다.

한편, 이 무렵 대방 땅에 남아 있던 비류 일행은 영역을 확대하기 위해 성을 쌓고 목책을 설치한다. 이에 낙랑 태수는 크게 반발하며 성과 목책을 헐 것을 요구한다. 하지만 비류가 이 요구를 받아들이지 않자 선전포고를 하고 대대적인 공격을 시도한다. 『삼국사기』는 이와 관련한 내용을 다음과 같이 기록하고 있다.

온조왕 8년(서기전 11년) 7월, 마수성을 쌓고 병산에 목책을 세웠다. 낙랑 태수가 사람을 보내서 말했다. "지난날 서로 사신을 교환하고 우호관계를 맺어 한집안처럼 지내던 터였다. 그런데 지금 우리 영역에 접근하여 성을 쌓고 목책을 세우고 있으니, 이는 우리 땅을 점차적으로 차지하려는 의도가 아닌가? 만일 옛날의 우호관계를 유지하고 싶으면 성을 허물고 목책을 제거하여 즉시 억측과 의심을 하지 않도록 하라. 만약 그렇게 하지 않으면 전투로 승부를 결정하게 될 것이다."
왕이 이에 대답하였다.
"요새를 설치하여 나라를 수비하는 것은 고금의 상도이다. 어찌 이 문제로 화친과 우호관계에 변함이 있을 수 있겠는가? 이는 당연히 그대가 의심할 일이 아니다. 만일 그대가 강함을 믿고 군사를 출동시킨다면, 우리 또한 이에 대응할 뿐이다."
이로 말미암아 낙랑과 우호관계가 단절되었다.

이후 누차에 걸쳐 낙랑의 침략을 받던 비류는 마침내 더 이상 대방 땅에 머무르지 못하고 일부 신하와 군사들만 이끌고 온조에게로 향한다.
그러나 온조는 비류 일행을 달가워하지 않았다. 그는 이미 마한 땅에 도착하여 새로운 나라를 세우고 영토를 확장하여 점차 한반도의 강국으로 성장하고 있었다. 그런데 비류가 온다면 그는 왕위를 내주어야 했다. 이 때문에 온조는 비류 일행이 온다는 소식을 접하고 고심한다. 그리고 비류 일행이 미추홀에 도착했다는 소식을 접한 뒤에도 내부 사정을 핑계로 그들을 맞아들이지 않는다. 비류 일행은 별수 없이 임시로 미추홀에 머물면서 온조가 자신들을 맞아들일 날만 기다린다.
하지만 시일이 흘러도 온조가 사람을 보내지 않자, 비류와 그의 신하들은 온조를 의심하기에 이른다. 그리고 마침내 온조가 왕위를 내주기 싫어 자신들을 받아들이지 않고 있다는 사실을 알아내고 무력으로 응징할 결심을 한다.

온조의 그 같은 처사에 가장 분개한 사람은 다름 아닌 그의 어머니 소서노였다. 그녀는 비록 여자의 신분이었지만 계루부세력의 망명을 주도한 인물이었다. 또한 온조로 하여금 마한 땅에 가서 새로운 도읍을 건설할 것을 명령한 것도 그녀였다. 때문에 그녀는 망명세력의 실질적인 왕이라고 할 수 있었다.

그런데 그녀가 왔는데도 온조는 왕위를 유지할 욕심으로 이런저런 핑계를 대며 그녀를 받아들이지 않았다. 이에 소서노는 자신이 직접 갑옷을 입고, 군사들을 진두지휘하여 온조를 공격하기에 이른다. 하지만 그녀는 온조에게 패배한다. 뿐만 아니라 전투 중에 소서노는 전사하고 만다.

이 같은 상황을 『삼국사기』는 은유적인 필체로 다음과 같이 기록하고 있다.

온조왕 13년(서기전 6년) 봄 2월, 경성에서 늙은 할미가 남자로 둔갑했고, 다섯 마리의 호랑이가 성 안으로 들어왔다.
왕의 어머니가 죽었다. 나이 61세였다.

이 은유적인 내용은 지금까지 아무런 의미가 없는 것으로 인식되어 왔다. 하지만 이 내용은 투구를 입고 군사를 지휘하는 소서노와 그녀를 호위하는 다섯 명의 중신에 대한 은유적인 표현임을 알아야 한다. 현실적으로 늙은 할미가 남자로 둔갑할 수도 없는 일이고, 또 호랑이 몇 마리가 경성에 들어왔다고 해서 사서에 기록될 만큼 큰일도 못 되기 때문이다. 이는 투구를 입고 온조의 위례성을 공격하던 비류세력의 수장이 알고 보니 온조의 어머니 소서노였다는 것과 그녀와 함께 군사를 지휘하던 장수들이 애초의 열 명의 중신 중 대방에 남아 있던 다섯 명이었다는 것을 표현한 대목인 것이다.

또한 이 대목 뒤에 이어지는 '왕의 어머니가 죽었다'는 기록은 바로 소서노가 싸움 중에 전사했음을 알려주고 있다.

이처럼 온조는 비류세력의 침략을 막아내는 데는 성공했지만 스스로 어머니를 죽이는 불륜을 저질렀던 것이다. 그 때문에 온조는 그해 5월에 한수 북쪽에 건설했던 위례성을 버리고 한수 남쪽으로 도읍을 옮긴다. 도읍을 옮길 때 온조가 '황차 요즘에는 요사스런 징조가 자주 보이고, 어머님도 세상을 떠났으며, 나라의 형세가 불안하다.'고 말한 것도 소서노의 죽음 뒤에 숨어 있는 변란을 짐작하게 한다.

한편, 미추홀에 머무르고 있던 비류는 소서노의 전사 소식을 듣고 달려온다. 그리고 자신이 소서노를 말리지 못했음을 한탄하며 스스로 목숨을 끊는다. 『삼국사기』「백제본기」온조 편 서두의 '그는 이 곳 도읍이 안정되고 백성들이 태평한 것을 보고는 부끄러워하며 후회하다가 죽었다.'는 내용은 바로 이 같은 사실을 배경으로 할 때만 성립될 수 있는 것이다.

5. 온조왕의 팽창정책과 백제의 강성
(?~서기 28년, 재위기간:서기전 18년 10월~서기 28년 2월, 44년 4개월)

비류와 함께 낙랑의 남부도위에 예속된 대방 지역으로 망명한 온조는 모후 소서노와 비류의 명령에 따라 한반도의 마한 땅으로 찾아든다. 이에 마한 왕은 동북 변경의 색리국을 온조에게 내주었고, 온조는 재종숙부 을음을 우보로 임명하고 그에게 군사관계를 총괄하게 하여 한강 동북쪽에 도성인 위례성을 쌓는 등 국가적 면모를 갖추기 시작했다.

온조 일행이 색리국에 터전을 잡고 점차적으로 팽창정책을 실시하자 북방의 말갈과 동쪽의 동예(한반도 낙랑)가 스스로 위협을 느끼고 백제를 경계한다. 그리고 서기전 16년 9월에는 마침내 말갈이 백제의 북쪽 국경을 침입한다. 이에 온조는 정예군을 총동원하여 첫 싸움에서 말갈에게 대패를 안겨주었다.

백제의 군사력이 만만치 않음을 확인시킨 온조는 서기전 15년 8월에 동쪽의 동예에 사신을 보내 우호관계를 맺을 것을 요구하여 성사시킨다. 하지만 동예는 여전히 백제에 대한 경계를 늦추지 않았다. 그런 가운데 말갈은 서기전

11년 2월에 3천 명의 군사를 이끌고 백제에 대한 대대적인 공격을 시도하였다. 온조는 위례성에 군사를 집결시키고 수성전을 펼쳤고, 말갈군은 10일 동안 지속적인 공격을 퍼부었지만 성문을 뚫지는 못했다. 그리고 말갈군은 군량이 떨어져 퇴각하기 시작했고, 온조는 정예군을 선발하여 말갈을 대부현까지 추격한 결과 적병 5백을 죽이는 큰 성과를 올렸다.

하지만 말갈의 침입은 여전히 계속되었다. 2년 뒤인 서기전 9년 10월에 말갈이 몇백 명의 군사를 보내 변경을 노략질하자 온조는 2백 명의 군사를 보내 대적하게 했다. 하지만 이 싸움에서 백제군이 패퇴하자 온조는 직접 호위군 1백 명을 이끌고 전장으로 달려가 적을 물리친다.

이후 말갈과 백제의 국지전은 끊이지 않았고, 서기전 8년에는 동예가 말갈과 결탁하여 백제의 증산 목책을 파괴하고 1백여 명을 죽이는 사태가 벌어졌다. 이 때문에 온조는 독산과 구천 두 곳에 목책을 설치하여 양국의 교통로를 차단하였다.

한편, 이 무렵 대방 지역에 남아 있던 비류와 소서노 일행은 낙랑의 압박으로 어려움을 겪는다. 이 때문에 소서노는 서기전 6년에 신하와 일부 군사를 이끌고 한반도로 향한다. 황해를 건너 미추홀에 도착한 그들은 온조에게 자신들이 도착했음을 알렸다. 하지만 온조는 그들을 받아들이지 않고 이런저런 핑계를 대며 돌아갈 것을 권유했다. 이에 소서노는 다섯 장수와 함께 군사를 이끌고 가서 위례성을 기습한다. 하지만 소서노는 위례성 공략에 실패하고 죽음을 맞이하는데, 이 사건으로 온조는 스스로 어머니를 죽였다는 죄책감과 내란의 후유증에서 벗어나기 위해 서둘러 천도 명령을 내린다.

온조는 위례성을 버리고 한강 남쪽으로 천도할 것을 결심한 후 마한 왕에게 사람을 보내 천도 소식을 알렸다. 그리고 서기전 6년 7월에 한산 아래에 목책을 세우고 위례성의 백성들을 이주시키기 시작하여 이듬해 정월에 한강 남쪽으로 옮겨왔다.

이 때 한강 남쪽에는 성곽도 궁궐도 없는 상태였다. 때문에 온조는 한동안 행궁생활을 하다가 서기전 4년 정월에 새 궁실이 완성되자 비로소 한성으로 옮겨갈 수 있었다.

한강 남쪽에 마련된 새 도성인 한성에 대하여 『삼국사기』는 '검소하면서도 누추하지 않았고, 화려하면서도 사치스럽지 않았다.'고 쓰고 있다. 이는 곧 도성의 규모가 그다지 크지 않았지만 견고하고 위엄이 있었다는 의미로 해석된다.

이처럼 온조가 한성으로 옮겨 앉자 위례성은 텅 비게 되었고, 그 틈을 노려 동예는 서기전 1년에 군사를 동원하여 위례성을 점령한 후 성곽을 불태워 버렸다. 이듬해 10월에는 말갈이 습격해 왔으나 온조가 이끄는 군사에 의해 칠중하에서 대패하였고, 그들을 이끌던 추장 소모는 생포되어 마한으로 압송되었다.

이 사건 이후 온조는 동예가 위례성을 불태운 것에 대한 보복을 결심하고 동예의 우두산성을 공격하기 위해 군사를 동원하였으나 폭설로 인해 좌절되었다. 말갈의 침입에 대비하여 서기 4년 8월에는 석두와 고목에 성을 쌓았고, 2년 뒤인 서기 6년 7월에는 남쪽 경계를 확정짓기 위해 웅천에 목책을 세웠다.

이 일은 마한 왕의 심한 반발에 부딪혀 백제와 마한 간의 외교적인 문제로 비화되었고, 결국 마한의 압력에 굴복한 온조는 웅천의 목책을 철거해야만 했다. 이렇듯 마한에 의해 자존심이 상한 온조는 마한을 복속시키려는 계획을 세운다.

이에 대해 『삼국사기』는 다음과 같이 기록하고 있다.

25년(서기 7년) 봄 2월, 왕궁의 우물이 엄청나게 넘쳤다. 한성의 민가에서 말이 소를 낳았다. 머리는 하나였으며, 몸은 둘이었다. 일자(日者, 점치는 자로서 일종의 모사)가 말했다.

"우물이 엄청나게 넘친 것은 대왕께서 융성할 징조이며, 하나의 머리에 몸이 둘인 소가 태어난 것은 대왕께서 이웃 나라를 합병할 징조입니다."

왕이 이 말을 듣고 기뻐하여, 마침내 진한과 마한을 합병할 생각을 하게 되었다.

이후 온조는 마한 복속 계획을 꾸준히 추진하였고, 마침내 서기 8년 7월부터 구체적인 작전에 돌입한다. 당시 마한은 대륙에서 이주해온 백제, 신라, 변한 등의 세력에 밀려 국력이 극도로 약해져 있었다. 더구나 마한은 중앙집권적 조직을 갖춘 것이 아니라 지방분권적 형태를 유지하고 있었기 때문에 빠른 속도로 붕괴되고 있었다. 이에 온조는 신라, 동예, 변한, 말갈 등이 선수를 치기 전에 마한을 공격하여 복속하기로 결심했던 것이다. 그리고 3개월 뒤인 그해 10월에 사냥을 핑계하여 대군을 마한 지역으로 이동시킨 다음 불시에 마한의 궁성을 습격하였다.

　백제의 기습을 받은 마한은 미처 손쓸 틈도 없이 무너졌고, 급기야 원산과 금현 두 성을 제외하고 모두 백제에 항복하는 상황에 처했다. 서기 9년 2월에는 원산과 금현 두 성도 항복하였고, 온조는 그 곳 성민들을 모두 변방인 한강 북쪽으로 이주시켰다.

　이렇듯 마한을 차지함으로써 영토를 대폭 확장시킨 온조는 서기 10년 7월에는 대두산성을 쌓았고, 3년 뒤인 서기 13년 정월에는 지방 행정조직을 체계화하기 위해 전국을 남부와 북부로 나누었다. 2년 뒤인 서기 15년 8월에 다시 동부와 서부 2부를 설치함으로써 4부 체제를 확립하고 국가 기상을 일신하였다.

　이 무렵 우박, 지진 등으로 기근이 닥치는 바람에 백성들이 너무 굶주려 서로 잡아먹는 사태가 발생하고, 곳곳에서 도적이 들끓었다. 설상가상으로 회복의 기회를 노리고 있던 마한의 잔여세력이 서기 16년 10월에 우곡성을 거점으로 반란을 일으켰다.

　반란을 주도한 인물은 마한의 옛 장수 주근이었다. 그는 한때 백제에 항복하였다가 지진과 기근으로 사회가 혼란해지자 고구려로 피신한 마한 왕조를 불러들이기 위해 반란을 일으켰던 것이다. 하지만 온조가 5천 명의 군사를 동원하여 우곡성을 무너뜨리자 그는 스스로 목을 매어 자결하였다. 온조는 분을 삭이지 못하고 그의 시체를 두 동강 내고, 그의 처자들도 함께 처형하였다.

　이 사건 이후 온조는 국방을 강화하기 위해 18년 7월에 탕정성을 쌓고, 그 곳에 대두성 주민을 이주시켰으며, 8월에는 원산성과 금현성을 수리하는 한편 고사부리성을 쌓았다. 백성들의 생활을 안정시키기 위해 농업과 잠업을 권장하고, 대다수의 부역을 철폐하였다.

이렇게 안정을 되찾고 있는 가운데 22년 9월에 온조는 말갈이 술천성을 침략했다는 소식을 접한다. 또한 11월에는 말갈이 다시 부현성을 습격하여 주민 1천여 명을 죽이는 사태가 발생한다. 이에 온조는 기병 2백을 급파하여 부현성을 구하고 가까스로 말갈군을 퇴치한다. 그 후 온조는 말갈의 재차 침입을 막기 위해 한강 이북에 거점을 마련하기로 하고, 한강 동북방의 15세 이상 되는 장정들을 대거 동원하여 위례성을 수리하고 병력을 주둔시킨다.

온조의 이 같은 조치로 한동안 말갈의 침입은 사라진다. 그 무렵 발해만 연안의 남옥저가 몰락하여 그 유민 20여 가구가 배를 타고 백제에 귀순하였고, 온조는 이들을 받아들여 한산 서쪽에 거주하도록 하였다.

이처럼 온조는 백제의 기틀을 갖추는 데 모든 힘을 쏟다가 서기 28년 2월에 생을 마감하였다. 그가 죽자 신하들은 그에게 '온조(溫祚)'라는 묘호를 올렸다.

['온조'를 그의 이름으로 이해하고 있는데 이는 잘못된 판단이다. 과거 동북아의 어느 나라에서도 나라를 세운 사람의 이름을 그대로 묘호로 삼는 경우는 없었기 때문이다. '온조'라는 단어를 풀이해 보면 이는 더욱 분명하게 드러난다. 흔히 '왕위에 오른다'는 표현을 '등조(登祚)'라고 하는데, 이 단어에서 '조(祚)'는 '왕위'를 의미한다. 때문에 이 때의 '조(祚)'는 '태조'라는 묘호에 붙는 '조(祖)'와 같은 뜻으로 받아들여야 한다. 이 같은 개념을 바탕으로 할 때 '온조'의 '조' 역시 왕위 또는 왕을 의미한다고 보아야 할 것이다. '온조'의 '온'은 순 우리말의 '백'에 해당한다고 볼 수 있는데, 이를 한자로 옮기면 '백(百)'이 된다. 또한 '온'은 '모두', '전부'라는 뜻으로도 쓰인다. '온 세상', '온 누리' 등의 표현에서 그 흔적을 찾을 수 있다. 따라서 '온조'라는 묘호는 '백제의 왕', '모든 것의 왕', '가장 큰 왕' 등으로 이해될 수 있기 때문에 '태조(太祖)'나 '고조(高祖)'라는 표현과 같은 것이다.]

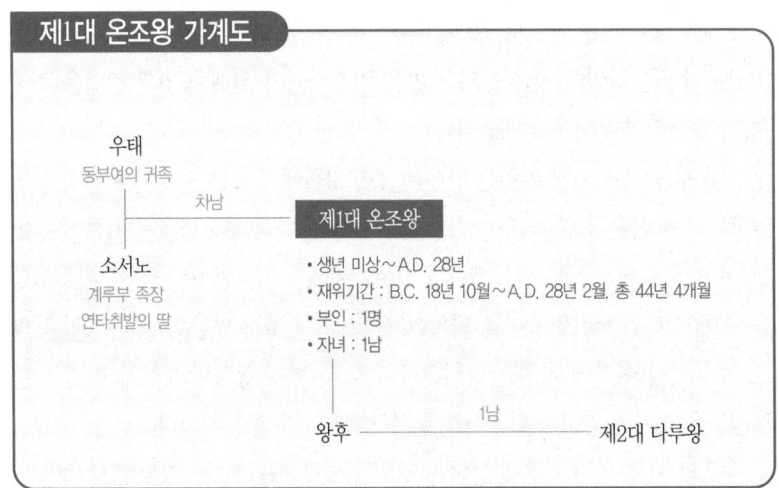

온조의 가족에 대해서는 자세한 기록이 남아 있지 않다. 다만 그에게 장자가 있었고, 그가 다루왕이라는 것만 알 수 있을 뿐이다. 물론 아들이 있었으니 당연히 왕후도 있었을 것이다.

6. 비류백제에 관한 여러 가설과 그 허구성

'비류백제'는 온조를 시조로 하는 백제 이외에 비류를 시조로 하는 백제가 별도로 유지되고 있었다는 가설을 바탕으로 하고 있었다. 이 가설의 근거는 『삼국사기』를 비롯한 백제사 관련 사료들 일부에 비류를 시조로 하는 내용들이 남아 있기 때문이다. 이에 따라 학계 일각에서는 비류가 도읍을 정할 당시에 미추홀을 고집했다가 후에 위례성으로 돌아와 그 곳의 백성들이 태평한 것을 보고 후회하다가 죽었다는 『삼국사기』의 기록을 조작된 내용으로 단정하고, 비류는 위례로 돌아온 것이 아니라 미추홀에서 독자적인 국가를 건설했다는 논리를 전개하게 되었다.

비류백제설의 논리는 대충 네 가지 시각에 근거하고 있는데, 그것들을 나열해 보면 다음과 같다.

첫째, 비류를 백제의 시조로 하는 설이 남아 있다는 것은 비류를 백제의 시조로 규정하려는 세력이 있었다는 의미이고, 이는 곧 비류의 대를 이은 별도의 백제가 존재했음을 의미한다. 따라서 비류는 위례에서 죽은 것이 아니라 미추홀에서 별도의 국가를 건국하여 대를 이었다.

둘째, 비류를 시조로 삼는 설에는 비류를 '비류왕'으로 표기하고 있는데, 이는 비류가 왕위에 오른 적이 있었다는 뜻이다.

셋째, 『북사』와 『수서』의 기록에는 '구태(또는 구이)'라는 사람이 대방의 옛 땅에 백제를 세워 동이의 강국이 되었다는 내용이 나오는데, 이 기록의 구태는 곧 비류이다.

넷째, 비류라는 이름은 주몽이 정복했던 비류국에서 유래한 듯하며, 이는 비류가 비류 지역에서 태어났기 때문이다. 따라서 비류가 세운 백제국에는 비류국과 관련된 지역 명칭들이 남아 있다. 그 명칭들을 추적하면 비류백제의 위치를 알 수 있다.

하지만 이 네 가지 논리는 비류백제를 역사적 사실로 성립시키기엔 너무 미약한 점이 많다.

우선 비류백제를 성립시키기 위해서는 『삼국사기』에서 '비류는 그때 죽었다'고 기록한 부분을 '비류는 그때 죽지 않았다'고 해석해야만 하는데, 비류가 죽지 않았다고 해석할 만한 사실적인 근거가 전혀 없다. 더구나 『삼국사기』를 비롯한 고대사 관련 사서들은 그 어떤 기록보다도 죽음에 관한 기록에 신중함을 보이고 있다. 그런데 죽지도 않은 사람을 '죽었다'고 기록한 것으로 단정하는 일은 어떤 경우에서도 비약적인 발상이라는 비판을 면하기 어렵다. 이는 마치 역사 속의 어떤 인물에 대해 죽음을 부정하고 죽지 않았을 경우를 설정하여 만든 허구적인 이야기나 다를 바가 없는 것이다.

실제로 과거 기록을 지나치게 확대 해석하는 사람들 중에는 고구려의 연개소문이 죽지 않고 일본으로 건너갔다는 주장을 하거나, 또는 신라의 문무왕이 죽은 것이 아니라 바다를 통하여 일본으로 건너가 일본의 왕이 되었다고 주장하는 사람들도 있다. 비류백제설도 엄밀한 의미에서 이런 주장과 다르지 않다.

비류백제설을 주장하는 사람들은 비류를 시조로 하는 이야기가 전하는 것은 그의 후손들에 의해 국가가 유지되어야만 가능하다고 항변한다. 하지만 비류를 백제의 시조로 설정한 이야기가 전한다는 사실만으로 비류백제의 존재를 사실로 받아들인다는 것은 논리적인 비약이다. 비류를 백제의 시조로 삼는 설은 굳이 비류의 자손들에 의해 별도의 국가가 성립되지 않아도 전해질 수 있기 때문이다. 말하자면 비류는 죽고 그의 자손이나 주변 세력이 남아 있어도 그같은 이야기는 전해질 수 있고, 『삼국사기』의 내용들을 그대로 인정한다고 하더라도 형인 비류를 동생인 온조보다 앞세워 시조로 내세울 수 있는 명분은 충분하다. 그럼에도 불구하고 온조가 백제의 시조로 굳어진 것은 오히려 비류가 별도의 국가를 세우지 못했다는 것을 증명하는 꼴이 된다. 설사 비류가 별도의 국가를 성립해 대를 잇게 했다손 치더라도 그 나라는 굳이 온조가 세운 백제 속에 합쳐질 이유가 없으며, '백제'라는 똑같은 국명을 사용할 이유도 없다.

비류가 대를 이었다면 적어도 그들 자손들의 흔적이 일부라도 남아 있어야 한다. 하지만 그 같은 흔적은 전혀 없다. 그런데 단지 비류를 시조로 하는 설이 남아 있다 하여 '비류의 백제'라는 별도의 국가를 논한다는 것은 지나친 비약이 아닐 수 없다.

다음으로 비류를 '비류왕'이라고 표기한 기록이 있기 때문에 비류는 왕위에 오른 적이 있고, 곧 이것이 비류백제의 존재를 증명한다는 주장 역시 문제가 있다. 왜냐하면 『삼국사기』의 기록으로도 비류는 죽기 전까지 왕위에 올라 있었기 때문이다. 따라서 비류를 '비류왕'으로 표기한 것이 비류백제를 증명하는 근거가 될 수는 없다. 비류가 죽기 전까지 다스리던 왕국을 비류백제라고 한다면 비류백제는 비류의 죽음과 동시에 사라진 것으로 보아야 할 것이다.

비류백제를 사실로 인정하는 사람들은 비류백제가 5세기 초까지 유지되었다고 주장하는데, 그렇다면 그 때까지 백제는 통일되지 못하고 두 개로 분리된 국가였다는 뜻이 된다. 이 두 국가는 약 400년 이상을 분리된 상태로 유지했다고 볼 수 있는데, 이런 국가를 하나의 왕조라고 할 수 있겠는가? 그리고 이처럼 백제 땅에 대등한 두 국가가 있었다면 신라나 가야, 또는 고구려나 왜, 그 이외에 대륙 국가들과의 관계에서 백제가 하나의 나라처럼 기술될 수는 없다. 무려 400년 동안이나 두 개의 다른 나라로 있으면서 다른 체제와 조직을 일궜다면 당연히 다른 외교 관계를 이뤄야만 한다. 하지만 어떤 사료에서도 그 같은 기록을 찾아볼 수가 없다.

세 번째 근거 논리인 '대방 옛 땅에 나라를 세운' 구태라는 인물이 비류라는 주장은 충분히 현실성 있는 주장으로 받아들일 수 있다. 하지만 설사 구태가 비류라고 하더라도 그가 온조와 다른 독자적인 국가를 일궈 자신의 자손으로 하여금 동이의 강국이 되게 했다는 논리는 성립되지 않는다. 백제가 처음에 대방의 옛 땅에 나라를 세웠다면, 나라를 세운 그 사람은 비류일 수밖에 없다. 왜냐하면 백제 건국 초기 왕은 동생인 온조가 아니라 당연히 형인 비류였을 것이기 때문이다. 비류 이후에 백제가 동이의 강국이 되었다는 것 역시 틀린 내용이 아니다. 비류의 왕위가 동생인 온조에게 이어졌다고 해서 그 왕실의 계통이 달라진 것은 아니기 때문이다. 비록 백제 내부에서는 온조파와 비류파가 갈라져 내분을 일으킨 끝에 온조가 비류를 밀어내고 왕위에 올랐다고 하더라도 바깥에서는 온조가 비류의 대를 이은 것 정도로 이해될 수밖에 없었을 것이란 뜻이다. 다만 백제가 온조를 시조로 삼는 것은 백제라는 국호가 온조 대부터 사용되었고, 또 온조의 후예들에 의해 왕위가 전승되었기 때문일 것이다. 하지만 『삼국사기』의 내용으로 봐도 엄밀한 의미에서는 백제의 시조를 비류로 보는 것이 옳다.

네 번째 근거 논리는 '비류'라는 이름은 주몽이 정복하여 '다물도'로 개칭한 비류국과 관련이 있으며, 비류국이 다물도로 개칭되었기 때문에 '다물'이라는 말이 비류가 머물던 곳의 지명으로 확대되었다는 주장이다.

이와 관련하여 혹자는 비류라는 이름에 근거하여 비류가 비류국 지역에서 태어났을 것이라고 추측한다. 또한 비류국은 고구려에 복속된 뒤에 '다물도'로 개칭되었기 때문에 후에 비류가 세운 국가에는 '다물'과 관련된 단어들이 등장할 수밖에 없다는 논리를 세운다. 하지만 고구려의 왕자들이나 귀족들 중에 지명을 그대로 이름으로 사용한 예는 거의 찾아볼 수 없다. 더구나 일국의 왕자 이름을 지명에서 따온 경우는 전혀 없다. 때문에 비류라는 이름이 '비류'라는 지명에서 유래되었다는 설은 지나친 발상이다. 혹 비류가 이름이 아닌 봉작이었다면 가능하다. 말하자면 비류의 이름은 별개로 있고, 그의 봉호가 '비류'였을 가능성은 있다는 것이다. 이 같은 예는 중국의 국가들이나 고려시대 왕자들의 봉호에서도 쉽게 발견되기 때문이다.

이렇게 볼 때 '비류'라는 말은 이름이 아니라 봉호로 볼 수 있으며, 비류 이외의 별도 이름이 있었다는 논리가 가능하다. 그리고 그 이름을 『북사』에 등장하는 '구태'라고 본다면, 비류라는 말은 비류군(君)이라는 봉호로 사용되다가 비류가 죽은 뒤에는 별도의 묘호를 올리지 않고 왕호로 사용되어 '비류왕'이라는 표현이 생겼을 가능성이 있다.

그러나 그렇다고 하더라도 비류국의 개칭된 지명인 다물도의 '다물'이라는 글자를 바탕으로 비류가 머물던 지역을 찾아낸다는 것은 극히 비약적인 발상이다. 그 같은 논리를 세우는 사람은 '다물'의 '다(多)'와 비슷한 발음이 났던 '대(大), 대(對), 지(地)' 등의 글자가 들어가는 지명이나 '물(勿)'과 비슷한 발음이 났던 '문(文), 문(門), 미(美), 밀(密), 두(頭), 미(彌), 마(馬), 물(物)' 등이 들어가는 지명은 모두 비류가 머물던 곳이라고 주장하기도 한다. 심지어는 '물(勿)'이 '수(水)'에 대한 순 우리말식 표기라고 주장하여 '수(水)'가 들어가는 지명도 거기에 포함시켰다. 하지만 이는 누가 봐도 억측 논리다.

이처럼 비류백제설은 근본적으로 허구에서 출발하여 억측 논리로 귀결된다. 비류백제설이란 단지 허구를 바탕으로 형성된 무의미한 논리인 것이다.

7. 온조왕 시대의 주변 국가들

대방(帶方)

백제사와 관련하여 대방이 역사서에 최초로 나타나는 것은 남북조시대 북조의 역사를 다룬 『북사(北史)』와 수나라의 역사를 다룬 『수서』의 백제 편이다. 『북사』는 당나라 태종과 고종 연간인 640년에서 650년 사이에 이연수가 편찬한 책으로 북위, 북제, 북주, 수 등 4왕조 232년간(386~618년)의 역사를 다루고 있는데, 이 책 권94의 열전 제82 백제 편에 다음과 같은 내용이 나온다.

백제라는 나라는 아마도 마한의 복속국이었을 것이며, 색리국에서 나왔다. 그 왕이 순행을 나섰더니 시중드는 아이가 그 후에 임신을 하였는데 왕이 돌아와서 그녀를 죽이려 하였다. 시중드는 아이가 이르기를 "전에 하늘 위를 보니 큰 계란 같은 기운이 내려와 감응하였더니 임신하게 되었습니다." 하기에 왕이 그녀를 내버려 두었다. 후에 사내아이를 낳자 왕이 그를 돼지우리에 버렸더니 그에게 입김을 불어넣어 죽지 않았으며, 뒤에 마구간으로 옮기니 역시 그렇게 하였다. 왕이 신령스럽게 여기고 명을 내려 그를 양육하게 하며 이름을 동명이라고 하였다.
동명의 후손으로 구태(仇台, 혹은 구이로도 읽음)라는 사람이 있었는데, 그는 신의와 믿음이 돈독하였다. 그는 처음에 대방의 고지(故地, 옛 땅)에 나라를 세웠다. 한나라 요동 태수 공손도(公孫度, 공손탁으로도 읽음)가 여식을 그에게 시집보내니 마침내 동이의 강국이 되었다.

『북사』의 이 기록은 백제를 마한에서 나왔다고 했지만 그 내용을 살펴보면 전혀 딴판이다. 이 책의 편자는 백제가 마한의 색리국에서 나왔다고 하면서, 색리국에 대한 설명에 있어서는 동부여에서 일어난 주몽의 탄생설화를 끌어들이고 있다. 즉, 이 기록의 첫 부분은 백제가 마한의 색리국에서 기반을 형성했다는 내용과 주몽의 탄생설화가 뒤엉켜 있는 것이다. 때문에 편자는 백제가 마한과 관계가 있었다는 것은 알았지만 그것의 구체적인 내용은 전혀 몰랐음을 알 수 있다.

편자는 백제가 동명의 후손 구태라는 사람에 의해 처음에 대방 땅에 세워졌다는 결론을 내린다. 따라서 백제가 마한의 색리국과 연관을 맺은 것은 대방의 옛 땅에 나라를 세운 이후의 일로 보아야 할 것이다. 말하자면 백제는 처음에 대방의 옛 땅에 건국되었다가 후에 다시 마한으로 들어가 마한의 배려로 색리국에 정착했다는 것이다.

이와 비슷한 내용이 당 태종 연간인 630년경에 위징 등에 의해 편찬된 『수서(隋書)』 권81 열전 제46의 백제 편에도 나타난다. 하지만 『수서』에서는 '백제의 선조는 고려(고구려)국에서 나왔다' 고만 쓰고 있고, 마한과 연관을 맺고 있지는 않다. 하지만 이 책에서도 백제는 처음에 '대방 옛 땅'에서 시작된 것으로 쓰고 있다.

『수서』가 『북사』보다 먼저 편찬되었고, 『북사』는 백제와 관련해서는 『수서』의 내용을 참고했을 것이다. 그런데 『북사』를 만든 이연수는 왜 『수서』의 내용을 그대로 취하지 않고 백제를 마한에서 나왔다고 주장해야만 했을까? 이 의문은 이연수가 편찬한 『남사(南史)』를 보면 쉽게 풀린다.

『북사』와 같은 시대의 역사를 담고 있는 『남사』에는 백제의 건국과 관련하여 다음과 같은 기록이 남아 있다.

백제는, 그 선조인 동이에 삼한국이 있었는데 그 첫째를 마한이라 하고 둘째를 진한이라 하며 셋째를 변한이라 하였다. 변한과 진한은 각기 열두 나라이며, 마한에는 쉰네 나라가 있었다. 큰 나라는 1만여 가구이며, 작은 나라는 수천 가구로서 총 10만여 호이니 백제가 곧 그 중에 하나이다. 후에 점차 강대해져 모든 작은 나라를 아울렀다. 그리고 그 나라는 본디 구려와 함께 요동의 동쪽 1천여 리에 있었다가 진(晉)나라 시기에 구려가 이미 요동을 공략하여 가졌을 때 백제는 요서와 진평 두 군의 땅을 차지하고 있으면서 스스로 백제군을 두었다.

이처럼 『남사』에는 백제와 대방과의 관계에 대해서는 전혀 언급이 없다. 그리고 『남사』는 백제를 마한에서 나왔다고 규정짓고 있다.

『남사』와 『북사』가 동일인물인 이연수에 의해 편찬됐다는 사실을 감안할 때 이 같은 기록의 차이는 간과할 수 없는 중요한 사항이다. 이연수가 백제에 대하여 『남사』와 『북사』에서 각각 다른 내용을 기재한 것은 남북조 시대의 남조와 북조가 백제에 대해 다른 시각을 가지고 있었음을 의미하기 때문이다. 남조는 백제가 한반도의 삼한 소국 중 하나였다가 점차 삼한의 일부를 잠식하여 결국은 대륙까지 진출하였다고 보았고, 북조는 백제가 원래는 대방의 옛 땅에서 시작하여 동이의 강국으로 성장했다고 보았던 것이다.

이연수는 남조와 북조의 이 같은 다른 기록 때문에 『북사』에서 이중적인 서술을 할 수밖에 없었던 것이다.

남조와 북조의 기록을 모두 존중한다면 백제는 대방의 옛 땅에서도 건국하였고, 마한의 색리국에서도 건국했다는 설정이 가능하다. 백제의 건국은 대방의 옛 땅과 마한의 색리국에서 동시에 진행되었거나 또는 순차적으로 진행된 것으로 봐야 한다는 것이다. 그런데 남조의 기록에서는 전혀 대방 옛 땅과 백제를 관련시키지 못한 것을 볼 때 대방 옛 땅에서의 건국이 마한에서의 건국보다 먼저 이뤄졌다고 보아야 할 것이다. 왜냐하면 당시 대방 땅은 북조에 속한 땅이었기에 대방에서 일어난 일을 남조에서 모를 수도 있기 때문이다. 따라서 백제의 건국은 애초에 대방 옛 땅에서 이뤄졌다가 다시 마한의 색리국에서 또 한 번 이뤄진 것으로 보아야 할 것이다.

그렇다면 백제의 최초 건국지인 대방 옛 땅의 위치는 어디인가? 이 의문을 풀기 위해서는 우선 '대방 옛 땅'이라는 표현이 가지는 의미부터 파악할 필요가 있다.

대방 옛 땅은 한나라의 무제가 서기전 108년에 조선을 무너뜨리고 설치했다는 4군과 밀접한 관련을 맺고 있다. 한 무제가 설치했다는 4군은 진번, 임둔, 낙랑, 현도군이다. 그런데 서기전 82년에 진번군은 낙랑군에 합해지고, 임둔군도 현도군에 폐합되었다. 그 후 낙랑군은 진번군 땅에 남부도위를 설치했는데, 점차 시간이 지나면서 예맥의 토착세력이 강성해지자 낙랑의 남부도위는 유명무실하게 되었다. 그러다가 2세기 말에 공손씨 세력이 강성해지면서 낙랑의 남부도위 7현을 대방군으로 삼는다. 따라서 '대방 옛 땅'은 바로 낙랑의 남부도위에 속한 진번군 땅을 일컫는다.

그런데 학계 일각에서는 이 진번군 지역을 한반도의 황해도 일원에 설정하고 있다. 그렇다면 2세기 말에서 3세기 초에 황하 동북부 일대를 장악했던 공손씨 세력이 황해도까지 세력을 뻗쳤다는 의미인데, 이는 얼토당토않은 소리다. 당시 한반도 북부는 고구려와 말갈이 장악하고 있었고, 백제가 황해도 남쪽까지 진출해 있는 상황이었다. 이 때문에 진번군을 한반도에서 찾으려는 학자들은 당시 대방군이 황해도 지역에서 요동반도 쪽으로 밀려났다는 주장을 하는데, 이는 근본적으로 한 무제의 4군이 한반도에 설치되었다는 주장을 합리화시키려는 억측일 뿐이다.

진(晉, 서기 265~418년)의 진수가 지은 『삼국지』 '위지' 권30 오환선비동이전 제30 왜(倭) 편에는 당시 대방군의 위치를 정확하게 알려주는 다음과 같은 기록이 남아 있다.

왜인은 대방의 동남쪽 큰 바다 가운데에 있으며, 산으로 이루어진 섬에 의지하여 나라와 읍락을 이루고 있다. 옛날에는 1백여 국이 있었으며, 한나라 때 예방하여 배알하는 자가 많았고, 지금은 사신과 통역인이 왕래하는 곳이 서른 나라이다.

군(郡)으로부터 왜에 이르려면 해안으로 물길을 따라 한국(韓國)을 지나고, 남쪽으로 가다가 동쪽으로 가다 보면 그 북쪽 해안인 구야한국에 이르게 된다. 이렇게 7천 리를 가다가 비로소 한 차례 바다를 건너 1천여 리를 가면 대마국에 이르게 된다.

이 기록은 대방군에서 왜국에 이르는 길을 구체적으로 서술하고 있다. 여기서 군이란 대방군을 일컫고, 거기서 출발하여 왜로 향했다는 것은 대방군이 삼국지의 저자 진수가 살았던 진(晉)나라의 영토에 속했다는 뜻이며, 진이 한반도를 장악한 적이 없기에 대방군은 한반도에 있지 않았다는 의미이기도 하다.

대방군을 떠나 한국에 이르고, 다시 한국의 해안을 따라 남쪽으로 내려가다가 다시 동쪽에 이르면 구야한국(가덕도 근처)에 이르고, 다시 1천 리를 항해하면 대마도에 이른다는 것이다.

이 기록을 얼핏 보면 대방군이 요동반도에 있었던 것처럼 보인다. 왜냐하면 처음부터 해안을 따라 항해했다고 기록하고 있기 때문이다. 하지만 그 과정을 살펴보면 전혀 그렇지 않다. 그들의 항로는 대방군을 떠나 고구려를 거치지 않고 곧장 한국의 해안에 닿았으며, 한국 해안을 따라 남쪽으로 가다가 다시 동쪽으로 항해하여 구야한국에 이르렀다. 당시 한국이라 함은 여러 한국으로 이뤄졌던 한반도 남쪽 지역을 통칭하는 것으로 백제 땅을 일컬으며, 구야한국은 김해를 중심으로 형성된 금관가야를 일컫는다. 따라서 이 항로는 항해의 시작점이 요동반도가 아니라 산동반도였음을 말해준다. 즉, 그들은 산동반도를 출발하여 한반도 남부에 이르러 해안을 따라 남쪽으로 내려가다가 다시 동쪽으로 항해하여 구야한국에 이르렀고, 이 항해 거리를 총 7천 리라고 했던 것이다(항해 거리가 7천 리라고 표현한 것도 대방이 한반도에 있지 않았음을 증명한다. 당시 거리 개념으로 한반도의 황해도 지역에서 일본에 이르는 길을 아무리 길게 잡아도 3천 리 이상 볼 수 없기 때문이다).

그들이 왜에 이르기 위한 항로를 대방군에서 시작한 것은 이처럼 대방군이 산동반도에 있었기 때문이다. 만약 대방군이 산동반도에 있지 않고 요동반도에 있었다면 그들은 대방군에서 출발하지 않았을 것이다. 왜냐하면 한국에 이르는 가장 짧은 항로는 산동반도를 출발해 황해를 건너는 것이기 때문이다(더구나 진수가 살았을 당시 요동반도는 고구려의 땅이었다). 또 요동반도를 출발하여 왜에 이르고자 한다면 항해 시간이 긴 것은 물론이고 고구려의 간섭마저 받아야 한다. 하지만 산동반도에서는 고구려의 간섭 없이 곧바로 한국의 해안을 거쳐 왜와 우호관계를 맺고 있던 가야에 이를 수 있게 된다.

따라서 당시 위나라 사람들은 당연히 산동반도를 항해의 출발점으로 삼았을 것이다. 이는 위나라 사람들이 왜로 가기 위해 택했던 항로의 시작점인 대방군이 산동반도에 있었다는 뜻이 된다. 말하자면 대방군은 하수(황하)의 남쪽인 하남 지역의 동쪽 지대를 차지하고 있으면서 동쪽으로 바다를 끼고 있었다는 것이다. 대방이 이렇게 설정될 때 백제의 첫 도읍지가 하남(하수의 남쪽) 위례성이었다는 『삼국사기』의 기록도 성립될 수 있다.

낙랑군(樂浪郡)과 낙랑국(樂浪國, 동예)

백제사에 등장하는 낙랑은 대륙의 낙랑군과 한반도의 낙랑국으로 구분될 수 있다. 대륙의 낙랑군은 한나라 무제 때 설치한 4군의 하나이고, 한반도의 낙랑국은 흔히 동예(東濊)로 불리던 나라이다. 하지만 『삼국사기』 편자들은 대륙의 낙랑군과 한반도의 낙랑국을 혼동하여 서술했다. 이는 근본적으로 진수가 편찬한 『삼국지』의 왜곡된 역사 서술에서 기인한 것이다.

『삼국사기』 「고구려본기」에 등장하는 낙랑은 한의 무제가 설치한 낙랑군이다. 하지만 「백제본기」에 등장하는 낙랑은 4군의 낙랑군과 한반도 동쪽에 자리 잡고 있던 낙랑국이 뒤섞인 상태로 기술된 것이다. 그리고 「신라본기」에 등장하는 낙랑은 한반도의 낙랑만을 가리킨다.

무제가 설치한 낙랑군은 발해만 연안의 하수 북쪽에 위치하고 있었으며, 그 아래쪽으로는 진번군이었다. 그리고 그 후 진번군이 폐지되면서 낙랑군은 진번군의 땅에 남부도위를 설치하였고, 그 남부도위는 후에 대방군으로 개칭된다(『고구려왕조실록』 「대무신왕실록」 '대무신왕 시대의 주변 국가들' 낙랑 편 참조).

이처럼 무제가 설치한 낙랑군은 중국 대륙의 발해만 연안에 자리 잡고 있었다. 그리고 백제가 처음에 나라를 건설한 대방 옛 땅은 낙랑군의 남부도위에 속해 있었다. 이 때문에 백제는 나라를 세운 뒤인 서기전 15년에 낙랑군과 우호관계를 맺어야 했으며, 서기전 11년에 목책을 만들어 국경을 정하려 하다가 낙랑 태수에게 문책을 당한다. 그 내용을 『삼국사기』는 다음과 같이 기록하고 있다.

가을 7월, 마수성을 쌓고 병산에 목책을 세웠다. 낙랑 태수가 사람을 보내 말했다.

"지난날 우리가 사신을 교환하고, 우호관계를 맺어 한집안처럼 지내고 있는 터이다. 그런데 지금 우리의 영역에 접근하여 성을 쌓고 목책을 세우고 있으니 이는 우리 땅을 차지하려는 계획이 아닌가? 만일 옛날의 우호관계를 유지하려면, 성을 허물고 목책을 제거하여 즉시 억측과 의심을 하지 않도록 하라. 만약 그렇게 하지 않는다면 전투로 승부를 결정낼 수밖에 없다."

이 기록에서 '태수'라는 단어가 나오는데 이는 중국 쪽에서만 사용하는 직책이다. 때문에 서기전 11년에 백제에 대해 목책과 성을 헐라고 압력을 가하는 낙랑 태수는 분명히 중국 직책을 가진 자로서 무제가 설치한 낙랑군 지역의 태수이다. 하지만 그 후 '낙랑 태수'는 백제와는 무관해진다. 대신 고구려와 밀접한 관련을 갖게 되는데, 그 내용을 「백제본기」는 간접적으로 서술하고 있다.

「백제본기」에 낙랑 태수라는 이름이 다시 거론된 것은 고이왕 13년(서기 246년)의 다음 기록에서다.

고이왕 13년 가을 8월, 위나라 유주 자사 관구검이 낙랑 태수 유무, 삭방 태수 왕준과 함께 고구려를 공격하자, 왕은 그 틈을 이용하여 좌장 진충으로 하여금 낙랑의 변방 주민들을 습격하여 잡아오게 하였다. 유무가 이 말을 듣고 분개하였다. 왕이 침공을 받을까 걱정하여 잡아온 사람들을 돌려보냈다.

이 기록에 따르면 낙랑 태수는 위나라 시대에 접어들면 유주 자사의 명령을 받는다. 위나라의 유주는 현재 북경 주변이므로, 위나라 시대에 낙랑군은 북경 주변의 해안 지역이었다는 것을 알 수 있다.

하지만 『삼국사기』 「백제본기」에는 북경 주변, 즉 발해만 연안의 낙랑군 외에 또 하나의 낙랑이 등장하는데, 이는 다음의 온조 13년(서기전 6년)의 기사에 기록되어 있다.

여름 5월, 왕이 신하들에게 말했다.
"동쪽에는 낙랑이 있고, 북쪽에는 말갈이 있다……."

이 기록을 통해 알 수 있는 것은 또 하나의 낙랑의 위치이다. 이 낙랑의 위치는 한반도 백제의 동쪽이고 신라의 북쪽에 있었다. 때문에 이 낙랑은 낙랑태수가 등장하는 유주에 속한 낙랑과 전혀 별개의 국가임을 알 수 있다. 당시 상황을 이 기록과 연결시켜 보면 한반도에 낙랑이라고 불리는 국가가 있었으며, 백제의 동쪽, 신라의 북쪽에 있었다는 것을 알 수 있다.

그런데 『삼국지』에는 낙랑이 있었다는 그 위치에 '예(濊)'국이 있었다고 쓰고 있다. 이 예국을 흔히 '동예(東濊)', 즉 '동쪽의 예국'이라고 일컬었다.

『삼국지』는 예와 관련하여 다음과 같은 기록을 남기고 있다.

예는 남쪽으로 진한과 접해 있고, 북쪽은 고구려 및 옥저와 접해 있으며, 동쪽은 대해에 닿아 있으니 지금의 조선 동쪽이 모두 그들의 땅이다. 집 수는 2만이다. 옛날에 기자가 조선으로 건너가서 여덟 조목의 가르침을 짓고 이로써 교화하니, 닫아거는 문이 없었으며, 백성들은 도적질하지 않았다. 그 뒤 40여 세대 뒤에 조선후 준이 왕을 참칭하였다. 진승 등이 일어나 천하가 진에 반란을 일으키자 연·제·조의 백성들로서 조선으로 피해 간 사람이 수만 명이었다. 연나라 사람 위만이 상투를 틀고 동이 복장으로 다시 와서 그 곳 왕이 되어 다스렸다.

한 무제가 조선을 정벌하여 멸하고 그 땅을 나누어 네 개의 군으로 삼았다. 그 후로 호(胡)와 한(漢)이 점차 구별되었다. 한(漢) 이래 대군장이 없으면 그 관직에는 후읍군(侯邑君)과 삼로(三老)가 있어 하층민을 통솔하여 관장하였다. 그 곳의 늙은이들이 옛적에 말하길 구려와 같은 종족이라 하였다.

사람들의 성격은 신중하고 성실하며, 즐기고자 하는 욕구가 적고 염치가 있으며, 부탁하거나 구걸하지 않았다. 언어와 법속은 얼추 구려와 같으며 의복은 다른 점이 있다. 남녀 모두 곡선이 드리워진 옷깃의 옷을 입으며, 남자는 넓이가 몇 촌 되는 은꽃을 달아서 장식으로 삼는다.

　단단대산령으로부터 서쪽은 낙랑에 속하고, 산령 동쪽의 일곱 현은 도위가 그 곳을 주관하는데, 모두 예 사람들을 백성으로 삼았다. 후에 도위의 직을 폐지하고 그 곳의 우두머리를 봉하여 후로 삼았는데, 지금의 불내예 등이 모두 그들 종족이다. 한 말기에 다시 구려에 속하였다. ― (중략) ―

　정시(正始, 240~249년) 6년에 낙랑 태수 유무와 대방 태수 궁준이 단단대산령 동쪽의 예가 구려에 복속된다 하여 군대를 일으켜 예를 정벌하니, 불내후 등이 읍을 바치고 항복하였다. 그 8년에 궁궐에 찾아들어 조공하니 조서를 내려 다시 불내예 왕에 임명하였다. 민간에 섞여서 거처하며 때마다 군에 찾아들어 예방하고 배알하였다. 두 군에서 군대의 정벌이나 조세의 징수가 있으면 사역을 제공하였으니, 그들을 예우하여 주기를 마치 백성과 같이 하였다.

　이 기록의 첫 부분에 나타나는 예의 위치는 「백제본기」의 낙랑의 위치와 동일하다. 예가 남쪽으로 진한과 접해 있다는 것은 진한을 몰락시키고 형성한 신라와 접해 있다는 것과 같은 뜻이며, 북쪽으로 고구려 및 옥저에 접해 있다는 것은 고구려의 속국이었던 말갈과 옥저에 접해 있다는 말과 다르지 않다. 때문에 이 기록의 예국의 위치가 「백제본기」의 낙랑의 위치와 동일하다는 것은 의심할 여지가 없다.

　그런데 이상하게도 『삼국지』의 편자 진수는 예의 위치를 거론하면서 그 서쪽에 대한 언급은 유보하고 있다. 그리고 기자 및 위만에 관한 일과 한나라 무제의 4군 설치 등의 역사적인 사건을 거론한 후에 다시 예 사람들의 습속과 품성에 관해 서술하고서야 비로소 예의 서쪽에 대한 언급을 시작했다. 그것도 아주 급작스럽게 '단단대산령으로부터 서쪽은 낙랑에 속하고'라는 문장으로 예의 서쪽 지역에 대해서 서술하고 있다.

　진수가 이처럼 예의 서쪽 지역을 설명하기 위해서 역사적인 사건들을 나열해야만 했던 이유는 무엇인가? 진수가 『삼국지』를 쓸 당시에 예는 이미 고구려에 복속된 이후였는데, 굳이 역사적인 사건들을 끌어들여 그 곳이 낙랑의 영토임을 주장한 목적은 무엇인가? 그 자신도 자신의 글 속에서 '예는 한나라 말기에 구려에 예속되었다'고 밝히고 있으면서 굳이 과거의 사건들을 들추어 내면서까지 예가 한때는 한나라 영토에 속했음을 주장하는 속사정은 무엇인가?

이 같은 의문은 이 기록의 맨 뒤쪽을 읽으면 자연스럽게 풀린다. 정시 6년에 낙랑 태수 유무와 대방 태수 궁준이 예를 공격하였는데, 이 공격에 대한 정당성을 부여하기 위한 서술적 장치였던 것이다.

그런데 정시 6년에 유무와 궁준이 공격한 예는 고구려 땅에 복속된 예국으로, 발해만 연안에 자리잡고 있었다. 따라서 이 때의 예국은 앞서 언급한 '남쪽으로는 진한과 접해 있고, 북쪽으로는 고구려와 옥저와 접해 있는' 예국과는 전혀 별개의 나라라는 것을 알 수 있다.

진수가 기록의 첫 부분에서 예의 서쪽에 대한 언급을 하지 않았던 이유도 바로 여기에 있다. 진수는 한반도 동쪽의 동예와 발해만 연안의 예국을 동일한 국가로 취급하여, 양쪽을 모두 낙랑군에 속한 땅으로 인식시키려 했던 것이다.

발해만 연안의 예국에 대한 기록은 『후한서』 권85 동이열전 제75의 예 편에 다음과 같이 기록되어 있다.

원삭(서기전 128~123년) 원년에 예의 임금 남려 등이 우거를 배반하여 28만 구(口)를 이끌고 요동에 찾아들어 내지에 복속하니, 무제가 그 땅을 창해군으로 삼았다가 몇 년 뒤에 파하였다.

이 기록에서는 분명히 예족이 대거 요동으로 찾아들었다고 밝히고 있다. 그리고 그 수는 무려 28만 구이다. 1구는 1명이 아니라 1가구 또는 장정 1인을 의미하므로 그 수는 약 1백만에 이른다. 따라서 서기전 128년에 예족 약 1백만이 요동에 터전을 마련했음을 알 수 있다. 당시 인구로 1백만이라면 대단한 숫자이다. 고구려가 번창했을 때 병력이 불과 20만에도 미치지 못했고, 백제가 고구려 공략에 동원한 총병력이 불과 3만이라는 사실을 알면 1백만이 당시에 얼마나 많은 인구인가를 짐작할 수 있을 것이다.

이 때 요동으로 찾아든 1백만의 인구는 원래 부여 지역에 거주했다가 위씨 왕조에 불만을 품고 대거 한나라로 망명한 것으로 보아야 한다. 『후한서』의 '부여는 원래 예의 땅이었다'는 기록이 이를 뒷받침해 주고 있다. 말하자면 부여 지역은 원래 예족이 머물고 있었는데, 이 무렵 위씨 조선과 대대적인 세력 다툼을 벌이다가 패배하자 대거 남하하여 요동에 터전을 잡았다는 것이다.

따라서 한이 낙랑군을 설치한 예국은 바로 서기전 128년에 남려의 영도 아래 요수(난하) 동쪽 지역으로 이동하여 터전을 잡은 사람들이 세운 국가를 의미하는 것이며, 위나라가 245년에 낙랑 태수 유무와 대방 태수 궁준으로 하여금 공격토록 한 예국 역시 바로 이 나라를 의미한다.

때문에 한반도 지역 동쪽에 형성된 동예는 낙랑군과는 아무런 관계도 없는 국가임을 알 수 있다. 다만 그들 역시 발해만 지역의 예족과 같은 부족이며, 또한 낙랑이라는 같은 명칭으로 불렸을 뿐이다.

그렇다면 일명 동예로 불리던 한반도의 예족들은 왜 낙랑이라고 불리었을까? 이 의문을 풀기 위해서는 우선 '낙랑'이라는 명칭이 한의 무제가 설치한 4군에서 비롯된 것이 아님을 알아야 한다. 말하자면 '낙랑'은 한의 무제가 4군을 설치하기 이전에도 있던 이름이라는 것이다.

일연의 『삼국유사』 마한 편에서 인용한 『논어정의(論語正義)』의 다음 기록이 그 점을 증명해주고 있다.

(동방의) 구이(九夷)는 첫째가 현도, 둘째가 낙랑, 셋째가 고려, 넷째가 만식, 다섯째가 부유, 여섯째가 소가, 일곱째가 동도, 여덟째가 왜인, 아홉째가 천비이다.

이 기록을 보면 현도와 낙랑 등이 부족으로 묘사되고 있음을 알 수 있다. 다시 말해 현도와 낙랑이 단순히 한의 무제가 설치한 4군의 명칭이 아니라 4군이 설치되기 이전부터 존재하던 부족 명칭이었다는 것이다. 따라서 고대에는 낙랑 또는 낙랑족이라고 불리는 부족이 있었음을 알 수 있다.

그런데 이 낙랑이라는 이름을 사용하는 나라에는 공통적으로 예족이 살고 있었다. 이는 낙랑족이 곧 예족과 동일시되었음을 증명한다. 즉, 예족은 머무르던 곳과 상관없이 낙랑으로도 불리었다는 뜻이다. 일명 동예로 불리던 한반도의 예국이 낙랑으로도 불렸던 이유가 바로 여기에 있다.

그러나 『삼국지』의 저자 진수는 이 점을 교묘하게 이용하여 한반도의 낙랑에도 한 무제가 낙랑군을 설치했던 것처럼 왜곡된 서술을 하였던 것이다. 이같은 진수의 의도적인 왜곡으로 지금껏 무제가 한반도의 평안도 지역에 낙랑군을 설치한 것으로 잘못 이해해 왔던 것이다. 따라서 이제 한반도의 낙랑국과 중국 발해만 연안의 낙랑군을 명확하게 구분해서 이해해야 할 것이다.

일명 동예로 불리었던 이 한반도의 낙랑국은 한동안 백제, 신라 등과 패권을 다투다가 서기 50년대 중반에 고구려가 대대적으로 남하하여 동옥저 등의 한반도 북부세력을 멸망시킬 때 함께 몰락한 듯하다.

말갈(靺鞨)

백제와 말갈의 관계는 백제 건국 초기인 서기전 17년부터 시작된다. 이 시기는 백제가 마한의 배려로 한반도의 한강 이북에 터잡기를 시작하던 시기였다. 때문에 말갈의 존재는 백제에게는 매우 위협적인 요소였다.

말갈이 백제에게 위협적인 존재였다는 것은 온조 2년(서기전 17년) 정월에 온조가 군신들에게 다음과 같은 말을 하는 것을 통해 더욱 실감할 수 있다.

"말갈이 우리의 북부 국경과 인접하고 있는데, 그들은 용맹스럽고 거짓말에도 능하다. 그러므로 우리는 병기를 수선하고 식량을 비축하여, 그들을 방어할 계획을 세워야 한다."

말갈은 이처럼 건국 초기의 백제에게 매우 위협적인 존재였다. 하지만 당시 말갈은 하나의 완전한 국가는 아니었다. 말갈은 여러 부족으로 갈라져 그 때까지 한 번도 통일된 국가를 이루지 못했다.

말갈은 총 7부족으로 갈라져 있으면서 읍락마다 추장을 중심으로 자치 구조를 이루고 있었다. 그 7부족은 속말부, 백돌부, 안차골부, 불열부, 호실부,

흑수부, 백산부 등이었는데 당시 백제를 위협하던 부족은 백산부였다. 백산부를 제외한 나머지 부족들은 한반도 바깥에 있었으며 주로 흑룡강, 송화강, 우수리강 유역에 퍼져 있었다. 그러다 고구려가 팽창함에 따라 점차 송화강에 머물던 세력은 흑룡강과 한반도 쪽으로 밀려났다. 이 덕분에 압록강을 중심으로 세력을 형성하고 있던 백산부 말갈의 세력이 커져 한반도의 마한과 낙랑국을 위협하게 되었다.

백제가 한반도로 찾아든 것은 이 무렵이었다. 백제가 마한에게 땅을 요구하자 마한 왕이 선뜻 북쪽의 땅을 내준 것은 바로 세력이 강화되고 있던 말갈을 막기 위함이었다. 말하자면 마한은 백제의 망명세력을 말갈을 막기 위한 방패막이로 이용했던 것이다.

이에 따라 백제와 말갈은 향후 수백 년간 치열한 패권다툼을 벌인다. 말갈은 때론 자국의 이익을 위하여 백제를 공격하기도 하고, 때로는 고구려를 대신하여 대리전을 벌이기도 한다. 이 같은 백제와 말갈의 싸움은 4세기 말까지 계속된다. 하지만 396년에 광개토왕이 한반도 북부를 장악하면서 백산 말갈은 대부분 고구려에 복속되고, 일부는 두만강 너머로 이주하여 흑수 말갈에 편입됨으로써 말갈세력은 한반도에서 점점 세력을 잃는다.

마한(馬韓)

마한은 백제가 한반도에 정착하는 데 결정적인 계기를 마련해준 나라이다. 온조 세력이 망명했을 당시에 한반도에는 북쪽으로 말갈과 동옥저, 낙랑(동예) 등이 있었고, 중부 이남에는 마한, 진한과 서라벌, 변한 등이 있었다.

마한, 진한, 변한 등은 흔히 삼한이라는 이름으로 대등한 관계에 놓인 국가들로 인식되고 있지만 세 나라의 관계를 면밀히 살펴보면 그들이 대등한 관계에 있는 국가가 아니었다는 것을 알 수 있다. 흔히 '삼한'으로 묶이는 이들 나라에는 78개의 소국이 있었는데, 그 중 54국은 마한에 속하고, 12국은 진한, 12국은 변한에 속했다. 그러나 진한 12국의 왕은 모두 마한 사람이었으며, 마한 왕이 그들을 모두 임명하였다. 따라서 마한이 실제 소유한 소국은 총 66국으로 명실공히 한반도의 종주국 위치에 있었음을 알 수 있다.

백제는 한반도의 종주국인 마한의 배려로 한반도에 정착한다. 백제가 한반도에 도착하여 마한에게 정착지를 내줄 것을 요청하자 마한 왕은 북방의 변경 지역 100리를 내준다. 마한이 백제에 북방의 변경 지역을 내준 것은 백제를 강성해지고 있던 말갈과 낙랑에 대한 방패막이로 이용하려 해서였다.

마한은 그 무렵 조금씩 국력이 약해지고 있었는데, 이는 진한과 변한의 변화와도 밀접한 관계가 있었다. 당시 진한에서는 서라벌(신라)의 세력이 강화되어 점차 주변 소국들을 장악하여 통일국가를 이루고 있었고, 변한에서도 가야의 힘이 강화되어 나머지 소국들을 장악하고 있었다. 이에 비해 마한은 여전히 54개의 소국들로 분리된 채 중앙집권적 통치체제를 이루지 못했다. 그런 가운데 북방에서는 낙랑과 말갈의 힘이 점차 강해지고 있었고, 이 때문에 마한은 백제의 망명세력을 변경에 유치하여 그들의 남하를 저지하고 한편으론 서라벌과 가야를 견제하려 했던 것이다.

마한의 이 같은 의도는 적중했지만, 그러나 백제가 강성해짐에 따라 오히려 호랑이 새끼를 키운 꼴이 되고 만다. 백제는 처음부터 통일된 하나의 왕조로 건국되었기 때문에 급속도로 중앙집권적 통치체제를 이뤘고, 이에 따라 마한의 소국들이 순식간에 백제에 의해 잠식되기 시작했다. 급기야 서기 8년 10월에 백제는 마한에 대한 대대적인 공격을 감행하여 마한 왕조를 무너뜨렸다. 이에 마한 왕조는 백제에게 땅을 내주고 북쪽의 고구려에 의탁하여 그 곳 귀족으로 흡수된 것으로 판단된다.

『삼국사기』「고구려본기」 제6대 태조 69년(서기 121년) 기사에 고구려 왕이 마한과 예맥 군사 1만을 거느리고 한의 현도성을 포위했다는 내용이 나오는데, 이는 백제의 온조에게 쫓겨 달아난 마한 왕실이 고구려에 의탁해 있었다는 증거이다. 이 때문에 최치원 같은 인물은 고구려의 전신이 마한이라는 주장을 제기할 수 있었던 것이다(『고구려왕조실록』「태조왕실록」의 '태조왕 시대의 주변 국가들' 마한 편 참조).

마한의 몰락은 소국연합체의 몰락을 의미하며, 동시에 중앙집권적 통치체제의 등장을 의미한다. 당시 삼한은 모두 소국연합체적 국가를 유지하고 있었으나 대륙에서 이주해온 백제, 신라, 가야 등의 세력은 중앙집권적 통치체제를 성립시켰다. 그리고 중앙집권적 통치체제는 급속도로 소국연합체를 장악하기 시작했고, 급기야 한반도에서 삼한시대를 종식시켰던 것이다. 이 같은 소국연합체 시대의 몰락은 100여 개국으로 분립해 있던 일본열도에서도 재현되는데, 가야와 백제가 그 주도적인 역할을 하게 된다.

8. 온조왕 시대의 행정 조직

온조 시대의 행정 조직은 고구려의 행정 조직을 그대로 답습했다. 당시 고구려는 재상격인 좌보와 우보가 중앙 조직을 맡아 조정을 관리하고, 전국을 왕족인 계루부와 나머지 네 개 부족을 합쳐 다섯 지역으로 나눠 통치했다. 온조는 이 제도를 원용하여 행정과 인사를 담당하는 좌보와 군사 문제를 담당하는 우보를 두고, 그 아래 동서남북의 방향부(部)를 설치했다.

하지만 처음부터 방향부가 설치된 것은 아니었다. 처음엔 영토가 작았기 때문에 굳이 방향부를 설치할 필요가 없었고, 따라서 좌보와 우보 체제로 중앙과 지방을 직접 통치하였다. 하지만 마한을 멸망시켜 국토가 넓어지자, 재위 31년(서기 13년) 1월에 처음으로 영토를 남부와 북부로 나눴다. 그리고 2년 뒤인 15년 8월에 다시 동부와 서부를 설치함으로써 방향부 체제를 완성했다.

동서남북의 방향부에 도성을 중심으로 형성된 중부(中部)가 포함되면 오부 체제가 되는데, 이런 오부 체제는 후에 주요 도시 중심의 담로체제가 마련될 때까지 백제 행정 조직의 토대가 된다.

▶ 온조왕 시대의 세계 약사

온조왕 시대 중국은 서한(전한) 왕조가 멸망하고 외척 왕망이 왕위를 찬탈하여 '신(新)'을 세운다. 서한 왕조의 외척인 왕망은 성제와 애제 시기에는 대사마에 올라 있으면서 권력을 농단하다가 평제에 이르러 태부에 올라 정권을 완전히 장악한다. 그리고 서기 5년에 평제와 태후를 살해하고 스스로 왕위를 차지했다. 그 후 서기 8년에 그는 국호를 '신'이라고 하고 황제를 자처한다. 이에 한 왕조의 후예들이 반기를 들고 왕망과 대적하였고, 곳곳에서 반란군이 일어나 왕망 정권은 어려움을 겪는다. 그리고 서기 23년 급기야 유수(광무제)가 왕망 군대를 무너뜨리고 동한(후한)을 일으킨다.

이 시기에 서양은 로마의 아우구스투스가 서기전 9년에 '율리우스력'을 개정했으며, 그를 계승한 티베리우스는 서기 19년에 노예해방령을 선포한다.

한편, 로마 변방으로 게르만족이 대거 밀려들어 로마를 위협하고 있었으며, 서기 27년부터는 예수가 선교활동을 시작함으로써 서양 사회의 큰 변화를 예고한다.

제2대 다루왕실록

1. 다루왕의 조직 정비와 영토 확장
(?~서기 77년, 재위기간:서기 28년 2월~77년 9월, 49년 5개월)

다루(多婁)왕은 온조의 맏아들로 이름과 태어난 시기에 대한 기록은 남아 있지 않다. 서기 10년 2월에 태자에 책봉되어 도성과 지방의 군사에 관한 일을 맡다가 서기 28년 2월에 온조가 죽자 백제 제2대 왕에 즉위하였다.

다루왕이 즉위할 무렵, 한반도 중남부에서는 마한이 거의 몰락하여 소국연합체 정권은 완전히 붕괴되고 중앙집권화를 추구하는 백제와 신라, 가야 등이 아직 병합시키지 못한 소국들을 흡수하는 상황이었다. 또한 마한의 잔여세력은 백제에 대항하기 위해 고구려에 투항하거나 신라와 연합 전선을 구축하였고, 신라는 그 기회를 놓치지 않고 마한의 잔여 세력들을 흡수하는 정책을 쓰고 있었다.

마한의 멸망으로 남방이 혼란을 거듭하자, 북방의 말갈은 남하 정책을 지속하며, 서기 30년 10월에는 백제의 동부를 공격하였다. 백제는 동부의 장수 흘우로 하여금 말갈군과 대적하게 하여 많은 병력을 생포하는 등 대승을 거둠으로써 말갈의 남하를 저지하는 데 성공했다. 이듬해 8월에는 다시금 쳐들어온 말갈군을 고목성의 장수 곤우가 적군 2백여 명을 죽이고 패퇴시켰다. 하지만 말갈의 침입은 그 이후에도 계속되었다. 다루왕 7년인 서기 34년 9월에는 마수성을 침략하여 함락시키고 읍락에 불을 질러 백성들의 가옥을 불태웠으며, 그해 10월에는 병산에 설치한 목책을 무너뜨리고 내침하였다. 또한 서기 55년에는 북쪽 변경을 침입하여 백제의 도성을 위협하였다.

말갈의 침략이 계속되자 위협을 느낀 다루왕은 말갈의 남하를 저지하기 위해 서기 56년에 동부에 명령하여 우곡성을 쌓도록 하는 한편, 백성들의 터전을 넓히기 위해 남쪽과 동쪽으로 영토를 확대하기 시작한다. 그 결과 서기 63년 10월에는 마한의 잔병들을 물리치고 영토를 낭자곡성(청주 일대)까지 확대함으로써 신라와 국경을 마주하게 된다. 이 때문에 다루왕은 신라의 탈해왕에게 사람을 보내 서로 만나 영토 문제를 의논하자는 제의를 한다. 하지만 탈해왕은 이 제의에 응하지 않았다.

다루왕이 신라 왕을 만나려고 한 것은 서기 61년에 마한 장수 맹소가 신라에 바친 복암성 때문이었다. 마한 왕조가 북방으로 달아난 이후 백제는 마한의 잔병 축출작업에 전력을 기울였다. 이 때문에 마한의 잔병들은 점차 설 자리를 잃고 밀리다가 결국 신라에 의탁하게 되었고, 급기야 상황이 불리해지자 마지막 보루였던 복암성을 신라에 바쳐버렸다. 다루왕은 백제가 마한 왕조를 무너뜨렸기 때문에 복암성 및 신라가 차지한 마한의 옛 영토는 모두 백제에 예속되어야 한다는 주장을 펼쳤고, 신라의 탈해왕은 그 같은 주장을 묵살하고 영토 문제와 관련한 백제의 대화 요청에 응하지 않았던 것이다.

이렇게 되자 다루왕이 서기 64년에 군사를 동원하여 신라의 와산성을 공격함으로써 신라와 백제 양국의 전쟁이 시작된다. 백제는 신라의 저항에 밀려 패퇴하였고, 그래서 다시 구양성을 공격하였는데, 이번에도 신라 기병 2천 명에게 밀려 패배하고 말았다(이 부분에 대해 「백제본기」는 신라가 기병 5천을 동원하였다고 했고, 「신라본기」는 기병 2천을 동원하였다고 쓰고 있다. 당시 상황과 신라의 병력 규모를 생각할 때 기병 2천이 옳은 것으로 판단되어 여기에서는 2천 명을 동원한 것으로 기록한다).

이후 다루왕은 와산성 공격에 전 병력을 동원하였고, 이에 따라 와산성의 탈환과 수성을 목표로 한 백제와 신라의 전쟁이 오랫동안 계속된다. 서기 66년에는 백제가 와산성을 점령하여 군사 2백 명을 주둔하게 하였으나 그 얼마 뒤에 다시 신라에게 빼앗겼고, 4년 뒤인 서기 70년에 다루왕은 다시 신라를 침략하였다. 그러나 이 때도 별다른 성과를 얻지 못하고 물러나야 했다. 다루왕은 서기 74년에 다시 신라를 침공하였고, 이듬해인 75년에는 그토록 끈질기게 공격했던 와산성을 함락시키는 데 성공했다. 하지만 서기 76년에 신라의 대대적인 공격에 밀려 와산성은 다시 신라의 수중에 떨어졌으며, 와산성에 주둔해 있던 백제 병력 2백 명은 전멸했다.

이와 같은 다루왕의 와산성전쟁은 무려 10년 동안 계속되었으나, 결국 신라의 강력한 저항을 극복하지 못하고 실패에 그치고 말았다. 그리고 신라가 와산성을 회복한 후 1년 만에 다루왕이 생을 마감하면서 50년간 지속되던 그의 치세는 막을 내린다.

그의 치세 동안 백제는 영토의 확장뿐만 아니라 제도와 생활 면에서도 뚜렷한 발전을 보였다. 우선 정치제도적인 면에서는 재상격인 우보 1인이 운영하던 조정이 서기 37년에 좌, 우보 제도가 성립되면서 2인의 협의에 의해 운영하는 체제로 바뀌었다. 생활면에서는 쌀농사가 국가적 차원에서 보급되어 식량의 대변화를 예고하게 되었다(『삼국사기』「백제본기」에서는 이 때 처음으로 쌀농사가 시작되었다고 했으나, 쌀농사는 이미 신석기 시대부터 이뤄졌다. 때문에 이것은 쌀농사를 국가 차원에서 관장하게 됐다는 의미로 해석된다).

그의 능에 대한 기록은 남아 있지 않으며, 묘호는 '다루왕(多婁王)'이라 하였다.

흔히 '다루'를 이름으로 생각하기 쉬우나 이는 이름이 아니라 묘호이다. 또한 다루왕 이후 백제 왕들의 묘호가 기루(己婁), 개루(蓋婁) 등으로 이어지면서 3대에 걸친 묘호에 공통적으로 '루(婁)'가 들어 있음을 발견할 수 있는데, 이 때 '루(婁)'는 아마도 왕 또는 지배자를 칭하는 마한식 표기로 판단된다. '루

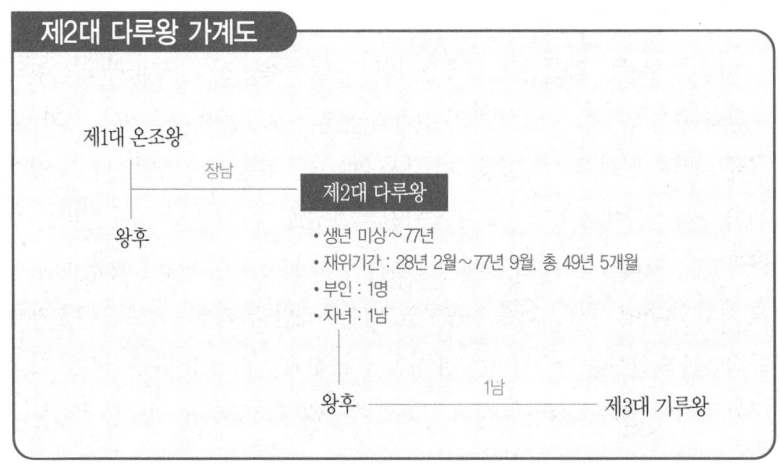

(婁)'는 흔히 별 이름을 쓸 때 사용하는 글자인데, 왕을 하늘의 별 같은 존재로 보았다면 묘호에 이 글자를 공통적으로 쓸 수도 있었을 것이기 때문이다.

이런 개념은 '다루가치'라는 단어 속에서도 찾을 수 있다. 다루가치란 원나라에서 고려에 보낸 총독을 일컫는 단어이다. 그 어원은 몽골어의 '진압하다', '속박하다'라는 뜻을 가진 '다루(daru)'에 명사형 어미 '가(gha)'와 사람을 뜻하는 '치(chi)'를 붙여 총독이라는 의미로 사용했다. 즉, 다루라는 묘호는 이미 지배자라는 뜻을 내포하고 있고, 그 자체로 왕을 의미하는 것이다.

백제가 마한을 멸망시킨 뒤에도 약 200년간 마한의 묘호를 그대로 썼다는 것은 개루왕에게 묘호를 올린 초고왕 대까지 백제는 대외적으로 마한의 국호를 그대로 사용했다는 뜻이다. 중국 남북조 시대 역사서인 『송서(宋書)』에 백제 편이 처음 나타나는 것도 그런 이유 때문일 것이다.

다루왕의 가족에 대해서는 자세한 기록이 남아 있지 않다. 다만 그의 장남이 기루왕이라는 기록을 통해 부인이 있었음을 확인할 뿐이다.

2. 다루왕 시대를 풍미한 인물

해루(解婁, 서기전 56년~서기 34년)

서기전 56년에 태어났으며, 원래 부여 사람이다. 비류 일행과 함께 망명한 것으로 보아 그는 온조의 외가 집안인 계루부 귀족 출신일 것으로 짐작된다.

온조 41년(서기 23년)에 온조의 재종숙부이자 우보의 직위를 맡고 있던 을음이 죽자 79세의 늙은 나이로 우보의 직위에 올랐다. 우보의 주요 업무는 국방에 관련된 것이므로 79세의 노구로는 벅찬 자리였으나, 그는 나이에 비해 체력이 강했던 덕에 등용되었다. 그의 인품에 대해 『삼국사기』가 '도량이 넓고 식견이 깊었다'고 표현하고 있는 것으로 봐서, 그는 덕이 많고 문무를 겸비한 인물이었던 모양이다.

우보에 오른 그는 온조 말기의 정치적 안정에 크게 기여하였으며, 온조가 죽고 다루왕이 등극한 뒤에도 우보의 직위를 유지하였다. 다루왕 7년인 서기 34년에 90세를 일기로 죽을 때까지 11년 동안 재상직을 수행하며, 백제의 세력 확대에 크게 공헌하였다.

흘우(屹于, ?~서기 48년)

출생 연대에 관한 기록은 없으며, 동부 사람이다. 다루왕 3년(서기 30년) 10월에 마수산(경기도 포천 또는 강원도 김화) 서쪽에서 말갈군을 대파하면서 다루왕의 총애를 받기 시작했다. 마수산 전투에서 흘우가 생포하거나 죽인 말갈군의 수는 구체적으로 기록되어 있지 않으나, 다루왕이 승전에 대한 포상으로 말 열 필과 벼 5백 석을 내린 것으로 그 수가 대단히 많았던 것으로 보인다.

마수산 전투의 승리로 다루왕의 눈에 든 흘우는 다루왕 7년(서기 34년)에 우보 해루가 죽자, 그를 이어 우보의 직위에 오른다. 또 3년 뒤인 서기 37년에는 좌보의 자리에 올라 백제 조정의 중심에 선다.

그는 그로부터 11년간 좌보의 직위에 있다가 다루왕 21년인 서기 48년 3월에 생을 마감했다. 『삼국사기』는 그가 죽기 한 달 전에 왕궁 뜰에 있는 큰 회나무가 말라죽었으며, 그가 죽었을 때 다루왕은 아주 슬프게 울었다는 기록을 남기고 있는데, 이는 백제 조정에서 그가 차지한 비중이 얼마나 컸는지 짐작할 수 있게 해준다.

▶ 다루왕 시대의 세계 약사

다루왕 시대 중국은 동한의 광무제와 명제 시대에 해당하며, 국가적 안정을 바탕으로 문화적 토대가 확립된다. 이와 관련하여 천축의 승려 가섭마등과 축법란이 한나라 사절의 초청으로 낙양을 방문하였고, 그 결과 중국에 불교가 전파된다. 한편, 왜에서는 동한에 우호사절단을 파견하였고, 광무제는 이에 대한 보답으로 칭호가 새겨진 인장을 선물하였다. 이 때 청동기, 견직물, 철기 등도 왜에 전달된다.

이 무렵, 서양은 로마의 영향력 아래 놓여 있었으며 기독교가 전파되기 시작하고 예수가 십자가형을 당해 죽는다. 이에 따라 스테파노 등의 순교자가 생겨났고, 그 여파로 기독교는 암암리에 빠른 속도로 번져간다. 그 결과 『신약성서』가 형성되어 기독교는 새로운 전환기를 맞이한다. 사회적으로 이 같은 상황이 진행되고 있는 가운데 폭군 네로가 즉위하여 기독교인을 박해하고, 로마를 불지르는 등 갖가지 폐정을 일삼다가 내란이 일어나자 자살한다.

제3대 기루왕실록

1. 기루왕의 유화정책과 끝없이 이어지는 천재지변
(?~서기 128년, 재위기간:서기 77년 9월~128년 11월, 51년 2개월)

기루(己婁)왕은 다루왕의 장남이며, 언제 출생했는지는 분명치 않다. 다만 그가 다루왕 6년(서기 33년)에 태자에 책봉되었고, 그로부터 44년 뒤인 77년에 왕위에 올라 51년 동안 재위한 사실을 감안할 때, 태어난 뒤 곧바로 태자에 책봉된 것으로 보아야 할 것이다.

서기 77년 9월 기루왕은 44년 동안의 태자 생활을 청산하고 비로소 왕위에 올랐다. 그는 이미 사십대 중반의 나이였고, 오랜 기간 동안 다방면으로 정치적 소양을 익힌 터라 조정을 쉽게 장악하고 안정시킬 수 있었을 것으로 보인다.

『삼국사기』는 그의 인품에 대해 '식견이 넓고 원대하여 사소한 일에 마음을 두지 않았다'고 기록하고 있는데, 이는 그가 매우 온화하고 유화적인 인물이었음을 말해준다.

이런 성격을 대변하듯 그의 재위 기간 중 주변 국가에 대한 침략은 단 한 차례밖에 이뤄지지 않았다. 재위 9년(서기 85년) 1월에 군대를 보내 신라 변경을 침입한 것이 유일하다. 재위 32년(서기 108년)에는 말갈이 우곡을 침략하여 주민들을 약탈하고 돌아갔으나, 방비만 했을 뿐 보복전을 벌인 기록은 없다.

그는 재위 29년(서기 105년) 1월에는 그간 적대시하던 신라에 사신을 보내 파사 이사금에게 화친을 요청하였고, 파사 이사금은 그의 화친제의를 받아들였다. 당시 신라는 주변 소국들을 정벌하는 과정에서 가야와 치열한 영토 전쟁을 벌이던 상황이었기에 백제의 화친제의를 받아들일 수밖에 없었다. 기루왕은 이런 신라의 처지를 평화 정착의 호기로 생각했던 것이다.

재위 49년(125년)에는 말갈의 침략을 받은 신라가 구원병을 요청하자, 다섯 명의 장수를 선발하여 신라를 구원함으로써, 양국의 화친 약조는 마침내 결실을 보기에 이르렀다.

신라와의 화친은 정치와 외교 양면에서 평화와 안정을 가져다 주었지만, 기루왕의 치세는 결코 순탄하지만은 않았다. 51년 재위 동안 기루왕을 가장 크게 괴롭힌 것은 천재지변과 기후였다.

재위 13년(서기 89년) 6월에는 지진이 나서 땅이 갈라지고 백성들의 가옥이 무너져 숱한 사망자를 냈고, 이듬해엔 봄가뭄이 심하게 들어 보리에 싹이 나지 않았다. 또 그해 6월에는 나무가 뽑혀 나갈 정도로 심한 태풍이 불어 민가에 많은 피해를 주었다.

천재는 그것으로 그치지 않았다. 재위 17년(93년)에는 횡악의 거대한 바위가 다섯 개나 굴러떨어지는 사태가 벌어졌고, 23년(99년) 8월에는 때 아닌 서리가 내려 콩농사를 망쳐버렸다. 두 달 뒤인 10월에는 우박이 내려 또 한 차례 농작물 피해가 있었다.

32년(108년) 봄과 여름에는 흉년이 심하게 들어 백성들이 서로 잡아먹는 사태까지 벌어졌고, 그 여파에서 채 벗어나지도 못한 35년에는 3월과 10월에 지진이 찾아들었다. 40년 6월에는 한강물이 크게 불어 홍수가 났고, 많은 가옥이 유실되어 수재민이 대거 발생했다. 장마 기간 중의 홍수 사태는 무려 한 달간이나 계속 이어졌고, 7월에 이르러서야 겨우 복구 작업을 시작할 수 있었다.

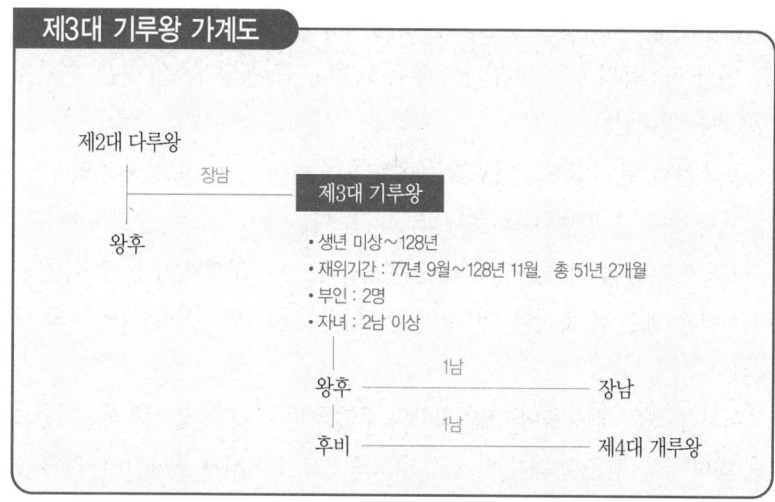

이렇듯 기루왕은 치세 내내 천재지변에 시달리며 노심초사하다가 재위 52년 만인 서기 128년 11월에 백 살에 가까운 나이로 죽었다.

그의 능에 대한 기록은 남아 있지 않으며, 묘호는 '기루왕'이라 하였다. 가족에 대한 기록은 자세히 남아 있지 않으며, 그를 이어 왕위에 오른 개루왕에 대해 장남이라는 기록이 없는 것으로 봐서 아들이 여러 명이었던 모양이다.

2. 한강에 나타난 두 마리의 용

『삼국사기』「백제본기」기루왕 21년(서기 97년) 4월 기사에 '두 마리 용이 한강에 나타났다'는 기록이 보인다. 이 기록은 사실일까? 아니면 은유일까?

용은 원래 기린, 봉황, 거북과 더불어 사령이라 불려온 상상의 동물이다. 동서양을 막론하고 용은 많은 전설과 신화를 남겼지만, 서양의 드래곤과 동양의 용은 근본적으로 그 의미가 달랐다. 서양의 드래곤은 인간이 물리쳐야 할 괴물로 인식되는 반면, 동양의 용은 인간이 신앙의 대상으로 삼고 왕의 상징으로 쓸 만큼 신령스럽게 여겨졌다. 그런 탓에 서양에선 용을 물리친 자가 왕이 되고, 동양에선 용의 힘을 빌린 자가 왕이 되었다. 즉, 동양에서의 용은 곧 왕을 상징하는 것이었다.

중국 문헌 『광아(廣雅)』 익조(翼條)에는 용에 대해 이렇게 묘사하고 있다.

"용은 인충 중의 우두머리로서 그 모양은 다른 짐승들과 아홉 가지 비슷한 구석을 가졌다. 즉 머리는 낙타와, 뿔은 사슴과, 눈은 토끼와, 귀는 소와, 목덜미는 뱀과, 배는 큰 조개와, 비늘은 잉어와, 발톱은 매와, 주먹은 호랑이와 비슷하다."

이처럼 용은 각 동물이 가진 최상의 무기를 두루 갖춘 것으로 상상되었으며, 특히 물과 깊은 관계가 있어 수신(水神)으로 인식되곤 했다. 바다의 왕을 용왕으로 부르고, 그가 거처하는 곳을 용궁이라고 부르는 것도 그런 이유에서다. 하지만 용은 비단 물과 관련된 것만은 아니다.

『삼국사기』, 『삼국유사』, 『세종실록』, 『동국여지승람』 등에는 많은 설화가 나오는데, 그 중 86편이 용과 관련된 것이다. 『삼국유사』만 해도 탈해왕, 만파식적, 수로 부인, 원성대왕, 처용랑, 거타지, 무왕 등등의 이야기에 용이 등장하는데, 이 설화에서의 용은 호국적 의미이거나 종교적, 또는 제왕의 기상을 나타내는 수단으로 쓰였다.

그러나 설화가 아닌 사서에서, 그것도 구체적인 지명과 연도, 해당 달(月)까지 기록하고 있는 경우는 드물다. 그런 의미에서 기루왕 21년 4월에 '두 마리 용이 한강에 나타났'는 기사는 결코 예사롭게 넘길 수 없는 기록이다. 현실을 다루는 역사서에, 그것도 설화적 요소를 전혀 부연하지도 않은 채 간단하게 두 마리의 용이 한꺼번에 나타났다고 기록되어 있는 것은 절대 무의미하게 넘길 수 없는 일이다.

용은 종교적 의미에선 신앙의 대상이요, 현실적으론 왕을 상징한다. 특히 왕과 용은 불가분의 관계에 있었다. 왕이 앉는 의자를 용상이라고 하고, 왕의 얼굴은 용안이요, 왕이 입는 옷은 용포요, 왕이 타는 수레는 용거 또는 용가, 왕의 눈물은 용루다. 그야말로 왕과 용은 같은 뜻으로 인식해도 전혀 무리가 없다. 그렇다면 현실을 다룬 역사서에 기록된 '한강에 나타난 두 마리의 용'은 어떤 의미로 해석되어야 하는가? 신앙적 의미라면 필시 그에 대한 부연 설명이 있었을 것이고, 당시 왕을 높이고자 하는 의도가 있었다면 설화적인 요소가 가미되었을 것이다. 그러나 기자(記者)는 단지 두 마리의 용이 나타났다고 간단 명료하게 썼다. 이것이 종교적이거나 설화적인 의미로 해석되는 것을 거부하고 있는 것이다.

종교적인 의미도 설화적인 기록도 아니라면, 이것은 사실에 대한 은유적 기록으로 보아야 할 것이다.

'두 마리 용이 한강에 나타났다'는 것은 한강 유역에 도읍이 있는 백제에 동시에 두 명의 왕이 출현했다는 의미다. 기루왕 이외에 또 한 사람의 왕이 생겼다면, 그는 누굴까? 가장 먼저 떠오르는 사람은 기루왕의 장남이다.

당시 기루왕은 일흔에 육박한 노인이었다. 이런 사실은 기루왕의 힘이 점차 약화되고 있던 시점이라는 뜻이다. 왕이 노쇠하면 힘은 자연스럽게 왕위계승권자에게 쏠리게 되어 있다. 그것은 한편으론 왕에게 엄청난 불안감을 안겨다 줄 수 있다. 즉, 자식에 의한 왕위 찬탈을 염려하게 된다는 것이다.

왕은 노쇠하고 왕위계승권자가 오히려 힘이 강해지면, 자연스럽게 왕권은 분열되고 신하들 또한 분열되기 십상이다. 우리 역사에도 비슷한 사건이 여러 번 있었다. 대표적인 사건은 조선의 영조와 그의 아들 사도세자 간의 갈등이다. 영조가 노쇠하자 힘은 자연스럽게 세자인 사도세자에게 쏠렸고, 이에 불안을 느낀 영조는 결국 아들을 죽임으로써 왕위를 유지했다. 기루왕과 그의 장남 사이에도 영조와 사도세자 사이에 보였던 갈등이 일어났던 것은 아닐까?

기루왕을 이어 왕위에 오른 개루왕이 기루왕의 장남이 아니라는 사실은 이런 추론에 힘을 실어준다. 별 문제가 없다면 장남이 왕위를 잇는 것이 관례였다. 그런데 장남이 아닌 다른 아들이 왕위를 이었다. 이는 장남이 죽고 없었거나, 왕위에 오르지 못할 상황이었다는 뜻이 된다.

그렇다면 기루왕의 장남에겐 무슨 일이 일어난 것일까?

'두 마리 용이 한강에 나타났다.' 즉, 동시에 백제의 왕이 두 명이 되었다는 것과 깊은 관련이 있는 게 분명하다. 말하자면 기루왕의 장남은 기루왕과 갈등을 일으키다가 반정을 도모하여 왕위를 차지해 버린 것이다.

조선 초의 태종 이방원이 반정을 일으켜 이성계를 밀어내고 왕위에 오른 일과 유사한 사건이 백제에서도 벌어졌다는 뜻이다.

그러나 이방원은 성공했지만, 기루왕의 장남은 실패했다. 두 마리의 용이 나타났다고 기록되어 있는 것으로 봐서 그는 왕위를 차지하는 데엔 성공했던 게 분명하다. 하지만 오래 지키지는 못했다.

누군가가 다시 정변을 일으켜 그를 제거하고 기루왕에게 왕위를 되찾아준 것이다. 언제, 누가 그런 정변을 일으켰을까?

기루왕 27년(서기 103년) 기사에 '왕이 한산에서 사냥하다가 신록(神鹿)을 잡았다'는 기록이 있다. 그냥 사슴이 아니고 '신록'을 잡았다고 표현하고 있다. 신록이란 과연 진짜 사슴을 일컫는 것일까? 아니면 이것 또한 은유일까? 이것이 은유적인 표현이라면 무엇을 지칭한 것일까?

백제는 한강과 함께 한산을 도읍의 상징으로 삼았다. 한강이 백제의 한성을 의미하듯 한산도 마찬가지다. 거기서 신록을 잡았다는 것은 뭔가 좋은 일이 벌어졌음을 의미한다.

왕위를 찬탈당한 왕에게 좋은 일이란 왕위를 되찾는 것뿐이다. '신록을 잡았다'는 것은 왕위를 되찾은 것을 은유적으로 표현한 것은 아닐까?

사슴은 십장생의 하나로 장수를 상징하는 동물이다. 또한 녹용은 예로부터 산삼과 더불어 영약으로 인식되었다. 따라서 '신록', 즉 신령스런 사슴을 잡았다는 표현은 '신령에 힘입어 장수를 누리게 되었다'는 뜻이다. 왕위를 찬탈당한 왕이 편안하게 장수를 누리게 됐다는 것은 왕위를 되찾았다는 의미다.

이런 추론에 근거할 때, 기루왕은 재위 21년에 장남에게 왕위를 찬탈당해 상왕으로 밀려났다가 누군가의 도움으로 6년 만에 왕위를 되찾았다. 신록이란 아마도 그 도움을 준 사람이었을 것이다.

그러면 누가 그에게 왕위를 되찾아 주었을까? 즉 '신록'에 해당되는 사람은 누구였을까? 그것은 당연히 다음 왕위를 이은 개루왕이 아니었을까?

▶ 기루왕 시대의 세계 약사

기루왕 시대 중국에서는 후한의 반고가 서역을 평정하고(서기 80년), 50여 나라를 복속시켰으며(87년), 90년에는 인도의 쿠샨 왕조를 격파하고 조공의 약속을 얻어냈다. 반고는 또한 서역도호에 임명되어 97년에 사신을 로마에 파견함으로써 로마와 후한 간에 교역이 이뤄졌다. 채륜이 제지법을 발명(105년)하여 종이를 만들어내는 데 성공한 것도 이 때였다.

이 시대 로마에서는 기하급수적으로 불어나고 있던 기독교에 대한 본격적인 박해가 시작됐고, 역사가 타키투스와 철학자 플루타르크가 활약하고 있었다. 이 때는 로마의 번영을 이룬 하드리아누스 황제가 즉위(117년)한 시절이기도 하다.

제4대 개루왕실록

1. 불안한 정치적 입지를 딛고 왕위에 오른 개루왕

(?~서기 166년, 재위기간:서기 128년 11월~166년 모월, 약 38년)

개루(蓋婁)왕은 기루왕의 아들이며, 출생 연도와 이름은 남아 있지 않다. 서기 128년 11월에 기루왕이 죽자, 왕위를 계승하였다. 왕위 계승 과정에 관한 기록은 남아 있지 않으나, 그가 기루왕의 장남이 아닌 것은 분명하다. 기루왕과 나이 차이가 크게 나는 것으로 보아 정실이 아닌 후실의 소생, 즉 서자일 것이다.

서자가 왕위에 올랐다는 것은 기루왕의 자식들 간에 왕위계승전쟁이 있었을 가능성을 짐작하게 하는데, '한강에 두 마리 용이 나타났다'는 기루왕 21년의 기사는 바로 그 사건을 가리키는 것으로 해석된다.

기루왕이 개루왕에게 왕위를 물려준 사실을 감안할 때, 개루왕은 기루왕의 지지를 받고 있었던 것이 분명하다. 그렇다면 당시 상황은 대충 짐작이 갈 만한 일이다. 즉, 늙은 기루왕이 자신의 장남이나 적자를 후계자로 삼지 않고, 후실 태생인 개루왕을 후계로 삼자, 장남을 위시한 적자들이 정변을 일으킨 것이다.

이와 유사한 예를 우리는 후백제의 역사에서 찾아볼 수 있다. 후백제 왕 견훤은 적장자 신검을 못마땅하게 여겨 후실 태생인 넷째 아들 금강을 후계자로 지목하였는데, 이 때문에 신검과 그 형제들이 반란을 일으켜 견훤을 감금하고 왕위를 탈취한다.

백제에서도 이런 사태가 발생한 것으로 보인다. 하지만 신검은 정적인 금강을 죽이고 정권을 장악하는 데 성공했지만, 기루왕의 적자들은 정적들을 제거하는 데 실패했다. 때문에 백제 도성은 둘로 갈려 전쟁을 벌이는 상황으로 치달았고, 그런 기간은 기루왕 27년 '왕이 한산에서 신록을 잡았다'는 기사가 나올 때까지 약 6년 동안 지속된 것으로 보인다. 그리고 결과는 적장자 쪽의 패배였다.

왕자들 간의 이런 왕위 다툼은 신라와의 외교 관계에도 큰 영향을 끼친 듯하다. 개루왕 38년 1월에 신라의 아찬 길선이 반역을 도모하다가 발각되어 백제로 도주해오자, 신라는 소환을 요구했다. 그러나 개루왕은 길선을 신라에 소환하지 않았다. 이 때문에 신라의 아달라 이사금이 분노하여 군사를 출동시켜 공격을 해왔다. 백제는 성문을 닫고 방어만 함으로써 신라군은 스스로 물러났지만, 이 사건은 백제와 신라 양국 관계를 크게 냉각시켰다.

백제는 기루왕 29년에 화친을 제의한 이후 신라와 평화를 유지하며 지내왔다. 덕분에 양국은 서로 사신을 주고받고, 원군을 보내 도움을 주기까지 하는 대단히 친밀한 관계를 유지했다. 그런 분위기는 적어도 기루왕 대까지는 유지되었다. 하지만 개루왕이 즉위한 이후에는 양국이 사신을 주고받은 기록이 없다. 거기다 신라의 아찬 길선은 반역을 도모하다가 백제 땅으로 도주해와 몸을 의탁했다. 반역자 길선이 백제에 도주해왔다는 것은 백제가 자신을 받아줄 것이라는 확신이 없이는 불가능한 일이다. 이는 당시 백제와 신라의 관계가 그다지 원만치 않았다는 뜻이다.

개루왕이 즉위하면서 신라와의 관계가 소원해진 것은 무슨 까닭일까? 혹 신라 쪽에서 개루왕의 즉위를 탐탁지 않게 여긴 것은 아닐까?

당시 백제와 신라는 일종의 군사 동맹 관계에 있었으므로 백제의 내분에 신라는 어떤 형태로든 입장 표명을 했을 가능성이 높다. 개루왕이 즉위한 뒤로 양국의 관계가 악화된 것을 볼 때, 신라는 개루왕을 지지하지 않은 것이 분명하다.

명분상으로 보면 개루왕은 확실히 입지가 약했다. 장남도 적자도 아닌 서자가 왕위에 오른다는 것 자체가 명분 없는 일이었다. 신라는 그 명분 없는 일을 좋게 받아들이지 않았고, 결국 그것은 백제와 신라 양국 관계를 냉각시키는 결과를 낳았다.

개루왕은 서기 128년 11월에 즉위하여 166년까지 약 38년간 재위했지만, 『삼국사기』에 그의 치세에 대한 기록이 거의 전무한 상태다. 기껏해야 '그는 성격이 공손하고 품행이 방정했다'는 극히 형식적인 인물평이 남아 있을 뿐, 구체적인 행적에 대해선 사냥을 했다는 기록 하나밖에 없다.

그의 업적에 관한 기록 중에 유일한 것은 재위 5년(서기 132년)에 북한산성을 쌓았다는 내용이다.

개루왕이 쌓은 북한산성은 토성으로서 현재 경기도 고양군 신도읍 북한리 산성에 그 일부 성곽과 유적이 남아 있다. 당시 이 성을 쌓게 된 배경은 말갈군의 남진을 막고, 도성을 보호하기 위함이었다.

북한산성은 이처럼 처음엔 방어적인 의미로 축성되었지만, 백제가 전성기를 맞이하는 근초고왕 대에 이르면 북진 정책의 교두보로 활용된다. 때문에 백제의 운명은 북한산성과 함께 했다고 해도 과언이 아니다.

475년에 고구려의 장수왕이 이 성을 함락시키고 개로왕(근개루왕)을 죽이자, 백제의 한성이 무너지고, 결국 백제는 도성을 웅진으로 옮기는 비운을 겪기도 한다. 다행히 신라와 힘을 합쳐 고구려의 남진을 막지만, 553년에는 신라가 백제와의 동맹을 깨고 북한산성을 점령하여 진흥왕순수비를 세운다. 이후로 북한산성은 신라의 거점이 된다.

현재의 북한산성은 고려 현종 대에 증축된 이후, 1387년 우왕 때에 개축되었고, 조선에 와서는 효종과 숙종 대에 대대적인 축성작업을 벌여 7620보의 석성으로 변모시켰다.

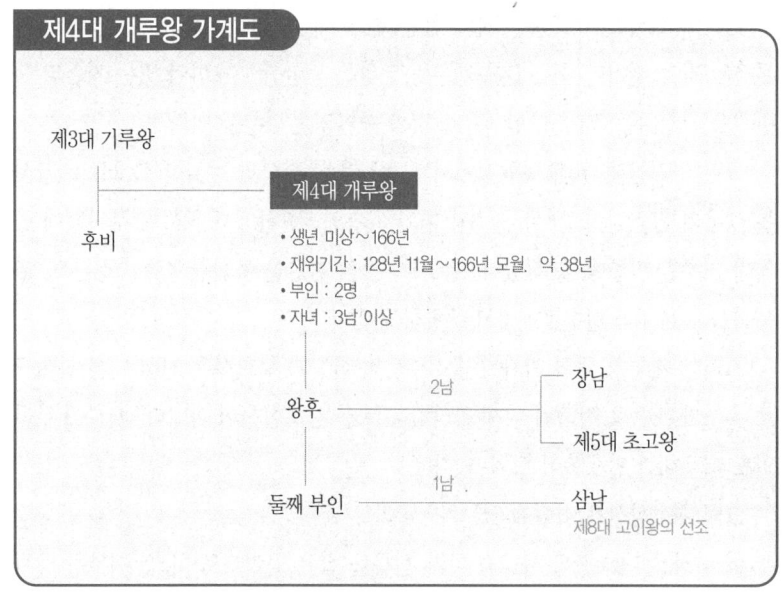

성의 규모를 살펴보면 우선 대서문, 동북문, 북문 등 13개의 성문과 시단봉 위의 동장대, 나한봉 동북의 남장대, 중성문 서북에 있는 북장대가 있으며, 130칸의 행궁과 140칸의 군창이 있다. 또 성 안에는 중흥사를 비롯한 12개의 사찰이 있고, 99개소의 우물과 26개소의 저수지가 있다.

개루왕의 능과 가족에 대한 기록은 남아 있지 않다. 그의 아들 초고왕이 장자가 아닌 사실로 보아 여러 부인과 자식을 뒀을 것으로 짐작된다.

2. 한산과 북한산, 그리고 한성과 위례성

개루왕 4년 4월 기사에 '왕이 한산에서 사냥하였다'는 기록이 있고, 그 이듬해 2월 기사에는 '북한산성을 쌓았다'는 기록이 있다. 무심코 넘기기 쉬운 이 두 기사는 백제의 초기 역사를 밝히는 데 매우 중요한 단초이다.

이 기록에서 알 수 있는 것은 '한산(漢山)'과 '북한산(北漢山)'은 명백히 다른 산이라는 것이다. 북한산은 개루왕이 쌓은 북한산성이 남아 있는 지금의 북한산을 지칭하는 것이고, 한산은 그것과 구별되는 다른 산이다.

그런데 지금껏 우리 사학계에서는 한산을 북한산과 동일한 산으로 취급하는 경우가 많았다. 그래서 온조왕 대의 기록인 '한산에 도착하여 부아악에 올라가 거주할 만한 곳을 찾았다.'는 기록 속의 한산을 북한산으로 비정하고, 부아악을 백운대나 인수봉이라고 주장하고 있다.

그러나 개루왕 대의 기사가 밝혀주듯이 한산과 북한산은 전혀 다른 산이므로 온조가 도읍을 정하기 위해 올라갔다는 산은 북한산이 아니다. 때문에 부아악도 백운대나 인수봉이 될 수 없다.

그렇다면 한산은 어디에 있는가?

이 한산은 기루왕이 사냥을 나가 신록을 잡은 곳이기도 하고, 개루왕이 사냥을 다니던 곳이기도 하다.

왕이 사냥을 다녔던 곳이라면 의당 도성 근처에 있는 산이다. 당시 도성은 한강 남쪽에 위치하고 있었기에 사냥을 하기 위해 배를 타고 북한산까지 갈 리도 없다. 때문에 한산은 백제 도성 근처인 한강 남쪽에 있는 산으로, 지금 우리가 남한산이라고 부르는 곳이다.

이 산이 남한산으로 불리기 시작한 것은 신라 때였고, 그것은 북한산과 대치적인 개념으로 붙여진 이름이다. 그 전에 불렸던 이름이 바로 한산인 것이다.

온조가 도읍을 정하기 위해 올라갔던 한산은 북한산이 아니라 바로 지금의 남한산이며, 부아악은 남한산의 한 봉우리라는 뜻이다.

그것은 온조가 한산에 올라갔을 때, 신하들이 간한 도성의 입지 조건에서도 증명된다.

'이 곳 강 남쪽 땅(河南)은 북쪽으로 한수가 흐르고 동쪽으로는 높은 산이 있으며, 남쪽으로는 비옥한 들이 보이고, 서쪽은 큰 바다로 막혀 있다.'

북쪽으로 한수가 흐른다는 것은 온조가 서 있는 자리가 한수 남쪽이라는 뜻이다. 만약 온조가 북한산에 올라가 내려다보았다면 남쪽으로 한수가 흐른다고 표현해야 옳다.

그런데 사학계에선 이 강 남쪽에 마련한 도성을 위례성이라고 주장하고, 흔히 이를 '하남 위례성'이라고 표현한다.

그러나 온조왕 13년의 5월 기사에서는 한강 북쪽에 있던 도성을 남쪽으로 옮기기로 결정하고, 7월에 '한산 아래에 목책을 세우고 위례성의 백성을 이주시켰'으며, 이듬해 1월에 도읍을 옮겼다.

온조 17년 봄에는 '낙랑이 침입하여 위례성을 불태웠다'고 했으며, 41년에는 '한수 동북의 모든 부락에서 15세 이상 되는 장정을 징발하여 위례성을 수리했다.'고 기록되어 있다.

이 기록들은 위례성이 한강 북쪽에 있었음을 확연히 증명한다. 때문에 온조가 한산에 올라가 둘러본 도성 터는 결코 위례성이 아니다. 백제는 한강 남쪽에 새로 지은 도성을 위례성이라고 부르지 않고 한성이라고 불렀다.

천도 직후인 온조 14년 7월 기사에 '한강 서북방에 성을 쌓았다. 그 곳에 한성 주민 일부를 이주시켰다.'고 했고, 25년 2월 기사에서는 '한성의 민가에서 말이 소를 낳았다.'고 했다.

이렇듯 한강 남쪽의 신도읍은 '한성(漢城)'으로 불렸을 뿐, 결코 '위례성'이라고 불리지 않았다. 따라서 한반도에서 '하남 위례성'이라는 말은 성립될 수 없다.

지금 사학계는 서울 강동구에 있는 백제 토성지인 몽촌토성과 풍납토성을 '하남 위례성'이라고 주장하고 있는데, 이는 삼국사기의 기록을 무시한 주장이다. 위례성은 한강 북쪽에 있었으므로 풍납토성과 몽촌토성은 한성일 수는 있어도 위례성일 수는 없다.

그렇다면 온조본기 진입부에 기록된 '하남 위례성'은 어디인가? 이미 밝혔듯이 여기서 하남은 한강 남쪽을 지칭하는 것이 아니라 하수(황하) 남쪽을 의미하고, 하남 위례성은 황하 남쪽인 산동 지방에 있었던 성이다(「온조왕실록」, '하남 위례성의 실체와 계루부 집단의 망명 경로' 참조).

▶ 개루왕 시대의 세계 약사

개루왕 시대 중국은 후한이 내부의 불안으로 정치적으로 몹시 혼란스런 시기였다. 치열한 제위 다툼으로 충제, 질제 등이 피살당하고 환제의 모후 양태후가 수렴청정을 하는 등 황실은 점점 입지가 약해진다. 그런 가운데 흉노족과 선비족이 침입하고, 전국 곳곳에 도둑이 들끓어 총체적인 몰락상을 보인다.

이 무렵 서구의 로마는 건국 900년을 맞아 대대적인 축제를 벌이고, 황제 안토니누스 피우스가 기독교에 대한 보호령을 내림으로써 로마인들은 종교적인 전기를 마련한다. 하지만 안토니누스 피우스 이후에 마르쿠스 아우렐리우스와 루키우스 베루스가 함께 황제에 즉위하여 정치적인 혼란을 겪는다.

제5대 초고왕실록

1. 초고왕의 영토 확장 노력과 신라와의 세력 다툼
(?~서기 214년, 재위기간: 서기 166년 모월~214년 10월, 약 48년)

초고(草古)왕은 소고(素古)왕이라고도 불리며, 이름은 남아 있지 않다. 개루왕의 아들인 것은 분명하나 장자는 아니며, 서기 166년에 개루왕이 죽자 왕위에 올랐다.

개루왕 28년에 신라의 망명객 길선을 받아들인 이후 백제와 신라 양국 관계는 급격히 악화되었고, 그 때문에 초고왕은 즉위 직후부터 신라와 전쟁 상황에 돌입했다.

재위 2년(서기 167년) 7월에 초고왕이 신라 서쪽 변경에 군대를 보내 두 개의 신라 성을 격파하고 백성 1천여 명을 포로로 잡아오자, 신라의 아달라 이사금은 일길찬 흥선에게 군사 2만을 주어 즉각 반격을 가하는 한편, 자신이 직접 기병 8천을 이끌고 백제 한강까지 밀고 왔다. 초고왕은 신라군의 위세에 겁을 먹고 포로로 붙잡아온 신라 백성을 돌려주고, 빼앗은 두 개의 성도 내놓으며 화친을 제의하였다.

신라 아달라 이사금 14년(167년) 8월 기사에는 이 때의 상황을 '백제는 크게 두려워하여 잡아갔던 남녀를 돌려주고 화친을 애걸하였다.'고 쓰고 있다. '화친을 애걸했다'는 문장은 '걸화(乞和)'를 번역한 말인데, 걸화는 그야말로 구걸하듯이 화친에 임했다는 뜻이다.

신라 왕 아달라가 이끌고 온 병력 2만 8천은 가히 대군이라 할 만했다. 더구나 당시 신라는 지금의 경상도 일원을 장악한 소국에 불과했는데, 보병 2만에 기병 8천을 이끌고 왔다는 것은 전면전도 불사하겠다는 의미였다.

그러나 백제의 화친제의를 받아들이고 즉각 물러났다는 것은 애초부터 신라는 한성을 공격할 의도가 없었음을 시사한다. 말하자면 대군의 위용을 앞세워 일종의 무력 시위를 한 것인데, 이는 신라 나름대로 한성을 공격하지 못할 속사정이 있었다는 의미이기도 하다. 한성을 공격하기 위해서는 먼저 남한강을 건너야 하는데, 2만 8천의 병력이 강을 건너자면 많은 부교가 필요하기 때문에 그것을 만드는 시일이 너무 오래 걸릴 터이고, 설사 강을 건넜다손 치더라도 불리할 경우 퇴각이 용이하지 않다는 계산이 작용했을 것이다. 다음으로 병력 구성의 문제도 있었을 것이다. 소국에 불과한 신라가 2만 8천의 군대를 이끌고 나왔다는 것은, 군대의 대부분이 정예 병력이 아니라는 뜻이다. 즉, 육신이 멀쩡한 남자는 거의 모두 차출되어 왔다는 것인데, 만약 그런 군대로 한강을 건너가 싸워봤자 이기기 힘들었을 것이다.

어쨌든 초고왕은 아달라 이사금의 무력 시위에 손을 들고 빼앗았던 성과 포로로 잡은 백성을 돌려줄 수밖에 없었다. 이제 막 즉위한 초고왕이 먼저 신라의 기선을 제압하고 위용을 떨치려 하다가 오히려 아달라 이사금의 단호한 행동에 밀려 꼬리를 내리고 만 꼴이었다.

이 일로 자존심이 상할 대로 상한 초고왕은 3년 뒤인 재위 5년(170년) 10월에 다시 한 번 신라 변경을 침입했다. 하지만 이 때도 별다른 성과를 거두지 못하고 물러나야 했다. 그 뒤로 한동안 신라에 대한 공격을 자제하다가 23년(188년) 2월에 신라의 모산성을 공격했다. 하지만 신라 장수 구도에게 패배하여 병력 5백을 잃고 퇴각해야만 했다.

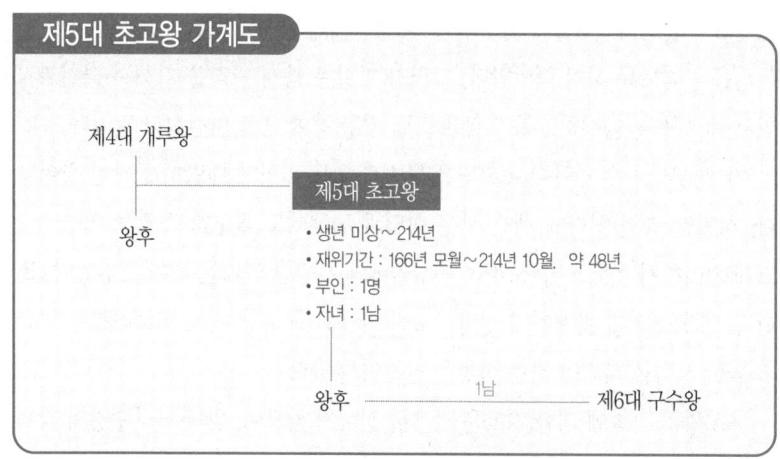

계속 패배만 하던 초고왕은 25년 8월에 신라의 서쪽 국경인 원산향을 공격하고, 승기를 잡아 부곡성을 포위하기에 이르렀다. 그러자 이번에도 구도가 기병 5백을 이끌고 나와 대적해왔다. 이에 백제군은 겁먹은 척 꽁무니를 뺐고, 구도는 승기를 잡았다고 판단하고 백제군의 뒤를 후렸다. 하지만 그것은 백제군의 계략이었다. 그것도 모르고 와산까지 줄기차게 추격해 들어간 구도는 백제군의 계략에 걸려 군사를 잃고 쫓겨와야만 했다.

이후부터 백제와 신라의 팽팽한 공방전이 계속된다. 초고왕은 34년(199년) 7월에 다시 군대를 보내 신라 변경을 침략했고, 39년(204년) 7월에는 신라의 요차성을 공격하여 그 곳 성주 설부를 죽였다. 신라의 나해 이사금이 이에 분개하여 왕자 이음에게 군대를 안겨 백제의 사현성을 공격해왔다.

이렇듯 백제와 신라가 각축전을 벌이는 가운데, 북쪽에선 말갈이 호시탐탐 남진의 기회를 노리고 있었다. 말갈은 북쪽으로 계속 세력을 확대하던 신라를 견제하기 위해 먼저 203년에 신라부터 공격했다. 또한 백제 국경에 대해서도 지속적으로 위협을 가해왔다. 초고왕은 말갈의 공격을 예상하고 210년 10월에 적현성과 사도성을 쌓고 동부의 백성들을 그 곳으로 옮겼다. 그 한 달 뒤에 말갈이 사도성을 공격해왔지만, 방어망을 구축한 백제군에게 쫓겨 달아났다. 이에 초고왕은 214년 9월에 북부의 장수 진과에게 군사 1천을 내주고 말갈의 석문성을 공격토록 하여 빼앗았다. 그러자 말갈은 즉시 반격을 가해 우술천까지 밀고 내려왔다. 불행히도 초고왕은 그런 경황 중에 생을 마감하고 말았다.

치세에서 알 수 있듯이 초고왕은 국방과 영토 확장에 대단히 집착한 왕이었다. 하지만 숙적 신라에 대한 잦은 침입과 전쟁에도 불구하고 영토 확장에는 크게 기여하지 못했으며, 오히려 백성들에게 부담만 안기는 결과를 낳았다. 또한 말갈과도 적대 관계를 형성함으로써 아들인 구수왕 대에 이르러서는 말갈과 숱한 전쟁을 치러야 하는 상황을 만들어 놓았다.

초고왕의 가족에 대한 기록은 자세히 전하지 않으며, 맏아들 구수왕이 왕위를 이은 것으로 보아 왕실은 안정되어 있었던 것으로 보인다.

학계 일각에서는 초고왕 이전의 다루, 기루, 개루왕은 비류 계통이고, 초고왕은 온조 계통이라고 주장한다. 그래서 백제는 온조와 비류가 각각 세력을 형성한 후 비류 계통인 다루, 기루, 개루 등이 먼저 왕위를 잇다가, 초고왕부터 온조계가 왕위를 이었다고 말한다. 즉, 백제 초기에는 비류 계통이 왕위를 잇다가 초고왕 대부터 온조계가 왕위를 이어, 백제를 온조 중심의 역사로 기록했다는 것이다.

이들 학자들이 내세우는 근거는 분명치 않으나 다루, 기루, 개루 등의 묘호에 공통적으로 들어가는 '루(婁)'가, 비류의 '류'와 발음이 닮았다는 것에 착안한 듯하다. 하지만 그 외에 어디에도 다루, 기루, 개루를 비류와 연결시킬 다른 사료는 없다. 이미 밝혔듯이 다루, 기루, 개루 등에 공통적으로 붙는 '루'는 마한에서 지배자에게 붙이는 존칭어였거나, 왕을 칭하는 글자였을 것이다. 또 그런 의미가 아니더라도 온조의 후예로 기록된 그들을 비류의 후예라고 주장할 근거는 없다.

이런 주장은 결국 비류백제를 끌어내기 위한 과정에서 생긴 억측이다. 비류백제설을 주장하는 학자들은 백제가 온조 세력에 의해 장악당하자 비류계는 일본으로 건너가 그 곳에서 나라를 일궜고, 때문에 일본은 비류백제가 세운 국가라는 논리를 성립시키기 위함이다. 그러나 비류백제설 자체가 허구적인 논리임을 이미 밝힌 바 있다(「온조왕실록」, '비류 백제에 관한 여러 가설과 그 허구성' 참조).

2. 국란에 버금가는 메뚜기 떼의 창궐

한반도에도 옛날에는 메뚜기에 의한 피해가 있었을까?
초고왕 43년 기사에 '메뚜기(蝗)가 일어나고 가뭄이 심해 곡식이 잘 익지 않았다'고 했고, 46년 8월 기사에 '남쪽 지역에 메뚜기가 곡식에 해를 입혀 백성들이 굶주렸다'고 했다. 현재의 한반도 지역에서는 메뚜기에 의해 곡식이 피해를 입거나 사람들이 굶주리는 일이 없기 때문에 이 기사에 대해 의아하게 여길 사람이 많을 것이다. 그래서 정용석은 『고구려, 백제, 신라는 한반도에 없었다』라는 책에서 메뚜기 피해 관련 기사를 근거로 『삼국사기』의 기록들이 한반도에서 일어난 일이 아니며, 고구려와 신라, 백제가 한반도에 있던 국가가 아니라는 주장을 펼치기도 했다.

『삼국사기』의 메뚜기 피해 관련 기사는 고구려, 백제, 신라 삼국에서 공통적으로 여러 차례 나타난다. 고구려는 태조 3년(서기 55년)에 첫 기록이 보이고, 이후로 간헐적으로 7번의 기록이 더 있다. 백제는 초고왕 43년 가을 기사를 처음으로 4번이 더 나타나고, 신라는 남해 차차웅 15년(서기 18년) 기사를 시작으로 13번이 더 기록되어 있다. 신라에 비해 고구려나 백제의 사실이 부실할 수밖에 없는 점을 감안한다면 삼국에서 공히 비슷하게 메뚜기에 의한 곡식 피해가 있었다고 보아야 할 것이다.

정용석의 주장에 의하면 삼국에 피해를 끼친 메뚜기는 황충(蝗蟲)이라고 불리는 것으로 한 곳에서 서식하는 것이 아니라 먹이를 찾아 이동하는 종류라고 한다. 그리고 이런 종류는 한반도에 살지 않기 때문에 한반도에서 황충의 피해를 입을 수는 없다고 주장한다. 그는 이런 내용을 근거로 고구려를 비롯한 삼국이 한반도에 있지 않았다고 역설한다.

그러나 이것은 사료 검토가 제대로 되지 않은 상황에서 이뤄진 잘못된 견해이다. 황충에 의한 피해 사실은 『고려사』에도 수차례 기록되어 있다. 다음은 『고려사』 54권 지제8 오행2에 기록된 황충 관련 기사들이다.

의종 5년(1151년) 8월에 해주에서 소나무가 충해를 입었고, 지난해부터 황충의 피해가 있었다.

고종 10년(1223년) 7월에 황충이 솔잎을 먹었다.

공양왕 2년 6월 정묘일에 왕이 명령을 내려 궂은 비와 황충의 재해에 대한 액막이를 하게 하였다.

성종 7년에 황충이 생겼다.

목종 12년 6월에 동북 지방에 황충이 발생하였다.

현종 7년 7월에 황충이 발생하였으므로 경신에 교지를 내려 이르기를 "근래에 들으니 곡식이 당장 익어가는 때에 날아드는 황충의 피해를 입는다고 하니, 이것은 나라에서 형사에 대한 정책이 잘못된 데서 오는 재앙인 듯하니 전국의 죄수들 중에 도형과 유형 이하의 죄수들에 대해서는 보증인을 세우고 감옥에서 석방하는 동시에 잘 분간하여 정리한 후 속히 판결하여 주도록 하라." 하였다.

현종 11년 6월에 서북지방에서 황충이 발생하였다.

인종 5년 7월에 서경과 서북 지방에서 황충이 발생하였다.

인종 23년 7월에 북방의 창성, 삭주, 구성, 의주, 정주, 용천, 철산 등 7개 군과 서해도의 해주에서 황충이 발생하였다.

이 기록 이외에도 『고려사』에는 황충의 피해를 기록한 내용이 여러 곳 더 있다. 당시 사람들은 황충이 몰려드는 것은 임금이 나라를 잘못 다스렸거나 지신이 노한 것이라고 생각하고, 메뚜기 떼가 창궐하면 전국의 신사에서 관리들이 제사를 지내고 기도하는 것이 유일한 방책이었다.

황충에 의한 피해는 조선시대라고 해서 예외는 아니었다. 『조선왕조실록』
에도 황충에 대한 피해 사례들을 여러 차례 기록하고 있는데, 태종 7년에는 춘
천에서, 8년에는 원주·정선·인제·봉주·장연에서 메뚜기 떼 피해가 있었
고, 중종 30년에는 평양·함종·중화에서 있었으며, 효종 8년에는 함경도, 현
종 4년에는 서북 지역 및 함경도, 7년에는 의주와 칠산, 숙종 26년에는 충청도
회덕·황해도 장연·평안도 영유 등에서 황충 피해가 있었다.

메뚜기 피해가 가장 많은 곳은 지금의 평안도와 함경도 일대였고, 강원도와
경기도 일대도 주요 피해 지역 중 하나였다. 그렇다고 영남이나 호남이라고 해
서 황충 피해가 없었던 것은 아니다. 정조 5년에는 다른 때와 달리 영남과 호
남에 집중적으로 황충 피해가 있었다.

황충에 의한 피해는 광범위하게 이뤄지고, 그로 인해 백성들이 굶주림에 허
덕여야 했기 때문에 국가적인 재난이었다. 그래서 세종은 29년 4월 7일에 각
도 감사에게 흉년 뒤에 며루와 메뚜기의 작해를 제거하라는 특별한 교지를 내
리기도 했다. 이 교지에서는 황충에 의한 중국의 피해 사례를 예로 들어 그 심
각성을 주지시키는 한편, 황충의 번식을 막아 민간의 피해를 막을 것을 당부하
고, 황충이 처음 발생하는 상황을 조사해 보고하도록 조치했다. 과학 지식에
남다른 깊이가 있던 세종이니 만큼 그 대처 방법도 다른 왕들에 비해 매우 과
학적이었음을 알 수 있다.

선조 30년 7월 25일에 함경도 관찰사 송언신이 "도내 여러 고을에 황충이
크게 번성하여 벼가 모두 손상되어 추수할 가망이 없습니다."라는 보고를 했
을 정도로 황충에 의한 피해는 홍수나 지진보다도 훨씬 심각한 수준이었다. 함
경도 전체가 추수를 하지 못할 지경이라면 백성들이 기아에서 헤맬 것은 당연
하고, 그것이 함경도가 아니라 곡창지대인 호남이나 경기도에서 일어난 일일
땐, 가히 국란 수준이었을 것이다. 이런 국란 수준의 메뚜기 떼의 창궐이 초고
왕 때 두 차례나 있었으니, 초고왕은 가히 행복한 왕은 아니었다.

한반도의 메뚜기는 중국 대륙에서 출몰하는 이동형 메뚜기도 아니고, 사람
을 잡아먹는 육식 메뚜기도 아니었다. 때문에 메뚜기 떼가 지나가면 식물은 흔

적도 없고, 동물은 뼈만 앙상하게 남는 중국 대륙의 메뚜기 재난과는 같지 않았다. 하지만 한반도 메뚜기도 수가 기하급수적으로 늘어나면 곡식에 엄청난 피해를 주고, 백성들에게 굶주림을 안겨주며, 국가에 재난을 가져다줄 수도 있다는 것을 역사는 증명하고 있다.

▶ 초고왕 시대의 세계 약사

초고왕 시대 중국은 후한 말기로서 환관들이 권력을 장악하고 조정을 손안에 넣고 있었다. 이 때문에 168년에는 진번이 환관들을 척살하려다 되레 피살당했고, 국가 기강이 무너져 곳곳에서 황건적이 봉기한다. 황건적을 물리치기 위해 전국에서 조조, 유비, 동탁, 손권 같은 군벌들이 일어나 삼국 시대의 막을 올린다.

이 시기에 서구 로마에서는 167년 동방 원정에 나섰던 로마군이 페스트에 걸려 돌아와 로마 전역에 페스트가 만연하였고, 이 때문에 동방에서 흘러들어온 기독교에 대해 대대적인 탄압이 이뤄진다. 그런 와중에 루키우스 베루스 황제가 죽고, 동시에 황제에 올랐던 마르쿠스 아우렐리우스는 전성기를 맞이한다. 이 무렵부터 후에 로마를 멸망시키는 게르만족이 로마 제국 본토로 들어와 살기 시작한다. 192년에는 아우렐리우스에 이어 황제에 오른 코모두스가 나르키소스에게 암살되고, 네 명의 황제가 난립하면서 이른바 '군인황제 시대'로 접어든다.

제6대 구수왕실록

1. 털북숭이 거인 구수왕의 20년 치세
(?~서기 234년, 재위기간: 서기 214년 10월~234년 모월, 약 20년)

구수(仇首)왕은 귀수(貴須)라고도 불리며, 이름은 전해지지 않는다. 초고왕의 장남으로 214년 10월에 초고왕이 죽자, 왕위에 올랐다.

구수왕은 신장이 7척이고, 풍채가 특이했다고 전한다. 당시 1척이 몇 센티미터인지 분명치 않지만, 1척이 삼십 센티미터 정도 된다고 할 때 그의 신장은 2미터가 넘는 셈이다. 거기다 풍채가 특이했다고 하는데, 이는 그의 묘호에서도 엿볼 수 있다. 그의 묘호 구수는 '짝머리' 또는 '거만한 머리'라는 뜻이고, 또 귀수라는 별칭도 '귀한 수염' 또는 '귀한 털'을 의미한다. 묘호에까지 이렇게 생김새에 대한 언급이 있는 것을 보면 그의 외모는 확실히 남달랐던 게 분명하다.

구수, 즉 짝머리라는 것은 머리 양쪽의 균형이 맞지 않아 한쪽이 불쑥 튀어 올라왔거나, 또는 짐승의 머리나 궤짝처럼 아무렇게나 생긴 머리통을 일컫는다. 그것을 미화해서 사람들은 '거만한 머리통'이라고 미화했는지도 모르겠다. 어쨌든 구수라는 묘호 속에는 그런 뜻들이 함께 포함되어 있다. 또 귀수, 즉 귀한 수염은 보기 드물게 희한하게 생긴 수염을 미화한 것인 듯한데, 아마도 그의 수염은 말이나 사자의 갈기처럼, 아니면 돼지털처럼 억세고 특이한 형태였던 모양이다. 짝머리에다 갈기 수염, 또는 돼지털 수염의 털북숭이, 게다가 2미터가 넘는 7척 장신. 장수라면 모를까, 한 나라를 다스리는 제왕의 모습으론 뭔가 어울리지 않는 풍채다. 하지만 구수왕 본인은 물론이고, 백성들과 신하들, 그리고 그의 후손들까지도 그의 특이한 외모를 좋아했던 모양이다. 그렇지 않았다면 결코 묘호에까지 그의 외양을 들먹이지는 않았을 것이다.

이런 외모에 걸맞게 구수왕은 꽤나 호전적이었던 모양이다. 구수왕 재위시에는 말갈과 신라 양쪽 군대와 줄기차게 전쟁을 치렀는데, 시작은 말갈 쪽이 먼저 했다. 재위 3년(216년) 8월에 말갈군이 적현성을 포위하자, 그 곳 성주는 수성전을 펼치며 버텼고, 말갈군은 스스로 지쳐 물러날 수밖에 없었다.

말갈군이 퇴각하자, 구수왕은 자신이 직접 기병 8백 명을 이끌고 추격하여 사도성 외곽에서 말갈군을 궤멸시켰으며, 그 주변에 목책을 세워 말갈의 재침에 대비했다.

사도성에서 대패한 말갈은 그 뒤로 한동안 백제를 침입하지 못했다. 그러다가 재위 7년(220년) 10월에 백제의 왕성 서문에 불이 나자, 그 기회를 틈타 공격해왔다. 그러나 말갈은 이번에도 별 성과를 얻지 못하고 패퇴했고, 16년(229년) 11월에 백제 전역에 전염병이 돌자, 다시 한 번 공격을 가해왔다. 말갈은 우곡으로 밀고 내려와 백성과 재물을 약탈했고, 백제 병력 3백이 대적했으나 오히려 말갈의 복병에게 뒤를 맞아 패하고 말았다. 하지만 민간에 대한 약탈이 목적이었던 말갈은 그 길로 되돌아갔다.

말갈이 적현성을 공격한 것은 초고왕 49년(214년) 9월에 북부의 진과가 말갈의 석문성을 빼앗은 것에 대한 보복전이었다. 말갈은 그해 10월에 우술천으로 달려와 반격을 시작했고, 그 와중에 초고왕이 죽자 공세를 강화했던 것이다.

말갈과 함께 백제를 괴롭히는 또 하나의 숙적은 신라였다. 신라와의 전쟁은 백제가 먼저 시작했다. 사도성 근처에서 말갈을 궤멸시킨 데 힘을 얻은 구수왕은 5년(218년)에 신라의 장산성을 공격하게 했다. 그러나 신라의 내해 이사금이 직접 군사를 이끌고 달려와 공격하는 바람에 패퇴하고 말았다. 이에 구수왕은 9년(222년) 10월에 신라의 우두진을 습격하여 민가를 약탈했다. 그러자 이음에 이어 이벌찬에 임명된 신라 장수 충훤이 병력 5천을 이끌고 달려왔다. 양쪽 군대는 웅곡에서 한바탕 어우러졌는데, 이번에는 신라군이 대패하여 충훤은 가까스로 몸을 빼 단신으로 달아나야 했다.

이 사건에 대한 보복으로 신라는 224년 7월에 일길찬 연진을 시켜 백제를 공격해왔다. 양쪽 군대는 봉산 아래서 격돌하였는데, 여기서 백제군은 크게 패했고, 그 뒤로 구수왕이 신라에 대한 공격을 자제함으로써 재위 21년(서기 234년)에 죽을 때까지 더 이상 신라와의 전쟁은 없었다.

구수왕 재위 시절 동안 말갈과 신라 양국과의 전쟁보다 더 심각한 재난이 수차례 있었다. 8년(211년) 5월에 동부 지역에 큰 홍수가 나서 무려 40여 곳의 산이 무너졌는가 하면, 14년 4월에는 가뭄이 너무 오랫동안 계속되어 왕이 직접 기우제를 올리기도 하였다. 18년 4월에는 밤 정도 크기의 우박이 내려 날아가는 새가 맞아죽는 사태가 일어났다. 날아가는 새가 맞아죽을 정도의 우박이라면 농작물 피해는 말할 것도 없었던 상황임을 알 수 있다.

이런 홍수와 가뭄 말고도 다른 재난에 대한 기록들도 남아 있다. 7년 10월에는 왕성 서문에 화재가 났다는 기록이 있는데, 이 사건을 기회 삼아 말갈군이 침입한 것을 보면 대단히 큰 화재였음을 짐작할 수 있다. 왕성이라 함은 도성인 한성 안에서도 궁궐을 의미하고, 그 서문에 큰 불이 났다는 것은 왕성의 일부가 전소되었음을 뜻하는 것이니, 큰 재난이 아닐 수 없다. 16년 11월에는 전염병이 돌아 전국이 몸살을 앓았는데, 이 때도 말갈이 침입한 것을 보면, 국방이 허술해질 정도로 매우 혼란스런 상태였음을 알 수 있다. 대개 전염병은 봄이나 여름에 돌게 마련인데, 음력 11월인 한겨울에 전염병이 돌았다는 것은 매우 돌발적인 사태였음이 분명하다.

구수왕의 능과 가족에 대한 자세한 기록은 남아 있지 않다. 그러나 그의 장

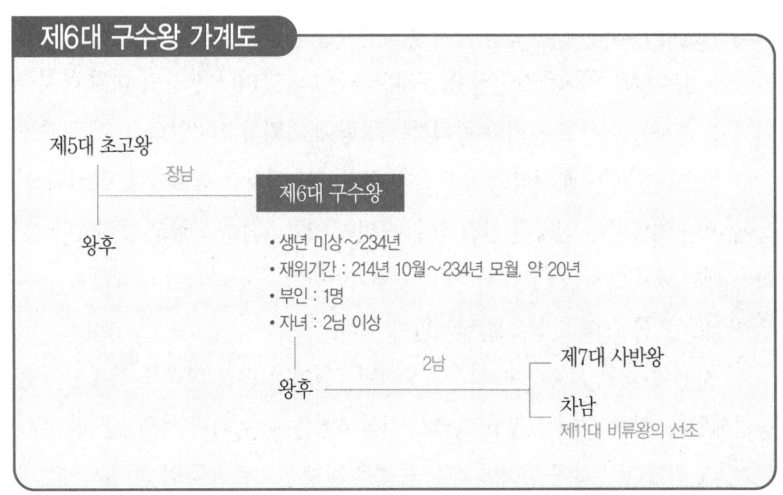

남이 사반왕이라는 것과 제11대 비류왕이 구수왕의 차남이라고 기록되어 있는 것으로 봐서 사반왕 이외에도 아들들이 있었음을 알 수 있다(「비류왕실록」에서 자세히 언급하겠지만, 비류왕이 구수왕의 둘째 아들이라고 기록되어 있으나, 실제는 구수왕 차남의 후손일 것으로 판단된다).

▶ 구수왕 시대의 세계 약사

구수왕 시대 중국은 위·촉·오의 삼국 시대가 시작되었다. 황건족 토벌을 명분으로 일어난 지방의 군벌들은 조조, 유비, 손권을 중심으로 세력을 형성했고, 220년에 조조의 아들 조비가 후한의 헌제를 폐하고 위의 황제에 오른 것을 시작으로, 촉한의 유비는 221년에 제위에 올랐고, 오의 손권은 222년에 제위에 올랐다. 이로써 삼국시대가 본격화된다.

중국에서 삼국의 혼전이 계속되고 있을 때, 서구의 로마에서는 카라칼라 황제가 즉위하여 안토니누스 칙령을 공포하고, 제국의 모든 자유민에게 로마시민권을 부여한다. 하지만 카라칼라는 217년에 피살되고, 뒤이어 제위에 오른 마크리누스는 엘라가발루스에 의해 제위를 찬탈당하고 쫓겨남으로써 로마 역시 혼란으로 치닫는다.

이 무렵 페르시아에서는 마니교의 교주 마니가 태어나 성장하고, 230년에는 조로아스터교가 페르시아의 국교가 된다. 또 232년에는 조로아스터교의 『아베스타경전』이 완성된다.

제7대 사반왕실록

1. 모래 반쪽 인생 사반왕
(생몰년 미상, 재위기간 : 서기 234~234년)

사반(沙伴)왕은 구수왕의 맏아들이다. 구수왕이 234년에 죽자, 그가 왕위를 이었다. 하지만 그는 왕위에 오래 있지 못했다. 그의 묘호 사반은 '모래 반쪽'이라는 뜻인데, 그의 재위기간은 그야말로 모래 반쪽에 비유될 정도로 짧았다는 것을 의미하는 듯하다.

즉위 당시 그는 십대의 어린 소년이었던 모양인데, 그 때문에 제대로 왕권을 행사할 수 없었고, 그것이 원인이 되어 역모가 일어나 폐위당했다.

개루왕이 38년 재위했고, 초고왕이 48년이나 재위했기 때문에 구수왕은 적어도 40대 이상의 나이에 왕위에 올랐을 것이다. 그런데 그의 아들 사반은 구수왕이 20년 재위한 뒤에 불과 십대의 어린 소년이었다면, 사반은 결코 구수왕의 정비 소생일 수 없다. 즉, 구수왕은 정비에게서는 아들을 얻지 못했고, 후비 중에 그것도 나이 차이가 아주 많이 나는 후궁 중에서 사반을 얻었을 것이다. 즉, 사반은 구수왕의 장남이긴 하나 적자가 아닌 서자였고, 그것은 곧 방계에 의한 왕위 계승을 의미한다. 방계승통에다가 어린 나이였기 때문에 사반은 왕위 계승의 정당성을 얻기가 어려웠을 것이다. 그럼에도 사반에게 왕위가 이어졌다는 것은 구수왕이 그에게 왕위를 물려준다는 유언을 했다는 의미다. 그러나 방계승통과 어린 왕을 즉위시키는 문제는 왕실과 신하들의 불만을 사기에 충분했다. 따라서 구수왕의 유명을 따르는 파와 그 반대파의 대립은 필연적일 수밖에 없었다. 사반왕이 폐위된 것은 바로 그런 대립의 결과라고 할 수 있다.

『삼국사기』는 고이왕 기사에 '사반이 왕위를 이었으나 나이가 어려 정사를 잘 처리하지 못하므로, 초고왕의 동복 아우 고이가 왕위에 올랐다.'고 기록하고 있다. 이것이 사반왕과 관련된 기록의 전부이다. 하지만 이 기록의 행간을 읽어보면 왕위 찬탈의 징후를 쉽게 찾아낼 수 있다. 마치 순리에 따라 고이왕이 왕위를 이은 것처럼 묘사하고 있으나, 고이왕이 왕위를 찬탈한 것이 확실하다. 만약 고이왕이 왕위를 찬탈하지 않았다면, 고이왕이 죽은 후에 사반에게 왕위가 이어지는 것이 순리다. 또 그때 사반이 살아 있지 않았다면 명분을 살려 사반의 장남이 왕위를 이었어야 한다. 하지만 고이왕을 이어 왕위에 오른 사람은 고이의 아들 책계였다. 이는 고이왕이 사반을 대신하여 왕위에 오른 것이 아니라 사반을 내쫓고 왕위에 올랐음을 증명하는 일이다.

이와 유사한 사건이 우리가 잘 알고 있는 조선 시대의 단종 폐위 사건이다. 어린 단종이 왕위에 오르자, 그의 숙부 수양은 결국 왕이 어린 것을 핑계 삼아 왕위를 찬탈했는데, 고이왕이 왕위에 오른 것도 세조 수양이 왕위에 오른 것과 유사했을 것이라는 뜻이다.

『삼국사기』는 고이왕을 개루왕의 둘째 아들이자 초고왕의 동복 아우라고 기록하고 있지만, 그것은 시간상으로 불가능한 일이므로, 이는 조작되었거나 잘못 기록된 것이 분명하다. 「고이왕실록」에서 자세히 언급하겠지만, 고이왕은 개루왕의 둘째 아들이 아니라 둘째 아들의 후예인 것으로 판단된다. 이와 유사한 기록이 제11대 비류왕 대에도 있고, 비슷한 상황의 왕위 승계가 고구려나 신라사에도 있었다.

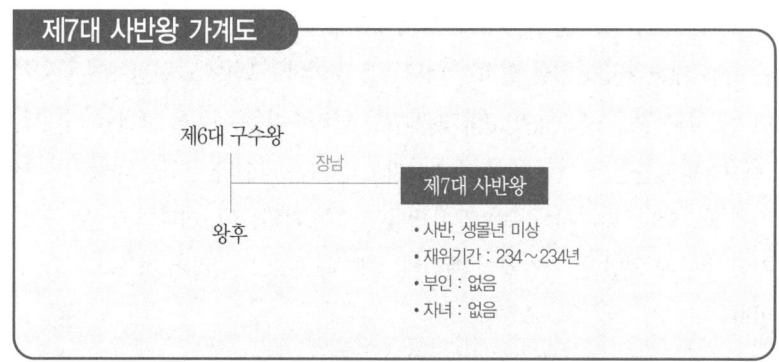

어쨌든 사반은 왕위에 오른 지 며칠 만에 반정을 일으킨 고이왕에게 왕위를 내줬다. 이 사건은 백제 왕실에 엄청난 파장을 일으켜, 결국 왕실이 왕위 승계를 놓고 내부 분쟁을 일으키는 원인으로 작용하게 된다. 백제왕들 중에 근구수, 근초고, 근개루(개로왕) 등의 묘호를 쓰는 왕들이 나오게 되는 것도 근본적으로 이 사건이 뿌리가 되는 것이다. 오늘날 백제 왕통에 대한 사학계의 해석과 의문이 분분해진 것도 사반왕 폐위와 깊은 관계를 맺고 있다. 이에 대한 자세한 내용은 고이왕실록에서 다루기로 한다.

사반왕의 가족에 대한 기록은 전무하며, 이후에도 그에 대한 언급이 전혀 없는 것으로 봐서 폐위 이후 피살된 것으로 보인다. 제11대 비류왕이 구수왕의 둘째 아들이라고 기록되어 있는 것으로 봐서 사반에게는 아우가 있었음을 알 수 있고, 그 아우의 후예로 추정되는 비류왕이 왕위에 올랐다는 사실은 적어도 고이왕이 사반왕은 죽였을지라도 그 형제들은 죽이지 않았다는 것을 증명한다. 또 평민이었던 비류왕이 낙랑 태수가 보낸 자객에 의해 분서왕이 살해된 틈을 타서 왕위를 장악한 기록이 있는 것을 볼 때, 사반의 형제들은 사반왕이 폐위된 234년에서 분서왕이 죽은 304년까지 70년 동안 평민으로 살았다는 것을 알 수 있다. 이는 고이왕이 왕위를 찬탈했다는 또 하나의 증거가 된다.

제8대 고이왕실록

1. 고이왕의 왕위 찬탈과 왕실의 분란

사반왕을 내쫓고 왕위를 찬탈한 고이(古尒)왕에 대해 『삼국사기』는 개루왕의 둘째 아들이자, 초고왕의 동복 아우라고 기술하고 있다. 하지만 이 기록은 신빙성이 없다. 개루왕은 서기 166년에 죽었고, 그 뒤로 초고왕이 48년, 구수왕이 20년을 재위했다. 설사 개루왕이 죽은 해에 고이왕이 태어났다고 해도 그는 즉위 당시 이미 68세의 노인이어야 한다. 하지만 고이왕은 무려 52년이나 왕위에 있었다. 즉, 고이왕이 개루왕의 아들이라면 최소한 120세를 살았다는 것인데, 이는 물리적으로 어려운 일이다. 따라서 그가 개루왕의 아들이자 초고왕의 동복 아우라는 기록은 조작되었다고 보는 것이 옳다.

그가 개루왕의 아들일 수 없는 증거는 또 있다. 고이왕이 재위 9년(서기 242년) 4월에 '숙부인 질을 우보로 삼았다'는 기록이 있는데, 숙부라면 개루왕의 동생이라는 뜻이다. 개루왕의 동생이라면 기루왕의 아들이라는 것인데, 기루왕은 서기 128년에 죽었다. 만약 그때 질이 태어났다고 해도 우보에 오르는 242년에는 나이가 무려 114세나 된다. 이것 또한 용납하기 힘든 내용이다.

게다가 고이왕 27년(서기 260년)에는 '왕의 아우 우수를 내신좌평으로 삼았다'는 기록이 있다. 즉, 고이왕에게는 우수라는 아우가 있었고, 『삼국사기』의 기록대로라면 우수 역시 개로왕의 아들이어야 한다. 이 역시 신뢰할 수 없다.

그렇다면 도대체 고이왕은 누구의 혈통이며, 왜 개루왕의 아들이라고 했을까?

고이왕이 개루왕의 둘째 아들이라고 기록된 것은 고이왕이 개루왕과 전혀 관계가 없는 인물은 아니라는 뜻이다. 즉, 고이왕은 개루왕의 둘째 아들은 아니지만, 개루왕의 혈통을 이어받은 인물이라는 것이다. 그런데 고이왕은 개루왕의 혈통이라는 것만으로는 왕위를 차지할 명분이 서지 않는다고 보았던 모양이다. 그래서 덧붙인 것이 초고왕의 동복 아우라는 내용이다.

그런데 재미있는 사실은 초고왕이 개루왕의 장남이 아니라는 것이다. 『삼국사기』는 초고왕이 개루왕의 장남이라는 기록을 남기지 않았고, 물리적으로도 초고왕이 개루왕의 장남일 수 없다. 『삼국사기』는 장남으로서 왕위에 오른 왕에 대해서는 반드시 '장자(長子)'라는 사실을 밝히고 있는데, 초고왕에 대해서는 그저 개루왕의 아들이라고만 쓰고 있다. 이는 초고왕이 개루왕의 장남이 아니라는 뜻이다.

그렇다면 초고왕의 동복 아우는 결코 개루왕의 차남이 될 수 없다. 즉, 개루왕의 차남과 초고왕의 동복 아우는 같은 인물일 수 없다는 것이다. 이는 고이왕의 혈통이 조작되었다는 뜻이다.

고이왕은 왜 혈통을 조작해야만 했을까? 혈통이란 곧 명분이다. 힘으로 사반왕을 내쫓긴 했는데, 그 명분을 세울 필요가 있었던 것이다. 그래서 적당한 혈통을 끌어다 붙인 게 분명하다. 그런데 우습게도 끌어다 붙인 혈통이 엉터리라는 것은 누가 봐도 자명한 일이다. 그럼에도 그는 자신이 개루왕의 둘째 아들이며, 초고왕의 동복 아우라고 우기면서 왕위를 차지했다.

고이왕이 비록 혈통을 끌어다 붙이긴 했지만, 그것이 먹혀들었다는 것은 그 주장의 상당 부분이 사실이기 때문일 것이다. 그런 가정 아래 추론을 하자면,

그는 개루왕의 혈통이긴 하나 적출이 아닌 서출 계통, 즉 직계가 아닌 방계일 것이다. 초고왕의 동복 아우라는 내용을 덧붙인 것도 그런 사실을 감추기 위한 장치로 보인다. 초고왕은 비록 장자는 아니지만 개루왕의 직계이고, 따라서 초고왕의 동복 아우라는 주장은 자신이 직계라는 것을 강조하기 위함이라는 것이다.

고이왕과 반정세력이 혈통을 조작하면서까지 직계라고 우긴 것은 사반왕이 방계라는 사실 때문인 듯하다. 방계의 사반왕이 왕위에 오르는 것보다 직계인 자신이 왕위에 오르는 것이 명분에 맞다는 것을 강조하기 위해 억지로 자신을 초고왕의 동복 아우라고 우겼다는 뜻이다. 그러나 후에 고이왕계를 내쫓고 왕위에 오른 비류왕의 아들 근초고왕이 초고왕의 적통임을 자처하고, 근초고왕의 아들 근구수왕이 또한 구수왕의 적통임을 내세운 것을 보면, 고이왕은 구수왕의 직계도, 초고왕의 동복 아우도 아니었던 것이 분명하다.

그의 혈통 조작은 사반왕을 내쫓고 난 뒤에 신하와 백성들을 무마하기 위해 행한 책략의 하나였던 것이다.

어쨌든 이러한 고이왕의 왕위 찬탈은 향후 백제 왕실의 내부 분란을 일으키는 불씨가 된다. 고이왕 이후 그의 직계인 책계왕(제9대)과 분서왕(제10대)으로 이어지지만, 분서왕이 낙랑의 자객에게 목숨을 잃자, 평민으로 살고 있던 비류왕(제11대)이 구수왕의 둘째 아들을 자처하며 왕위를 차지하고, 다시 분서왕의 아들인 계왕(제12대)이 왕위를 되찾았다가 불과 2년 만에 비류왕의 둘째 아들인 근초고왕에게 목숨을 내주고 왕위를 빼앗기는 왕위쟁탈전이 이어졌던 것이다. 비류왕의 둘째 아들이 초고왕 2세라는 뜻의 '근초고'라는 묘호를 받은 것이나, 근초고왕의 아들이 구수왕 2세라는 뜻의 '근구수'라는 묘호를 받은 것도 모두 이 사건에서 기인한 것이다.

2. 고이왕의 대륙 진출과 백제의 위상 정립
(?~서기 286년, 재위기간:서기 234년 모월~286년 11월, 약 52년)

고이왕은 개루왕의 방계 후손이며, 이름과 출생 관련 기사는 남아 있지 않다. 234년에 구수왕이 죽고 어린 사반왕이 왕위에 오르자, 그를 쫓아내고 왕위에 올랐다.

재위 기간이 52년이나 되는 점에 비춰볼 때, 고이왕은 즉위 당시 혈기 왕성한 20대 청년이었을 것으로 짐작된다. 재위 3년(236년)에 서해의 큰 섬에서 사냥하여 직접 40마리의 사슴을 잡았다는 기사와 재위 7년에 군대를 사열하는 중에 냇가에서 오리 한 쌍이 날아가는 것을 직접 활로 쏘아서 모두 적중시켰다는 기사를 통해 알 수 있듯이, 그는 무예가 출중하고 호방한 성격이었다. 이런 성품은 그의 치세 과정에서도 유감없이 발휘되는데, 특히 중국 대륙에 진출하는 과감한 면모는 백제의 세력 팽창에 크게 기여한다.

당시 중국은 위·촉·오 삼국이 치열한 패권 다툼을 벌이고 있는 상황이었고, 그런 난세를 이용하여 고구려는 위의 요서 지역을 공략하며 영토를 확대하고 있었다. 고이왕은 이 기회를 이용하여 대륙 진출의 꿈을 꾼다.

재위 13년(246년) 8월에 위나라 장수 관구검이 낙랑 태수 유무와 대방 태수 궁준과 함께 고구려 공략에 나서자, 대륙 진출의 기회를 엿보고 있던 고이왕은 좌장 진충에게 군사를 안겨 산동반도의 바닷가를 습격, 낙랑의 주민들을 포로로 잡아온다. 이에 낙랑 태수 유무가 분개하자, 고이왕은 포로들을 돌려주고 유무를 다독였다.

하지만 낙랑과 백제는 외교적인 문제로 극한 상황으로 치닫는다. 당시 위나라의 부종사로 있던 오림이라는 인물이 낙랑이 본래 한(韓)을 통치했다고 말하면서 진한의 여덟 나라에 대한 권리를 낙랑에 이양했다. 낙랑은 오림의 말을 빌미로 마한 땅을 장악한 백제에 그 권리를 주장한다. 그 말을 듣고 고이왕은 분개하여 대방군의 기리영을 공략하였고, 그 과정에서 대방 태수 궁준이 전사하였다.

궁준의 전사로 한동안 백제와 대방 관계는 극도로 악화되었지만, 후에 서로 결혼 동맹을 맺는 것으로 화해했으며, 백제는 대방에 대륙 진출의 교두보를 확보하고 대륙백제 건설의 터전으로 삼는다('백제의 대륙 진출 과정과 그 증거들' 참조).

한편, 고이왕은 신라와 대적하는 일에도 소홀하지 않았다. 재위 7년(240년)에는 신라의 서쪽 변경을 공격하였고, 22년(255년) 9월에는 신라군과 괴곡 서쪽에서 싸워 승리하고, 신라 일벌찬 익종을 죽였다. 그해 10월에는 신라의 봉산성을 공격하였으나, 승리하지는 못했다.

이렇듯 신라에 대해 강경책으로 일관하던 고이왕은 28년(261년) 3월에는 뜻밖에 신라에 사신을 보내 화친을 요청하였다. 이 때 고이왕이 화친을 요청한 것은 대륙 정책을 가속화하기 위한 것으로 보인다. 하지만 신라는 그의 화친제의를 받아들이지 않는다. 그러자 고이왕은 33년 8월에 다시 신라의 봉산성을 공격한다. 그러나 봉산성 성주 직선의 반격을 받아 패퇴하였다. 그 뒤로도 고이왕은 39년 11월에 군사를 보내 신라를 공격했고, 45년 10월에는 신라의 괴곡성을 포위하였으나, 신라의 파진찬 정원의 군대에 밀려 괴곡성 함락에는 실패했다. 50년 9월에도 군대를 보내 신라 변경을 공략하고, 10월에는 괴곡성을 다시 포위하였으나 신라의 일길찬 양질에게 밀려 함락에 이르지 못했다.

여러 차례에 걸쳐 신라를 공격했지만 뚜렷한 성과를 얻지 못하자, 고이왕은 53년 정월에 다시 한 번 신라에 사신을 보내 화친을 요청하였다. 이 때 고이왕은 칠십대의 고령이었고, 그해 11월에 죽은 것으로 봐서 이미 와병중이었던 것으로 보인다.

이 무렵, 신라는 미추 이사금이 죽고 유례 이사금이 새롭게 왕위에 올라 있었기에 신라도 백제와 새로운 관계를 모색하고 있었다. 또한 왜의 대대적인 침입이 예상되던 시기이기도 했다. 그런 까닭에 유례 이사금은 고이왕의 화친제의를 거절할 입장이 아니었다. 화친을 받아들였다는 기사는 없지만, 그 뒤로 수십 년간 백제, 신라 양국의 전쟁 기사가 없는 것으로 봐서 화친에 응한 것이 분명하다. 유례 이사금 12년에 왜국의 침입이 빈번하자, 왕이 신하들에게 "내가 백제와 함께 계획을 세워 일시에 바다를 건너 왜국을 공격하고자 하는데 어떠한가?"라고 묻는데, 이 또한 화친에 응했음을 시사하는 내용이다.

고이왕 대의 외교 관계는 이렇듯 강온 전략이 함께 구사되었고, 특이하게도 그간 적대 관계에 있던 말갈과는 평화를 유지했다. 재위 25년 봄에 말갈의 추장 나갈이 고이왕에게 좋은 말 열 필을 바쳤고 왕이 그 사자를 우대하여 돌려보냈다는 기사가 보이는데, 이는 말갈이 백제에 화친 의사를 타진한 것으로 해석된다. 말갈이 백제에 화친을 제의한 것은 백제의 힘이 그만큼 강해졌다는 의미이며, 고이왕 이후 말갈과 백제의 전쟁 기사가 거의 보이지 않는 것은 평화 관계가 지속되었다는 뜻이다.

고이왕의 외교적 업적 중에서 가장 빛나는 부분은 대방 태수의 딸을 며느리로 맞아들인 일이다. 책계왕 원년(286년) 기사에 책계왕이 즉위 이전에 대방왕의 딸 보과를 부인으로 맞아들였다는 내용이 나오는데, 이는 고이왕 대에 대방 태수의 딸이 백제 태자의 비가 되어 시집왔다는 뜻이다.

247년에 대방 태수 궁준을 죽였는데, 그 집안에서 며느리를 받아들였다는 것은 대방과 화해했음을 의미하는 한편, 대방 태수가 백제에 딸을 보냈다는 것은 대방이 백제의 영향력 아래 있었음을 의미한다. 말하자면 고이왕 대에 중국 산동 지방에 자리한 대방 땅을 지배하기 시작했다는 것이다. 이는 곧 대륙백제의 터전이 고이왕 대에 마련되었음을 증명한다. 책계왕 원년에 고구려가 대방 땅을 침략하자, 백제가 병사를 보내 고구려를 내쫓은 것도 백제가 대방에 영향력을 행사하고 있었다는 또 하나의 증거이다('백제의 대륙 진출 과정과 그 증거들' 참조).

고이왕의 업적은 외교에만 한정된 것은 아니었다. 그는 27년(260년) 정월에 장관격인 6좌평제도를 도입하고, 관등을 16품계로 나눠 대대적인 행정 개편을 실시하여 조정의 조직을 혁신하였다. 비서기관에 해당하는 내신좌평은 왕명의 출납에 대한 일을 맡았고, 경제기관에 해당하는 내두좌평은 물자와 창고를, 법무기관에 해당하는 내법좌평은 예법과 의식을, 수도방위사령부에 해당하는 위사좌평은 숙위 병사에 대한 일을, 사법기관에 해당하는 조정좌평은 형벌과 송사를, 국방기관에 해당하는 병관좌평은 지방의 군사를 맡게 하였다. 또 각 관리에겐 품계를 내렸는데, 좌평은 모두 1품, 그 아래 달솔은 2품, 은솔은 3품, 덕솔은 4품, 한솔은 5품, 나솔은 6품, 장덕은 7품, 시덕은 8품, 고덕은 9품, 계덕은 10품, 대덕은 11품, 문독은 12품, 무독은 13품, 좌군은 14품, 진무는 15품, 극우는 16품이었다.

또 6품 이상은 자줏빛 옷을 입고 은꽃으로 장식하고, 11품 이상은 붉은 옷을 입으며, 16품 이상은 푸른 옷을 입게 했다. 고이왕 자신은 자줏빛으로 된 큰 소매 달린 도포와 푸른 비단 바지를 입고, 금꽃으로 장식한 오라관을 쓰며, 흰 가죽 띠을 두르고, 검은 가죽신을 신은 것으로 기록되어 있다.

이런 6좌평과 관복을 그대로 적용하기 시작한 것은 시행령을 공포한 지 한 달 뒤인 그해 2월이었으며, 좌평에 처음으로 지명된 사람은 자신의 아우 우수였다. 그는 비서실장 격인 내신좌평에 임명되었으며, 다른 좌평은 이듬해 2월에 정식으로 임명되었다. 이 때 임명된 인물로는 내두좌평에 진가, 내법좌평에 우두, 위사좌평에 고수, 조정좌평에 곤노, 병관좌평에 유기였다. 우두는 우수와 같은 항렬인 것으로 봐서 이 때 임명된 좌평들은 대부분 고이왕의 혈족들이었을 것으로 판단된다. 즉, 고이왕은 좌평제도를 확립하면서 철저하게 혈통을 중심으로 한 측근 정치를 했다는 뜻이다.

재위 29년 정월에는 관리로서 재물을 받거나 도적질을 한 자는 누구를 막론하고 그 세 배를 배상하며, 종신 금고형에 처한다는 강력한 법을 만들어 관리의 기강을 확립했다.

그는 경제 정책에도 각별한 관심을 기울였다. 재위 9년 2월에 남쪽의 소택지를 개간하여 논을 만들도록 했는데, 소택지란 늪지로 그 곳을 메워 논을 만들었다는 것은 일종의 간척사업이라고 할 수 있다. 대개 소택지는 주인이 없이 버려진 땅인데, 이를 백성들을 동원하여 논으로 개간토록 한 것은 국유 농지 확보를 통해 국고를 늘리려는 의도였던 것으로 보인다. 소택지 개간 사업 덕분인지 알 수 없으나 고이왕 당시 백제 국고는 매우 견실했던 게 분명하다. 15년 봄과 여름에 걸쳐 가뭄이 들었고, 이 때문에 백성들이 굶주리자, 고이왕은 국

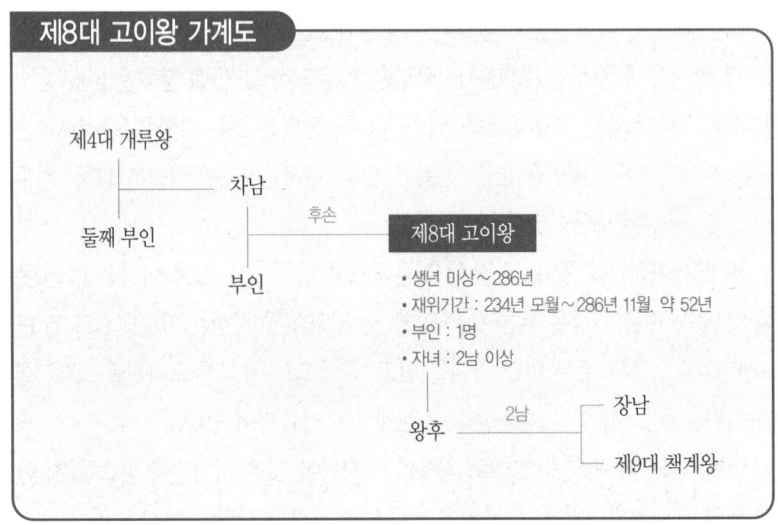

고를 풀어 백성들을 구제하고, 그들에게 1년간의 조세를 면제시켰다. 국고를 풀어 굶주린 백성을 구제하는 것도 쉽지 않은 일이지만, 그들에게 1년간의 조세까지 면제시켰다는 것은 그만큼 국고가 견실했다는 의미다.

286년 11월에 운명을 달리할 때까지 52년이라는 장구한 세월 동안 왕위를 유지한 고이왕은 국가 전반에 걸쳐 획기적인 발전을 도모함으로써 백제의 국가적 위상을 높이고, 대륙 진출의 토대를 세웠으며, 국가 기강을 확립한 왕이었다.

그의 능과 가족에 대한 기록은 자세하게 남아 있지 않으며, 아들 책계왕이 장남이 아닌 것으로 봐서 여러 아들이 있었던 것으로 보인다.

3. 백제의 대륙 진출 과정과 그 증거들

백제는 언제 대륙에 진출했으며, 어떤 과정을 거쳤을까? 백제의 땅이 대륙에도 있었다는 것은 이미 정설이 되어 있지만, 그 구체적인 성립 과정은 아직까지 수수께끼로 남아 있다. 그러나 그에 관련된 사료를 자세히 살펴보면 결코 수수께끼 정도로 치부할 일이 아님을 알 수 있다.

『삼국사기』에는 대륙백제에 대한 언급이 전혀 없다. 김부식을 비롯한 『삼국사기』 편자들은 백제의 대륙 영토를 전혀 몰랐기 때문이다. 그런 까닭에 그들은 중국 사서를 인용하는 과정에서 대륙백제에 관한 기사는 완전히 제외시켰고, 설사 인용했다 하더라도 자신들조차 제대로 이해하지 못한 상황에서 편찬했다. 『삼국사기』 편자들의 이런 행동은 결국 백제사를 한반도 안에만 가둬두는 결과를 낳았다. 그러나 오히려 중국의 사서들은 대륙백제의 존재를 확인시키고 있으며, 그 성립 과정과 시기를 명백히 기록하고 있다.

중국 사서에서 백제에 대한 언급이 최초로 나타나는 것은 남북조 시대 송나라의 역사를 기록한 『송서(宋書)』다. 『송서』는 남조 제나라 무제 연간인 488년에 심약이라는 인물이 무제의 명의 받들어 편찬한 책으로 권97 열전 제57 이만(夷蠻)편에서 백제에 대한 언급을 이렇게 시작한다.

백제국은 본디 고려와 더불어 요동의 동쪽 1천여 리에 있었으며, 그 뒤에 고려는 요동을 공략하여 가지게 되었고, 백제는 요서를 공략하여 가지게 되었다. 백제가 다스리던 곳을 일컬어 진평군 진평현이라 한다.

『삼국사기』의 편자들도 『송서』를 참고했을 터이고, 틀림없이 도입부의 이 기록을 보았을 것이다. 그러나 그들은 이 기록을 신뢰하지 않았다. 당시 그들의 상식으로는 백제가 요서 지역을 장악하고 있었다는 말이 이해가 되지 않았기 때문이다. 그들에게 백제란 그저 한반도 서쪽 일대를 지배하고 있는 작은 나라에 불과했다. 그러니 대륙의 요서 지역을 장악했다는 것을 이해할 수 없었을 것이다.

비단 그들뿐 아니라 지금도 일부 학자들은 백제의 요서 점령 사실에 의구심을 품고 있는 실정이다. 도대체 어떤 경로로 바다 건너 대륙의 요서 지역을 장악하여 다스렸다는 말인가? 진평군이라는 구체적인 지명까지 나와 있는 것으

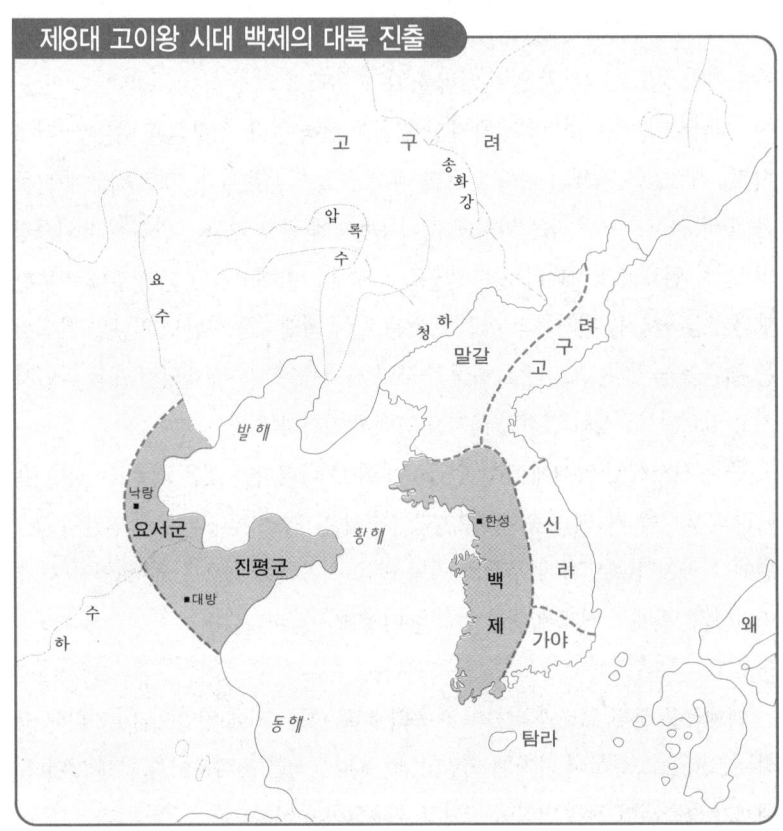

백제는 고이왕 대인 266년에서 286년 사이에 중국 대륙에 진출하여 요서군과 진평군을 세웠다.

로 봐선 백제가 요서 지역을 점령하여 다스린 것은 분명한데, 그 경로는 그저 수수께끼로만 남아 있는 것이다.

당나라 태종 연간인 636년에 편찬한 『양서(梁書)』는 남조의 양나라 역사를 기록한 것으로 거기엔 조금 더 구체적인 기록이 나온다.

백제는 본래 구려와 더불어 요동의 동쪽에 있었으나, 진(晉)나라 때 구려가 이미 요동을 공략하여 가지자, 백제 역시 요서군과 진평군의 땅에 자리하고 있으면서 스스로 백제군을 설치하였다.

『양서』는 백제가 요서 지역을 차지한 때를 진나라 때라고 분명히 밝히고 있고, 여기서는 진평군 이외에 요서군이라는 지명과 백제군이라는 지명이 추가되었다.

『양서』에서 말하는 진나라는 사마염이 266년에 세운 진(晉)을 일컫는다. 진은 서진과 동진으로 나뉘는데, 서진은 사마염이 세운 것이고 동진은 흉노족 유연에 의해 서진이 몰락하자 사마씨의 후예 사마예가 동쪽으로 달아나 세운 나라를 일컫는다. 서진은 266년에서 316년까지 유지되었고, 동진은 317년에서 420년까지 유지되었는데, 백제가 요서 지역에 진출한 시기는 서진 시대였다.

『삼국사기』「백제본기」 책계왕 13년(298년) 9월 기사에 '한(漢)나라가 맥 사람들을 이끌고 와서 침략하였다. 왕이 직접 나가서 방어하다가 살해되었다.'는 기사가 나오는데, 여기에 등장하는 한나라는 흉노의 귀족 유연의 세력을 일컫는다. 유연은 이 무렵 서진의 세력이 약화되자, 독자적인 세력을 형성했다가 304년에 '한(漢)'이라는 이름으로 나라를 세웠다. 이 한나라는 원래 평양(지금의 산서성 임분시 서남쪽)에 도읍했다가 나중에 장안으로 천도하여 국호를 '조(趙)'로 고쳤는데, 이를 중국사에서는 '전조(前趙)'라고 부른다.

한이 침입한 백제 땅은 한반도가 아니라 중국 대륙이었다. 따라서 백제가 요서 지역을 장악한 시기는 서진이 세워진 266년에서 한의 침입으로 책계왕이 사망한 298년 사이로 한정된다.

그런데 책계왕의 부인이 대방 왕의 딸 보과였다는 사실을 감안할 때, 책계왕 즉위년인 286년 이전에 대방이 백제의 영향력 아래 있었다는 것을 알 수 있다. 백제가 산동성 아래 위치한 대방을 세력권 아래 뒀다는 것은 이미 그때 백제가 요서 지역에 진출해 있었다는 의미다. 즉, 백제는 고이왕 연간에 이미 대륙에 진출하여 요서 지역을 장악하고, 진평군과 요서군을 합쳐 백제군으로 불렀으며, 대방 왕은 그런 백제의 막강한 힘에 의지할 요량으로 딸을 백제 태자에게 내줬다는 뜻이다.

그렇다면 백제는 언제부터 대륙에 진출했을까? 고이왕 13년(246년) 8월에 위나라 유주 자사 관구검이 낙랑 태수 유무와 대방 태수 궁준과 함께 고구려를 공격하자, 고이왕은 그 틈을 이용하여 좌장 진충으로 하여금 낙랑의 변방을 공격해 그 주민들을 잡아오는 사건이 있었는데, 백제의 대륙 진출은 이 때부터 시작된 것으로 보인다.

　이에 대한 중국측 기록은 진(晉)의 진수가 편찬한 『삼국지』 권30 위서30 오환선비동이전 제30의 '한(韓)' 편에 다음과 같이 나온다.

　부종사 오림은 낙랑이 본래 한국을 통치하였다고 하면서 진한의 여덟 나라를 분할하여 낙랑에게 줘버렸는데, 이 일을 벼슬아치가 통역하여 전하다가 잘못 전해진 부분이 있자, 신지가 한(韓) 백성들을 격분시켜 대방군의 기리영을 공격하였다. 이 때에 태수 궁준과 낙랑 태수 유무가 병사를 일으켜 정벌했는데, 궁준은 전사하였으나 두 군이 마침내 한을 멸하였다.

　『삼국지』의 이 기록은 마한에 관한 것이다. 마한은 이미 그때 멸망하고 없었다. 하지만 중국에서 백제를 여전히 마한으로 알고 있던 때였다. 때문에 백제 왕을 마한의 신지라고 표현했던 것이다. 그러나 여기서 마한의 신지로 표현된 사람은 다름 아닌 고이왕이었고, 기리영을 공격하여 궁준을 죽인 군대는 고이왕이 보낸 진충의 군대였다.

　고이왕이 진충을 시켜 대방을 공격한 것은 낙랑 태수가 위나라 부종사 오림의 말을 빌미로 백제에 속한 진한 땅의 영유권을 주장했기 때문이다.

　이 기사에서 낙랑군과 대방군이 합쳐서 한을 멸하였다고 하는 내용은 조작된 것으로 판단된다. 때문에 진수의 『삼국지』 외에 마한에 관한 어느 사서에서도 이 내용은 발견되지도 차용하지도 않았다. 진수의 『삼국지』는 위나라 중심의 역사관을 가지고 쓴 책인데, 당시 백제가 낙랑과 대방을 장악한 내용이 그대로 남을 경우 위나라 땅을 승계한 진나라에 매우 불리하게 작용할 것을 염려하여 진수가 고의로 조작했다는 뜻이다. 서진 시대에 이미 백제가 대륙에 진출했음에도 불구하고 『진서』에 '백제' 편은 없고 이미 망한 나라인 '마한' 편만 있는 것도 같은 이유에서다. 이 때 백제의 세력은 낙랑과 대방 세력에 의해 패퇴한 것이 아니라 오히려 그들을 물리치고 대방을 장악했을 것이다. 그 때문에 대방에선 볼모로 딸을 백제에 시집보내야만 했던 것이다. 즉, 백제는 이 때 대방을 장악하여 대륙 진출의 근거지로 삼고 후에 요서군과 진평군을 차지하여 대륙백제를 일궜다는 뜻이다.

중국이 백제라는 나라를 인식하기 시작한 것은 백제가 대륙에 영토를 개척한 서진 이후부터였다. 그 전까지 중국에선 한반도 중부 이남을 삼한의 땅으로 인식했고, 때문에 백제가 대륙에 진출하기 전에는 삼한의 맹주인 마한과 마한의 중심국인 목지국에 의해 그 땅이 다스려지고 있다고 믿었다. 말하자면 백제가 처음 대륙에 진출할 때까지만 해도 중국인들은 백제를 마한으로 인식했다는 것이다. 『송서』와 『남제서』, 『위서』, 『주서』에 백제 편은 있으나 신라 편은 없는 것도 당시에 중국은 신라를 진한의 한 소국으로 인식한 반면, 백제는 대륙에 진출한 비교적 큰 나라로 보았기 때문이다. 『남사』에서는 신라의 위치를 '백제의 동남쪽 5천여 리에 있다'고 쓰고 있는데, 이는 백제의 대륙 영토를 중심으로 서술한 것이다. 5천 리라는 개념은 백제를 대륙에 설정하지 않고는 나올 수 없는 수치인 까닭이다.

4. 대륙백제의 위치는 어디인가?

그러면 고이왕이 개척한 대륙백제의 정확한 위치는 어디일까? 『송서』와 『양서』에서는 대륙백제의 위치를 요서 지역이라고 말하고 있는데, 요서 지역은 요수 서쪽 일대를 통칭하는 것이므로 그 범위가 매우 넓다. 때문에 요서 지역이라는 표현만으론 대륙백제의 위치를 정확히 알기가 힘들다.

북위의 역사를 다룬 『위서』의 다음 내용은 대륙백제의 위치를 좀더 정확하게 설명해준다.

백제는 북쪽으로 고구려와 1천 리 떨어져 있으며, 소해의 남쪽에 자리하고 있다. 백성들은 토착생활을 하며, 땅은 매우 낮고 습기가 많기에 거의 모두 산에 기거한다.

북위는 386년에 창업되어 528년에 망한 나라로 한때 백제와 직접 전쟁을 치른 나라이기도 하다. 때문에 북위의 기록을 바탕으로 형성된 『위서』는 당시의 영토 상황을 가장 정확하게 알려주는 자료라고 할 수 있다.

『위서』의 기록에서 주목할 만한 사실은 고구려와 백제의 국경이 붙어 있지 않았으며, 그것도 1천 리나 떨어져 있었다는 것이다. 백제의 위치를 소해의 남쪽이라고 구체적으로 쓰고 있는데, 여기서 말하는 소해는 발해를 의미한다. 즉, 대륙백제는 요서 지역으로서 고구려 국경과 1천 리 이상 떨어진 발해 남쪽 일대에 형성됐다는 뜻이다.

이어지는 기후와 거주 지역에 대한 설명은 그 위치를 명백히 증명하고 있다. 땅은 매우 낮고 습기가 많다는 지형과 기후에 대한 설명은 발해 남쪽의 지형과 기후와 정확하게 일치한다.

발해(渤海)는 요동반도와 산동반도로 둘러싸인 내해로 '안개 바다' 라는 뜻인데, 지대가 낮고 깊은 만이 형성되어 있는 까닭에 늘 안개가 끼어 있는 데서 붙여진 이름이다. 면적은 총 7만 7천 제곱킬로미터이고, 크게 네 부분으로 나뉜다. 서부는 발해만, 북쪽은 요동만, 남부는 내주만, 가운데는 발해중앙분지이다.

발해는 3면이 육지로 둘러싸여 있어 대륙의 영향을 심하게 받아 수온의 연변화가 크고, 황하를 비롯한 난하 · 요하 · 해하 등의 거대 하천들이 모두 흘러드는 곳이라 늘 습기가 많은 곳이다.

발해 남쪽은 내주만과 산동반도 지역으로 지표면은 장기간 침식을 받아 대부분이 구릉지이고, 아주 일부만 1천 미터 이상의 높은 봉우리이다. 때문에 사람들은 주로 구릉지에 기거하고, 농작물도 구릉지에 적합한 사과와 배를 대량 생산한다. 이 곳의 수목으로는 구릉산지에서 잘 자라는 참나무가 가장 많는데, 이것은 멧누에인 작잠의 사료로 쓰인다. 이 곳의 연 강수량은 650에서 950밀리미터 사이로, 다른 화북 지역 강수량보다 200밀리미터 이상 많다.

이 곳 사람들이 발해만 주변의 저평원 지대에 기거하지 않고 산간 지역인 구릉지에서 생활하는 또 다른 이유는 평원 지역이 모두 염화저평원이기 때문이다. 이 곳에서는 해수가 들어온 후 조수가 빠지지 못해 해수가 증발되고 지하수 염분 농도가 증가되어 고등식물이 번식할 수 없다. 산동, 하북, 강소 지역이 여기에 해당한다.

열거한 사실들은 『위서』의 '땅은 매우 낮고 습기가 많기에 거의 모두 산에 기거한다'는 기록과 정확하게 일치한다. 즉, 대륙백제는 발해 남쪽의 산동 지역을 중심으로 형성되었다가, 후에 세력이 팽창되면서 하북성과 강소성 지역으로 확대되었다는 뜻이다.

▶ 고이왕 시대의 세계 약사

고이왕 시대 중국은 222년 이후 전개된 삼국 시대가 280년까지 이어지다가 사마씨의 진나라가 통일을 이뤘다. 진은 위의 제후였던 사마염이 위 황제를 몰아내고 세운 국가로 위나라 시절인 263년에 이미 촉한을 무너뜨린 뒤, 280년에 손씨의 오나라를 멸망시킴으로써 천하를 통일했다.

이 무렵, 서구엔 프랑크, 고트 등의 변방 외족들이 로마로 밀려들어 약탈을 일삼았고, 사산조 페르시아가 강성해져 로마와 세력을 다투었다. 또한 마니가 본격적으로 포교를 시작하여 마니교가 유포되기 시작했다. 248년에 로마는 건국 천년을 맞이하여 천년제를 거행했고, 251년에는 로마 황제 데키우스가 고트족과 전쟁을 치르다 패하여 사망하기도 했다. 그 뒤로 고트족과 프랑크족, 페르시아 등과 지속적인 전쟁을 치러야 했다. 또한 253년에는 데키우스에 이어 황제가 된 아이밀리아누스가 4개월 만에 피살되었고, 284년에는 누메리아누스가 피살됨으로써 로마는 안팎으로 혼란을 거듭하게 된다.

제9대 책계왕실록

1. 대륙백제의 영토 확장에 주력한 책계왕

(?~서기 298년, 재위기간 : 서기 286년 11월~298년 9월, 11년 10개월)

책계(責稽)왕은 청계(靑稽)라고도 불리었으며, 언제 태어났는지는 분명치 않다. 그는 고이왕의 아들이기는 하나 장남은 아니었으며, 체격이 장대하고 의지와 기품이 걸출했던 것으로 전해진다.

책계왕은 즉위와 동시에 장정들을 선발하여 위례성을 보수하는데, 이 때 보수한 위례성은 한강 북쪽의 위례성이 아니라 온조와 비류가 건국 초기에 대방 땅에 건설한 하남 위례성으로 판단된다. 당시 백제는 위례성 북방의 말갈과 화친 관계를 유지하고 있었고, 신라와도 평화를 지속하고 있던 시점이었다. 때문에 한강 북방의 초기 왕성인 위례성을 굳이 보수할 이유가 없었다.

책계왕이 위례성을 보수했다는 기사에 이어 다음과 같은 기사가 등장한다.

고구려가 대방을 치자 대방은 우리에게 구원을 요청하였다. 이에 앞서 왕이 대방 왕의 딸 보과를 부인으로 맞이하였기 때문에 왕이 "대방은 우리와 옹서

지간이 되는 나라이니, 그들의 요청을 들어주어야 한다."고 말하고, 마침내 군사를 출동시켰다.

　이 내용은 위례성 보수와 무관한 것이 아니다. 이미 밝혔듯이 대방은 중국 산동 지역에 자리 잡고 있었고, 고이왕 대에 백제의 지배권 아래 놓인 곳이었으며, 대륙백제의 전초기지 역할을 하고 있었다. 그래서 대방 맹주는 딸을 백제에 시집보내야 했고, 그 딸이 책계왕의 아내 보과이다. 책계왕은 그런 대방 땅을 지키기 위해 백제 초기에 건설했던 위례성을 보수하고 대방 땅을 지키려 했던 것으로 보인다.
　『삼국사기』「백제본기」는 이 때 쳐들어온 병사가 고구려군이라고 기록하고 있지만, 같은 책「고구려본기」에는 이에 대한 언급이 전혀 없다. 책계왕 원년은 고구려 13대 서천왕 17년에 해당하는데, 당시 기사에는 대방을 공격했다는 기사가 없다. 그해 2월 고구려에서는 서천왕의 아우 일우와 소발이 모반을 도모하여 조정을 발칵 뒤집어놓았다. 즉, 고구려는 당시에 대방을 공격할 여유가 없었다는 뜻이다.
　그런데 책계왕이 군사를 동원하여 대방을 구원하자 '고구려에서 원망하였다' 는 기사가 있고, 백제는 '고구려의 침략을 염려하여 아차성과 사성을 수축하여 방비하게 하였다' 는 기사가 덧붙여져 있는 것으로 봐선, 이 때 대방을 침략한 세력 중에 고구려군이 포함된 것만은 분명한 듯하다. 하지만 고구려의 당시 상황이 전쟁을 치를 입장이 아니었다는 점을 감안할 때, 고구려는 대방 공략의 주도세력은 아니었을 것이다.
　그렇다면 이 때 대방을 공략한 주력군은 누구였을까? 그것은 아마도 낙랑 태수의 군대였을 것이다. 대방은 원래 낙랑에 속한 땅인데, 고이왕에게 빼앗겼다가 고이왕이 죽자, 그 기회를 이용해 낙랑이 고구려군에 의지해 대방을 쳤을 것이라는 뜻이다. 책계왕이 한나라 군대와 맥족 백성들로 형성된 연합군과 싸우다가 죽는 사실이나, 책계왕의 아들 분서왕이 낙랑과 영토 전쟁을 벌이는 과정에서 낙랑의 자객에 의해 살해되는 것은 백제를 공격해온 중심 세력이 낙랑이었다는 것을 증명한다.

책계왕은 재위 13년(296년) 9월에 죽는데, 그때 상황을 『삼국사기』는 이렇게 쓰고 있다.

한(漢)나라가 맥 사람들을 이끌고 와서 침략하였다. 왕이 직접 나가서 방어하다가 적병에게 살해되었다.

여기서 말하는 한나라는 흉노의 귀족 유연의 세력을 일컫는다. 당시 서진(晉)은 외척과 왕족들의 내분으로 곳곳에서 전쟁을 일삼고 있었는데, 그 혼란을 이용해 저족과 흉노족이 대거 봉기하여 세력을 형성했고, 이 때부터 이른바 외방 오족인 5호의 16국 시대가 시작된다.

유연의 터전은 대륙백제가 형성된 산동 지역에서 멀지 않은 평양(산서성 임분)이었다. 이들은 304년에 평양을 도읍으로 한(漢)나라를 세우는데, 이미 이때부터 이 곳을 중심으로 세력을 형성하고 있었다. 때문에 당시 낙랑 지역은 유연의 세력권 아래 놓여 있었다고 볼 수 있다.

유연이 세력을 확대하던 시점에 백제 또한 세력 확대를 시도했을 것으로 보인다. 진이 몰락상을 보이며 내분에 시달리고 있던 상황임을 감안한다면 백제가 대륙 땅을 확대하고자 하는 것은 너무도 당연한 일이었다. 흉노나 저족 등의 외족들이 대거 중앙으로 진출하여 세력을 형성하는 상황이라면, 산동에 자리 잡고 있던 안정된 국가인 백제가 영토를 확충하려 한다는 것은 자연스런 일이었을 것이다.

책계왕은 이 일을 위해 자신이 직접 대륙에 머물렀다. 흉노족이 맥 사람들과 함께 쳐들어온 곳은 한반도가 아니라 대륙의 백제 땅이었고, 책계왕이 그들을 막다가 죽었다는 것은 그가 직접 대륙에 나가 싸웠다는 뜻이다.

『삼국사기』는 이 사건을 기록하면서 한과 맥족이 어느 성을 어떻게 침입했는지는 전혀 남기지 않고 있다. 만약 한반도에서 벌어진 일이라면 구체적인 격전지를 기록했을 것이고, 또 그들이 쳐들어온 곳이 백제의 도성인 한성이라면 그 점을 기록하지 않을 까닭이 없다. 그러나 『삼국사기』는 책계왕이 어디서 싸우다가 죽었는지에 대해서는 전혀 기록하지 않고 있다. 이는 『삼국사기』 편자들이 전혀 이해하지 못하는 상황을 기록한 사료, 즉 중국 대륙에서 책계왕이 죽었다는 내용을 담은 사료를 보고 납득할 수가 없어 그냥 죽은 내용만 기록했을지도 모른다는 추론을 가능케 한다.

책계왕 즉위년 기사는 다른 왕들의 즉위년 기사에 비해 비교적 상세한 편인데, 재위 2년부터 죽기 전까지의 기록은 전무하다. 게다가 책계왕의 죽음도 대륙에서 벌어진 일이다. 이는 『삼국사기』 편자들이 본 책계왕 관련 사료들이 모두 중국 대륙에서 일어난 일들을 기록했기 때문에 고의로 빼버린 결과가 아닐까? 『삼국사기』 편자들은 대륙백제에 대해서 전혀 알지 못했다. 때문에 책계왕이 대륙에서 죽은 일과 재위 기간 대부분을 대륙에서 보낸 일들을 도저히 받아들일 수 없었을 것이다. 그래서 편찬 과정에서 고의로 그런 내용들을 모두 빼버린 것은 아닐까?

중국측 사료에는 대륙백제에 대한 기사가 숱하게 보이는데, 그 자료를 기반으로 만든 『삼국사기』에는 대륙백제에 대한 기사가 거의 전무하다. 이는 『삼국사기』 편찬자들이 대륙백제의 기사를 고의적으로 빼버렸다는 뜻이다. 고려 인종 대 당시의 편찬자들은 백제의 땅이 대륙에도 있었다는 것을, 그것도 아주 광활한 땅을 가졌다는 사실을 도저히 이해할 수 없었기 때문이다.

대륙에서 한나라군과 싸우다가 죽은 책계왕 관련 사료들도 그런 이유로 무시되었고, 그래서 책계왕에 대해선 즉위년과 사망한 해에 관한 기사만 다룬 것으로 판단된다.

그런데 책계왕을 죽일 때 한나라군과 함께 몰려온 맥 사람들은 누구일까? 맥은 대개 예맥으로 불리었고, 흔히 중국 측에서 예맥이라고 하면 고구려인들을 일컬었다. 하지만 반드시 그런 것은 아니었다. 『후한서』엔 '원초 5년(118년) 고구려가 예맥과 함께 현도군을 침입하여 화려성을 공격했다.'는 내용이 있고, '건광 원년(121년) 가을에 궁(고구려 제6대 태조)이 마한, 예맥의 수천 기를 이끌고 현도군을 포위했다.'는 기록도 있다. 이 기록들은 고구려와 예맥을 다

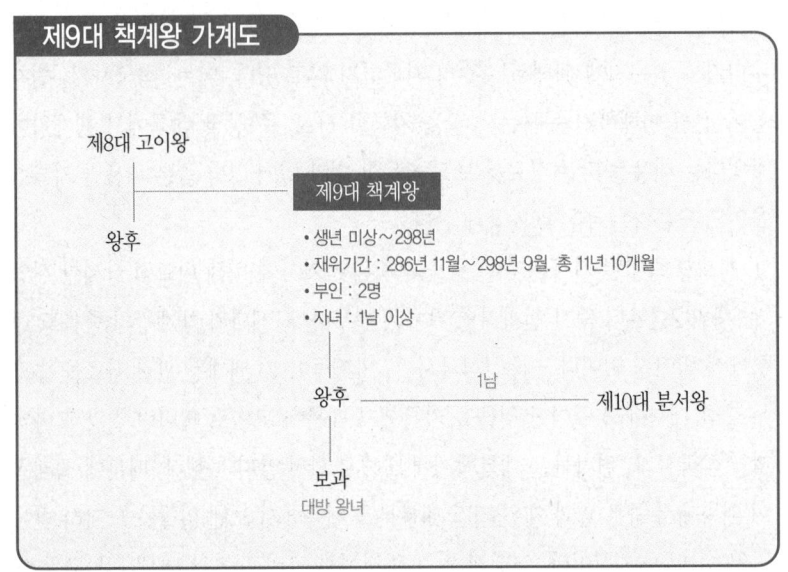

른 세력으로 기술하고 있다. 말하자면 이 때 예맥은 고구려의 변방에 있으면서, 고구려에 속하지 않은 예맥족을 일컫는 것인데, 한과 함께 책계왕을 공격한 맥족 또한 마찬가지다.

그렇다면 당시 고구려에 속하지 않았던 예맥족은 어디에 살고 있던 세력일까? 아마도 이들은 낙랑 지역에 살고 있던 세력이었을 것이다. 「온조왕실록」에서 낙랑은 원래 서기전 123년에 예의 임금 남려가 약 1백만의 백성들을 이끌고 세운 예족 집단이라고 밝힌 바 있다. 예족과 맥족은 원래 다른 민족이었으나, 점차 예맥이라는 하나의 개념으로 합쳐지게 되었다. 책계왕 당시 백제를 침입한 맥은 예맥을 일컫는 것이니, 남려가 형성한 낙랑과 같은 세력이라고 할 수 있다. 즉, 이 때 한나라군과 함께 쳐들어온 맥인들은 곧 남려와 함께 낙랑을 형성한 1백만의 예족들의 후예라는 것이다.

책계왕을 이어 즉위한 분서왕이 낙랑의 서현을 기습하여 빼앗고, 낙랑 태수가 보낸 자객에 의해 살해되는 것도 책계왕을 공격한 맥이 낙랑 태수와 관련이 있는 세력이었다는 것을 확인해준다. 다만 이 때 한군과 함께 몰려온 맥인들은 낙랑 태수가 직접 이끄는 군대가 아니라 낙랑 지역에 살고 있던 예맥 출신의 백성들일 가능성이 높다.

 책계왕의 가족으론 대방 출신의 부인 보과와 그에 이어 왕위에 오르는 장남 분서왕이 있다. 당시 상황으로 대방 출신의 보과는 정비에 오르지 못했을 것으로 추정되는 바, 분서왕은 보과의 아들이 아니라 정비의 아들이었을 것으로 보인다. 즉, 책계왕은 대방 출신의 보과 이전에 이미 부인이 있었다는 뜻이다. 보과가 분서왕의 어머니라는 기록이 없는 것도 이를 방증한다.

제10대 분서왕실록

1. 분서왕의 짧은 치세와 안타까운 죽음
(?~서기 304년, 재위기간: 서기 298년 9월~304년 10월, 6년 1개월)

분서(汾西)왕은 책계왕의 맏아들이다. 언제 태어났는지는 분명치 않으며, 298년 9월에 책계왕이 전사하자 왕위에 올랐다. 그는 어려서부터 총명하고 풍채가 걸출하여 책계왕의 총애를 받은 것으로 전한다.

분서왕도 책계왕과 마찬가지로 대륙에 머물면서 영토 확장에 힘썼으며, 재위 7년(304년) 2월에는 낙랑의 서현을 기습하여 빼앗았다. 당시 흉노 귀족 유연은 평양(산서성 임분)에 도읍하여 한(漢)을 세웠는데, 낙랑은 유연에게 의지하여 백제에 대항하려 했던 것으로 보인다. 분서왕이 낙랑 서현을 장악한 것은 낙랑 태수가 유연과 교통할 통로를 차단하기 위한 조치였을 것이다.

하지만 분서왕은 그해 10월에 낙랑 태수가 보낸 자객에게 살해되고 만다. 이 일에 대한 백제의 후속 조치에 대해서는 구체적인 기록이 남아 있지 않다. 다만 분서왕의 죽음이 대륙에서의 영토 확장을 가속화하던 백제에 치명타를 안긴 것은 분명하다. 더구나 분서왕의 자식들은 너무 어렸던 탓에 왕위를 이을

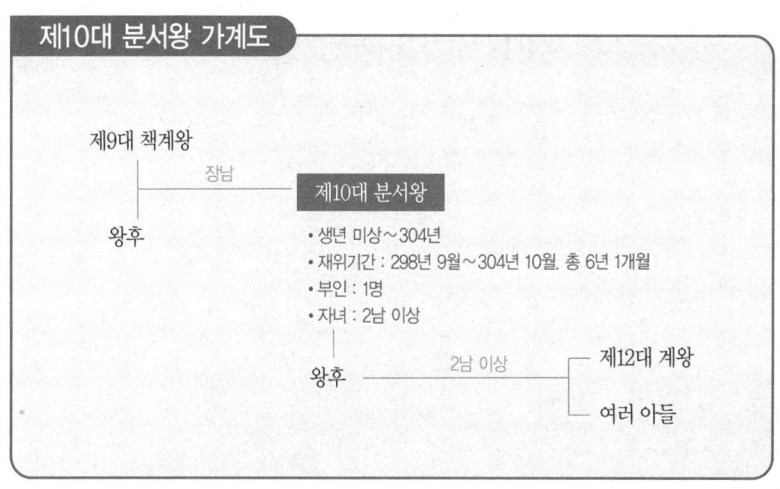

수도 없는 처지였다. 분서왕에 이어 왕위에 오르는 비류왕 대에 낙랑과 싸운 기록이 전혀 없는 것으로 봐서 분서왕 죽음 이후에 백제의 대륙 정책은 급격히 약화되었던 것으로 판단된다. 고이왕 대에 시작된 대륙백제 개척은 그의 손자 분서왕에 이르러 가장 강력하게 실시되다가, 그의 급작스런 죽음으로 침체일로에 놓인 것이다.

대륙의 영토 확장에 대한 분서왕의 의지가 대단했다는 것은 그의 묘호에서도 잘 드러나고 있다. 그의 묘호 '분서(汾西)'를 풀어보면, '서쪽을 나눴다'는 뜻인데, 이는 그가 서쪽 백제인 대륙백제에서 살다시피 할 정도로 애착을 가지고 있었다는 것을 의미한다.

분서왕에겐 아들이 여럿 있었다고 전하나, 구체적인 내용은 남아 있지 않다. 비류왕에 이어 왕위에 오르는 계(설)왕이 그의 장남이다.

제11대 비류왕실록

1. 비류왕의 한성 장악과 백제의 분열

고이왕 대 이후 백제는 대륙 정책을 가속화하여 산동 지역의 대방을 중심으로 영토 확장에 주력했다. 고이왕의 대륙 정책은 그의 아들 책계왕과 손자 분서왕에게로 이어져 대륙에서의 백제의 힘은 한층 강화되었다. 고이왕이 대륙 진출에 지나치게 집착한 것은 무엇보다도 왕위를 찬탈한 부도덕한 행위를 영토 확장과 국력 강화를 통해 상쇄시키려는 의도가 컸던 것으로 보인다. 하지만 책계왕이 대륙에서 전사하고, 분서왕마저 낙랑의 자객에 의해 살해됨으로써 고이왕 대에 시작된 대륙 정책은 힘을 잃고 만다.

책계왕과 분서왕은 왕성인 한성을 비워두고 아예 대륙 지역에 머물며 영토 확장에 주력했지만, 그것은 결과적으로 고이왕계의 퇴조로 이어졌다. 책계왕이 대륙에서 전쟁을 치르다 전사한 뒤로 백제 내부에서는 대륙 정책에 대한 비판의 목소리가 고조되었을 것이다. 하지만 분서왕은 비판에 아랑곳하지 않고 직접 대륙으로 건너가 낙랑의 서현을 빼앗는 등 더욱 강력한 대륙 정책을 감행하였고, 그것은 결국 내분을 유발시킨 것으로 보인다.

분서왕의 묘호 '분서(汾西)'는 '서쪽을 나눴다'는 뜻으로, 분서왕의 대륙 정책에 대한 부정적인 시각이 들어 있다. 말하자면 분서왕이 대륙을 향한 서진 정책에 지나치게 매달린 탓에 서쪽이 따로 떨어져 나간 꼴이 되었다는 비아냥거림이 묘호 속에 숨어 있는 것이다. 이는 분서왕 시절에 이미 한반도의 한성에서는 대륙 정책에 반대하는 세력이 형성되어 있었다는 의미이다.

분서왕에 대한 반발은 고이왕 이후 지속적으로 추진된 대륙에서의 영토 확장 정책 자체에 대한 비판으로 이어지고, 다시 이것은 고이왕의 즉위와 그 후예의 왕위 계승 자체를 부정하는 사태로 발전한 것으로 보인다.

비류(比流)왕의 등장은 이런 배경에서 이뤄졌다. 『삼국사기』는 비류왕을 구수왕의 차남이라고 기록하고 있는데, 이는 대의 명분을 세우기 위해 조작된 것으로 보인다. 구수왕은 234년에 죽었고, 그 뒤로 고이왕이 52년, 책계왕이 12년, 분서왕이 6년 동안 왕위에 있었다. 즉, 비류왕은 구수왕이 죽은 지 70년이나 지난 뒤에 왕위에 올랐다는 말인데, 이는 조작의 흔적이 역력하다. 비류왕에게는 우복이라는 이복 동생이 있었는데, 만약 비류왕이 구수왕의 아들이라면, 우복도 구수왕의 아들이어야 한다. 그렇다면 비류왕은 적어도 234년보다 이전에 태어났다는 뜻이고, 왕위에 오를 땐 칠순이 넘은 나이여야 한다. 거기에다 40년이라는 재위 기간을 합치면 그는 110년 이상 살았다는 것인데, 이는 쉽게 납득되지 않는다.

왕위를 찬탈하여 불법적으로 왕좌에 오른 고이왕이 개루왕의 차남이며, 초고왕의 동복 아우라고 한 것과 마찬가지로 비류왕이 구수왕의 차남이라고 한 것 역시 명분을 세우기 위해 혈통을 조작한 것으로 봐야 한다. 그가 구수왕의 차남임을 자처한 것은 고이왕계에 대한 백성들의 불만을 이용하여 세력을 형성하기 위함이었을 것이다.

『삼국사기』는 그에 대해 '오랫동안 평민으로 살면서(또는 민간에 머물면서) 명성을 떨쳤다'고 기록하고 있다. 평민으로 살았다는 것은 벼슬을 하지도 못했고, 귀족으로 대우받지도 못했다는 의미다. 그럼에도 명성을 떨쳤다는 것은 반정세력을 형성했다는 의미일 것이다.

구수왕의 혈통을 자처하는 평민이 세력을 떨친다는 것은 반역의 무리를 형성하지 않고는 불가능하다. 구수왕의 차남이라고 하면 고이왕에 의해 내쫓긴 사반왕의 아우라는 뜻이고, 곧 고이왕계 왕실에겐 반역의 가능성이 높은 위험한 인물일 수밖에 없다. 그런 자가 명성을 떨친다는 것은 국가 안위를 해치는 중대한 문제인 만큼 책계왕이나 분서왕이 그냥 두고 봤을 리가 없다.

고이왕이 사반을 내쫓고 왕위에 오를 땐, 사반의 형제들과 그 자식들을 모두 죽였을 것이다. 필시 후일에 화근이 될 것이 뻔한데 살려뒀을 리가 없다는 말이다. 말하자면 구수왕의 직계 자손은 모두 죽임을 당했다는 것이다.

그렇다면 비류왕은 누구인가? 구사일생으로 살아남은 구수왕 차남의 후손? 아니면 구수왕의 서자 혈통을 이은 방계 인물? 그것도 아니면 그는 정녕 구수왕과 전혀 무관한 인물? 어쩌면 그는 백제 왕실의 피가 하나도 섞이지 않은 인물일지도 모른다.

어쨌든 그는 분서왕이 대륙 정책에만 의욕을 쏟고 있는 동안 독자적인 세력을 형성했고, 분서왕이 낙랑이 보낸 자객에 의해 피살되자, 왕위에 올랐다.

분서왕이 낙랑 태수가 보낸 자객에 의해 피살되었다는 기록도 의심스런 대목이다. 자객에 의해 분서왕이 피살되었을 때, 가장 큰 이익을 본 쪽은 비류왕이다. 그렇다면 분서왕을 죽인 쪽은 낙랑 태수가 아니라 비류왕 쪽이 아닐까? 낙랑이 보낸 자객에 의해 왕이 죽었다면, 필시 백제에서는 낙랑에 대한 대대적인 보복이 있어야 정상이다. 하지만 비류왕은 즉위 이후에 낙랑에 대해 단 한 차례도 공격하지 않았다.

이상한 것은 비류왕 재위 중에는 낙랑은 물론이고, 대륙백제에서 일어난 일은 단 한 건도 기록되어 있지 않다. 책계왕과 분서왕이 연이어 대륙에서 전쟁 중에 죽었는데, 그들을 이어 왕위에 오른 비류왕 대엔 대륙백제와 관련된 기사가 단 한 건도 없다. 분서왕 시대까지 결혼 관계를 맺고 있던 대방에 대한 기사도 전혀 없다. 이 사실은 비류왕과 대륙백제는 무관했다는 것을 증명한다.

그렇다면 이런 추론이 가능하다. 비류왕은 분서왕이 대륙 경영에 매달려 있는 동안 반란을 일으켜 한성을 장악했고, 낙랑과 공모하여 분서왕 살해에 성공하자 공식적으로 왕위에 오른다. 이 때 대륙에서는 근왕세력이 따로 분서왕의 아들을 왕으로 세워 대륙백제를 유지했다는 것이다.

『삼국사기』는 '분서왕이 죽었을 때, 여러 명의 아들이 있었으나 모두 어려서 왕으로 세울 수 없었다.'고 기록하고 있다. 이는 비류왕이 한성을 장악할 수 있었던 가장 현실적인 이유였을 것이다. 비류왕이 '신하와 백성들의 추대에 의하여 왕위에 올랐다.'는 『삼국사기』의 기록은 그가 정식 절차를 거쳐서 왕위에 오르지 않았다는 것을 시사하며, '힘이 세고 활을 잘 쏘았다'는 기록은 그가 무장 출신이라는 것을 알려주고 있다.

고이왕이나 책계왕의 대륙 경영은 분조(分朝), 즉 조정을 둘로 갈라 왕이 한쪽을 다스리고, 다른 한쪽을 태자가 다스리는 방식을 택했을 것이다. 왕이 대륙에 머물고 있는 동안은 태자가 한성을 다스리고, 왕이 한성에 머물고 있는 동안은 태자가 대륙을 경영하는 형태였다는 의미다.

그러나 분서왕의 경우엔 그것이 불가능했다. 그는 태자가 너무 어린 탓에 분조를 할 수 없었다. 그럼에도 그는 대륙 정책에 심혈을 기울였고, 그래서 늘 대륙에 머물렀는데, 이는 결과적으로 반역의 빌미가 되어 비류왕 세력이 등장하는 원인으로 작용한다. 분서왕의 묘호인 '분서' 즉, '서쪽을 나누다'는 그런 의미를 함축하고 있으며, '비류(比流)'의 뜻인 '나란히 흐른다' 또는 '견줘 흐른다'는 묘호에도 그런 흔적이 남아 있다.

이렇게 볼 때, 비류왕의 즉위 시기는 꼭 분서왕이 죽은 이후라고 말할 수 없다. 다만 왕이라는 호칭을 공공연히 쓰기 시작한 때가 분서왕 사망 이후이고, 그 전부터 한반도 백제를 장악했을 가능성이 높다.

비류왕이 결코 정상적으로 왕위에 오르지 않았다는 것과 비류왕과 대륙백제는 무관하다는 것은 분명한 사실이며, 이런 사실에 기초할 때 분서왕 시절에 백제는 대륙백제와 한반도 백제로 나뉘었으며, 비류왕 시절엔 한반도 백제는 비류왕에 의해 다스려지고, 대륙백제는 어린 계왕을 옹립한 대륙 세력에 의해 다스려졌을 것이다. 즉, 비류왕 재위 40년 동안 백제는 대륙과 한반도로 나뉘어 별도로 존재했다는 뜻이다.

2. 분단 상황에서 이어진 비류왕의 40년 치세
(?~서기 344년, 재위기간 : 서기 304년 11월~344년 10월, 39년 11개월)

비류왕은 구수왕의 방계 혈통으로 보이며, 성격이 너그럽고 인자하여 사람을 아낄 줄 알았다고 전한다. 그는 원래 평민이었다가 분서왕 재위시에 독자적인 세력을 구축하였으며, 분서왕이 죽자 무력을 앞세워 한성을 장악하고 왕위에 올랐다.

그는 힘이 세고 활을 잘 쏘았으며, 왕이 된 뒤에도 대궐 서쪽에 누대를 쌓아놓고 활쏘기를 연습할 정도로 무예에 관심이 많았다.

무력을 앞세워 왕위를 찬탈한 까닭에 그는 즉위 직후부터 민심 안정에 매달렸다. 특히 재위 9년(312년) 2월에는 각 지방에 사신을 파견하여 민심을 다독이고, 지방을 순회하며 백성들의 어려움을 살폈다. 이 과정에서 홀아비, 고아, 자식 없는 늙은이들 중에 자력으로 살 수 없는 사람들을 골라 일인당 곡식 세 석씩을 나눠주기도 하였다. 또 천지신명께 제사 지낼 때는 자신이 직접 제물로 쓰일 고기를 베는 등 여러 방면에서 백성들에게 다가가려는 노력을 하였다.

그는 외교 관계에서도 강경책을 지양하고 평화 구축과 우호 증진에 매달렸다. 신라와는 사신을 주고받으며 화친을 맺고 있었고, 낙랑·고구려·말갈 등과도 전혀 전쟁을 하지 않았으며, 재위기간 내내 다른 나라와 일체 싸움을 벌이는 일도 없었다.

그러나 비류왕의 이런 안정책에도 불구하고 나라는 늘 불안한 상황이었다. 불안의 첫 번째 요소는 반란이었다. 그가 왕위에 있는 동안 줄곧 대륙에는 또 하나의 백제가 있는 상태였고, 그들 대륙 세력은 늘 왕위 회복의 기회를 엿보고 있는 상황이었다. 또한 내부에서도 함께 반정을 도모했던 세력의 도전이 도사리고 있었다.

재위 24년(327년)에 일어난 '우복의 난'은 그 대표적인 사건이라 할 수 있다. 우복은 비류왕의 이복 동생으로 18년(321년) 정월에 내신좌평에 임명된 사람이다. 내신좌평은 왕명의 출납을 담당하는 비서실장에 해당하는 직위로 좌평 중에 가장 요직에 속하며, 왕의 최측근이 맡는 게 당연하다. 하지만 비류왕은 반정을 통해 왕이 되었기에 그 공신들이 요직을 차지했을 것이고, 우복 또한 반정 공신 중의 하나였을 것이다. 반정 공신이란 시대를 막론하고 늘 왕을 견제하는 기능을 하게 마련이고, 한편에선 언제든지 왕권을 탈취할 가능성이 있는 세력이었다. 우복 또한 그런 인물로 보아야 할 것이다.

우복이 반란을 일으킨 것은 비류왕과 대립이 있었다는 의미인데, 이러한 대립은 비류왕이 반정세력의 권력을 약화시키는 과정에서 발생했을 것이다. 즉, 비류왕은 왕권이 안정되면서 함께 거사를 도모했던 반정세력의 힘을 약화시켜 왕권을 강화하려 했을 것이고, 공신의 우두머리격인 우복은 그에 반발해 반란을 일으켰다는 뜻이다.

우복은 321년에 내신좌평이 되어 반란을 일으켰던 327년까지 그 직위를 그대로 유지하고 있었다. 이는 우복의 기반이 매우 탄탄했다는 의미이다. 그런 사실은 비류왕을 매우 불안케 했을 것이고, 결국 우복을 제거하려는 움직임으로 귀결되었을 것이다. 하지만 우복은 쉽사리 밀려나지 않았다.

우복은 327년 9월에 북한성을 거점으로 반란을 일으켰다. 반란의 거점이 한강 건너편인 북한성이라는 사실을 감안할 때, 이 사건은 정변이 아니라 군사 쿠데타였음을 알 수 있다. 만약 정변이었다면 한성 내부에서 벌어졌을 터인데, 산성을 거점으로 삼았다는 것은 병력을 일으켰다는 뜻이기 때문이다.

하지만 우복은 거사에 성공하지 못했다. 비류왕이 출동시킨 토벌대에 의해 무너지고 말았던 것이다.

우복의 반란 이외에 비류왕 연간에 또 다른 반란 사건에 대한 언급은 없다. 그러나 반란 사건의 흔적은 있다. 재위 13년 기사에 '큰 별이 서쪽으로 흘러갔다'는 내용이 있고, 또 4월 기사에 '서울에 우물이 넘치고, 그 속에서 흑룡이 나타났다'는 은유적인 내용이 보인다. 여기서 큰 별이 서쪽으로 흘렀다는 것은 민심이 대륙백제에 머물고 있는 계왕에게 쏠렸다는 뜻으로 해석되며, 흑룡은 아마도 왕을 자칭하는 또 하나의 인물을 의미하는 듯하다. 또 서울에 우물이 넘쳤다는 것은 서울의 민심이 요동쳤다는 것을 표현한 것인 듯하다. 하지만 구체

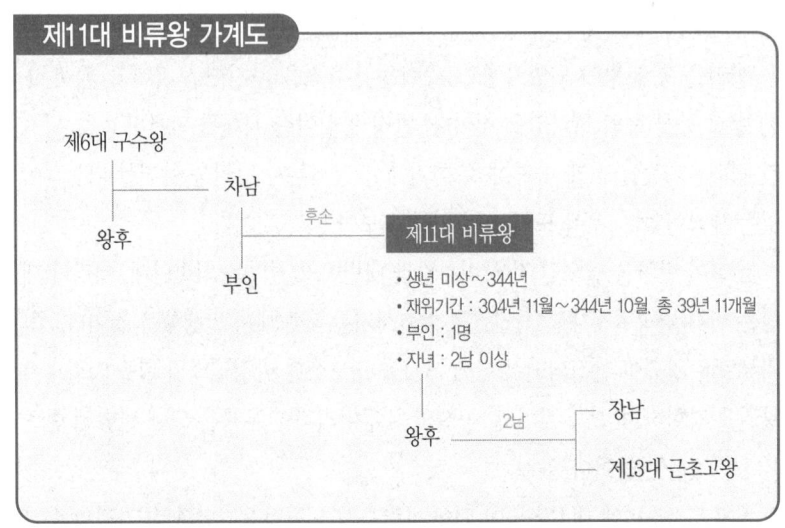

적인 사건을 기록하지 않은 것으로 봐선 전쟁이나 정변은 없었던 모양이다.

비류왕을 괴롭힌 것은 비단 정치적 불안만은 아니었다. 오히려 그를 더 힘들게 만든 것은 천재였다.

재위 18년 7월에는 메뚜기 떼가 창궐하여 곡식을 해치는 바람에 흉년이 들었고, 재위 28년엔 봄과 여름에 걸쳐 심한 가뭄이 들었는데, 풀과 나무가 말라 죽고 강물까지 말라버렸다. 그런 가뭄은 무려 반 년 동안 계속되어 가을에 이르러서야 겨우 비가 내렸다. 하지만 가뭄으로 심한 흉년이 들어 사람들이 서로 잡아먹는 지경에 이르렀다.

게다가 재위 30년 5월에는 대궐에 심한 화재가 나고, 그 불길이 번져 많은 민가가 불에 타는 사태가 일어나기도 했다.

하지만 비류왕은 반란과 천재, 인재의 소용돌이 속에서도 굳건히 왕위를 지키며 40년을 재위하다가 344년 10월에 죽었다.

그의 능에 관한 기사는 남아 있지 않고, 가족에 관한 기사는 자세하지 않다. 근초고왕이 그의 차남인 점을 감안할 때 자식이 여럿 있었던 것으로 보인다.

▶ 비류왕 시대의 세계 약사

비류왕 시대 중국은 흉노·귀족·유연에게 장안을 빼앗겨 진나라가 무너지고, 저족·강족·흉노·갈족·선비족 등의 5족이 중원에 나라를 세워 5호 16국 시대를 연다. 한편, 몰락한 사마씨의 진 황실은 동쪽으로 도읍을 옮겨 사마예를 황제로 옹립하여 동진 시대를 개창한다.

이 무렵 서양의 로마에서는 콘스탄티누스가 즉위하여 기독교를 공인하고, 기독교 내부에서 아리우스파와 아타나시우스파의 논쟁이 시작된다. 콘스탄티누스는 아타나시우스파의 손을 들어주고, 아리우스파를 배격한다. 또한 콘스탄티누스는 경쟁자 리키니우스를 격파하고 로마제국을 재통일하는 한편, 수도를 비잔티움으로 옮기고 콘스탄티노플이라 개칭함으로써 비잔틴 제국 시대가 성립된다.

제12대 계왕실록

1. 베일에 가려진 계왕의 즉위와 죽음
(?~서기 346년, 재위기간:서기 344년 10월~346년 9월, 1년 11개월)

계(契, 또는 설, 결, 글로도 발음됨)왕은 분서왕의 장남이다. 그는 천성이 강직하고 용맹스러웠으며, 무술이 뛰어났던 것으로 전한다.

『삼국사기』에 기록된 그에 관한 기사는 매우 간단하다. 그의 즉위 경위에 대해 '이전에 분서왕이 죽었을 때는 계왕이 어려서 왕위에 오를 수 없었는데, 비류왕이 재위 41년에 죽자 즉위하였다'고 밝히고 있고, 재위 3년 9월에 죽은 것으로 기록하고 있다.

이것이 계왕에 대한 기록의 전부이다. 하지만 계왕의 즉위와 죽음은 『삼국사기』의 기록처럼 그렇게 간단하지도 평이하지도 않았던 것으로 보인다.

비류왕은 계왕의 아버지 분서왕이 살해된 상황에서 왕위에 올랐고, 이것은 결코 정상적인 왕위 계승으로 볼 수 없다. 때문에 비류왕이 죽은 뒤에 계왕이 왕위를 이어받았다는 것은 납득할 수 없는 일이다.

계왕의 즉위와 2년이 채 못 되는 짧은 치세, 그리고 비류왕의 아들 근초고왕의 즉위. 이 일들은 『삼국사기』의 기록처럼 순리적으로 순조롭게 이어질 수 없었다.

계왕은 정식 묘호가 아니라 단순히 '계'라는 이름에 왕을 붙인 형태다. 따라서 정확히 말하자면 계왕은 묘호가 아니다.

온조왕 이후 계왕에 이르기까지 백제의 묘호는 온조, 다루, 기루, 개루, 초고, 구수, 고이 등등 모두 두 글자로 되어 있다. 그런데 유독 계왕만 외자로 되어 있다. 후대에 있어서도 근초고, 근개루 등의 2세적 개념이 있는 묘호를 제외하고는 대부분이 두 글자로 이뤄졌고, 말기의 성왕 이후에 혜왕, 법왕, 무왕만이 외자 묘호이다. 성왕 시절 이후에 외자 묘호가 나타나는 것은 남북조나 당의 영향 때문이다. 그러나 근초고왕 시절에 두 글자로 이어져 오던 묘호의 전통을 깨고 계왕이 외자 묘호를 받았다는 것은 납득할 수 없는 점이다. 즉, 계왕은 두 자 묘호의 전통을 깬 것이 아니라 아예 묘호를 받지 못해 그저 이름에다 왕이라는 칭호를 갖다 붙인 형태일 가능성이 높다는 것이다.

이런 추론이 맞는다면 계왕의 즉위는 정상적인 형태일 수 없고, 죽음 또한 순리에 따른 것이 아니다.

그렇다면 계왕은 어떤 형태로 즉위하여 죽음에 이르렀을까? 그 과정을 추론하자면 대강 이렇다.

이미 비류왕실록에서 밝혔듯이 분서왕이 죽자 비류왕이 한반도 백제를 장악하여 왕위에 올랐고, 어린 계왕은 대륙 세력에 의해 대륙백제의 왕으로 옹립된 듯하다. 그러다가 비류왕이 늙고 병들자 왕권을 되찾기 위한 시도를 했을 터이고, 이 과정에서 비류왕이 죽자, 계왕은 명분을 앞세워 자신이 백제 왕임을 공포했을 것이다. 이에 당황한 근초고는 군대를 동원하여 계왕을 치기에 이르고, 결국 백제는 둘로 갈려 전쟁을 치른 끝에 근초고왕이 승리함으로써 백제는 다시 통일되었을 것이다.

비류왕 대에는 철저하게 주변국과 평화 관계를 유지하던 백제가 근초고왕 대에 이르러 갑자기 고구려와 세력을 다툴 정도의 강국으로 성장하는 것도 이런 통일에 바탕하여 이뤄진 일이라고 보아야 할 것이다.

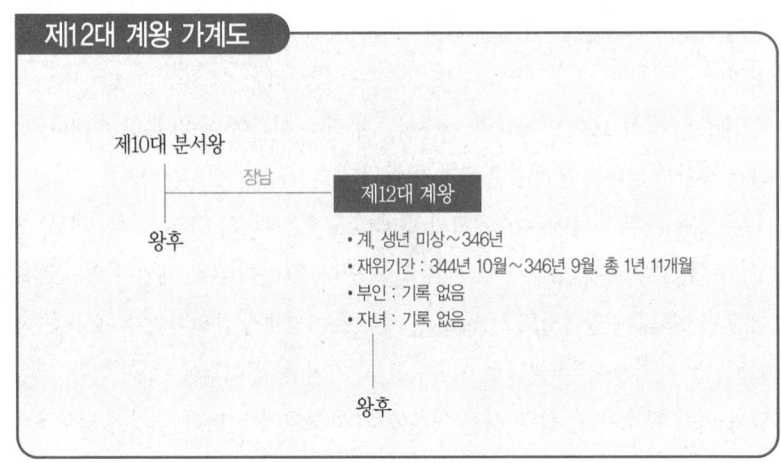

계왕의 능과 가족은 물론이고 그 후손에 대한 내용은 전혀 전하지 않는다.

제13대 근초고왕실록

1. 대국(大國)의 위업을 달성한 근초고왕
(?~서기 375년, 재위기간:서기 346년 9월~375년 11월, 29년 2개월)

근초고왕은 비류왕의 차남이며 언제 태어났는지는 분명치 않다. 체격이 크고, 외양이 기이하게 생겼으며, 원대한 식견이 있었다고 전한다.

초고왕 2세를 뜻하는 근초고라는 묘호가 말해주듯, 그는 자신이 초고왕의 혈통을 이었음을 강하게 피력하고 있다. 이는 방계 혈통에 속하는 고이왕, 책계왕, 분서왕, 계왕으로 이어지는 고이왕계 왕실을 종식시키고 적통 왕실을 복구했다는 인식을 주기 위한 조처였다. 하지만 「비류왕실록」에서 밝혔듯이 근초고왕 역시 초고왕의 직계는 아니다. 그가 초고왕의 직계를 자임한 것은 명분을 세우기 위한 방편이었을 뿐이다. 비류왕이 죽은 뒤, 그는 대륙백제의 계왕과 왕위계승권을 다퉈야 했고, 그 때문에 2년 동안 정식으로 왕위에 오르지 못했다. 결국 계왕을 쫓아내고 대륙백제를 아우른 뒤에야 비로소 왕위에 오른 그는 즉위 이후에도 여전히 왕위 계승의 명분을 얻지 못해 시달린 모양이다. 그래서 스스로 초고왕의 직계 혈통임을 강조할 수밖에 없었고, 그 결과가 바로 초고왕 2세를 뜻하는 '근초고'라는 묘호였다.

『삼국사기』는 그의 즉위 후, 약 20년 동안의 기록을 전혀 남기지 않고 있다. 『삼국사기』의 기록은 재위 21년 이후에 집중되어 있는데, 이는 근초고왕 20년까지의 기록들이 전혀 신빙성이 없다고 판단하여 빼버린 결과일 것이다.

근초고왕은 대륙백제의 계왕을 내쫓고 대륙백제와 한반도 백제를 통일했기 때문에 즉위 후 상당 기간 동안 대륙백제를 안정시키는 일에 몰두했을 것이다. 하지만 『삼국사기』 편자들은 대륙백제에 대한 개념이 없었기 때문에 그와 관련된 기록들을 허무맹랑한 것으로 판단하여 고의로 제외시켰을 가능성이 높다.

재위 2년 기사에 뜬금없이 조정좌평 진정에 관한 기사가 나오는데, 진정은 왕후의 친척으로서 성질이 흉악하고 어질지 못해 일을 처리함에 있어 까다롭고 잔소리가 많았으며, 권세를 믿고 함부로 행동하여 백성들의 원망을 샀다고 적혀 있다. 하지만 『삼국사기』는 진정이 그 후에 어떻게 되었는지, 또 근초고왕이 진정을 어떻게 생각했는지에 대한 부연 기사는 없다.

그렇다면 진정이 학정을 지속하고 있던 그때에 근초고왕은 무엇을 하고 있었을까? 백성들의 원망이 극도에 달할 정도였다면, 당연히 왕은 그를 파직시키든지 형벌을 가하든지 무슨 조치를 취하는 것이 순리다. 만약 왕이 그런 진정의 행동을 묵과했다면, 역시 그에 대한 기록이 남아 있는 것이 당연하다. 하지만 『삼국사기』는 진정에 대한 백성들의 원망이 있었다는 기록만 남겼을 뿐, 근초고왕이 어떤 태도를 취했는지에 대해서는 전혀 부연하지 않았다.

이것은 『삼국사기』 편자들이 도저히 이해하지 못할 상황이 기록되어 있었기 때문에 고의로 누락시킨 결과일 것이다. 그들이 이해하지 못할 상황이란, 근초고왕이 한성에 머물지 않은 상황을 의미한다.

근초고왕은 즉위 당시 한성에 있지 않고 대륙에 있었을 것이다. 그는 대륙백제를 지배하고 있던 계왕을 치기 위해 군대를 이끌고 바다를 건넜을 것이고, 계왕과 전쟁 끝에 승리하여 그 곳을 장악했지만, 숨가쁘게 돌아가는 국제 정세에 대응하기 위해 계속 대륙에 머물러 있었을 가능성이 크기 때문이다.

즉, 당시 근초고왕은 한성에 머물지 않았으며, 한성은 진정을 비롯한 왕후의 척족들에 의해 다스려지고 있었던 까닭에 한반도 백제의 백성들은 그들 척족들의 지배를 받아야만 했다는 뜻이다. 그렇지 않다면 뜬금없이 외척에 불과한 진정의 성품과 학정이 언급되고, 백성들이 그를 미워했다는 기록이 남아 있을 이유가 없다. 또 그런 기록을 남기려면 의당 근초고왕의 후속 조치에 대한 언급이 뒤따라야 했는데, 그것도 없다. 이는 진정을 비롯한 척족들이 한반도 백제를 통치하고 있었다는 방증이다.

당시 국제 정세를 살펴보면, 근초고왕이 대륙에 머물러 있을 수밖에 없었던 이유를 알 수 있다. 근초고왕이 즉위하던 346년 무렵에 대륙엔 한바탕 광풍이 휘몰아친 뒤였다.

비류왕 재위기인 311년에 흉노의 귀족 유연은 아들 유총과 함께 여러 차례 낙양을 공략하여 무너뜨리고, 서기 316년에 장안을 무너뜨렸다. 이로써 서진은 몰락하였고, 이른바 5호 16국 시대가 열리는데, 이 혼란을 이용하여 고구려와 선비족은 본격적으로 세력을 확대하기 시작했다. 고구려의 미천왕은 이미 311년에 서안평을 공격하여 빼앗았고, 313년에는 낙랑군을 점령하였으며, 314년에는 남쪽으로 진군하여 대방군을 점령하였고, 315년에는 현도성을 장악하였다.

낙랑과 대방은 백제가 개척한 영토인 만큼 미천왕의 세력 확대는 대륙백제의 기반을 송두리째 뒤흔드는 일이었다. 하지만 한반도와 대륙으로 분리되어 있던 백제는 군사적 열세로 계속 남쪽으로 밀릴 수밖에 없었다. 근왕 세력의 호위를 받으며 가까스로 왕실을 유지하고 있던 어린 계왕은 무섭게 밀려드는 고구려군을 상대할 힘이 없었던 것이다.

그 무렵 선비족도 세력을 확대하고 있었다. 선비족은 모용 선비, 단 선비, 우문 선비 등으로 나뉘어 있었는데, 가장 강력한 세력은 모용외가 이끄는 모용 선비였다. 모용외는 319년에는 유주(황하 동북방) 일대를 거의 장악했고, 이에 따라 320년 이후엔 모용 선비와 고구려가 치열한 영토 싸움을 전개했다.

양국의 전쟁은 시간이 지나면서 모용 선비가 조금씩 우세를 보였다. 모용 선비는 337년에 국호를 연(燕)이라 하여 요하 상류의 양안에 도읍을 정하였고, 339년에는 고구려의 신성까지 밀고 들어가 고국원왕으로부터 화의 약조를 받아냈다. 약세에 몰린 고국원왕은 태자 구부(소수림왕)를 연의 도성에 입조토록 하는 처지로 내몰렸다. 342년에 연은 수도를 발해만 근처의 용성(조양)으로 옮기고, 그해 11월에 고구려를 침략했다.

연의 막강한 군사력 앞에 고구려는 무기력하게 무너졌고, 결국 도성인 환도성이 무너지는 지경에 처했다. 고국원왕은 가까스로 환도성에서 몸을 빼 목숨을 구했지만, 미처 달아나지 못한 왕족과 왕후, 태후 등이 모두 연의 포로가 되었다. 또한 연은 고구려의 반격을 막기 위해 미천왕의 무덤을 파헤쳐 시신을 꺼내 싣고 갔다.

이 때문에 고국원왕은 연나라의 신하가 되겠다는 굴욕적인 서약을 해야 했고, 최대의 강적 고구려를 무릎 꿇린 모용황은 수도를 계현(북경)으로 옮겨 더욱 세력을 확대했다. 그 후 모용황은 344년에 우문 선비를 멸하여 병합하고, 345년에는 고구려의 남소를 함락시켰으며, 근초고왕이 즉위하던 346년 무렵에는 대대적인 남하정책을 준비하고 있었다.

이런 상황에서 대륙백제를 인수한 근초고왕은 한성으로 돌아올 수 없었다. 북쪽에서 연나라가 급속히 팽창하며 남하를 지속해왔고, 서쪽에선 유총을 제거하고 왕위에 오른 후조의 석륵 세력이 뻗쳐오고 있었으며, 남쪽에선 동진이 안정을 되찾으며 북진 정책을 쓰고 있었다. 말하자면 대륙백제는 사면이 적으로 휩싸인 꼴이었다.

근초고왕의 재위 20년까지의 기록이 전무한 것은 바로 그가 이 기간 동안 대륙백제의 안정에 주력하고 있었기 때문일 것이다.

근초고왕이 당시 대륙에서 영토 확장에 주력했다는 증거는 일본의 『고사기』 기록에 나타난다. 이 책 '응신천황' 기사에 일본 왕의 부탁을 받은 백제 왕이 왕인 박사를 일본에 파견한 내용이 보이는데, 이 때 왕인과 함께 간 일행 중에 오인(吳人) 베틀장인 서소(西素)라는 사람이 있다. 서소는 기록대로 오나라 사람이었다. 오나라는 중국의 양자강 하류 남북 땅을 지칭하는 땅으로, 오나라는 주로 남쪽으로 치우쳐 있었다. 백제에서 보낸 서소가 양자강 근처의 오나라 사람이라는 것은 대륙백제의 힘이 그 곳까지 미쳤다는 의미가 된다. 이 사실은 대륙백제의 세력이 양자강 근처에까지 뻗쳐 있었음을 증명한다(『고사기』엔 왕인 박사를 파견한 왕이 근초고왕으로 기록되어 있으나, 『일본서기』엔 아화왕(아신왕) 대인 405년으로 기록되어 있다. 서술 관계와 사료의 신빙성에 비춰볼 때, 왕인 박사가 일본에 건너간 시기는 근초고왕 대가 아니라 아신왕 대로 보는 것이 옳겠다. 따라서 서소 또한 아신왕 대에 일본에 보내졌다고 보아야 할 것이다. 즉, 아신왕 대에 대륙백제의 영토는 양자강까지 뻗쳐 있었다는 것인데, 이런 영토적 기반은 근초고왕에 의해 구축된 것이다).

『북사』에 '백제(百濟)······ 거강좌우(據江左右)'라는 기록이 나오는데, 여기서 '강'이란 양자강을 일컫는다. 풀이하자면 '백제가 양자강 좌우 땅을 차지하고 막아 지켰다'는 뜻이다. 근초고왕이 오나라 베틀장인 서소를 일본에 파견할 수 있었던 것은 양자강 좌우 땅을 차지했다는 『북사』의 기록을 다시 한 번 확인시키는 일이다.

근초고왕은 재위 21년(366년) 3월에 신라에 사신을 보내고, 367년에는 왜에도 사신을 보냈다. 또 368년에는 신라에 명마 두 필을 보냈고, 그해에 왜에도 구저를 사신으로 보내 화친을 확인하였다.

근초고왕이 신라와 왜 양국에 이런 유화책을 쓴 것은 그들 국가와 평화를 유지하기 위함이었다. 당시 근초고왕은 계왕 시절에 상실한 대륙백제의 땅을 회복하기 위해 고구려와 대치 중이었고, 그것은 심화되어 점차 전면전 양상으로 치닫고 있었다. 이런 위급한 시기에 신라나 왜로부터 침략을 당하면 치명타가 아닐 수 없었다. 그래서 신라와 왜에 사신을 보내고 화의를 맺어뒀던 것이다.

고구려와의 관계는 점차 악화되어 재위 24년(369년) 9월에는 고구려의 고국원왕이 직접 병력 2만 명을 거느리고 치양까지 밀고 내려왔다. 하지만 근초고왕은 태자(근구수왕)에게 군대를 안겨 고구려군을 격파했다. 백제군은 고구려군 5천을 궤멸시키고 대승을 거뒀고, 이 싸움을 기점으로 백제의 힘은 고구려와 대등해진다.

그러자 근초고왕은 그해 11월에 한수 근처에서 대대적인 군사 사열을 감행했다. 이 때, 황색의 깃발을 사용했는데, 황색이란 곧 황제를 의미하는 것으로 당시 근초고왕의 위세가 대단했음을 보여주고 있다.

2년 뒤인 371년에 고구려가 다시 대병을 이끌고 남진을 감행해왔는데, 근초고왕은 패하 강가에 복병을 배치하고 기다렸다가 일시에 공격하여 대승을 낚았다. 근초고왕은 그 여세를 몰아 그해 겨울에 정예군 3만을 이끌고 북상하여 고구려의 수도 평양성을 공격하였다.

백제의 급습을 받은 고국원왕은 당황한 가운데 수성전을 펼치다가 화살을 맞아 사망하였고, 근초고왕은 고국원왕을 죽인 데 만족하고 군대를 이끌고 물러났다.

그 뒤로도 고구려와 백제의 긴장은 계속되었다. 375년엔 고구려가 백제의 북쪽 변방의 수곡성을 공격하여 함락시키며 다시 한 번 압박을 가해왔다. 근초고왕은 대병을 동원하여 보복하려 했지만, 흉년이 드는 바람에 실행에 옮기지 못했다. 그런 가운데 그는 그해 11월에 파란만장한 생을 접어야 했다.

그는 재위 내내 영토 확장에 매달렸고, 덕분에 백제는 대륙에서 막강한 세력을 형성했다. 또한 신라와 왜 등 주변국들과 화친을 맺어 대륙 정책에 문제가 없도록 애를 썼으며, 특히 왜에는 여러 문물을 전해줌으로써 일본 문화 발전에 크게 도움을 주었다.

『삼국사기』는 『고기(古記)』라는 책을 인용하여 근초고왕 대에 처음으로 백제의 역사가 정리되었다고 쓰고 있다. 당시 쓰여진 역사서는 『서기(書記)』이며, 저자는 고흥이라는 인물이었다. 하지만 고흥이 어떤 사람인지는 알 수 없다고 했으며, 『서기』의 내용도 구체적으로 밝혀져 있지 않다.

근초고왕의 가족 관계는 자세히 기록되지 않았으나, 아들 근구수왕이 장남이 아닌 점으로 미뤄 여러 아들이 있었음을 알 수 있다. 또한 조정좌평을 지낸 진정(眞淨)이 왕후의 친척이었다는 기록을 통해 왕후의 성씨도 확인된다. 근구

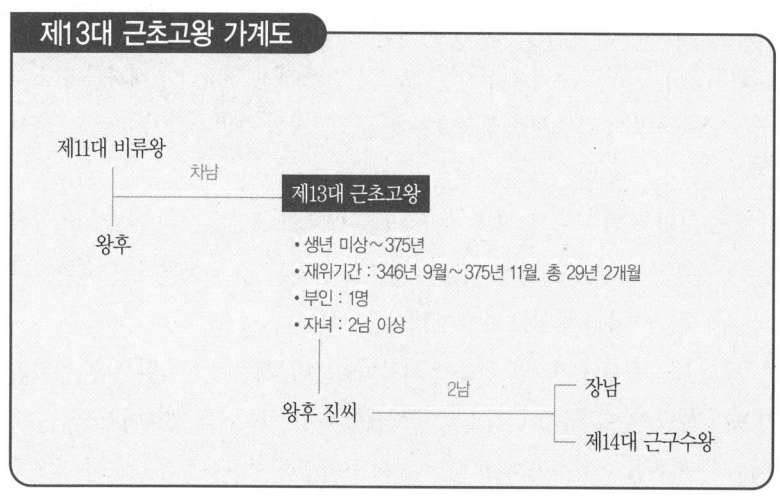

수왕 2년에 그의 외삼촌 진고도(眞高道)가 내신좌평에 임명되어 정사를 맡아 보았다는 내용이 나오는데, 이는 근초고왕의 처족이 '진(眞)' 씨였음을 알려주고 있다.

2. 대륙백제의 확대와 고구려와의 충돌

근초고왕의 업적 중에 가장 눈에 띄는 것은 영토 확장이다. 그는 대륙백제의 땅을 크게 확장하여 남쪽으로는 양자강에 이르렀고, 북쪽으로는 요동 지역에 육박하였으며, 서쪽으로는 덕주·곡부·청강·양주에 이르렀으니, 그 영토는 본토인 한반도 백제의 몇 배나 되었다. 고구려와의 충돌은 이러한 영토 확장 과정에서 필연적으로 발생한 패권 다툼의 결과였다.

고구려는 미천왕 이래 남하 정책을 실시하여 요서 지역까지 세력을 확장하였고, 그것은 곧 신진 세력으로 등장한 모용 선비와의 전쟁을 유발했다. 양국은 치열한 싸움을 전개하며 팽팽한 접전을 지속하다가 342년에 모용황이 병력 5만 5천으로 고구려의 수도 환도성을 무너뜨리면서 고구려의 힘은 급격히 약화되었다. 고구려는 이 전쟁 이후 모용 선비가 세운 연나라에 태자를 입조시키는 굴욕적인 외교 관계를 형성했는데, 근초고왕이 즉위한 때가 바로 이 시기였다.

근초고왕 즉위 무렵, 분단의 여파로 대륙백제의 영토는 크게 위축되어 있었는데, 통일을 이룬 근초고왕은 잃은 영토를 되찾는 것은 물론이고, 혼란스런 국제 정세를 이용하여 영토 확장에 박차를 가했다.

당시 대륙백제의 거점은 산동성 지역이었는데, 서진이 몰락한 이후 중원의 변방에 해당하는 산동성과 강소성엔 백제를 능가하는 거대 세력이 없었다. 백제는 이 기회를 이용하여 우선 남진 정책을 감행하여 산동성과 강소성 일대를 장악한 것으로 보인다.

동성왕(제24대)이 제나라에 보낸 『남제서』의 글을 보면 이 때 백제가 장악한 지역이 관직과 함께 기록되어 있다. 그 지역들을 열거하면 광양, 조선, 낙랑, 대방, 광릉, 청하, 성양 등이다. 또 『송서』에는 백제의 비류왕이 대사 풍야부를 서하 태수에 임명한다는 내용이 보인다. 『남제서』와 『송서』에 나타난 지명들이 구체적으로 어디를 가리키는지는 알 수 없으나, 짐작하건대 대방은 지금의 산동 지역, 낙랑은 그 북쪽, 조선은 낙랑 북쪽의 요서 지역을 지칭하는 것으로 보인다. 서하, 성양, 광릉, 광양, 청하 등은 강소성 지역에 자리한 백제 땅으로, 서하는 회수 주변, 광릉과 광양, 성양은 양자강 남북의 양주와 상주 일대, 청하는 양주 북쪽의 청강 지역을 일컫는 듯하다.

비록 동성왕 대에 등장하는 지명이기는 하나 근초고왕이 남쪽으로 오나라 지역을 장악한 사실을 감안한다면, 남쪽의 서하·광릉·성양·광양·청하 등은 근초고왕 초기에 개척한 영토라고 보아야 한다.

이렇듯 근초고왕은 즉위 초에는 주로 대륙백제의 거점인 산동성 지역에서 남쪽으로 영토를 확대하다가 점차 북쪽으로 눈을 돌린다. 그가 북진을 시작한 시기는 모용 선비가 세운 연이 몰락하고 있던 360년대였을 것이다. 당시 모용 선비는 세력이 약화되어 몰락의 길을 걷고 있었고, 저족의 부씨 일족이 세운

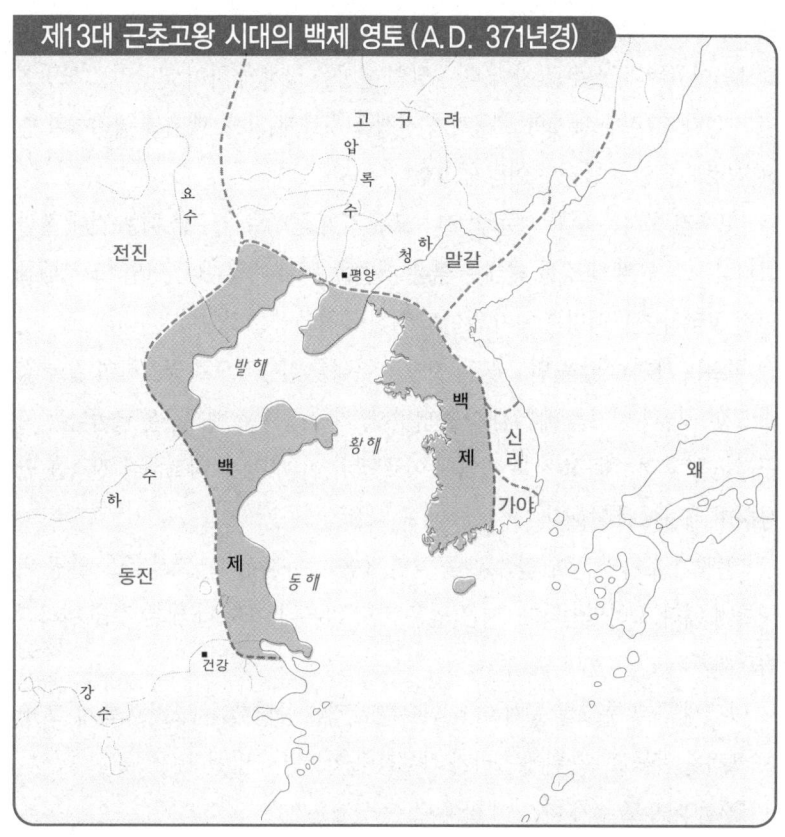

근초고왕은 대륙백제의 영토를 확대하여 광양, 조선, 대방, 광릉, 청하 등의 지명을 붙인다.

진(秦)이 북방으로 세력을 확대해오고 있었다. 모용 선비의 급격한 몰락은 북쪽으로 진출할 기회를 엿보고 있던 백제에겐 호기가 아닐 수 없었고, 역시 남진의 기회를 엿보고 있던 고구려에도 마찬가지였다. 때문에 고구려와 백제의 충돌은 당연한 귀결이었다.

 모용 선비의 쇠락을 틈타 영토 확장을 추구하던 고구려와 백제는 세력을 다투는 지경에 이르렀고, 369년 9월에 마침내 고구려의 고국원왕이 보병과 기병 2만을 거느리고 치양을 침략함으로써 양국은 전쟁 상태에 돌입하였다.

 고구려군이 치양을 약탈하자, 근초고왕은 태자 휘수(근구수왕)를 시켜 방어했다. 이 때 고구려 진영에서 사기(斯紀)라는 자가 은밀히 찾아왔다. 그는 원래 백제인이었는데, 실수로 왕이 타는 말의 발굽을 상하게 하여 고구려로 도망했던 자였다. 그런데 백제와 고구려가 전쟁을 치르게 되자, 백제를 염려하여 중요한 정보를 안고 달려와 이렇게 고했다.

"고구려 군사는 비록 수는 많으나 모두 가짜 군사로서 수를 채운 것에 불과합니다. 그 중 제일 강한 군대는 붉은 깃발을 든 부대입니다. 만일 그 부대를 먼저 공격하면 나머지는 치지 않아도 저절로 허물어질 것입니다."

휘수는 사기의 말을 믿고 붉은 깃발의 부대를 집중적으로 공격하여 결국 적병 5천여 명의 머리를 베는 대승을 낚았다. 기세를 세운 백제군은 달아나는 고구려군을 후려 수곡성 서북 지역에 이르렀다. 이 때 장수 막고해가 진격을 만류하며 태자에게 말했다.

"일찍이 도가의 말에 만족할 줄 알면 욕을 당하지 않고, 그칠 줄을 알면 위태롭지 않다고 하였습니다. 지금 얻은 바도 많은데 어찌 더 많은 것을 바라겠습니까?"

막고해의 그 충고를 옳게 여겨 휘수는 추격을 중단했다. 그리고 즉시 그 곳에 표적을 만들고, 그 위에 올라가 좌우를 돌아보면서 말했다.

"오늘 이후로 누가 다시 이 곳에 올 수 있겠는가?"

휘수 태자의 자신만만한 말투에서 드러나듯 당시 백제 군대의 위세는 대단했던 모양이다. 치양을 공격한 고구려군을 격퇴시킨 근초고왕은 그해 11월에 한수 남쪽에서 대대적인 군사 사열을 감행했다. 이것은 일종의 무력 시위이자, 고구려군에 대한 경고였다. 이 때 근초고왕은 휘하 병력으로 하여금 황색 깃발을 사용토록 하였는데, 이는 스스로 황제의 군대임을 공포한 일이었다.

그런 백제의 위세에 눌린 고구려군은 한동안 백제 땅을 침략하지 않았다. 치양 전투에서 크게 패한 뒤로 기세가 한층 꺾인 상태였던 것이다. 그러다가 2년 뒤인 371년 9월에 고국원왕은 다시 공격을 감행해왔다. 하지만 이번에도 패하 강가에 숨어 있던 백제군에게 당해 쫓겨갔다.

그러자 근초고왕은 자신이 직접 병력 3만을 이끌고 고구려군의 뒤를 쫓아

평양성까지 밀고 올라갔다. 백제 정예 병력 3만의 예상치 못한 급습을 받은 고구려군은 크게 당황하였다. 노도처럼 밀려드는 백제군의 공세에 밀린 고구려군은 필사적으로 항전하였고, 그 과정에서 고국원왕이 화살에 맞아 치명상을 입었다. 그 때문에 수세에 몰린 고구려군은 태자 구부(소수림왕)의 지휘 아래 평양성으로 물러나 수성전을 펼쳤고, 근초고왕은 고구려군의 반격이 만만치 않다는 판단을 하고 병력을 물렸다.

백제군이 돌아간 뒤, 고국원왕은 화살의 독기를 이기지 못하고 숨을 거뒀다. 그 소식을 듣고 근초고왕은 더 이상 고구려가 공격해오지 못할 것으로 판단하고 대륙백제를 태자에게 맡기고 한성으로 돌아왔다.

이 때 근초고왕이 한성으로 돌아온 일을 『삼국사기』는 '왕인군퇴(王引軍退) 이도한산(移都漢山)'이라고 기록하고 있다. 이 기록을 학계 일부에서는 '왕이 군대를 이끌고 물러나 한산으로 도읍을 옮겼다.'고 해석한다. 하지만 이 해석은 당시 정황과 전혀 맞지 않는다. 한산으로 도읍을 옮겼다면 도읍을 한산성, 즉 산성으로 옮겨갔다는 뜻인데, 이후에 산성에서 한성으로 돌아왔다는 기록이 전혀 없다. 어떤 이는 여기서 언급된 한산을 북한산으로 해석하여 백제가 도성을 한강 북쪽으로 옮긴 것이라고 해석하는데, 이 또한 전혀 근거 없는 발상이다. 이미 밝혔듯이 『삼국사기』는 한산과 북한산을 분명히 구분하여 기록하고 있다(「개루왕실록」의 '한산과 북한산, 그리고 한성과 위례성' 참조). 또 그 이후에도 백제는 여전히 한성을 도읍으로 삼고 있다. 게다가 당시 전황이 유리하고 대승을 거둔 상황에서 굳이 도성을 옮길 이유도 없었다. 따라서 『삼국사기』의 '이도한산'은 한산의 도성 즉, 한성으로 옮겨왔다고 해석해야 옳다. 말하자면 그 때까지 근초고왕은 대륙백제의 도성에 머물다가 고국원왕을 죽이고 대승을 낚은 뒤에야 비로소 본국 도성인 한성으로 옮겨 앉았다는 뜻이다.

당시 대륙백제의 땅은 한반도 본토보다 몇 배나 컸기에 당연히 대륙백제에도 한성 못지않은 거대한 왕성이 있는 것이 당연하다. 근초고왕은 즉위 초 십수 년간을 대륙에서 지냈는데, 그 곳에 왕성이 없다는 것은 말이 되지 않기 때문이다. 이미 밝혔듯이 대륙백제의 도성은 책계왕 원년에 보수한 대방 땅의 위례성(하남 위례성)일 것이다. 근초고왕은 대륙에서 줄곧 위례성에 머물다가 고국원왕을 전사시킨 뒤에야 한성으로 돌아왔다는 말이다.

고국원왕이 전사한 뒤로 고구려는 쉽사리 백제를 침입하지 못했다. 그러다가 375년 7월에 백제의 북쪽 변방인 수곡성을 공략해왔다. 이 때 고구려가 자신 있게 수곡성으로 쳐들어온 이유는 두 가지였다. 첫째는 그간 위용을 떨치며 고구려군을 떨게 만들었던 근초고왕이 노환이 들어 전쟁을 수행할 수 없다는 사실이었고, 두 번째는 백제 땅에 크게 흉년이 들어 대병을 일으킬 수 없는 처지였기 때문이다.

소수림왕의 판단은 적중했다. 근초고왕의 노환으로 기세가 떨어진 백제군은 수곡성에서 대패하였고, 결국 수곡성은 함락되고 말았다. 하지만 이 일은 377년에 근구수왕이 재차 평양성을 공격하는 원인이 된다.

(고구려와의 패권 다툼 과정에서 등장하는 치양, 패하, 수곡성 등은 모두 대륙백제의 영역으로 보아야 할 것이다. 학계 일부에서는 당시 고구려의 도성 평양이 지금 북한의 수도인 대동강변의 평양으로 보고 있으나, 이는 무리가 있는 해석이다. 당시 고구려의 수도 평양은 지금의 요하 동쪽 요령성 주변에 있었을 것으로 판단된다. 이에 대해서는 『고구려왕조실록』 「동천왕실록」 '네 번째 도읍지 평양과 그 위치' 편에 자세하게 밝힌 바 있으니 참조 바란다.)

3. 대왜 관계와 칠지도

근초고왕은 왜와 국교를 수립하고 많은 선진 문화를 전했다. 백제가 언제부터 왜와 통교하고 있었는지는 정확하지 않으나 근초고왕에 이르러 양국 관계가 활기를 띤 것만은 분명하다. 이 일에 대한 기록은 『삼국사기』엔 전무하고, 『일본서기』와 『고사기』에 전한다.

백제와 왜의 국교 수립은 신공황후 46년(서기 366년)에 이뤄졌다. 당시 왜는 탁순국(위치 미상)에 사신 시마노스구데를 파견하였다가 백제가 왜와 통교하기를 원한다는 말을 들었다. 그러자 시마노스구데는 근초고왕에게 부하 니하야를 파견하였다. 근초고왕은 니하야를 무척 반갑게 맞이하여 많은 선물을 안겨 돌려보냈으며, 이듬해 신라 사신 편에 구저(久氐), 미주류(彌州流), 막고(莫古) 등 세 사람을 딸려 보냈다(이 세 사람 중 막고는 『삼국사기』 「백제본기」 근구수왕 조에 나오는 막고해와 동일 인물로 추정된다).

세 명의 백제 사신을 맞이한 신공황후는 몹시 기뻐하며 이렇게 말했다.

"선왕이 바라고 있던 나라의 사람이 지금 내조하였다. 천황을 만나지 못한 것이 참으로 통탄할 일이다."

황후의 이 말에 지켜보던 군신들이 모두 눈물을 흘리며 슬퍼했다고 한다.

이런 기록으로 볼 때, 왜왕실은 오래 전부터 백제와 통교하기를 희망했던 것으로 보인다.

그 후로도 백제와 왜는 꾸준히 사신을 교환하였고, 신공황후 52년(372년)에 그 유명한 칠지도가 보내졌다. 이 때 칠지도와 함께 칠자경(七子鏡)을 비롯한 여러 진귀한 물건들이 함께 있었다고 전한다.

칠지도는 곧은 칼날 좌우로 각각 가지칼이 세 개씩 있는데, 도합 7개의 칼날이 있다 하여 칠지도라 하고, 여섯 개의 가지칼이 있다 하여 '육차모(六叉鉾)'라 부르기도 한다.

이것은 지금 일본 나라현 덴리시 이소노카미(石上) 신궁에 보관되어 있다. 이소노카미 신궁의 칠지도는 단철로 만든 양날 칼인데, 몸체 전후면에 60여 자의 명문이 상감되어 있고, 그 외곽은 금선으로 둘러쳐져 있다.

명문의 내용은 앞면과 뒷면으로 나뉘어 있는데, 그 내용은 이렇다.

앞면 : 태화 4년 모월 16일 병오 정양일에 백련강철로 칠지도를 만들었다. 이 칼은 많은 적병을 물리칠 수 있는 것이므로 후왕(侯王)에게 나눠줌이 마땅하다. ＊＊＊이 제작함.

泰＊四年＊月十六日丙午正陽造百練鋼七支刀生酸百兵宜供侯王＊＊＊＊作

뒷면 : 선세 이래로 아직 이 칼이 없었는데, 백제 왕이 놀랍게도 성스러운

소리로 만들어 세상에 내놓은바, 곧 왜왕 지를 위하여 만든 것이니 후세에 영구히 전하라.

先世以來未有此刀百濟王世＊奇生聖音故爲倭王旨造傳＊後世

(＊ 표시는 지워져 알 수 없는 글자이다.)

앞면 명문에서 논란이 되는 것은 '태(泰＊)'와 '후왕(侯王)'에 대한 해석이다. '태＊' 다음에 연도가 붙은 것으로 봐서 이것은 분명히 연호이다. 이에 대해선 대개 동진의 연호 '태화(太和)'와 같은 것으로 보고 있으며, 따라서 태화 4년은 369년으로 백제 근초고왕 24년에 해당한다(동진의 유물에서는 '太和'를 '泰和'라고 쓴 것들이 발견된다). 다음으로 '후왕'은 일반적으로 종주국이 제후국 왕을 칭할 때 쓰는 용어이다. 이는 곧 백제가 종주국이고 왜가 제후국이었다는 뜻이 된다. 하지만 만약 왜가 제후국이었다면 백제는 '대왕'이라는 존칭을 사용해야 정상인데, 칠지도엔 그저 '백제 왕'으로만 기록되어 있는 것이 의문으로 남는다.

『일본서기』에는 이 칼이 백제가 일본에 진상한 것으로 기록되어 있으나, 명문의 내용으로 보아 백제 왕이 일본 왕에게 선물한 것으로 보는 것이 옳다. 『일본서기』는 처음부터 한결같이 백제가 왜에 조공을 바치는 제후국으로 기록하고 있으나, 당시 정황이나 칠지도의 기록은 오히려 왜가 백제보다 하위 국가였음을 증명하고 있다. 하지만 학계 일각의 주장처럼 왜가 백제의 제후국이라고 보기도 힘들다. 당시 사료를 분석해보면, 백제와 왜는 대등한 관계에서 국교를 수립하였지만, 상황에 따라 서로의 관계 설정이 조금씩 변화했던 정도였음을 알 수 있다.

뒷면 명문에서 논란이 되는 것은 마멸된 부분에 대한 해석이다. 특히 '百濟王世＊'에서 지워지고 없는 ＊ 부분을 '자(子)'로 보는 것이 중론인데, 그럴 경우 뒷면에 대한 해석은 이렇게 된다.

'선세 이래로 아직 이 칼이 없었던바 백제 왕세자 기생성음이 왜왕 지를 위하여 만들었으니 후세에 전하여라.'

하지만 이 해석은 문맥상 무리가 있다. 왜국 왕에게 칠지도를 내린다면 당연히 왕의 이름으로 하는 것이 옳은데, 왕세자가 대표성을 갖고 왜국 왕에게 칠지도를 내린다는 것은 관례상 있을 수 없는 일이다. 특히나 당시 왜와 백제가 대등한 관계였다면 생각할 수도 없는 일이다. 거기에다 '세자' 라는 용어가 당시 백제에서 쓰였는지도 불분명하다. 『삼국사기』에선 근초고왕 당시 후계자를 '태자' 라고 칭하고 있기 때문이다. 또 '기생성음'이 근구수왕을 지칭하는 이름이라는 것도 전혀 납득할 수 없다. '기생성음'이 이름을 가차한 것이라면 아무 뜻도 없어야 하는데, '놀랍게도 성스러운 음성으로 만들어졌다' 는 제대로 된 문장이 된다. 따라서 '기생성음'을 이름에 대한 가차로 이해하는 것은 옳지 않다. 또 문맥상 앞에서 '선세 이래로 아직 이 칼이 없었는데' 다음에는 당연히 누군가가 세상에 내놓았다는 내용이 나와야 한다. 따라서 '백제왕세*'에서 * 부분은 '출(出)' 또는 '현(現)'이 되어야 할 것이고, 그럴 경우 이 문장은 '백제 왕이 세상에 드러냈다' 로 해석된다.

▶ **근초고왕 시대의 세계 약사**

근초고왕 시대 중국은 이른바 5호 16국 시대가 본격적으로 전개되던 시점으로 320년에 한족 장무가 세운 전량이 창업된 이래, 337년에는 모용 선비가 세운 전연이 섰으며, 351년에는 저족 부건이 세운 전진이 섰다. 이들 외족들의 국가는 서로 권력을 다투는 동시에 동쪽으로 옮겨온 사마씨의 동진과 각축전을 벌이며 성장하거나 쇠퇴한다.
이 무렵 서구의 로마는 콘스탄티누스 2세가 353년에 마그넨티우스를 정복함으로써 로마제국을 통일하고, 그를 이은 율리아누스 황제는 페르시아와 싸우다가 전사한다. 이후 로마는 동서로 양분되고, 게르만 민족이 대이동을 시작하여 훈족과 동고트족을 정복한다.

제14대 근구수왕실록

1. 호방한 성격의 근구수왕과 숙적 고구려
(?~서기 384년, 재위기간 : 서기 375년 11월~384년 4월, 8년 5개월)

근구수왕은 근초고왕의 아들이며 왕비 진(眞)씨 소생으로, 375년 11월에 근초고왕이 죽자 왕위에 올랐다(『일본서기』에는 근초고왕이 죽은 이듬해에 왕위에 오른 것으로 기록되어 있다. 근초고왕이 11월에 죽었다면, 이듬해 1월을 원년으로 삼았을 수 있기 때문에 신빙성 있는 기록으로 보아야 한다).

『삼국사기』가 그를 장남으로 기록하지 않은 것으로 봐서, 그는 근초고왕의 맏아들은 아니다. 이름은 휘수(諱須)인데, 풀이하자면 '감히 수(須)를 칭하지 못한다'는 뜻이다. 여기서 '수'란 곧 제6대 왕인 구수왕을 일컫는다. 즉, 구수왕의 이름을 쓰고 싶으나 감히 그렇게는 하지 못한다는 의미로, 역설적으로 구수왕의 혈통을 이었음을 강조하고 있는 것이다. 구수왕 2세를 의미하는 근구수왕이라는 묘호와도 일맥 상통하는 이름이라 하겠다.

근구수왕은 태자 시절부터 많은 활약을 했다. 근초고왕 24년(369년)에 고구려의 고국원왕이 치양에 쳐들어왔을 때, 고구려에 망명했던 백제인 사기의 도움으로 고구려 정예병 5천을 궤멸시키는 대승을 거두기도 했고, 371년에 평양성 공격에도 참여하여 군대를 지휘했다.

『위서』에 나오는 개로왕이 북위에 올린 표문에 보면 '신의 조상 수(須)께서 군사를 정비하고 번개같이 나아가 기회를 포착하고 달려가 공격하여 화살과 돌이 잠시간 오가더니 소의 머리를 베어 매달았습니다'는 내용이 나오는데, 여기서 개로왕이 언급한 '수'는 바로 근구수왕이며, '소'는 고국원왕이다. 표현이 과장되긴 했지만, 고국원왕이 백제와 전쟁을 치르다 죽은 것은 사실이다. 그런데 개로왕이 근초고왕의 이름을 언급하지 않고, 근구수왕의 이름을 들먹였다는 사실에 주목할 필요가 있다. 즉, 이 내용은 371년의 평양성 공략을 주도했던 사람은 근초고왕이 아니라 당시 태자였던 근구수왕이라는 사실을 알려주고 있다. 『삼국사기』에도 근초고왕이 '태자와 함께' 평양성을 공격했다고 기록되어 있다. 이것은 평양성 공략을 실질적으로 지휘했던 사람은 근초고왕이 아니라 근구수왕이었다는 사실을 가르쳐준다.

이런 사실은 근구수왕이 무예가 뛰어나고 병법에도 일가견이 있던 왕이었음을 방증한다. 이를 증명하듯 근구수왕은 재위 3년(377년)에 다시 한 번 평양성 공략에 나섰다. 이는 375년에 빼앗긴 수곡성을 탈환함과 동시에 376년 11월의 고구려 침략을 응징하기 위한 조치였다.

평양성 공격은 그해 10월에 이뤄졌다. 음력 10월이면 이미 겨울로 접어든 때였다. 371년 고국원왕을 죽일 때도 겨울로 접어드는 시기인 음력 10월에 공격을 시도했는데, 이번에도 같은 시기를 택했다. 10월은 추수가 끝나고 농한기로 접어드는 때로 충분한 군량과 군사가 확보되는 시점이었다. 반면에 고구려엔 전염병이 돌고, 가뭄이 계속되고 있었다.

근구수왕이 이끌고 간 군대는 총 3만이었다. 하지만 평양성 함락에는 실패한 듯하다. 『삼국사기』는 이 전쟁에 대해 구체적으로 기록하고 있지 않으나 한 달 뒤인 11월에 고구려군이 백제를 공격했다는 기록을 남기고 있다. 말하자면 평양성 공격에 나선 근구수왕은 처음엔 선전하다가 11월에 이르러서는 전세가 불리해져 퇴각했다는 뜻이다.

하지만 고구려도 전쟁을 지속할 처지가 아니었다. 오랫동안 계속된 가뭄과 갑자기 들이닥친 전염병으로 백성들이 굶주림을 이기지 못해 서로 잡아먹는 지경에 놓였기 때문이다. 게다가 백제와 전쟁을 치르고 있는 틈을 타 거란이 고구려의 북쪽 변경을 노략질하였다.

어려움은 고구려만 안고 있는 것은 아니었다. 백제에도 380년에 전염병이 돌았고, 그해 여름에는 땅이 갈라지는 이변이 발생했다. 갈라진 땅은 깊이가 다섯 길, 너비가 세 길이나 되었다고 하니, 가히 두려움에 떨 만한 수준이었다. 382년에는 백제에도 심한 가뭄이 찾아들었고, 그로 인해 지독한 흉년이 들어 백성들이 자식을 팔아먹는 사태가 나기도 했다.

이런 탓에 고구려와 백제 양국은 근구수왕 재위 기간 동안 더 이상의 전쟁은 치르지 않았다.

근구수왕 대의 정치를 살펴보면 다소 의아한 기록이 나타나는데, 그것은 재위 2년에 근구수왕이 자신의 외삼촌 진고도를 내신좌평으로 삼아 정사를 맡겼다는 내용이다. 근초고왕 대에도 진고도의 형제로 보이는 진정이 정사를 독점했는데, 근구수왕 대에도 역시 외척인 진고도가 정사를 맡은 것이다.

비류왕 대까지만 하더라도 대개 정사는 왕족들이 주관했다. 외척이 조정을 장악하기 시작한 것은 근초고왕 대에 와서 처음이다. 그리고 그런 현상은 근구수왕 대까지도 이어진다.

이렇듯 『삼국사기』는 근초고왕과 근구수왕이 모두 외척에게 정사를 맡긴 것으로 서술하고 있다. 그렇다면 왕은 그들에게 정사를 맡겨두고 무엇을 했단 말인가?

이 의문은 한반도 백제와 대륙백제로 나뉜 당시 백제의 영토 관리 체제를 이해해야만 풀린다. 한반도 백제는 당시 외척으로서 힘을 행사하고 있던 진씨 일족이 정사를 맡아 다스리고, 대륙백제는 왕이 직접 다스리는 형태를 이해해야만 『삼국사기』의 내용을 제대로 이해할 수 있다. 즉, 근구수왕도 왕위에 오른 뒤로는 근초고왕이 그랬듯이 한반도 백제는 외척인 진씨 일족에게 일임하고, 자신은 대륙백제의 정사를 주관했을 것이라는 뜻이다.

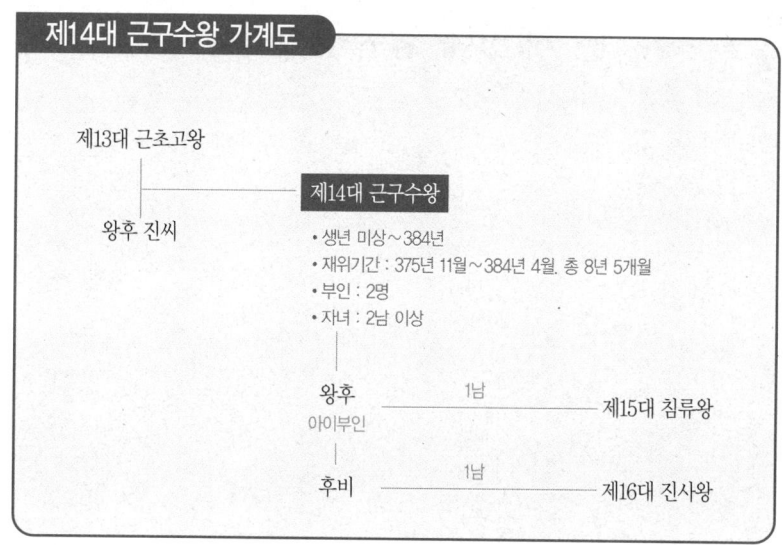

근구수왕 대의 외교 관계는 대개 고구려는 적대하고 나머지 대국인 동진은 우대하고, 신라와 가야 및 왜와는 평화를 구축하는 형태였다. 말하자면 고구려를 최대의 라이벌로 삼아 영토 싸움을 지속하고, 나머지 국가와는 화친하여 고구려와의 패권 다툼에서 우위를 지키려 했던 것이다.

그런 근구수왕의 치세는 그리 길지는 못했다. 그는 재위 10년째인 384년 4월에 생을 마감하였다. 그가 죽기 두 달 전에 대궐 뜰에 있던 큰 나무가 저절로 뽑혔다는 기록이 있는 것으로 봐서 이미 그의 죽음은 예고된 상태였고, 제법 오랫동안 지병을 앓고 있었다는 것을 짐작할 수 있다.

특이하게도 근구수왕에 대해선 왕비의 이름이 남아 있다. 그의 왕비는 아이부인으로 맏아들 침류왕의 어머니라고 기록되어 있다. 그녀가 어느 성씨 출신인지는 알 수 없으나, 아마도 당시 유력한 외척이던 진씨 출신일 가능성이 높다. 자식은 침류왕 이외에도 진사왕이 그의 차남으로 기록되어 있다.

제15대 침류왕실록

1. 침류왕의 짧은 치세와 불교의 전파
(?~서기 385년, 재위기간: 서기 384년 4월~385년 11월, 1년 7개월)

침류(枕流)왕은 근구수왕의 장남이며, 어머니는 아이부인이다. 근구수왕이 384년 4월에 죽자, 왕위에 올랐다. 하지만 침류왕은 왕위에 오래 있지 못했다. 즉위 이듬해인 385년 11월에 죽었으니, 불과 19개월간의 짧은 치세였다. 반란의 흔적이 전혀 없는 것으로 봐서 침류왕의 사망은 병마에 의한 것으로 보인다.

침류왕 대에 주목할 만한 사건이 있다면 인도 승려 마라난타에 의한 불교 전파이다. 마라난타가 백제에 도착한 것은 384년 9월이었다. 침류왕이 그를 궁중으로 불러들여 크게 우대하고 공경했다는 기록이 남아 있는데, 이는 마라난타가 스스로 온 것이 아니라 침류왕의 초청으로 왔다는 뜻이다.

마라난타가 백제에 오기 두 달 전인 그해 7월에 침류왕은 동진에 사신을 보냈는데, 초청은 이 때 이뤄진 것으로 보인다.

침류왕이 동진에 머물고 있던 마라난타를 초청한 이유는 개인적인 이유 때문이었을 것이다. 병마에 시달리고 있던 침류왕은 불교의 원력에 힘입어 병을 고쳐 보려고 마음먹었을 것이다. 그렇지 않다면 이방인 마라난타를 지나치리만큼 극진히 대접하며 굳이 궁중에 머물게 할 이유가 없었다.

이듬해 2월에는 나라의 진산인 한산에 절을 창건했고, 승려 10명에게 도첩을 내렸다. 이 때 도첩을 받은 승려가 10명이나 되었다는 것은 마라난타가 입국하기 전부터 백제에 불교가 전파되어 있었다는 뜻이다. 아마 침류왕에게 마라난타의 초청을 권유한 사람도 이 때 도첩을 받은 10명의 승려 중 한 명이었을 것이다.

마라난타 이전에 백제에 불교가 전파되어 있었다면, 그것은 고구려를 통해 들어왔을 가능성이 높다. 고구려는 이미 372년에 전진의 승려 순도로부터 불교를 받아들였고, 순도는 왕자를 가르칠 정도로 환대를 받았다. 따라서 불교는 쉽게 고구려 전역으로 전파되었을 터이고, 국경을 맞대고 있던 백제에도 그 영향이 미쳤을 것이다. 마라난타가 입국한 지 불과 5개월 만에 도첩을 받은 열 명의 승려는 바로 고구려 불교의 영향으로 이미 불교에 심취해 있던 사람들이었다는 뜻이다.

이렇듯 침류왕은 불교 발전의 터전을 닦았지만, 후대 성왕 대에 이르러서야 불교에 관한 기록이 나오는 것을 보면, 침류왕 이후 오랫동안 불교는 백제인들에게 널리 전파되지 못한 듯하다. 그것은 불교에 지대한 관심을 쏟았던 침류왕의 치세가 길지 못한 데다가, 그를 이어 왕위에 오른 진사왕이 침류왕 측근들과 승려들을 홀대했기 때문일 것이다. 또한 진사왕 이후 백제 조정의 혼란과 잦은 전쟁으로 인한 국력의 쇠퇴도 불교 발전을 저해하는 요인이었을 것이다.

2. 침류왕의 가족들

침류왕의 가족 관계는 자세히 기록되지 않았으며, 슬하에 이복 형제들이 있는 것으로 봐서 부인은 여러 명 있었던 것으로 보인다. 자식으로는 맏아들 아

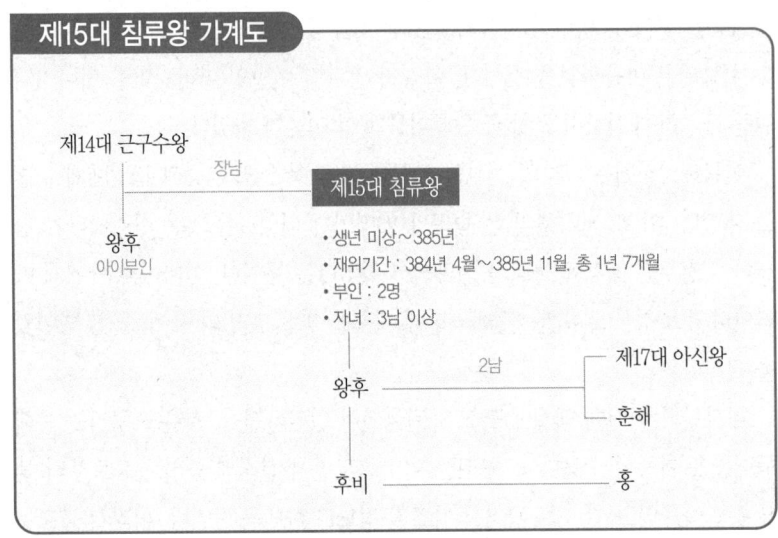

신왕과 홍, 훈해 등이 있었다(아신왕은 「아신왕실록」에서 따로 다루기로 하고 여기서는 부여 홍과 훈해만 다루기로 한다).

부여 홍(생몰년 미상)

부여 홍은 침류왕의 둘째 아들로 아신왕 3년에 내신좌평에 임명되어 정사를 보좌했다는 기록만 남아 있을 뿐, 다른 기록은 없다. 396년에 아신왕이 광개토왕에 패배하여 왕족과 중신 10명이 고구려로 붙잡혀 가는데, 아마도 홍은 그 일행에 포함되었을 것으로 판단된다.

부여 훈해(?~405년)

훈해는 침류왕의 셋째 아들이며, 아신왕의 아우이다. 405년 9월에 아신왕이 죽자, 정사를 대리하면서 왜에 입조해 있던 조카 전지왕을 기다렸다. 그러나 막내 조카 혈례가 역심을 품고 그를 죽였다. 『삼국사기』는 그에 대해서 아신왕의 중제(仲弟)라고 쓰고 있는데, 이는 둘째 동생이라는 뜻이므로 침류왕에겐 셋째 아들이 되는 것이다.

제16대 진사왕실록

1. 진사왕의 불행한 죽음과 백제의 위기
(?~서기 392년, 재위기간: 서기 385년 11월~392년 11월, 7년)

진사(辰斯)왕은 근구수왕의 둘째 아들이며, 침류왕의 아우이다. 하지만 『삼국사기』에 동복 아우(同母弟)라는 언급이 없는 것으로 보아 이복 동생인 듯하다. 385년 11월에 침류왕이 죽자 왕위에 올랐으며, 이 때 침류왕의 태자(아신왕)는 나이가 너무 어려 숙부인 그가 즉위한 것으로 기록되어 있다. 그는 사람됨이 용맹하며 총명하고 지략이 많았다고 전한다.

진사왕은 조카를 대신하여 왕위를 이은 탓에 정치적 기반이 취약하여 강력한 통치력을 구사하기 힘들었다. 그것은 세력 회복의 기회를 엿보고 있던 고구려에겐 호기가 아닐 수 없었다. 백제 조정이 왕위 계승 문제로 내분을 겪고 있음을 눈치 챈 고구려는 백제 침략을 위해 병력을 추스렸고, 고구려의 침략을 염려한 진사왕은 즉위 이듬해인 386년 봄에 15세 이상의 장정들을 대대적으로 징발하여 청목령에서 팔곤성을 거쳐 서해에 이르는 방어벽을 설치하였다. 그해 8월, 고구려의 고국양왕은 예상대로 병력을 보내 내침을 시도했다. 하지만 별다른 성과를 거두지 못하고 물러갔다.

진사왕은 고구려의 재차 침입이 있을 것으로 판단하고 달솔 진가모와 은솔 두지를 앞세워 방어 전략을 짰다. 그런 상황에서 387년 9월에는 말갈군이 관미령으로 쳐들어왔다. 말갈은 고이왕 이래 화친을 맺고 약 130여 년 동안 평화를 유지하고 있었는데, 갑자기 맹약을 어기고 백제를 친 것은 고구려의 압력 때문인 것으로 판단된다.

기동력 좋고 산악전에 능한 말갈군의 개입은 확실히 백제에겐 치명타였다. 요새인 관미령 싸움에서 백제군은 말갈군에 패해 물러났고, 이 때문에 백제는 수세에 몰린다. 진사왕은 그런 상황에서 벗어나기 위해 재위 5년(389년) 9월에 고구려 남쪽을 공격하여 유린하는 한편, 390년 9월에는 진가모를 앞세워 고구려의 도곤성을 공격하여 함락시켰다. 이 싸움에서 진가모는 고구려군 2백 명을 포로로 잡았고, 그 공으로 병관좌평에 오르는 영광을 얻었다.

도곤성을 얻은 진사왕은 모처럼 여유를 부리며 사냥을 다니고, 궁실을 중수하는 호사를 부렸다. 중수한 궁실엔 새로운 연못도 만들고 동산도 꾸며 그 곳에 진귀한 새를 기르고 기이한 화초를 가꾸기도 했다.

고구려의 반격이 예상되는 상황에서 진사왕이 이런 호사를 부린 것은 선뜻 이해할 수 없는 행동이다. 더구나 391년 4월에 말갈군이 적현성을 급습하여 함락되었는데도 진사왕은 그해 7월과 8월에 사냥을 다니는 등 비정상적인 행동을 했다. 취약한 입지에서 왕위에 오른 사람들은 일반적으로 권력을 유지하기 위해 국방에 심혈을 기울이고, 주변 세력을 견제하는 것이 일반적인데, 적군의 침입이 예상되는 상황에서 섬이나 산으로 사냥이나 다녔던 진사왕의 행동은 아무래도 석연치 않다. 심지어 392년에 고구려의 광개토왕이 대병 4만을 이끌고 대대적인 침략을 가해왔는데도 진사왕은 사냥이나 다니고 있었다.

어쩌면 진사왕은 이 무렵에 이미 태자(아신왕) 세력에게 정권을 장악당해 허수아비 왕으로 전락한 상태였는지 모른다. 말하자면 391년 무렵에 백제 조정엔 한 차례 정변이 일어나 진사왕 세력이 대거 척결되고 아신왕 세력이 조정을 장악했다는 뜻이다.

이 일에 대해 『일본서기』 응신천황 3년(391년) 기사에 이렇게 기록되어 있다.

백제의 진사왕이 서서 귀국(왜국) 천황에 대하여 예(禮)를 갖추지 않았다. 그래서 기각(紀角, 기노쓰노) 숙미, 우전시대(羽田矢代, 하다노야시로노) 숙미, 석천(石川) 숙미, 목토(木菟, 쓰구노) 숙미를 파견하여 그 예 없음을 힐책하였다. 그로 인하여 백제국은 진사왕을 죽이고 사죄하였다. 기노쓰노 숙미 등은 아화(阿花, 아신왕)를 왕으로 세우고 돌아왔다.

얼핏 보면 이 내용은 마치 왜국이 백제의 내정에 간섭하여 진사왕을 폐하고 아신왕을 세운 것으로 이해하기 십상이다. 하지만 내용을 좀더 자세히 분석해 보면 전혀 그렇지 않다. 응신천황이 백제에 보낸 사신들은 '예 없음을 힐책' 한 것 이외에 한 일이 전혀 없다. 또한 진사왕을 제거하는 일에 직접 가담하거나 영향력을 행사한 내용도 보이지 않는다. 말하자면 그들은 그저 백제 조정의 사정이 어떻게 돌아가는지 지켜보고 진사왕이 제거되고 아신왕이 즉위한 사실이 온당함을 인정하는 역할만 했을 뿐이다.

진사왕이 왜국 천황에 대한 예를 잃었다는 것도 왜국과 외교적인 마찰이 있었다는 뜻이 아니다. 왜국과 무슨 외교적인 문제가 있었다면, 그 구체적인 내용이 조금이라도 언급되어야 하는데 전혀 없다. 즉, 진사왕이 왜국 '천왕에 대한 예를 잃었다' 는 것은 백제 조정 내부 문제를 천황과 연계시켜 표현한 문구라는 뜻이다.

그렇다면 그 내부 문제란 무엇일까? 진사왕은 즉위할 때 침류왕의 태자(아신왕)가 장성할 때까지만 한시적으로 왕위에 머문다는 약속을 했던 것일까? 하지만 그런 선례는 없다. 그보다는 침류왕의 태자가 장성하여 주변 세력과 함께 정변을 도모하고 왕위를 돌려받으려 했을 것이다. 응신천황이 사신들을 보낸 시점은 아신왕이 이미 정변에 성공한 뒤였을 것이다. 따라서 왜국 사신들이 한성에 도착했을 땐, 진사왕은 허수아비 왕으로 전락해 있었다는 뜻이다. 진사

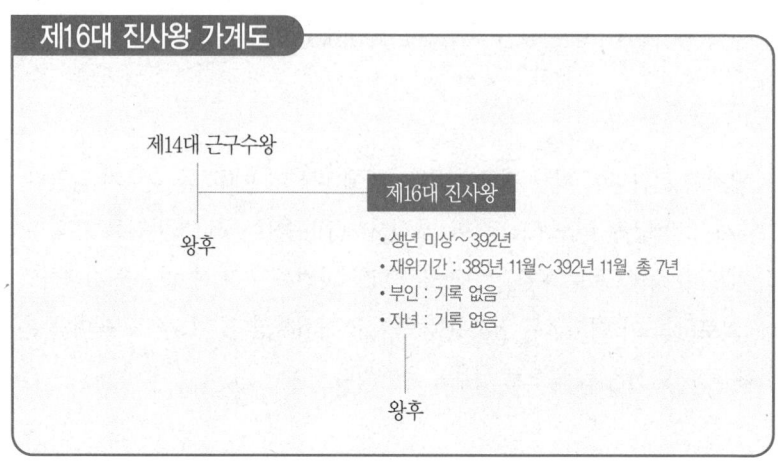

왕에 대한 왜국 사신들의 '힐책'은 이런 상황에서 이뤄진 것이며, '천황에 대한 예를 잃었다'는 것은 왜국 천황이 정변에 성공한 태자 편을 들었다는 것을 증명한다. 즉, 왜국은 진사왕이 태자에게 돌아갈 왕위를 찬탈하였으니, 돌려주는 것이 마땅하다는 의견을 표명했을 것이라는 뜻이다.

이는 태자(아신왕) 세력이 정변을 일으킨 뒤, 대의 명분을 세우기 위해 왜국의 힘에 의지했음을 시사한다. 진사왕은 정변 뒤에도 쉽사리 왕위에서 물러나지 않았고, 그 때문에 아신왕은 왜국 사신을 불러들여 자신의 입지를 넓히고, 정당하게 진사왕을 제거할 명분을 세우려 했던 것으로 보인다.

그렇듯 조정이 정치적 혼란을 겪고 있는 와중에 고구려의 대대적인 침입이 있었다. 광개토왕이 392년 7월에 병력 4만을 이끌고 백제의 북쪽 변경으로 밀고 내려왔다. 고구려의 대병 앞에 백제군은 무력하게 무너졌다. 단 20일 만에 10여 개의 성이 함락되었고, 10월에는 백제의 요새 관미성이 무너졌다.

관미성은 대륙백제의 황하 이북 지역 최대 거점이었다. 때문에 관미성의 상실은 대륙백제의 힘이 황하 이남의 산동 지역으로 축소되었다는 의미였다('대륙백제의 위축과 관미성' 참조).

진사왕은 그 와중에 목숨을 잃었다. 광개토왕이 관미성을 공략하고 있던 그

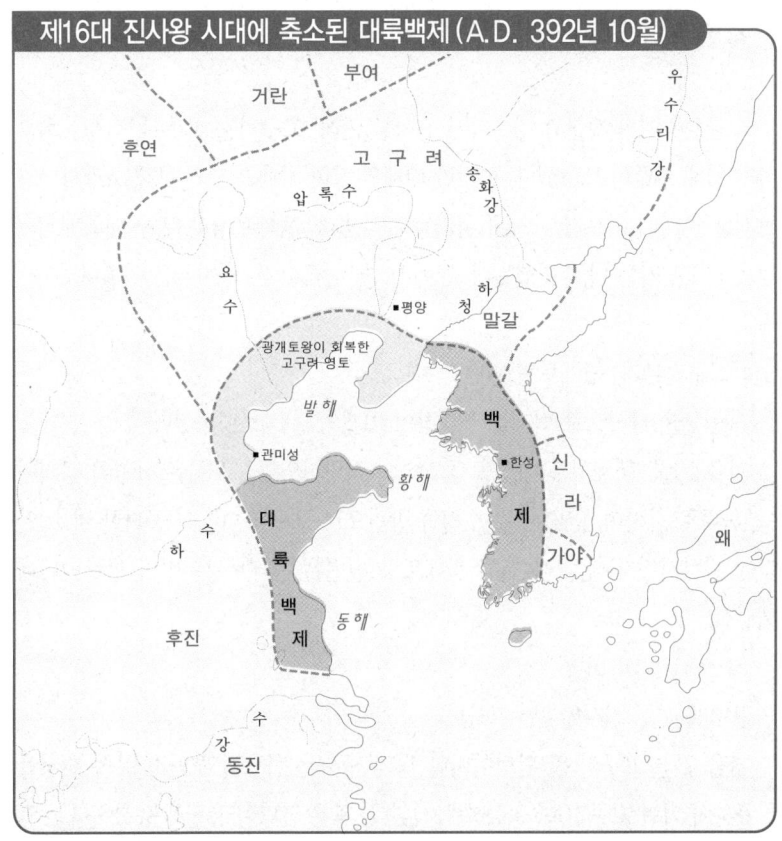

고구려의 광개토왕은 392년 7월에 4만의 군대를 이끌고 백제의 대륙 땅을 공격하였다. 단 20일 만에 백제의 10여 개 성이 함락되고, 10월에는 황하 북방의 요새 관미성이 함락되어 황하 북쪽의 대륙 영토를 모두 잃었다.

시간에 진사왕은 사냥을 나가 열흘 동안 돌아오지 않았다. 이는 당시 그가 왕권을 전혀 행사할 수 없는 비참한 처지였음을 시사한다. 그리고 그해 11월에 사냥을 하던 구원의 행궁에서 죽었다. 아신왕 세력에 의해 살해된 것이다.

2. 대륙백제의 위축과 관미성

고국원왕이 백제군과 싸우다가 전사한 이래, 고구려는 실추된 명예를 회복하기 위해 부단히 노력했다. 하지만 백제의 강한 기세를 꺾지 못해 고전하다가 광개토왕 대에 이르러 마침내 성과를 거두었다. 광개토왕은 우선 대륙백제의 힘을 약화시키는 데 주력했는데, 이에 대한 『삼국사기』의 기록은 이렇다.

〔「고구려본기」 광개토왕 원년 기사〕
가을 7월, 남쪽으로 백제를 공격하여 10개의 성을 점령하였다.
겨울 10월, 백제의 관미성을 공격하여 점령하였다. 그 성은 사면이 절벽이고, 바다로 감싸여 있었다. 왕이 일곱 방면으로 군사를 나누어 공격한 지 20일 만에 함락시켰다(『삼국사기』의 광개토왕 원년은 광개토왕릉비의 영락 2년에 해당함).

〔「백제본기」 진사왕 8년 기사〕
가을 7월, 고구려 왕 담덕이 4만 명의 군사를 거느리고 와서 북쪽 변경을 침공하여 석현성 등 10여 성을 함락시켰다. 왕은 담덕이 용병에 능통하다는 말을 듣고 대항하기를 회피하였다. 한수(漢水) 북쪽의 여러 부락을 빼앗겼다.
겨울 10월, 고구려가 관미성을 함락시켰다.

이 기록은 백제의 주요 거점인 관미성을 비롯한 11개의 성이 고구려에 의해 장악당한 내용을 다루고 있다. 이 기사에서 백제의 10개 성이 함락된 뒤, 한수 북쪽의 여러 부락이 고구려 수중에 떨어졌다는 내용이 있는 것으로 봐서 관미성을 제외한 10개 성은 한수 북쪽에 위치한 성임을 알 수 있다. 이에 따라 사학계 일각에선 392년 7월에 고구려가 지금의 한강 이북 지역을 장악한 것으로 해석한다. 말하자면 광개토왕의 백제 공략은 처음부터 한반도에서 이뤄졌다고 해석하는 것이다.

이 기사의 '한수'가 지금 한반도 중부를 흐르는 한강이라면, 이 주장엔 이론의 여지가 있을 수 없다. 하지만 과연 『삼국사기』에서 '한수'라고 기록된 강이 모두 한강이라고 말할 수 있는지 의심해 보아야만 한다.

이 한수 문제는 삼국사 전체의 구도를 바꿔놓을 수 있는 중요한 변수가 될 수 있다. 때문에 한수에 대한 새로운 접근은 곧 삼국사 자체를 다르게 해석하는 열쇠가 될 것이다.

『삼국사기』에 등장하는 '한수(漢水)'는 이 책의 편찬자들에 의해 한반도에 있는 한수(韓水)와 중국 대륙의 '하수(河水, 한나라 시대에는 한수(漢水)라고 불렀을 가능성이 높음)'가 혼동된 채로 사용되었을 가능성을 배제하지 말아야 한다. 왜냐하면 『삼국사기』의 편찬자들은 백제가 대륙에도 영토를 가지고 있었다는 사실 자체를 모르고 있었고, 고구려의 영토에 대해서도 거의 무지한 상태였기에 그들의 지리적 개념은 한계가 있을 수밖에 없었기 때문이다. 따라서 『삼국사기』의 '지리'편은 일부 한반도에 관련된 부분을 제외하고는 전혀 신빙성이 없다고 보는 것이 옳다.

『삼국사기』에 한수(漢水)가 처음 등장하는 것은 「백제본기」 온조 편의 백제 도읍지와 관련된 부분이다. 여기서 이 책의 편찬자들은 한수를 지금의 한강으로 보도록 기술하고 있다. 그것은 근본적으로 대륙백제에 대한 그들의 무지에서 비롯되었다고 판단된다.

광개토왕릉비문에서는 한강을 '아리수(阿利水)'로 기록하고 있는데, 여기서 '아리'는 고구려어로 '크다'는 뜻으로 순 신라어로 '크다'는 뜻인 '한(韓)'과 같은 의미이다(그 예로 '큰길'을 '한길'이라고 부르며, 경상도 방언에서는 '많이'를 '한거'라고 한다).

한강을 '한수(漢水)'라고 부르게 된 것은 당과 교류가 많았던 통일신라 이후일 가능성이 높으며, 392년 당시에는 한강을 고구려에서는 '아리수'로 표기하고, 신라나 백제에서는 '한수(韓水)'로 표기했을 것이다. 여기서 한수(韓水)의 한(韓)은 마한, 진한, 변한 등 삼한(三韓)에서 유래된 것으로 판단된다.

즉, 한강은 고구려에서는 '아리수'로 불리었고 신라와 백제에서는 '한수

(韓水)'로 불리었는데, 통일신라 이후 당의 영향을 받아 '한수(漢水)'로 표기되었을 가능성이 높다는 뜻이다. 이에 따라 『삼국사기』를 편찬하던 1145년 당시에는 한강이 '한수(漢水)'로 표기될 수밖에 없었다. 또한 김부식을 비롯한 11명의 『삼국사기』 편찬자들은 백제가 대륙에도 영토를 가지고 있었다는 사실을 전혀 몰랐기 때문에 백제의 첫 도읍지인 '하남(河南)'을 '한수의 남쪽'으로 해석하여 지금의 한강 남쪽에 설정했을 것이다. 이 때문에 『삼국사기』의 「백제본기」는 대륙백제의 기록과 한반도백제의 기록이 뒤엉키게 되었다.

『삼국사기』의 편찬자들은 대륙백제를 전혀 알지 못했기 때문에 고구려의 대륙백제 침략전쟁을 모두 한반도에서 일어난 일처럼 쓰고 있다. 하지만 광개토왕릉비의 기록에도 나타나듯이 고구려는 백제를 칠 때 해군을 이용하고 있다. 그리고 이 기록에는 고구려가 남쪽으로 진군하였다는 내용도 없으며, 한수(漢水)라는 용어도 사용하지 않고 있다. 능비문에서는 지금의 한강을 '아리수'로 기록하고 있는데, 이는 『삼국사기』 「백제본기」의 한수를 모두 한강으로 단정할 수 없는 근거라고 할 수 있다. 『삼국사기』 편찬자들은 대륙백제에 대한 개념이 전혀 없었기 때문에 중국의 하수(河水, 황하)를 모두 한반도의 한강으로 착각했다는 것이다.

따라서 광개토왕이 392년에 점령한 '한수' 북쪽의 11개 성은 모두 하수(황하) 북쪽에 위치한 백제의 요서군에 속한 땅이라고 보아야 할 것이다.

광개토왕이 백제를 침략하던 392년 당시에 대륙백제의 영토는 산동 지역을 중심으로 남쪽으로는 양자강에 미쳤고, 북쪽으로는 요서 지역에 미쳤으며, 서쪽으로는 태산에 이르렀다. 때문에 대륙백제의 군대는 언제든지 고구려의 심장부인 요동의 평양을 공격할 수 있는 상황이었다. 근초고왕과 근구수왕이 정예병력 3만을 동원하여 고구려의 도읍 평양성을 공격한 바 있고, 그 과정에서 고구려는 왕을 잃는 아픔을 겪기도 하였다. 대륙백제의 군대는 그만큼 고구려에겐 위협적인 존재였다. 그런 위협적인 적군을 등 뒤에 두고 광개토왕이 대병 4만을 이끌고 백제의 한성을 공격한다는 것은 위험천만한 행동이다. 따라서 광개토왕의 일차적 목표는 당연히 백제의 대륙 영토일 수밖에 없다.

광개토왕릉비문 영락 6년(396년 병신년)에 고구려의 광개토왕은 수군을 동원하여 백제의 한반도 땅을 공략하는데, 처음에는 아리수(한강) 이북 땅을 공격하여 58개의 성을 취하고, 다음엔 한강을 도하하여 백제의 도읍 한성을 공격한다.

수군을 동원했다는 것은 바다를 건넜다는 뜻이고, 이는 바다를 건너 공격하는 것이 육로를 통한 것보다 훨씬 용이한 방법이었다는 것을 증명한다. 당시 고구려의 평양은 요동 지역에 있었기에 육로로 한강 지역까지 밀고 내려오기엔 너무 먼 거리였다. 때문에 수군을 동원하여 바다를 건너 한반도를 공격한 것이다. 이 때 그의 수군 4만이 상륙한 곳이 아리수(한강) 이북이었다는 것은 396년 당시에도 한강 이북이 백제의 땅이었다는 말이 된다. 이는 392년에 광개토왕이 장악한 한수 이북의 10개 성이 한강 이북에 위치하고 있지 않았다는 것을 증명한다. 만약 392년에 광개토왕이 한수 이북을 장악했다면 굳이 396년에 한강 이북을 재차 공격할 이유가 없기 때문이다.

392년 7월에 한수 북쪽 10개 성을 장악한 광개토왕은 10월에 다시 한수 지역의 백제 주요 거점인 관미성을 장악했다. 만약 여기서 말하는 한수가 한강이라면 광개토왕은 이미 392년에 한강 이북 지역을 완전히 장악했다는 뜻이 된다. 그럴 경우 396년의 한강 이북 지역 공격은 자신이 이미 장악한 땅을 재차 공격하는 모순을 낳는다. 따라서 392년에 공격하여 얻은 한수 이북의 10개 성과 관미성은 아리수(한강) 북쪽에 있던 성들이 아니라 하수(황하) 북쪽, 즉 대륙백제에 속했던 땅이라고 보아야 한다.

관미성은 사방이 절벽이고, 바다에 둘러싸인 천혜의 요새로서 대륙백제의 황하 이북 지역의 가장 중요한 거점이었다. 그런 요충지를 상실했다는 것은 백제가 이 때 황하 이북 지역의 패권을 고구려에게 완전히 빼앗겼다는 의미이다. 광개토왕이 영락 6년(396년)에 수군 수만을 동원하여 한성 공략에 나서는 것도 392년에 황하 이북 지역의 백제 땅을 차지했다는 전제 아래서만 가능한 일이다.

제17대 아신왕실록

1. 굴욕의 왕 아신왕과 백제의 위축
(?~서기 405년, 재위기간 : 서기 392년 11월~405년 9월, 12년 10개월)

아신(阿莘)왕은 침류왕의 맏아들이며, 진사왕의 조카이다. 『일본서기』에는 아화왕(阿花王)이라고 적혀 있으며, 『삼국사기』에는 '아방(阿芳)'이라고도 불렀다고 하였고, 『양서』에는 이름이 '수(須)'라고 되어 있다. 그는 한성의 별궁에서 태어났으며, 태어날 때 신비한 광채가 밤을 밝혔다고 쓰여 있다. 또한 의지와 기풍이 호방하고, 매사냥과 말타기를 좋아했던 것으로 전한다.

385년에 부왕 침류왕이 죽었을 때, 그는 너무 어려 삼촌 진사왕에게 왕위를 넘겨줘야 했다. 그러나 391년에 세력을 규합하여 진사왕의 힘을 무력화시킨 후, 392년 11월에 진사왕을 죽이고 왕위에 올랐다. 진사왕을 제거하는 과정에서 그는 왜국의 힘에 의지함으로써 스스로 외세를 끌어들였는데, 이 사건은 광개토왕릉비문에서 '신묘년(391년) 이래 왜가 바다를 건너와 백잔(백제)을 쳤다'고 표현될 정도로 주변 국가의 비아냥거림을 받았다.

아신왕은 즉위하자마자 곧장 관미성 회복에 나섰다. 재위 2년(393년) 정월에 그는 외삼촌 진무를 좌장에 임명하여 군사에 관한 업무를 맡겼다. 그리고 8월에 진무에게 1만의 군사를 내주어 관미성을 공략토록 하였다. 진무는 선전하여 관미성을 포위하는 데 성공했지만, 고구려군의 강력한 반격에 밀려 퇴각하고 말았다.

아신왕은 이듬해인 394년 7월에 다시 군대를 동원하여 수곡성을 공격하였다. 하지만 이번에도 역시 고구려 병력 5천에게 밀려 쫓겨오고 말았다. 한편, 광개토왕은 백제의 잦은 침입을 막기 위해 관미성 주변에 7개의 성을 쌓아 방어벽을 형성하였다. 그런 가운데 아신왕은 395년 8월에 진무를 앞세워 또 한 차례 공격을 시도하였다. 그러나 이번에는 광개토왕이 직접 병력 7천을 이끌고 맞서왔다. 고구려와 백제 양군은 패수에서 한판 혈전을 벌였는데, 이 싸움에서 진무는 병력 8천을 잃고 쫓겨오고 말았다.

잇따른 패배에 분노한 아신왕은 패수의 패배를 설욕하기 위해 그해 11월에 병력 7천을 이끌고 공격에 나섰으나, 폭설이 내려 회군하고 말았다.

이렇듯 백제가 관미성을 회복하기 위해 지속적으로 공격해오자, 광개토왕은 중대한 결심을 하게 된다. 아신왕이 청목령까지 올라와 진을 쳤다가 폭설 때문에 돌아간 이듬해인 396년에 광개토왕은 수군 수만을 배에 싣고 서해를 가로질러 백제 원정에 나섰다. 관미성을 손안에 넣음으로써 황하 이북의 대륙 백제를 무력화시켰다고 판단한 광개토왕은 백제의 심장부인 한성 공략에 나섰던 것이다.

백제는 광개토왕이 해군을 동원하여 한성으로 달려올 줄은 미처 예상하지 못했다. 그런 까닭에 고구려군의 급습은 백제 병력을 당황시키기에 충분했다. 광개토왕은 한강 북쪽에 상륙하여 단번에 한강 이북의 58개 성 700개 촌을 모두 차지했고, 여세를 몰아 한강을 도하하여 한성으로 밀려들었다.

한성이 함락될 지경에 이르자, 아신왕은 성문을 열고 나가 광개토왕에게 무릎을 꿇고 항복하였다.

항복한 아신왕은 왕족과 중신 열 명을 고구려에 볼모로 보내야만 했다. 하지만 분을 이기지 못한 아신왕은 복수의 칼날을 갈았다. 그는 치욕을 만회하고 잃은 영토를 되찾기 위해 왜국과 연합전선을 펼 계획이었다. 그래서 397년 5월에 태자 영(映, 전지왕)을 볼모로 보내는 치욕스런 조건으로 왜국과 연합전선 구축에 합의했다. 이미 광개토왕의 무릎 밑을 기며 치욕이란 치욕은 다 경험한 만큼 그는 체면 따위는 안중에도 없었다. 고구려에 설욕을 할 수만 있다면 수단과 방법을 가리지 않았던 것이다.

아신왕은 그야말로 복수의 화신이 되어 미친 듯이 전쟁 준비에만 매달렸다. 397년 7월에는 대대적인 군대 사열을 실시하여 전쟁을 예고했고, 398년 2월에는 좌장 진무를 병관좌평으로 승격시켜 군 기강을 확립하였다. 다음 달인 3월엔 공격에 앞서 쌍현성을 쌓음으로써 수세에 몰릴 때를 대비했다. 그리고 마침내 그해 8월에 군대를 출동시켰다. 하지만 한산(남한산) 북쪽 목책에서 공격 기회를 엿보고 있던 아신왕은 밤중에 유성이 백제군 진영에 떨어졌다는 소리를 듣고 불길한 마음에 출동을 중지하였다.

그렇다고 아신왕의 전쟁 의지가 없어진 것은 아니었다. 그는 일반 백성들에게까지 활쏘기 연습을 시키며 총력전을 준비하고 있었다. 민가의 장정과 말을 대대적으로 징발하고, 매일같이 군사 훈련을 시켰다. 그러자 백성들이 그 고통을 이기지 못하고 신라로 도망하기 일쑤였고, 그 때문에 호구가 현격하게 줄어들었다.

신라의 내물왕은 392년 정월에 조카(실성왕)를 고구려에 인질로 보내 동맹을 맺은 상태였다. 이렇게 되자, 백제는 왜와 가야를 끌어들여 연합전선을 구축하고 고구려에 대항했다. 그런 상황에서 백성들이 신라로 도망가자, 백제의 신라에 대한 적대감은 더욱 깊어졌다.

그런 악감정은 마침내 399년에 폭발하였다. 백제, 왜, 가야 동맹국은 고구려와 동맹을 맺은 신라에 맹공을 가하였다. 삼국 연합군의 습격을 받은 신라는 순식간에 초토화되어 위기에 몰렸고, 내물왕은 급히 고구려에 구원을 요청했다.

구원 요청을 받은 광개토왕은 이듬해인 400년에 병력 5만을 동원하여 신라 구출에 나섰다. 고구려군이 신라 땅에 도착했을 땐 왜와 백제, 가야군이 신라

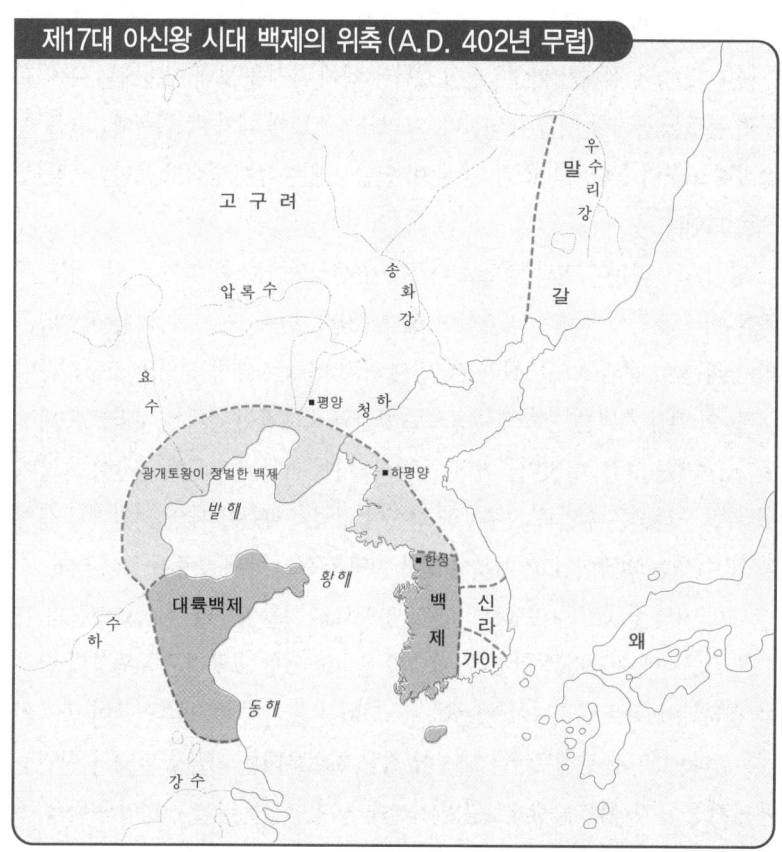

아신왕은 즉위 이후 상실한 영토 회복을 위해 노력하지만, 오히려 광개토왕에게 크게 당해 영토는 한층 축소된다. 광개토왕은 395년의 패수 싸움에서 승리한 것을 기반으로 396년에는 신라 구원을 위해 병신대원정을 실시하고, 400년에는 신라 땅을 장악한 백제와 왜의 세력을 몰아내기 위해 경자대원정을 실시한다. 이로써 고구려는 대륙에서는 황하 이북의 백제 땅을 장악하고 한반도에서는 한강 이북을 차지한다.

전역을 거의 장악한 상태였고, 도읍인 서라벌까지 유린되고 있었다.

그렇듯 신라 합병을 눈앞에 뒀던 백제를 비롯한 삼국연맹군은 5만의 고구려 대군이 밀려오자, 그 위세에 밀려 퇴각할 수밖에 없었다. 게다가 곳곳에서 신라군이 기세를 회복하고 반격을 가하였다. 그 결과 왜는 바다를 건너 쫓겨갔고, 백제도 뒤로 물러나 수비 형태를 갖춰야 했으며, 가야는 종발성을 내주는 등 크게 피해를 입었다.

　신라 점령에 실패한 아신왕은 402년에 왜에 사신을 보내 이번에는 아예 고구려 본토를 공략할 것을 제의한다. 그리고 404년에 왜와 백제는 대선단을 형성하여 고구려 공략에 나선다. 물론 이 연합군에는 가야 병력도 포함되었을 것으로 보인다.

　당시 고구려는 후연과 영토를 다투다가 신성과 남소를 빼앗긴 뒤, 영토 회복을 위해 후연의 평주를 공격하여 함락시켰다. 백제, 왜, 가야의 삼국연맹군의 공격은 이 무렵에 이뤄졌다. 첫 번째 공격 목표는 대방 지역의 고구려군이었다. 이 대방 지역은 관미성 주변으로 황하와 발해만이 만나는 지역으로 비정된다. 백제는 우선 이 지역을 먼저 되찾고, 이어 하북 지역으로 진출할 요량이었다. 고구려군은 후연과 싸우느라 정신이 없었기 때문에 대방 지역까지 신경을 쓸 수 없는 입장이었고, 때문에 대방 지역은 쉽게 백제 수중에 떨어졌다.

　대방 지역을 장악한 연맹군은 곧장 평양으로 쳐들어갔다. 삼국연맹군의 기습은 고구려에 치명타를 안겼다. 기세를 올리고 있던 고구려군은 평양의 안위를 염려하며 뒤로 물러나야 했는데, 그 기회를 놓치지 않고 후연군이 반격을 개시했다. 그러자 광개토왕은 자신이 직접 친위부대를 이끌고 달려와 연맹군에게 맹공을 가해왔다. 광개토왕의 기세에 눌린 연맹군은 결국 평양 공략을 중지하고 퇴각해야 했다.

　이렇듯 영토 회복에 집착했던 그는 별다른 성과를 거두지 못했음은 물론이고, 왜국에 너무 의존한 나머지 국가의 주권마저 크게 훼손하는 결과를 남기고, 405년 9월에 한을 품고 생을 마감하였다.

2. 아신왕의 가족들

　아신왕의 가족 관계는 비교적 자세한 편이다. 부인의 성씨는 기록되지 않았으나, 전지왕 대에 해수와 해구를 내법좌평과 병관좌평에 임명했고, 그들이 모

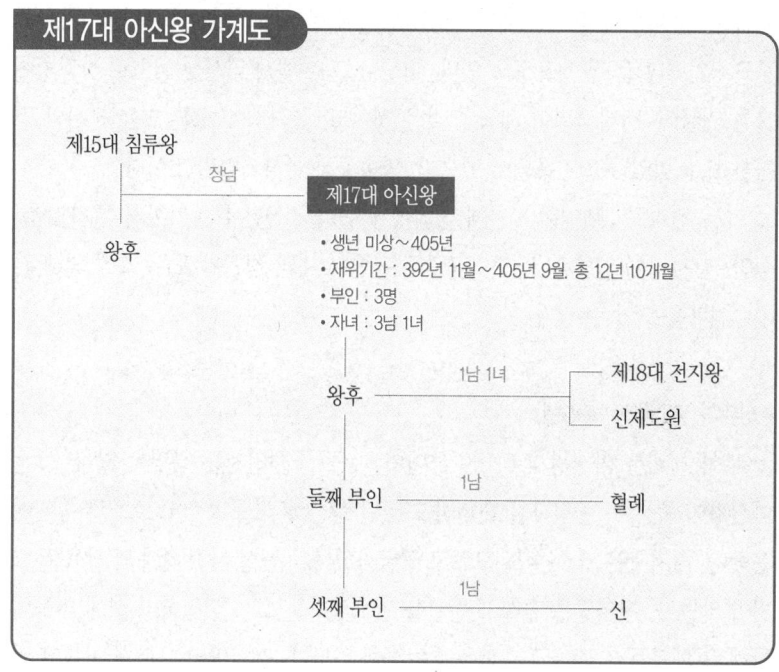

두 왕의 친척이었다는 기록이 있는 것으로 봐서 아신왕의 정비는 해(解)씨 집안 출신임을 알 수 있다. 또 전지왕에게 이복 동생 신(信)이 있었다는 기록이 있어 해씨 이외에도 다른 부인이 있었음을 알 수 있다. 자식은 부인 해씨에게서 맏아들 전지왕와 딸 신제도원, 다른 해씨 부인에게서 둘째 신을, 그리고 진씨 부인에게서 막내아들 혈례를 얻었다(부인에 대해서는 별다른 언급이 없으므로 생략하고, 전지왕은 「전지왕실록」에서 별도로 다루기로 하며, 여기서는 혈례와 신, 신제도원에 대해서만 간단하게 다룬다).

부여 신(?~429년)

부여 신은 아신왕의 아들이며, 전지왕의 이복 동생으로 누구 소생인지는 분명치 않다. 다만 그가 해씨 세력과 거사를 도모한 점으로 미뤄, 어머니도 해씨 집안 출신일 가능성이 높다.

그는 전지왕 등극 이후 내신좌평에 임명된 것으로 봐서 혈례를 제거하는 데 주도적인 역할을 한 것으로 보인다. 더구나 그는 백제 역사상 최초로 상좌평에 오른 인물이다. 상좌평이 재상과 같은 것이고, 상좌평에 오른 그는 군사와 정사를 모두 맡았다고 기록되어 있으니, 명실공히 국상이었던 것이다.

그는 전지왕 3년인 407년에 상좌평에 올라 429년에 죽기까지 무려 22년 동안 그 자리에 있었으니, 전지왕과 구이신왕 대의 정치가 모두 그에 의해 좌지우지됐음을 알 수 있다.

부여 혈례(?~405년)

부여 혈례는 아신왕의 막내아들이며, 누구 소생인지는 분명치 않다. 그는 아신왕이 죽은 뒤에 정사를 대리하고 있던 삼촌 훈해를 죽이고 스스로 왕위에 올랐다. 전지왕은 그 사실도 모르고 귀국하였다가 한성 사람 해충의 말을 듣고서야 알았다. 전지왕은 혈례가 반란을 일으켰다는 소식을 접하고 섬에 머물며 함께 온 왜군들로 하여금 자신을 호위하게 하였다. 전지왕이 그렇게 머물고 있는 동안 한성에서는 다시 한 번 반정이 일어나 혈례를 제거하고 전지왕을 맞아들였다.

『삼국사기』엔 혈례를 제거한 세력이 누군지 분명하지 않으나, 전지왕에게 혈례의 반란 소식을 알린 해충, 또 전지왕 3년에 내법좌평으로 임명된 해수, 병관좌평으로 임명된 해구 등의 해씨 세력과 내신좌평을 거쳐 전지왕 4년에 상좌평에 임명되는 이복 동생 부여 신 등이 주도한 것으로 보인다.

이들이 모두 해씨 세력이었던 점으로 미뤄 혈례는 그 이전의 외척 세력인 진(眞)씨 세력의 후원을 받은 것으로 보이며, 혈례의 어머니 또한 진씨 출신일 것으로 판단된다.

신제도원(생몰년 미상)

『일본서기』에 '신제도원(新齊都媛)'이라는 명칭으로 나오는 직지왕(전지왕)의 누이동생이 언급되고 있다. 신제도원은 이름이 아니고 일종의 시호로 보이는데, 응신천황 39년에 그녀는 7인의 부녀를 데리고 왜에 들어가 천황을 받든 것으로 기록되어 있다. 그녀가 전지왕의 누이라면 당연히 아신왕의 딸이다.

그녀가 어떤 이유에서 왜에 건너갔는지는 분명하지 않으나 『일본서기』는 전지왕이 보낸 것으로 쓰고 있다. 그러나 신제도원이 언급되는 응신천황 39년은 서기 428년이며, 백제의 비유왕 2년에 해당한다. 따라서 그녀를 왜에 보낸 사람은 전지왕이 아니라 비유왕이어야 한다.

3. 아신왕과 광개토왕의 지속되는 라이벌전

아신왕과 광개토왕은 둘 다 391년에 정권을 장악하고 392년에 왕위에 올랐다. 당시 광개토왕은 18세, 아신왕은 이십대 중반의 나이로 모두 혈기 왕성한 때였다. 이들은 젊은 혈기를 바탕으로 동북아시아의 패자를 자처했고, 그것은 결국 전쟁으로 이어진다. 선제 공격을 가한 쪽은 광개토왕이었다. 고국원왕의 전사 이후 소수림왕과 고국양왕은 줄기차게 복수전을 꾀하였으나 번번이 성과를 거두지 못했다. 그러나 젊고 용맹한 광개토왕이 즉위하면서 상황은 급변했다. 광개토왕은 백제가 왕위 계승 문제로 내분을 겪자, 그 기회를 놓치지 않고 대륙백제의 북쪽 요충지인 관미성과 주변 10개 성을 공략하여 얻음으로써 먼저 승기를 잡았던 것이다.

그 무렵, 아신왕은 숙부 진사왕을 내쫓기 위해 정변을 일으켜 왕권을 장악했고, 392년 11월에 드디어 진사왕을 죽이고 왕위에 올랐다. 왕위에 오른 아신왕은 빼앗긴 영토를 되찾기 위해 숱한 전쟁을 치른다.

관미성 수복전쟁(393년)

아신왕이 가장 먼저 추진한 일은 역시 관미성 수복전쟁이었다. 『삼국사기』는 아신왕의 관미성 수복 전쟁을 이렇게 기록하고 있다.

[「백제본기」 아신왕 2년 기사]

봄 정월, 진무를 좌장으로 임명하여 군사에 관한 일을 맡겼다. 진무는 왕의 외삼촌으로 침착하고 지략이 많았기에 사람들이 그를 추종하였다.

가을 8월, 왕이 진무에게 "관미성은 우리의 북변 요새이다. 그 땅을 지금 고구려가 차지하고 있다. 과인은 이것이 너무나 애통하니, 그대는 응당 여기에 노력을 기울여 땅을 빼앗긴 치욕을 갚아야 할 것이다." 하고 말했다. 그리고 마침내 1만 명의 군사를 거느리고 고구려의 남쪽 변경을 칠 계획을 세웠다. 진무는 병사들의 선두에 서서 화살과 돌을 무릅쓰고 석현 등의 다섯 성을 회복하기 위하여 먼저 관미성을 포위했다. 하지만 고구려 사람들이 성을 둘러싸고 굳게 방비하는 바람에 진무는 군량의 수송로를 확보하지 못하여 군사를 이끌고 돌아와야 했다.

이렇듯 백제는 관미성 수복에 실패하자, 이듬해인 394년 7월에 다시금 군사를 동원하여 고구려를 친다. 하지만 수곡성에서 광개토왕이 이끄는 고구려군 5천에게 대패하여 퇴각하고 만다.

이렇게 하여 결국 관미성과 그 주변 10개 성은 완전히 고구려 소유가 되고, 백제는 대륙에서 황하 이남으로 위축된다.

패수싸움(395년)

수곡성에서 대패한 이후 아신왕은 영토 회복의 기회를 엿보았다. 그리고 마침내 395년에 대대적인 공격에 나섰는데, 이것이 패수싸움이다. 이 전쟁에 대한 『삼국사기』의 기록은 다음과 같다.

[「고구려본기」 광개토왕 4년 기사]

가을 8월, 왕이 패수에서 백제와 싸웠다. 왕은 그들을 대패시키고 8천여 명을 생포하거나 목베었다(『삼국사기』의 광개토왕 4년은 광개토왕릉비의 영락 5년에 해당함).

[「백제본기」아신왕 4년]

　가을 8월, 왕이 좌장 진무 등에게 명하여 고구려를 치게 하니, 고구려 왕 담덕이 직접 군사 7천을 거느리고 패수에 진을 치고 대항하였다. 우리 군사가 크게 패하여 사망자가 8천 명이었다.

　패수싸움은 아신왕이 국운을 걸고 벌인 전쟁이었다. 가장 믿고 의지하던 좌장 진무에게 대군을 내줬고, 평양의 목줄이라고 할 수 있는 패수를 곧장 공격해 들어감으로써 광개토왕의 간담을 서늘케 했다. 광개토왕이 직할부대를 직접 거느리고 대항했을 정도로 진무의 공략은 예사롭지 않았던 것이다.
　진무의 군대가 평양에서 멀지 않은 패수까지 곧장 쳐들어갔다는 것은 진무가 배를 이용하여 상륙 작전을 감행했음을 알 수 있다. 당시 대륙백제의 땅은 황하 남쪽에 있었고, 패수는 난하와 요동반도 사이에 있는 강으로 평양에서 멀지 않은 곳이었다. 따라서 백제의 군대가 패수까지 직접 갈 수 있는 방법은 배를 이용하는 수밖에 없다. 말하자면 진무는 수군을 이끌고 가서 고구려의 심장부를 급습해 유린했던 것이다.
　공격 초기엔 진무의 공격이 주효했던 것이 분명하다. 광개토왕이 직접 군대를 이끌고 나와 패수에 진을 치고 대항했다는 것이 그 증거이다. 왕이 직접 군대를 지휘해야 할 정도로 고구려의 상황이 급박했다는 뜻이다.
　하지만 불행히도 진무의 공격은 실패로 끝나고 말았다. 광개토왕이 이끄는 고구려 정예병 7천에게 패해 8천의 병사를 잃고 쫓겨나야 했다.
　전사자가 8천이면 포로도 수천 명에 달했을 것이다. 거기다 부상자까지 합한다면 백제의 피해는 대단한 것이었다. 그런데도 군사를 지휘하던 좌장 진무는 죽지 않았다. 오히려 진무는 복귀한 뒤에 병관좌평으로 승진하였다. 이는 곧 패수에서 전사한 8천이 진무 휘하에 있던 병력이 아니었다는 것을 증명한다. 따라서 이 때 전사한 8천의 군사는 출전병력의 일부에 불과하다는 것을 알 수 있으며, 패수에서 살아 돌아온 병력을 감안할 때 총출전병력은 2만 내지 3만이었을 것이다.

백제의 근초고왕이 371년에 평양성을 칠 당시에 총 병력은 3만이었는데, 이는 대륙에 머물던 백제 병력과 한반도에서 지원된 일부 병력이 합해진 것이라고 보아야 한다. 이 평양성싸움 이후 고구려와 백제는 끊임없이 세력 다툼을 지속했기 때문에 이 때 조성된 백제군 3만은 그대로 대륙에 남아 있었을 것으로 판단된다. 그리고 진무가 수장이 되어 동원한 병력은 바로 근초고왕 때에 구성된 백제의 대륙군 3만이었을 것이다. 이 3만의 군대는 패수싸움에서 대패하는 바람에 더 이상 힘을 발휘할 수 없게 되었다(학계 일각에서는 이 싸움이 벌어진 패수를 한반도에 있는 강이라고 주장한다. 하지만 이것은 한반도 사관에 한정된 시각이다. 이에 대해서는 『고구려왕조실록』「광개토왕실록」편에 자세하게 다루었다).

아신왕은 패수싸움의 패배를 설욕하기 위해 3개월 뒤인 11월 엄동설한에 직접 군대 7천을 거느리고 한수를 건너 청목령 아래 진을 쳤다. 하지만 폭설이 내려 많은 병졸이 동상에 걸리는 바람에 눈물을 머금고 회군할 수밖에 없었다.

병신년의 치욕(396년)

청목령에 진을 쳤던 아신왕이 되돌아가자, 이번에는 광개토왕이 백제의 허를 찌르며 대대적인 공격을 감행해왔다.

이 때의 상황을 광개토왕릉비문은 이렇게 기록하고 있다.

백잔(백제를 낮춰 부른 말)은 의(義)에 굴복하지 않고 군사를 동원하여 덤볐다. 왕(광개토)은 위엄을 떨치며 노하여 아리수(한강)를 건너 선두부대를 백잔성으로 진격시켰다. 백잔의 병사들은 그들의 소굴로 도망쳤으나 곧 그들의 소굴은 포위됐다. 그러나 백잔의 군주는 방도를 구하지 못하고 남녀 1천 명과 세포 1천 필을 바치고 왕 앞에 무릎을 꿇고 맹세하였다. "지금부터 이후로 영원토록 노객이 되겠습니다." 이에 태왕은 은혜를 베풀고 용서하여 후에도 그가 성의를 다하며 순종하는지 지켜보겠다고 했다. 이번에 모두 백잔의 58개 성, 700개 촌을 얻었다. 또한 백잔주의 형제와 대신 10인을 데리고 출정했던 군대를 이끌고 국도로 돌아왔다.

다소 고구려 입장에서 쓴 면이 없지 않겠지만, 백제의 아신왕은 절체절명의 위기에 몰렸음이 분명하다. 이듬해인 397년에 태자(전지왕)를 왜국에 볼모로 보내 구원을 요청한 것을 보면, 당시 백제의 상황이 얼마나 위태로웠는지 짐작할 만하다. 광개토왕릉비문은 아신왕이 "지금부터 이후로 영원토록 노객이 되겠다."고 맹세했다고 적고 있는데, 크게 과장한 것은 아닐 것이다. 조선의 인조가 삼전도에서 무릎을 꿇고 청의 신하국이 되겠다고 맹세한 일과 비슷한 치욕을 당했음이 분명하다. 얼마나 분했으면, 태자를 볼모로 보내면서까지 왜국과 연합전선을 펼치려 했겠는가?

신라 병합전쟁(399년)

병신 치욕 이후, 아신왕은 그야말로 복수의 화신이 되어 이를 갈며 반격을 준비했다. 397년 6월엔 태자를 볼모로 보내는 조건으로 왜국과 군사동맹을 맺었고, 신라의 세력 확대로 어려움을 겪고 있던 가야까지 끌어들여 삼국연맹을 형성했다. 그 힘을 과시하기라도 하듯 그해 7월엔 한수 남쪽에서 대대적으로 군대를 사열함으로써 전쟁 분위기를 조성했다.

재위 7년(398년) 2월에는 진무를 병관좌평으로 삼고, 사두를 좌장으로 삼아 군 기강을 확립하고, 3월에는 쌍현성을 쌓아 공격의 발판을 마련하였다. 그리고 마침내 8월에 군사를 출동하여 한산 북쪽 목책에 집결시켰다. 그러나 그날 밤에 유성이 떨어지자 병사들이 술렁댔고, 결국 아신왕은 불길하다고 판단하여 물러났다.

399년 8월에 다시 고구려를 치기 위해 군사와 말을 대대적으로 징발했다. 그러나 백성들의 반발이 만만치 않았다. 수년 동안 계속되는 전쟁과 부역에 시달린 백성들이 급기야 신라로 도망하는 사태가 속출했고, 이 때문에 호구가 줄어들 지경이었다.

신라는 392년에 이찬 대서지의 아들(실성왕)을 고구려에 입조시켜 동맹을 맺은 이래 백제와 적대적인 관계에 있었다. 말하자면 신라는 언제나 백제의 뒤통수를 칠 수 있는 위험한 요소였던 것이다. 그런 탓에 신라에 대해 악감정이 있었는데, 많은 백성이 신라로 도주하는 사태까지 발생하자, 감정이 격해진 아신왕은 신라 공략에 나섰다.

이에 대한 내용은 광개토왕릉비문에 이렇게 적혀 있다.

9년 기해에 백잔이 맹세를 위반하고 왜와 화통하였다. (이에) 왕은 하평양을 순시했다. 그러자 신라가 사신을 보내 왕에게 아뢰기를 그 나라에는 왜인이 가득하여 성들을 모두 파괴하고, 노객(신라 왕)을 천민으로 삼았으니 (고구려에) 의탁하여 왕의 지시를 듣고자 한다고 하였다. 태왕은 인자하여 그 충성심을 칭찬하고, (신라) 사신을 돌려보내면서 밀계를 내렸다.

10년 경자년에 (태왕은) 교시를 내려 보병과 기병 5만을 보내 신라를 구원하게 하였다. (그때) 남거성으로부터 신라성에 이르기까지 왜인이 가득했다. 관군(고구려군)이 그 곳에 이르자 왜적은 퇴각하였다. 이에 우리가 왜적의 뒤를 추적하여 임나가라의 종발성에 이르자 그 성은 즉시 항복하였다. 이에 신라인을 안치하여 병사를 두고 지키게 하였다. 신라성, 감성 등에서 왜구가 크게 함락되었다. 성안에 있던 십분의 구의 신라인들은 왜를 따라가기 거부했다. 이에 신라인을 안치하여 병사를 두게 하였다. 신라성 ─ (지워져 내용을 알 수 없음) ─ 나머지 왜군은 궤멸되어 달아났다. 지금껏 신라 매금(寐錦:이사금 또는 임금)은 스스로 와서 명령을 청하고 조공논사하지 않았다. 하지만 광개토경호태왕에 이르러 신라 매금은 명령을 청하고 조공하였다.

이 내용을 잘못 받아들이면 자칫 신라 공격을 왜가 주도한 것으로 이해하기 십상이다. 하지만 백제가 '왜와 화통하였다'는 내용이 가장 먼저 기록된 것으로 봐서 신라 공격을 제안하고 주도한 세력은 백제임을 알 수 있다. 즉, 아신왕이 신라 공격을 왜에 제안하여 왜군을 끌어들였다는 의미다. 그리고 고구려군이 왜군을 추적하여 '임나가라의 종발성에 이르렀다'는 기록이 있는 것으로 봐서 가야도 이 전쟁에 가담했음을 알 수 있다. 『일본서기』의 당시 기록에는 가야와 왜, 백제가 매우 친밀하였으며, 특히 왜와 가야는 서로 신하들이 자유롭게 왕래하는 사이였다. 거기에 비해 신라와는 적대적 관계를 형성하고 있었다. 따라서 백제와 왜, 가야 삼국이 동맹을 맺고 연맹군을 형성하는 것은 극히 자연스런 일이었다.

백제, 왜, 가야가 연합하여 일시에 신라를 공격한 것은 신라를 병합하기 위한 의도로 보인다. 삼국연맹군은 세력을 떨치며 남하하고 있던 고구려를 저지하기 위해 하나로 뭉쳐야 했는데, 신라가 큰 방해요소였다. 때문에 우선 신라를 병합한 다음에 힘을 합쳐 고구려를 치기로 했던 것이다.

삼국연맹군은 동시다발적으로 공격을 개시해 순식간에 신라 전역을 장악했다. 다소 과장되긴 했겠지만, 신라 땅에 '왜인이 가득하고 노객(신라 내물왕)을 천민으로 삼았다'는 내용이 있는 것으로 봐서 신라 전역이 삼국연맹군의 수중에 떨어진 것만은 분명했다. 만약 고구려의 구원이 없었다면 신라는 삼국연맹군에 의해 병합될 처지였다. 말하자면 아신왕의 계획이 성공했다는 뜻이다.

그러나 아신왕이 쾌재를 부르기 직전에 광개토왕이 보낸 5만의 고구려 대군이 밀고 내려왔다. 고구려군이 달려오자 숨어 있던 신라 잔병들이 대거 합세했고, 그것은 순식간에 전세를 역전시켰다.

고구려와 신라 연합군에 밀린 왜군은 해안으로 밀려났고, 가야군은 종발성을 빼앗기는 손실을 입었으며, 백제의 아신왕은 또다시 눈물을 머금고 퇴각해야 했다.

대방전투(404년)

한을 안고 돌아선 아신왕은 402년 5월에 왜국에 사신을 보내 고구려 공략을 제의하고, 403년 2월에 왜국의 응낙을 얻어냈다. 한편, 신라는 402년 2월에 내물왕이 죽고, 고구려에 볼모로 가 있던 실성왕이 돌아와 왕이 되었다. 실성왕은 즉위 직후인 그해 3월에 내물왕의 아들 미사흔을 왜국에 인질로 보내고 우호 관계를 맺었다. 하지만 실성왕이 내물왕의 아들 미사흔을 일본에 인질로 보낸 것은 자신을 고구려에 인질로 보낸 내물왕에 대한 복수심의 발로이며, 동시에 정적 제거 차원이었다. 때문에 미사흔을 왜국에 인질로 보냈다고 해서 실성왕과 왜국이 우호 관계를 형성한 것으로 볼 수는 없다. 403년 7월에 우선 백제가 신라를 공격하여 위축시킨 것도 그런 판단에 따른 행동이었을 것이다. 그리고 아신왕은 404년에 왜국과 함께 대선단을 형성하여 고구려 본토 공략에 나섰다. 이에 대해서는 『삼국사기』와 광개토왕릉비문에 이렇게 기록되어 있다.

[『삼국사기』 「백제본기」 기사]
아신왕 11년 5월, 왜국에 사신을 보내 큰 구슬을 요구하였다.
아신왕 12년 2월, 왜국에서 사신이 오자 왕이 이들을 환영하고 위로하였으며, 특별히 후하게 대우하였다.
가을 7월, 군사를 보내 신라 변경을 침입하였다.

[『삼국사기』 「신라본기」 기사]
내물왕 원년 3월, 왜국과 우호 관계를 맺고, 내물왕의 아들 미사흔을 인질로 보냈다.
내물왕 2년 7월, 백제가 변경을 침범하였다.
눌지왕 원년, ……내물왕 37년에 실성을 고구려에 인질로 보냈는데, 실성이 돌아와 왕이 되고 나서 내물이 자기를 외국에 인질로 보낸 것을 원망하였다. 그는 내물의 아들을 죽임으로써 자신의 원한을 풀고자 하였다…….

[광개토왕릉비문 영락 14년 기사]
14년 갑진에 왜가 법도를 어기고 대방 지역을 침략하였다. (그들은) 백잔군과 연합하여 석성을 공략하였다. 〈늘어선 배에서 많은 적들이 몰려왔다.〉 왕은 몸소 군사를 이끌고 그들을 토벌하기 위해 평양을 출발하였다. 그리고 ……봉에서 적과 만났다. 왕은 적을 막아서며 대열을 끊고 좌우에서 공격하였다. 왜군은 궤멸되었고, 죽은 적은 수없이 많았다.[〈　〉 속의 내용은 단지 '연선(連

船, 늘어선 배)'이라는 문구만 확인되고, 나머지 내용은 추론한 것임)

광개토왕릉비문에 언급한 대방 지역은 지금의 중국 산동성 지역이다. 당시 백제는 황하 하류의 북쪽 일대를 고구려에 빼앗겼던 것으로 보이는데, 이는 황하 하류의 요충지인 관미성 상실에 따른 결과였다.

백제와 왜의 연합군으로 조직된 선단이 공격한 대방 지역이란 바로 이 관미성 주변을 일컫는 것으로 보인다. 능비문에 언급된 '석성(石城)'은 392년에 광개토왕이 관미성을 얻기 전에 차지한 10개 성 중 하나인 '석현성(石峴城)'을 지칭하는 것으로 판단되기 때문이다.

아신왕은 고구려의 세력을 약화시키기 위해서는 무엇보다도 대륙의 패권을 장악해야 한다고 판단했고, 그것을 위해서는 관미성을 되찾는 것이 급선무였다. 그래서 관미성 북쪽의 석성을 공격하여 그 주변 지역을 장악하고 관미성을 고립시킬 요량이었다.

아신왕의 석성 공략은 시의적절했다. 고구려는 당시 후연과 각축전을 벌이며 영토전쟁에 몰두해 있었기에 석성을 비롯한 남쪽 변방 지역에 신경을 쏟을 여력이 없었다. 백제와 왜는 그 기회를 틈타 392년에 상실한 황하 이북의 10개 성과 관미성을 탈환하려 했던 것이다.

이번에도 광개토왕이 직접 군대를 이끌고 출전한 것을 보면 왜와 백제의 공격은 주효했던 것이 분명하다. 덕분에 그들은 석성을 위시한 황하 북부 일대를 일부 장악했을 것이다. 그러나 관미성 탈환에는 실패했다. 광개토왕은 후연과의 싸움을 미루고 백제와 왜를 상대로 치열한 방어전을 펼쳤다. 광개토왕의 강력한 방어전에 밀린 아신왕은 다시 후퇴하지 않으면 안 되었다. 수군을 동원한 고구려의 하북 지역 공략도 결국 무위로 끝난 것이다.

광개토왕과의 싸움에서 단 한 차례도 승리하지 못한 아신왕은 이듬해에 생을 마감한다. 아마도 패전의 분을 삭이지 못한 탓인 듯하다.

4. 일본인의 스승이 된 백제인들
- 궁월군, 아직기, 왕인

왜에 전해진 백제의 문화는 비단 칠지도와 같은 상징물만은 아니었다. 오히려 백제가 일본사에 큰 의미로 남는 것은 백제의 발달된 선진문화와 학문의 전래였다. 거기에는 백제인으로서 일본에 건너가 학문과 기술을 전함으로써 일본인의 영원한 스승으로 남은 사람들의 역할이 컸다.

이에 대한 기록은 응신천황 대의 기사에 집중적으로 나타나는데, 그 대표적인 인물은 궁월군, 아직기, 왕인 등이었다.

궁월군은 응신천왕 14년(403년, 백제 아신왕 12년)에 왜국에 귀화한 백제인인데, 그에 대해서는 『일본서기』에 이렇게 기록되어 있다.

14년에 궁월군(유쓰기노기미)이 백제로부터 와서 귀화했다. 그리고 간하기를 "나는 우리 나라의 인부 120현(縣)을 이끌고 귀화하려 했다. 그러나 신라인들이 방해하여서 모두 가라국(가야)에 체류하고 있다."고 했다. 그래서 갈성습진언(葛城襲津彦, 가즈라기노 소쓰비고)을 파견하여 궁월의 인부를 가라로부터 데려오라 하였다. 그러나 3년이 지나도 습진언은 돌아오지 않았다.

궁월의 이름 뒤에 군(君)이라는 존칭을 쓴 것으로 봐서 그는 분명 백제의 왕족이다. 또한 그를 왜국에 보낸 사람은 아신왕이다. 아신왕이 궁월군에게 딸려 보낸 사람은 인부 120현이다. 이 인부들은 아마도 왜국이 필요로 하는 기술자들이었을 것이다. 즉, 백제의 선진 문물을 왜에 전해줄 사람들이었던 것이다. 그 수는 120현으로 기록되어 있는데, 여기서 '현(縣)'은 기술자와 그 보조자를 함께 칭한 단위였을 것이다. 그렇다면 백제에서 왜로 보내진 사람들은 120개 분야의 각종 기술자와 그 보조자들을 의미하므로 적어도 360명 정도 되는 인력이었을 것이다.

이런 선진적인 인력이 왜로 건너가는 것을 가장 경계하던 나라는 왜를 적대시하던 신라였다. 궁월은 그런 신라의 방해 때문에 인부들을 가야에 체류시키고 자신만 홀로 왜에 온 것이다.

그 소리를 듣고 응신천황은 소쓰비고를 가야에 파견하여 인부들을 데려오도록 하였다. 하지만 소쓰비고는 2년이 지나도 돌아오지 않았다. 소쓰비고가 떠난 지 3년째 되던 405년 8월에 응신천황은 평군목토(平群木菟, 헤구리노쓰구) 숙미에게 병력을 안겨 가야에 머물고 있던 소쓰비고와 백제의 인부들을 데려오라고 하였다. 가야로 들어간 헤구리노쓰구 등은 신라군을 뚫고 120현의 백제 인부들을 왜에 무사히 데려온다. 이들 백제인들이 왜에 백제의 선진적인 각종 기술을 전수함으로써 일본은 엄청난 문화적 발전을 이룰 수 있었던 것이다.

궁월군에 이어 응신천황 15년(아신왕 14년, 서기 404년)에는 아직기(阿直岐)가 왜에 파견되었다. 아신왕은 응신천황에게 좋은 말 암수 두 필을 보냈는데, 아직기는 말을 잘 돌보는 것은 물론이고 경전도 잘 읽었다. 응신천황이 그 소리를 듣고 태자의 스승으로 삼았다.

백제에서는 말을 돌보게 할 요량으로 아직기를 왜에 보냈는데, 그가 글을 잘 읽어 태자의 스승이 되었다는 것은 백제에서 말을 돌보는 정도에 불과한 관리가 왜의 학자들보다 훨씬 학문이 뛰어났다는 뜻이다. 그만큼 백제와 왜의 문화적 차이가 컸음을 알 수 있다.

응신은 한낱 마부에 불과한 아직기가 한문을 유창하게 읽자, 그에게 "혹 너보다 훌륭한 박사가 있느냐?" 하고 물었다. 아직기는 백제의 대학자 왕인(王仁)을 천거했다.

응신천황은 곧 백제 왕에게 사람을 보내 왕인을 청하였다. 왕인은 이듬해인 405년 2월에 왜에 도착하여 태자의 스승이 되었다. 『고사기』에는 왕인을 와니키시(和邇吉師)라고 기록하고 있다. 존칭인 '길사'를 빼면 '와니'가 되는데, 이는 왕인의 일본식 발음이다. 『고사기』는 이 때 왕인이 왜에 전파한 책을 논어 10권과 천자문 1권이라고 쓰고 있다.

『일본서기』에는 왕인을 서수(書首, 후미노오비토)들의 선조라고 했고, 『고사기』에는 문수(文首, 후미노오비토)들의 선조라고 했으니, 왕인은 일본의 '문왕(文王)'이자 학문의 시조인 셈이다.

> ▶ **아신왕 시대의 세계 약사**
>
> 아신왕 시대 중국은 후진, 후연, 서진, 후량, 북위, 서연 등의 외방 5족이 세운 국가들이 대거 건국되어 이른바 '동진과 5호 16국 시대'가 이어지고 있었다.
> 이 무렵, 서양의 로마는 황제 테오도시우스가 기독교를 국교로 승격하고 이교를 금지한다. 그러나 395년에 테오도시우스 황제가 죽자, 로마는 다시 동서로 분열되었다.

제18대 전지왕실록

1. 태자 영의 험난한 왕위 계승

서기 405년(재위 14년) 9월, 아신왕은 갑작스럽게 죽음을 맞이했다. 그의 죽음에 대해 『삼국사기』는 구체적인 기록을 남기지 않고 있다. 다만 그해 3월 기사에 '흰 기운이 왕궁 서쪽에서 일어났는데, 마치 비단을 펼쳐놓은 것 같았다.'는 은유적인 내용이 보일 뿐이다.

아신왕이 죽을 당시 그의 태자 영은 왜국에 볼모로 가 있었다. 때문에 아신왕의 죽음은 왕위계승권 다툼으로 이어질 수밖에 없었다.

당시 백제 조정은 진(眞)씨 세력과 해(解)씨 세력이 권력을 다투고 있었다. 두 세력 모두 외척으로 당대의 최대 파벌이었다.

해씨는 비류와 온조가 망명할 때 함께 온 씨족으로 부여 왕실 혈통이다. 때문에 그들은 백제 초기부터 조정의 요직을 장악하고 있었으며, 왕비를 배출하는 귀족 집안이었다.

해씨가 조정의 중심 세력으로 등장한 것은 온조왕 41년에 해루가 우보에 임명되면서부터였다. 그 이전에는 온조의 재종숙부 을음이 우보였다. 즉, 을음은 온조의 혈족으로 왕족이었다는 뜻이다. 그러나 해루는 부여 사람이라고만 기록되어 있는 것으로 봐서 온조의 직계 혈족은 아니다.

진씨 세력이 백제 조정의 중심 세력으로 등장하는 것은 해씨보다 조금 늦은 다루왕 10년이었다. 이 때 북부를 관장하고 있던 진회가 우보가 되면서 진씨 세력은 백제 조정의 주요 씨족으로 떠오른다. 진회에 대해선 부여 출신이라는 언급이 없는 것으로 봐서, 그는 마한 출신으로 보인다. 진씨는 마한의 귀족으로 백제의 마한 병합에 도움을 준 씨족이었던 것이다.

진회의 세력 확대 이후, 해씨 세력은 크게 두각을 나타내지 못한다. 해루 이후 아신왕 대에 이르기까지 해씨 일족으로서 주요 관직에 오른 인물은 비류왕 대의 병관좌평 해구뿐이었다. 그에 비해 진씨 일족은 뚜렷한 족적을 드러낸다.

진씨 세력의 영향력은 초고왕 대의 뛰어난 장수 진과 이후에 급속도로 확대되었으며, 고이왕에서 진사왕까지가 그 절정기였다. 고이왕 대엔 맹장 진충과 진물, 내두좌평이 된 진가 등이 있었으며, 비류왕 대엔 내신좌평 진의가 있었다. 또 근초고왕 대엔 왕비가 진씨였고, 조정좌평 진정이 정사를 좌지우지하여 백성들의 원망이 잦을 정도였으며, 근구수왕 대엔 그의 외삼촌 진고도가 내신좌평으로 정사를 도맡았고, 진사왕 대엔 병관좌평 진가모가 그 대를 이었다.

진사왕을 죽이고 왕위에 오른 아신왕은 은근히 진씨 일족을 견제했다. 물론 이 때도 진무가 병관좌평에 올라 군사권을 쥐고 있었지만, 아신왕이 해씨 소생인 영(전지왕)을 태자로 삼은 것은 진씨 일족을 견제하기 위한 장치로 보이기 때문이다.

『삼국사기』엔 전지왕 이후에는 진씨 일족의 이름은 거의 눈에 띄지 않는다. 이는 전지왕의 즉위와 동시에 진씨 일족이 완전히 쇠락했다는 뜻이다.

전지왕 즉위와 진씨 일족의 쇠락 시점이 일치하는 것은 아신왕 사후에 일어났던 혈례의 반정과 무관하지 않다. 아신왕이 죽자, 그의 동생 훈해가 태자 영을 대신하여 정사를 대리하고 있었는데, 아신왕의 막내아들 혈례가 삼촌 훈해를 죽이고 왕위에 올랐다. 이 사건으로 조정은 한 차례 피바람을 일으키며 내분에 휩싸였다.

왜국에 가 있던 태자 영(전지왕)이 환국한 것은 이 무렵이었다. 『삼국사기』는 태자 영이 부왕 아신왕이 죽었다는 소식을 접하고 왜왕 응신천황에게 울면서 귀국을 요청하니, 왜왕이 1백 명의 군사를 내주어 태자를 보호하게 하여 귀국시켰다고 기록하고 있다. 그러나 막상 고국에 도착한 영은 본토에 들어가지 못했다. 태자 영이 돌아왔다는 소식을 듣고 달려온 한성 사람 해충이 혈례가 훈해를 죽이고 왕위에 올랐다고 하면서 섬에 머물러 있을 것을 권했던 것이다.

태자 영은 그로부터 한동안 섬에 머물며 한성의 상황을 지켜봐야 했다. 이때 한성에서는 혈례 세력과 태자 세력이 한바탕 전쟁을 치르고 있었던 모양이다. 태자 세력은 해충, 해수, 해구 등의 해씨 세력과 영의 이복 동생 신이었다. 해충과 해수가 영의 친척이었다는 기록이 있는 것으로 봐서 그들 해씨 세력은 영의 외가 세력이 분명하다. 또한 영의 이복 동생 신이 같은 편이었던 것으로 봐서 신 역시 어머니가 해씨일 것이다. 즉, 당시 백제 조정은 태자 영의 외척인 해씨 세력과 그 반대 세력이 왕위계승권을 두고 혈전을 치르고 있는 상황이었던 것이다.

그렇다면 해씨의 반대 세력은 누구였으며, 그들은 왜 혈례를 지원했을까? 그에 대한 대답은 전지왕 즉위 이후 한동안 진씨 세력이 조정 핵심에서 모습을 감추는 사실에서 찾을 수 있다.

진씨 세력은 고이왕 이후 약 160년 동안 백제 조정의 중추 세력이었으며, 주요 외척이었다. 그런데 전지왕 즉위와 함께 그들 세력은 크게 위축되었다(진씨 세력이 『삼국사기』에 다시 등장하는 것은 70여 년 뒤인 삼근왕 대이다). 대신 전지왕 이후 백제 조정은 해씨 세력이 장악한다.

이런 사실은 혈례를 지원하던 세력이 진씨 세력이었으며, 혈례 또한 진씨 어머니에게서 태어났다는 것을 확인시켜 준다.

아신왕 사망 당시 백제의 군권은 병관좌평 진무가 쥐고 있었다. 진무는 아신왕이 죽자, 왕권이 해씨 소생인 태자 영에게 돌아갈 것을 염려했을 것이고, 그래서 태자 영을 대신하여 정사를 관장하고 있던 훈해를 죽이고, 혈례를 왕위에 올렸을 것이다.

그러자 해씨 세력은 대의 명분을 앞세워 병력을 일으켜 진무에게 대항했고, 그 와중에 태자 영이 왜국에서 환국함으로써 더욱 힘을 얻게 되었다. 태자의 환국으로 해씨 세력은 백성들의 절대적인 지지를 획득하였고, 결국 진무의 군대를 무너뜨리고 혈례를 제거함으로써 태자 영은 우여곡절 끝에 겨우 왕위에 오를 수 있었다.

2. 온건주의자 전지왕과 해씨 세력의 득세
(?~서기 420년, 재위기간 : 서기 405년 9월~420년 3월, 14년 6개월)

전지(腆支)왕은 아신왕의 맏아들로 『양서』에는 이름이 영(映)으로 기록되어 있고, 『일본서기』에는 직지왕(直支王)으로 적혀 있다. 아신왕 3년(394년)에 태자에 책봉되었고, 아신왕 6년(397년)에 왜국에 인질로 보내졌다. 서기 405년 9월에 아신왕이 죽자 왜왕의 허가를 받아 환국하였으나, 이복 동생 혈례가 정사를 대신하고 있던 삼촌 훈해를 죽이고 왕위에 오르는 바람에 입국하지 못하고 섬에 머물러야 했다. 그리고 얼마 뒤 해씨 세력과 이복 동생 신이 혈례를 제거하자, 왕위에 올랐다.

그는 어린 나이에 왜국에 인질로 가서 8년 동안 왜에 머물렀으며, 그 곳 여자 팔수부인과 결혼하였다. 때문에 국내에서는 입지가 약하고, 주변 정세에도 어두웠다. 또한 해씨 세력에 의해 왕위를 되찾았기 때문에 권력이 모두 해충, 해구, 해수 등의 해씨 세력에게 집중되어 왕권은 미약하였다.

14년여의 전지왕 재위기간 동안 전쟁 기사가 한 번도 보이지 않는 점으로 미뤄, 그는 온건주의자였던 모양이다. 때문에 중국의 동진을 비롯하여 왜, 가야, 신라, 고구려 등의 주변 국가들과 화친을 유지했다. 특히 첫 부인이 왜국인이고, 그녀가 왜왕실의 공주였기에 왜국과는 각별한 관계를 형성했던 것으로 보인다.

대외 관계와 관련한 기사로는 『양서』에 의희(405~418년) 연간에 동진에 노예를 바쳤다는 기록이 있고, 『삼국사기』에 재위 5년에 왜국이 야명주를 보내왔다는 것과 재위 12년에 동진의 안제가 사신을 보내와 그를 사지절도독백제제군사진동장군백제왕에 책봉했다는 내용, 또 재위 14년에 왜국에 사신을 파견하여 흰 포목 열 필을 보냈다는 기록이 전부이다.

국방 관련 기록은 재위 13년 7월에 북부 2부의 15세 이상 되는 사람들을 징발하여 사구성을 쌓게 하고, 병관좌평 해구를 시켜 이 일을 감독하게 했다는 것이 유일하다.

그를 왕위에 앉히는 데 결정적인 역할을 했던 이복 동생 부여 신을 특별히 예우하여 국상격인 상좌평에 임명하였는데, 이는 상좌평제도의 효시였다. 재위 4년(408년)에 상좌평에 임명된 부여 신은 비유왕 3년(429년)까지 20여 년 동안 그 자리에 있게 되어, 결국 상좌평은 하나의 제도로 굳어진다.

정치적으로도 그는 크게 힘이 없었다. 상좌평을 맡은 부여 신이 군사와 정사를 도맡았다고 했으니, 그야말로 이름뿐인 왕이었던 셈이다.

『삼국사기』는 그가 재위 16년(420년) 3월에 생을 마감한 것으로 기록하고 있다. 하지만 『일본서기』엔 전지왕이 응신천왕 25년에 죽었다고 기록되어 있는데, 이는 『일본서기』 기년으로는 294년이며, 2갑자를 더한 연도로는 414년에 해당한다. 그런데 『일본서기』는 응신천왕 39년 2월에 백제의 직지왕(전지왕)이 여동생 신제도원과 7인의 부녀를 왜에 보내온 것으로 기록하고 있다. 같은 책에서 죽은 것으로 기록한 직지왕이 살아 있는 것으로 묘사된 것은 『일본서기』의 기록을 의심하게 하는 부분이다. 아마도 『일본서기』의 편찬 과정에서 다소 사건의 연대 순서가 뒤섞인 듯하다.

3. 전지왕의 가족들

전지왕의 가족 관계는 자세히 기록되지 않았다. 왕비는 본처인 구이신왕의 어머니 팔수왕비와 비유왕의 어머니 해씨가 있었으며, 자식은 구이신왕과 비

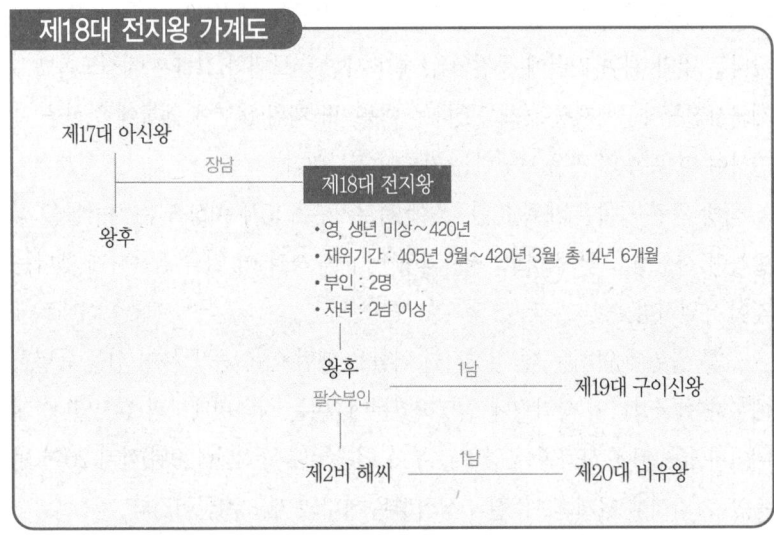

유왕만 언급되어 있다(구이신왕과 비유왕은 각각의 실록에서 다루기로 하고, 여기서는 팔수부인과 해씨에 대해서만 간단하게 언급한다).

정비 팔수부인(생몰년 미상)

구이신왕의 어머니 팔수(八須)부인은 그 이름으로 봐서 왜인으로 판단되고, 인덕천황 즉위 관련 기록에 등장하는 팔전(八田)황녀와 자매 사이인 듯하다. 그녀가 팔전과 자매지간이라면 응신천황의 딸이라는 뜻이며, 곧 전지왕은 응신천황의 사위가 되는 셈이다.

그녀는 전지왕이 왜에 인질로 머물러 있을 때 시집왔으며, 전지왕이 환국할 때 구이신왕을 임신한 몸으로 함께 왔다.

전지왕이 죽은 뒤에 어린 구이신왕이 즉위하자, 그녀가 권력을 쥐고 정사를 마음대로 하였으며, 임나의 권력자 목만치(木滿致)와 밀통하며 조정을 혼란으로 몰아넣었다.

제2비 해씨(생몰년 미상)

둘째 부인 해씨는 『삼국사기』에 그 존재가 드러나지 않는다. 다만 비유왕이 전지왕의 서자라는 기록이 있어, 전지왕에게 팔수부인 이외의 부인이 또 있었다는 것을 알아낸 것이며, 당시 정황으로 봐서 그녀는 해씨 가문 출신이라는 판단에 따른 것뿐이다. 일설에는 비유왕이 구이신왕의 아들이라는 기록이 있으나, 구이신왕이 어릴 때 왕위에 올라 겨우 6년여 기간 재위한 뒤 죽었기 때문에 비유왕을 전지왕의 서자로 보는 것이 옳겠다.

▶ 전지왕 시대의 세계 약사

이 시대 중국은 한치 앞을 내다볼 수 없는 혼란한 상황이었다. 북위가 409년에 후연을 격파하고 황하 이북을 병합했으며, 이 때 북위의 탁발규는 살해되었다. 그러자 그해에 풍발이 북연을 건국하였고, 동진은 410년에 남연을 무너뜨렸다. 411년에는 후연이 서진을 쳐서 항복시켰고, 414년에는 서진이 남량을 멸망시켰다. 또 417년에는 동진이 후진을 멸망시켰으나 420년에는 동진의 유유가 황제를 폐위시키고 황위에 올라 송을 세웠다.

이 무렵, 서양에서는 406년에 서로제국의 스티리크가 동고트와 반달족을 섬멸하였고, 407년에는 갈리아에서 농민과 노예가 바가우다에운동을 재연하는 사태가 일어났다. 이와 동시에 약소 민족들이 대거 일어나 반달, 알람, 수에비족이 에스파냐를 침공하는가 하면, 411년에는 서북에스파냐에 수에비국이 건국되었다. 413년에는 알자스에서 부르군트왕국이 건국되었고, 417년에는 서고트족이 알라니족을 멸망시키고, 그 여세를 몰아 418년에는 에스파냐를 정복했다. 그런 와중에 420년에는 동로마와 페르시아가 전쟁을 벌였다.

제19대 구이신왕실록

1. 불운한 어린 군주 구이신왕과 팔수태후의 난정(亂政)
(서기 405~427년, 재위기간: 서기 420년 3월~427년 12월, 7년 9개월)

구이신(久尒辛)왕은 전지왕의 맏아들이며, 팔수왕비 소생이다. 그는 전지왕이 왜국에서 돌아와 혈례의 반란 때문에 섬에 머물고 있던 405년에 태어났으며, 420년에 전지왕이 죽자 16세의 어린 나이로 왕위에 올랐다.

그 후, 구이신왕은 7년여 동안 왕위에 있었으나, 『삼국사기』는 그의 즉위와 죽음만 기록했을 뿐 그 외의 기사는 전혀 남기지 않았다. 하지만 『일본서기』엔 약간의 기록이 남아 있다.

어린 구이신왕이 왕위에 오르자, 왕권은 태후 팔수가 마음대로 하였다. 팔수는 왜왕 응신천황의 딸로 전지왕이 왜에 인질로 가 있을 때 혼인하였으며, 전지왕이 환국할 때 구이신왕을 임신한 채 함께 온 여자였다. 그녀는 전지왕이 죽자, 임나를 장악하고 있던 목만치(木滿致)를 궁으로 불러들여 밀통하였고, 목만치는 그녀의 배경을 믿고 정사를 농단하고 무례한 행동을 일삼았다.

이에 대하여 『일본서기』는 다음과 같은 기록을 남기고 있다.

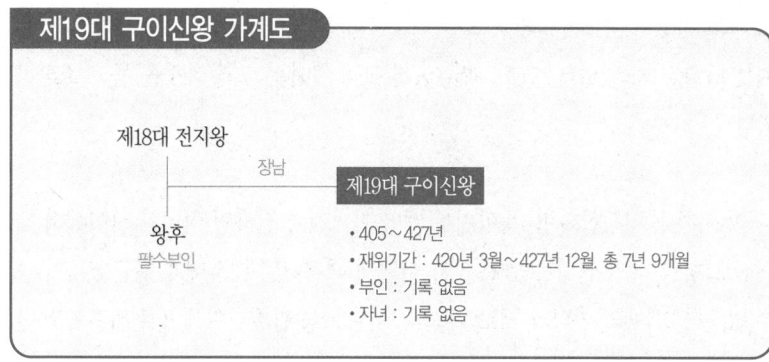

(응신천황) 25년에 백제의 직지왕이 죽었다. 즉시, 그의 아들 구이신왕이 왕위에 올랐다. 왕은 연소하였으므로 목만치가 국정을 잡았다. 왕의 어머니와 밀통하여 무례한 행동이 많았다. 천황은 이 말을 듣고 불러들였다.

응신천황 25년은 『일본서기』 기년으로는 서기 294년에 해당하고, 여기에 2갑자를 더하면 414년이 된다. 하지만 『삼국사기』는 전지왕이 재위 16년째인 420년에 죽은 것으로 기록하고 있어 6년의 오차가 난다. 이는 아마도 『일본서기』 편찬 과정에서 기사들이 다소 혼란스럽게 뒤섞인 결과로 보이는데, 어쨌든 전지왕이 죽고 어린 아들 구이신왕이 즉위한 뒤에 태후 팔수가 왕권을 장악한 것은 사실로 판단된다. 말하자면 팔수태후가 수렴청정을 한 꼴인데, 그녀는 권력을 장악한 뒤 목만치라는 인물을 궁으로 끌어들여 함께 정사를 농단했다는 것이다.

목만치라는 인물에 대해서 『일본서기』는 『백제기』를 인용하며 다음과 같은 기록을 남기고 있다.

『백제기』에 이른 바에 의하면, 목만치는 목라근자(木羅斤資, 모구라곤시)가 신라를 토벌할 때, 그 나라의 부인을 취하여 낳은 자이다. 그 아버지의 공에 의지하여 임나를 오로지 마음대로 하였다. 우리 나라(백제)에 와서 귀국(왜)에 오고 가고 하였다. 천조(왜)의 제도를 계승하여 우리 나라 정치를 장악하였다. 권세는 당할 자가 없었다. 그런 까닭에 천조(왜)에서는 그의 폭정을 듣고 소환하였다.

이 기록을 인정한다면, 목만치는 왜인 아버지와 신라인 어머니 사이에서 태어났으며, 임나의 권력자였다. 그가 어떻게 해서 팔수태후에게 접근했는지 알 수 없으나, 백제와 임나가 서로 화친을 맺은 동맹 관계였기에 팔수태후와 목만치가 친해질 수 있는 길은 열려 있었던 셈이다.

왜왕실 출신의 팔수태후는 백제에 온 뒤로 대단한 소외감에 시달렸을 것임에 분명하다. 더구나 부군 전지왕은 왕위에 오르자 곧 두 번째 부인을 맞아들였고, 그것은 팔수를 더욱 외롭게 만들었을 것이다. 그런 부군이 죽고, 권력을 잡은 팔수가 자신과 비슷한 처지에 놓인 임나의 권력자 목만치에게 동질감을 느꼈을 가능성은 충분하다.

당시 왜국의 관습대로라면 남편이 죽고 홀로 된 왕녀가 휘하에 남자를 두는 것은 허다한 일이었기에 팔수가 목만치를 가까이하여 밀통했다는 것도 납득할 수 있는 일이다.

팔수태후의 후광에 힘입어 목만치는 백제의 권력을 손아귀에 넣었고, 폭정과 전횡을 일삼았다.

그가 왜국을 오가며 백제 정치에 관여하고, 왜의 제도를 수용했다는 것은 왜가 그를 지지하고 있었다는 뜻이다. 따라서 그의 폭정에 관한 소식을 듣고 왜왕이 그를 소환했다는 것은 왜곡된 기록으로 보인다.

오히려 그는 왜국의 지원을 받으며 폭정을 일삼다가 백제인들의 큰 반발에 부딪혔고, 그래서 목숨이 위태로워지자 왜로 도주한 것으로 봐야 할 것이다.

그가 왜국으로 도망간 것과 구이신왕의 죽음은 무관하지 않을 것이다. 구이신왕은 혈기왕성한 때인 23살에 죽었는데, 이 죽음은 뭔가 석연찮은 구석이 있다.

『백제기』의 기록대로 목만치의 권력을 당할 자가 없을 정도였다면, 그는 필시 왕위를 넘보며 구이신왕을 제거하려 했을 것이다. 물론, 팔수태후의 암묵적이거나 또는 노골적인 동조 아래 그런 행동을 했을 것이다. 이와 유사한 사건이 고려사에도 있었다.

고려 제5대왕 경종의 두 번째 부인이자, 제7대왕 목종의 어머니인 헌애왕후는 김치양이란 인물과 사통하여 아이를 낳고, 그 아이를 왕위에 올리기 위해 혈안이 되었다. 당시 목종은 후계자가 없었고, 유일한 왕위계승권자는 여동생 헌정왕후가 사통하여 낳은 아들 대량원군(제8대 현종)뿐이었다. 때문에 그녀는 대량원군을 죽이기 위해 갖은 방법을 동원하였다. 그런 상황에서 강조가 정변을 일으켜 목종을 죽이고 헌애왕후를 귀양 보낸 뒤, 현종을 옹립하여 왕위에 앉혔다.

이 사건에 비춰볼 때, 구이신왕은 자연사한 것이 아닌 게 분명하다. 목만치인지, 또는 그를 이어 왕위에 오르는 비유왕 세력인지는 분명치 않지만, 당시 정황으로 볼 때 두 세력 중 한쪽이 구이신왕을 살해했을 것이다.

『삼국사기』는 비유왕을 구이신왕의 맏아들인지 전지왕의 서자인지 분명치 않다고 기록하고 있다. 그런데 비유왕이 23살에 죽은 구이신왕의 아들이라면, 비유왕이 왕위에 오를 당시에 기껏해야 8살 정도밖에 되지 않는 어린아이여야 한다. 하지만 『삼국사기』는 왕위에 오를 당시의 비유왕에 대해 '용모가 훌륭하고 말을 잘하여 사람들이 따르고 귀하게 여겼다.'고 쓰고 있다. 이는 즉위 당시에 비유왕이 이미 장성한 어른이었음을 증명한다. 따라서 비유왕은 전지왕의 서자이며, 구이신왕의 이복 동생이 분명하다.

비유왕에게 따르는 무리가 많았다는 것은 그가 구이신왕을 제거한 뒤에 즉위했다는 것을 시사하고 있다.

『삼국사기』는 분서왕이 살해된 뒤 왕위에 오른 비류왕에 대해서는 '오랫동안 평민으로 살면서 명성을 떨쳤다.'고 했고, 계왕을 제거하고 왕위에 오른 근초고왕에 대해서는 '용모가 기이하고, 원대한 식견이 있었다.'고 했으며, 진사왕을 제거하고 왕위에 오른 아신왕에 대해서도 '의지와 기풍이 호방하였다.'고 했다. 이런 기록들은 '용모가 훌륭하고 말을 잘하여 사람들이 따르고 귀하게 여겼다.'는 비유왕에 대한 표현과 일맥상통한다. 다시 말해서 비유왕 역시 비류왕, 근초고왕, 아신왕 등과 마찬가지로 반정을 일으켜 전 왕을 제거하고 왕위에 오른 인물이라는 뜻이다.

  비유왕이 반정을 일으켜 왕위에 올랐다면, 목만치는 비유왕의 반정으로 실각하고 가까스로 목숨을 구해 왜국으로 달아난 것이 분명하다. 또한 구이신왕은 비유왕의 반정 과정에서 살해되었거나, 반정 이후에 은밀하게 제거되었을 것이다. 물론 이 때 팔수태후도 쫓겨났을 것이다. 그러나 그녀가 왜왕의 딸인 관계로 죽이지는 않았을 것이다. 비유왕이 즉위했을 때, 왜왕 응신천황은 많은 사신을 보내 축하하는데, 이는 아마도 자신의 딸 팔수태후의 신변을 염려한 조치였을 것이다(『일본서기』가 인용한 『백제기』에 왜를 칭하여 '귀국'이라 하고, 왜의 조정을 '천조'라고 쓰고 있는데, 이는 『일본서기』가 여러 차례 개찬되면서 의도적으로 만들어진 표현으로 보인다).

제20대 비유왕실록

1. 비유왕의 전방위 외교와 나제동맹
(?~서기 455년, 재위기간:서기 427년 12월~455년 9월, 27년 9개월)

비유(毗有)왕은 전지왕의 둘째 아들이며, 왕후 해씨 소생이다. 전지왕이 죽은 후 어린 구이신왕이 즉위하자, 그의 모후 팔수태후가 정권을 장악하고, 임나의 권력자 목만치를 불러들여 조정을 혼란케 했다. 이에 비유왕은 외척인 해씨 세력의 힘에 의지하여 목만치를 제거하고, 그 와중에 죽은 구이신왕을 이어 427년 12월에 왕위에 올랐다.

『삼국사기』는 그를 구이신왕의 맏아들이거나 전지왕의 서자라고 쓰고 있으나, 구이신왕이 23살이라는 젊은 나이에 죽었고, 비유왕은 즉위 당시 이미 성년의 나이였다는 점을 감안할 때, 전지왕의 아들이라는 설이 유력하다. 그는 즉위 전부터 용모가 뛰어나고 언변이 좋아 따르는 사람이 많았으며, 인재를 중시했다고 전한다.

비유왕은 즉위한 지 불과 두 달 뒤에 전국을 순시하며 곡식을 나눠줬다. 이는 조정의 혼란으로 어수선해진 민심을 달래고, 반발 세력을 무마하기 위한 조처였다.

그 무렵, 왜왕 응신천황이 사신을 보내왔는데, 수행자가 무려 50명이나 되는 대규모 행렬이었다. 응신천황이 비유왕에게 이토록 많은 사신을 보내온 것은 팔수태후의 일로 악화된 양국간의 관계를 만회하고, 자신의 딸 팔수태후를 왜국으로 데려가기 위한 조치였던 것으로 판단된다.

『일본서기』 응신천황 39년(428년) 2월 기사에 '백제의 직지왕(전지왕)이 동생 신제도원을 보내어 봉사케 했으며, 신제도원은 일곱 명의 부녀와 함께 들어왔다'는 내용이 있다. 응신천황 39년은 비유왕 2년이었으므로 전지왕이 그녀를 보냈다는 내용은 옳지 않겠지만, 그녀가 전지왕의 여동생일 가능성은 충분하다. 비유왕이 즉위하자, 왜국에서는 비유왕에게 팔수태후의 환국을 요청했을 것이고, 비유왕은 왜의 청을 들어줬을 것으로 보인다. 이 때 팔수태후와 친분이 있던 귀족들도 생명 보전을 위해 그녀를 따라 왜로 갔을 터이고, 신제도원과 일곱 명의 부녀란 바로 그들일 것이다.

비유왕은 재위 3년(429년)에 남송에 사신을 보내고 이듬해에 전지왕의 작위였던 사지절도독백제제군사진동장군백제왕으로 책봉받음으로써 국제 무대에서 정식으로 백제 왕으로 대접받기에 이른다.

비유왕은 433년에는 신라의 눌지왕에게 사신을 보내 화친을 제의하여 성립시키는데, 백제의 이런 조치는 당시 국제 관계가 매우 미묘했음을 시사하고 있다. 당시 신라는 내물 이사금 이래 고구려와 동맹 관계에 있었고, 눌지왕 8년(424년)에도 고구려에 사신을 파견하여 수교를 맺은 상황이었다. 한편으론 왜에 볼모로 가 있던 아우 미사흔이 탈출해옴으로써 왜와의 관계가 크게 악화되었고, 재위 15년(430년)에는 왜병이 동해안을 침략하여 유린하기까지 했다. 이런 상황에서 백제와 신라가 동맹 관계를 맺은 것은 고구려, 백제, 신라, 왜 4국간의 역학관계에 큰 변화가 일어났다는 뜻이었다.

고구려는 고국원왕이 근초고왕에 의해 사망한 이래 백제를 적국으로 규정하였고, 신라는 백제와 왜의 협공을 막기 위해 고구려에 볼모를 보내면서까지 굴욕적인 수교 관계를 지속해왔다. 때문에 신라와 백제는 서로 적대관계나 다름없었다. 그런데 양국이 갑자기 화친을 제의하고 동맹을 맺은 까닭은 무엇일까? 신라가 백제와 동맹을 맺었다는 것은 고구려에 대한 의존도를 줄이고, 오히려 백제와 연합하여 고구려를 견제하겠다는 뜻이었다. 당시 고구려는 지속적으로 남하정책을 감행하고 있었는데, 신라는 고구려의 남하정책에 위협을 느끼고 백제와 함께 고구려의 남하를 저지하고자 했던 것이다. 백제 역시 고구려의 남하에 위협을 느끼긴 매한가지였고, 또한 팔수태후 사건으로 왜와의 관계가 소원해졌으므로 왜의 눈치를 볼 이유도 없었다. 어쨌든 백제와 신라의 동맹은 당시 한반도를 둘러싼 역학 관계에 커다란 변화를 일으키기에 충분한 사건이었다.

신라가 화친제의를 받아들인 뒤로 비유왕은 양국 관계를 밀착시키기 위해 더욱 노력했다. 434년 2월에는 좋은 말 두 필을 신라에 보냈고, 9월에는 다시 흰 매를 보냈다. 그러자 신라도 황금과 구슬로 답례를 하였다.

두 나라가 급격히 가까워지고 있는 가운데 왜가 신라를 침입했다. 왜는 440년에 신라의 남쪽과 동쪽을 침입하여 민가를 약탈했으나, 이 때는 별다른 성과를 거두지 못했다. 그러나 444년의 침입은 금성을 포위할 정도로 거센 것이었으나, 식량이 떨어져 돌아가야 했다. 이 때 식량이 떨어졌다는 것은 백제가 왜를 지원하지 않았다는 의미이다. 말하자면 백제는 왜를 지원하지 않고 방관함으로써 묵시적으로 신라를 도운 것이다.

이렇듯 백제와 신라의 동맹 관계가 확고하게 굳어지자, 고구려와 신라의 관계는 급격히 악화되었다. 그리고 450년 7월에 고구려 장수가 실직(삼척)벌에서 사냥하는 것을 하슬라(강릉) 성주가 습격하여 죽이는 사태가 발생하면서 신라와 고구려는 완전히 적대 관계로 돌아섰다.

고구려의 장수왕은 수하 장수가 신라군에 의해 죽었다는 소리를 듣고 사신을 보내 눌지왕을 크게 책망했다. 그리고 즉시 군대를 동원하여 신라의 서쪽 변경을 공격하였다. 눌지왕은 일단 한 발 뒤로 물러서서 장수왕에게 사과하고 사태를 무마시켰다. 하지만 고구려와 신라 관계는 회복될 기미가 없었다.

고구려는 454년에 신라의 북쪽 변경을 침범했고, 455년에는 백제를 침범했다. 신라 침입에 이어 백제를 공격한 것은 아마도 백제가 신라와 연합하여 고구려군에 대항했기 때문일 것이다. 고구려가 백제를 치자, 이번에는 신라에서 군사를 보내 백제를 구원함으로써 양국은 동맹 관계의 견실함을 다시 한 번 확인했다.

이렇듯 백제와 신라의 동맹 관계가 결실을 맺고 있는 가운데, 비유왕은 죽음을 눈앞에 두고 있었다. 『삼국사기』는 그의 재위 28년(454년) 기사에서 '별이 비처럼 떨어지고 혜성이 서북쪽에 나타났는데 길이가 두 발 정도 되었다.'는 내용으로 백제 조정에 불길한 일이 일어났음을 암시하고 있고, 이듬해 9월에는 '검은 용이 한강에 나타났는데, 잠시 구름과 안개가 덮여 어두워지자 날아갔다.'는 말로 반란이 일어났음을 시사했으며, 바로 그달에 비유왕이 죽었다고 기록하고 있다.

비유왕의 이 급작스런 죽음은 아무래도 한강에 나타난 '검은 용'과 관련되어 있는 듯하다. 즉, '검은 용이 한강에 나타났다'는 기록을 한성에 반란이 일어났다는 의미로 해석한다면, 비유왕은 그 검은 용에 의해서 죽었다는 뜻이 된다. 또 반란군의 우두머리를 '검은 용'으로 표현한 점으로 미뤄 비유왕을 죽인 반란군은 한동안 조정을 장악했을 가능성이 높다. 개로왕 21년 기사에 '선왕(비유왕)의 해골이 들판에 가매장되어 있으며'라는 기록이 있는 것도 정변 중에 비유왕이 살해당했음을 방증해주고 있다. 즉, 비유왕은 반란군에 의해 죽었고, 반란군이 그의 시신을 아무 곳에나 묻어버린 까닭에 비유왕의 시신은 가매장된 채로 들판에 있다가 개로왕 21년에 이르러서야 겨우 왕릉으로 조성된다.

비유왕이 455년 9월에 죽은 것이 확실하다면, 그해 10월에 있었던 고구려의 백제 침입은 비유왕의 죽음을 틈타 이뤄진 야비한 행동이었다. 하지만 고구려는 나제 동맹군의 수비진을 뚫지 못하고 돌아가야 했다. 비유왕의 전방위 외교의 성과는 그의 죽음 뒤에 더욱 빛을 발했던 셈이다.

2. 비유왕의 가족들

비유왕의 가족에 대해선 『삼국사기』에는 개로왕이 그의 장남이라는 사실만 기록되어 있다. 하지만 『일본서기』에는 문주왕과 문주왕의 아우 곤지가 개로왕의 아우로 서술되어 있다. 『삼국사기』는 문주왕을 개로왕의 아들이라고 기록하고 있으나, 문주왕이 개로왕 대에 상좌평을 지낸 것을 볼 때, 그는 개로왕의 아들이 아니라 아우일 가능성이 높다. 그 이전의 역사를 살펴보건대, 왕의 아들이 상좌평의 직위에 있는 경우는 없었고, 왕의 아우가 상좌평에 오른 경우는 있었기 때문이다. 따라서 『삼국사기』의 기록보다 『일본서기』의 기록이 더 설득력이 있다고 판단하여 문주왕과 그의 아우 곤지를 비유왕의 아들로 설정한다.

개로왕과 문주왕은 각각의 실록에서 따로 다루기로 하고, 여기서는 곤지의 삶을 간단하게 정리한다.

곤지(?~477년)

곤지(昆支)는 비유왕의 셋째 아들이며, 누구 소생인지는 분명치 않다. 그에 대한 기록은 『일본서기』 웅략천황 5년(462년, 개로왕 8년) 4월 기사에 처음 보이는데, 이 기록에 따르면 그는 개로왕에 의해 왜로 보내진 것으로 되어 있다 (웅략천황 5년은 『일본서기』 기년으로 461년이나, 무령왕 지석에 따르면 이 때가 462년이다. 당시 왜가 즉위년을 원년으로 하지 않고, 즉위 이듬해를 원년으로 했을 가능성이 높으므로, 웅략 5년을 462년으로 보아도 무방할 것이다).

당시 왜로 가게 된 사연은 이렇다.

왜왕 웅략이 재위 2년 7월에 백제 출신 여자 지진원(池津媛)을 취하고자 하였으나, 그녀는 석천순(石川楯)과 정을 통하고 있었다. 이 때문에 웅략은 화가 나서 두 남녀를 나무에 묶어 태워죽였다.

이후 웅략은 백제에 다시 미인을 청했던 모양인데, 백제의 가수리군(加須利君, 개로왕)은 지진원이 화형당했다는 말을 듣고, 더 이상 채녀(采女)를 보내지

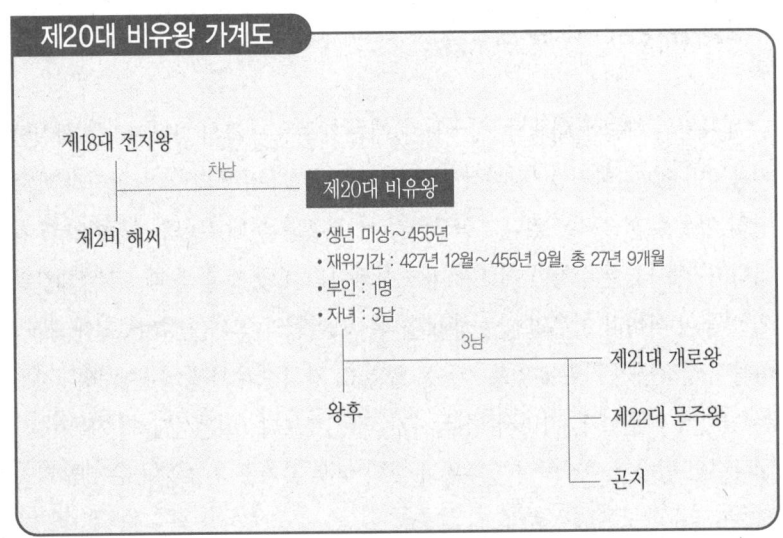

않겠다고 하면서 웅략 5년 4월에 아우 곤지를 보내기로 했다.

어떤 이유로 곤지를 보내기로 했는지 알 수 없으나, 당시 두 사람 사이엔 심상치 않은 말들이 오갔다.

곤지는 왜로 가라는 개로왕의 명령을 받아들이면서 이런 요구를 제시한다.

"상군(上君)의 명을 어길 수는 없습니다. 원컨대 군의 부인을 제게 주시고, 그런 후에 나를 보내주십시오."

그 때 곤지가 요구한 개로왕의 부인은 이미 임신 중이었다. 임신 중인 형의 부인을 그 아우가 달라고 한다는 것은 상식적으로 납득할 수 없는 일이다. 그런데도 개로왕은 부인을 곤지에게 내주고 두 사람을 결혼시켰다. 그리고 이렇게 말했다.

"부인은 이미 임신하여 산월이 되었다. 만일 도중에서 출산하면, 어디에 있든지 반드시 한 배에 태워서 속히 돌려보내도록 하라."

그리고 곤지와 함께 왜로 떠난 그 부인은 그해 6월에 각라도(各羅島)라는 섬에서 출산하였다. 때문에 부인과 아이는 도로 백제로 돌아갔다.

이 때 태어난 아이는 섬에서 태어났다고 하여 사마(島)라고 하였고, 후에 왕위에 올라 무령왕이 된다.

이 이야기는 설화적인 요소가 강하지만, 그렇다고 어처구니없는 이야기는 아닌 듯하다. 개로왕이 곤지를 왜에 파견할 때, 백제 조정은 몹시 혼란스런 상태였다. 비유왕이 반란군에 의해 살해되고, 개로왕은 정식으로 왕위에 오르지도 못한 상황이었다. 때문에 『일본서기』는 그를 개로왕이라고 표현하지 않고, 가수리군으로 칭하고 있다. 즉, 그때까지 개로왕은 왕자 신분이었다는 뜻이다. 『삼국사기』도 개로왕 치세에 대한 기록을 재위 14년부터 다루고 있는데, 이는 재위 14년까지 그가 정식으로 왕위에 오르지 못했다는 사실을 시사하는 것이다. 다시 말해서 당시 개로왕은 왕위를 정식으로 계승하지 못해 정치적 입지가 매우 약한 상태였고, 한쪽에선 반란군이 세력을 형성하여 왕권을 노리고 있었다. 게다가 밖으론 고구려가 침략의 기회를 엿보고 있는 상황이었다. 때문에 개로왕은 왜에 의존하여 힘을 키우려 했을 것이다.

아우 곤지를 왜에 인질로 보내려 한 것은 그런 정치적 계산에 따른 행동이었을 것이다. 아신왕이 태자 전지를 왜에 인질로 보내 왜의 힘을 빌려 고구려군에 대항하려 했던 것과 유사한 경우라고 할 수 있다.

외국에 인질로 나가는 것을 좋아할 사람은 없다. 곤지 역시 마찬가지였을 것이다. 하지만 그는 개로왕을 위해 기꺼이 왜로 간다. 하지만 조건이 있었다. 개로왕의 부인, 그것도 임신한 부인을 자기에게 달라는 것이다. 이 황당한 요구는 도대체 무엇을 의미하는 것인가?

곤지가 임신한 형수를 자기에게 맡겨 달라고 한 것은 일종의 신변 보호책이었을 가능성이 높다. 당시 개로왕의 정치적 상황은 몹시 어려웠고, 그래서 곤지에게 왜로 가서 도움을 청해줄 것을 부탁한 것인데, 곤지는 그런 개로왕을 의심하고 있었던 것이 아닐까? 즉, 개로왕이 자신을 정치적으로 제거하기 위해 왜국으로 보내려고 한다는 그런 의심을 하고 있었다는 뜻이다. 그래서 개로왕에게 자신이 신뢰할 수 있도록 형수를, 그것도 개로왕의 아이를 밴 형수를 자기에게 맡겨 달라고 요구한 것은 아닐까? 말하자면 실제 형수를 아내로 삼기 위해서가 아니라 개로왕의 진심을 알아보기 위한 나름대로의 방책이었다는 뜻이다.

개로왕이 임신한 자신의 아내를 동생에게 내주면서 먼길을 동행하게 한 것은 그런 곤지에게 신뢰를 주기 위한 조치였을 것이다.

곤지가 어리석은 사람이 아니라면, 개로왕의 아내인 형수가 왜로 가는 도상에서 아이를 낳을 것이라는 사실쯤은 짐작하고 있었을 것이다. 따라서 정말 형수를 아내로 맞을 생각이었다면, 도상에서 아이를 출산하면 다시 백제로 돌려보내라는 개로왕의 조건을 수락하지 않았을 것이다.

도상에서 형수가 아이를 낳을 것을 뻔히 알면서도 곤지가 임신한 형수를 자신과 동행토록 해달라고 한 행동은 다분히 의도적인 것으로 보인다. 그 의도는 대충 두 가지로 요약되는데, 첫째는 무리한 조건을 달아 개로왕의 명령을 거부하려는 것이고, 둘째는 그 요구를 개로왕이 들어줄 경우, 개로왕이 정말 자신을 신뢰하고 있다는 사실을 확인하려는 것일 터이다.

개로왕은 그런 곤지의 뜻을 알아채고 임신한 아내를 아우에게 내주고 왜국행에 동행토록 한 것이다. 그러나 아내와 아들을 왜로 보낼 생각은 없었다. 그래서 도상에서 아이를 출산하면 돌려보내라는 조건을 달았다.

곤지가 그런 조건을 수용한 것은, 그 정도만으로도 충분히 개로왕의 진심을 파악할 수 있었기 때문이었을 것이다.

어쨌든 그런 과정을 통해 곤지는 왜에 도착하여 왜왕 웅략천황을 보필하고, 조정에서 중추적인 역할을 수행했다. 그리고 475년에 개로왕이 전사하고 문주왕이 왕위에 올랐을 때, 백제로 돌아왔다.

곤지가 백제로 돌아왔을 때, 왕권은 형편없이 약화되어 있었고, 권력은 병관좌평 해구에게 집중되어 있었다. 그런 상황에서 곤지는 내신좌평에 올라 해구를 견제하며 국정을 정상화시키기 위해 안간힘을 쓴다. 그러나 477년 7월, 곤지는 해구에게 살해되고 만다.

『일본서기』는 왜에 당도할 때, 곤지에게 5명의 아들이 있었다고 하면서, 그중 둘째 아들이 백제 제24대 동성왕이라고 기록하고 있다.

▶ 비유왕 시대의 세계 약사

비유왕 시대 초기에 중국은 남송, 북연, 북위, 북량이 대륙의 패권을 다투고 있던 시대였다. 그러나 436년에 북위가 북연을 멸망시키고, 439년에는 북량마저 멸망시키고 통일함으로써 중국은 남쪽엔 송, 북쪽엔 위가 서로 대치하면서 남북조 시대가 열렸다.

이 무렵, 서양에서는 로마가 동서로 나뉜 가운데, 서쪽에선 반달족, 훈족, 핀족, 앵글로 색슨족 등이 강성하여 서로마 제국을 위협하고 있었고, 동로마에서는 황제 테오도시우스 2세가 기독교 서적을 불태우는 등 기독교와 관계를 악화시키다가 죽음을 맞이했다.

제21대 개로왕실록

1. 개로왕의 파란만장한 삶과 한성시대의 종말
(?~서기 475년, 재위기간 : 서기 455년 9월~475년 9월, 20년)

개로(蓋鹵)왕은 비유왕의 맏아들로 근개루왕이라고도 불리었으며, 이름은 경사(慶司)이다. 455년 9월에 비유왕이 정변으로 살해되자 백제 조정은 심한 혼란을 겪었고, 그 와중에 개로왕이 즉위했다.

개로왕 즉위 당시 백제는 여전히 정변의 후유증에 시달리고 있는 상태였다. 비유왕을 살해한 반란군은 그의 시신을 방패로 한성을 장악한 상태였고, 선왕의 시신을 빼앗긴 개로왕은 함부로 반군을 제압하지 못했다.

『삼국사기』의 개로왕 치세 기사는 재위 14년부터 기록하고 있는데, 이는 즉위시부터 재위 14년까지 개로왕이 정상적으로 왕권을 가지지 못했다는 것을 시사하고 있다. 말하자면 백제는 개로왕 즉위시부터 십여 년간 내분을 겪고 있었기 때문에 제대로 정치가 이뤄지지 않았다는 뜻이다.

개로왕 즉위년 12월에 고구려가 백제를 공격하는데, 이 때 신라가 원군을 파견하여 고구려군을 막아낸 사실에서도 백제의 내분이 매우 심각했음을 짐작해낼 수 있다. 이상한 것은 이 사건이 『삼국사기』의 「백제본기」엔 전혀 언급이 없고, 「신라본기」에만 기록되어 있다는 점이다. 이것은 백제 땅을 침범한 고구려군을 막아낸 군대가 백제군이 아니라 신라군이었다는 사실을 말해준다. 즉, 당시 백제는 내분 때문에 고구려군을 막아낼 여력이 없었고, 그래서 동맹군인 신라군이 대신 고구려군을 상대했다고 보아야 한다는 것이다. 신라군이 자기 땅도 아닌 백제 땅을 지킨 것은 백제와의 동맹에 따른 행동이기도 했겠지만, 그보다 더 큰 이유는 고구려가 차지하려 했던 백제 땅이 신라 공략의 교두보 역할을 할 수 있는 군사적 요충지였기 때문일 것이다.

십 년 이상 지속되던 백제의 분쟁은 결국 개로왕의 승리로 끝나고, 그 때서야 개로왕은 가까스로 한성에 입성하여 정식으로 왕위에 오를 수 있었을 것이다. 개로왕이 한성을 접수하는 과정에서 반란군에 가담했던 여러 장수들은 고구려로 달아난 듯하다. 후에 개로왕을 생포하는 재증걸루와 고이만년은 그들 중의 일부로 판단된다.

개로왕이 왕권을 회복하던 무렵인 468년 2월에 고구려는 말갈 병력 1만으로 신라를 공격하여 실직(삼척)성을 빼앗았다. 이에 위협을 느낀 개로왕은 이듬해 8월에 고구려의 남쪽 변경을 공격했지만 별다른 성과를 얻지는 못했다. 고구려의 반격을 의식한 개로왕은 그해 10월에 쌍현성을 수축하고, 청목령에 큰 목책을 세워 침략에 대비했다.

당시 고구려는 새로운 강국으로 등장한 북위와 한동안 신경전을 벌이다 관계를 회복한 상태였다. 북위는 466년에 고구려의 공주를 위 왕에게 시집보낼 것을 요청했고, 고구려는 장수왕의 딸이 이미 시집간 상태라 응할 수 없어 장수왕의 아우 승평의 딸을 대신 보내기로 했었다. 북위는 북연과 혼인 관계를 맺은 후에 북연을 몰락시킨 전례가 있었는데, 그 때문에 고구려 조정엔 북위의 요구를 받아들이면 북연의 전철을 밟을 수도 있다는 주장을 펼치며 북위와의 혼인을 강력하게 반대하는 신하들이 있었다. 그들은 북위가 혼인 관계를 맺자고 하는 것은 지형을 탐색하기 위한 수작이라고 주장했고, 장수왕은 그들의 주장을 받아들여 혼인시키기로 한 승평의 딸이 죽었다고 둘러댔다. 그러자 북위에서는 종실의 딸이라도 달라고 하였고, 장수왕은 대답을 차일피일 미루며 요구를 수용하지 않았다. 그런 가운데 북위의 왕이 교체되어 혼인 문제는 무효화되었다. 덕분에 고구려와 북위의 관계는 원만하게 되었고, 고구려는 그런 상황을 맞아 신라와 백제에 대한 공격을 시작했던 것이다.

고구려의 침략을 염려하던 개로왕은 방책을 강구하던 끝에 재위 18년(472년)에 북위에 사신을 보내 고구려에 협공을 가하자는 제의를 하였다. 개로왕의 제의는 북위로서도 입맛이 당기는 것이었다. 그러나 당장 고구려를 공격할 명분도 이유도 없었다. 그렇지만 백제를 자기 편으로 끌어들일 필요가 있다고 판단하고 개로왕에게 이런 내용의 편지를 보냈다.

'그대의 계책이 나의 뜻과 맞으니 큰 군사가 토벌의 길을 떠나는 것도 장차 먼 일이라고 할 수 없다. 그대는 미리 군사를 정돈하여 함께 군사를 일으킬 수 있도록 준비할 것이며, 때에 맞춰 사신을 보내 그들의 실정을 즉시 알 수 있도록 해야 할 것이다. 우리 군사가 출동하는 날, 그대가 향도의 선두가 된다면 승리한 후에는 역시 가장 큰 공로로 상을 받게 될 것이니, 이 또한 좋은 일이 아니겠는가?'

하지만 고구려의 방해로 북위의 사신은 백제에 가지 못했고, 후에 바닷길을 이용하여 백제의 한성으로 직접 가려 했으나, 이 때도 풍랑을 만나 백제에 이르지 못했다. 결국 위 왕의 편지는 백제에 도달하지 못했고, 그 때문에 개로왕은 북위가 호응하지 않는다고 판단하고 더 이상 사신을 보내지 않았다.

그 무렵, 고구려에선 백제 공략을 위한 은밀한 계획이 진행되고 있었다. 장수왕은 백제의 한성을 공격할 계획을 세우고 있었는데, 이를 위해 예비 작전을 진행하고 있었다. 그 내용인즉, 한성을 공격하기 전에 백제의 국력을 먼저 소모시킬 필요가 있다는 판단 아래 첩자를 파견하여 개로왕이 많은 백성을 동원하여 대대적인 공사를 벌이도록 부추긴다는 것이었다.

장수왕이 첩자 노릇을 할 만한 자를 물색하자, 승려 도림(道琳)이 나섰다. 장수왕이 도림의 능력을 알아보고 기꺼이 일을 맡기자, 도림은 죄를 짓고 도망한 것으로 가장하여 백제에 잠입하였다.

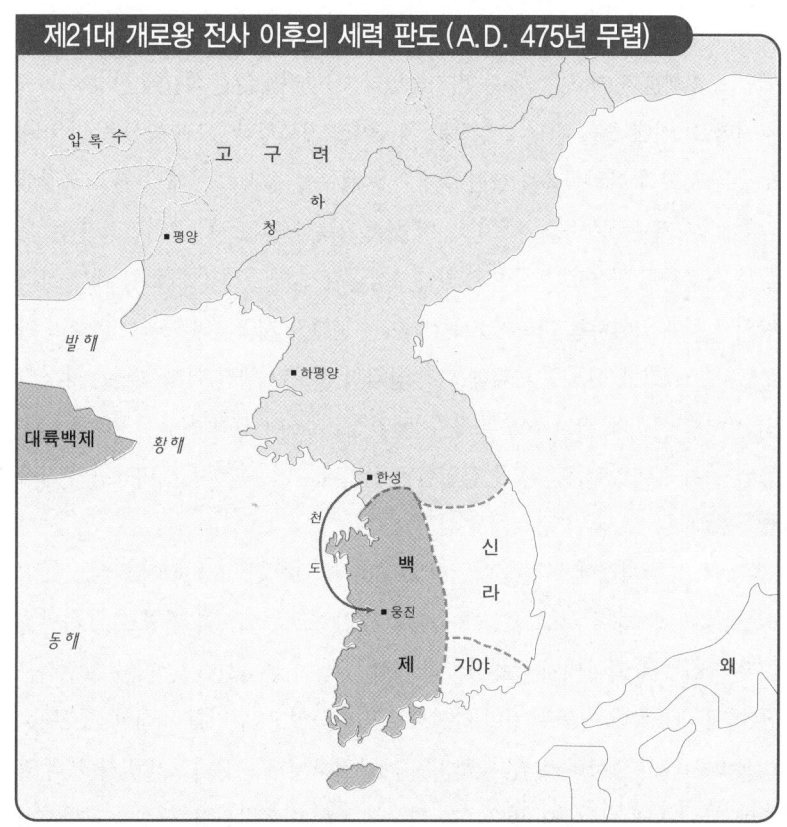

475년에 한성이 무너지고 개로왕이 전사하면서 백제의 영역은 한층 축소되고, 도읍도 금강 남쪽인 웅진으로 옮겨진다.

개로왕은 바둑과 장기를 무척 좋아하였는데, 바둑의 고수였던 도림은 그 점을 이용하여 개로왕에게 접근했다. 도림의 바둑 실력이 보통이 아닌 것을 안 개로왕은 그를 극진히 대접했고, 그런 중에 도림은 개로왕을 부추겨 비유왕의 능을 조성케 하고, 궁실과 성을 새로 짓게 하였다.

이 때문에 많은 백성이 징발되고 국고는 텅텅 비어가고 있는 가운데, 도림은 고구려로 돌아가 그 소식을 알렸고, 장수왕은 475년 9월에 병력 3만을 이끌고 백제를 급습했다.

고구려군의 기습에 당황한 개로왕은 그때서야 도림이 첩자였다는 사실을 깨닫고 후회했다. 하지만 때는 이미 늦었다. 고구려군은 순식간에 한강 이북을 차지하고, 이내 강을 건너 한성으로 쳐들어올 기세였다. 그런 상황을 읽은 개로왕은 자신의 어리석음을 한탄하며 아우 문주를 신라로 보내 구원을 요청했다(『삼국사기』는 문주를 개로왕의 아들로 기록하고 있으나, 『일본서기』는 문주를 개로왕의 아우로 기록하고 있다. 『삼국사기』에 문주가 개로왕 대에 상좌평의 직위에 있었다는 기록이 있는데, 이는 문주가 개로왕의 아들이 아니라 아우였다는 기록에 신빙성을 더해준다. 상좌평 제도가 생긴 이래 백제는 재상격인 상좌평 자리에 왕자가 오른 경우는 없었고, 초대 상좌평이 전지왕의 이복동생 부여 신이었다는 사실을 감안한 판단이다. 「비유왕실록」 '비유왕의 가족들' 참조).

　그 무렵, 아차성에 본진을 설치한 고구려군은 한강을 도하하여 한성으로 밀려들었다. 백제군은 북쪽 궁성에 군대를 밀집하고 방어전을 펼쳤으나, 바람을 이용한 화공을 막아내지 못하고 7일 만에 북성이 무너졌다. 그러자 고구려군은 이내 개로왕이 머물고 있던 남성으로 밀려들었고, 위기를 의식한 개로왕은 성을 빠져나와 달아나려 했다. 하지만 재증걸루에게 붙잡히고 말았다(학계 일부에서는 이 때 백제군이 방어벽을 형성한 북성을 북한산성, 남성을 남한산성으로 해석하고 있다. 하지만 북한산성을 북성으로 표기한 기록이 없고, 북성이 무너진 뒤에 곧장 남성이 무너진 점으로 미뤄 두 성은 한강을 사이에 두고 있지 않았다. 따라서 북성과 남성은 한성 안에 있었던 성으로 보는 것이 옳으며, 그 곳에 개루왕이 머물렀던 것으로 봐서 북성은 한성의 북궁, 남성은 남궁으로 해석해야 할 것이다. 북궁을 풍납토성, 남궁을 몽촌토성으로 추정하는 견해가 있는데, 일리 있는 주장으로 보인다).

　재증걸루는 원래 백제 장수였으나, 개로왕 초기의 정변 과정에서 고구려로 달아난 장수였다. 때문에 재증걸루는 일단 생포한 개로왕에게 왕에 대한 예를 갖춘 뒤에 얼굴에 침을 세 번 뱉고 장수왕이 머물고 있던 아차성으로 압송하였고, 그 곳에서 개로왕은 참수되어 비참하게 생을 마감했다.

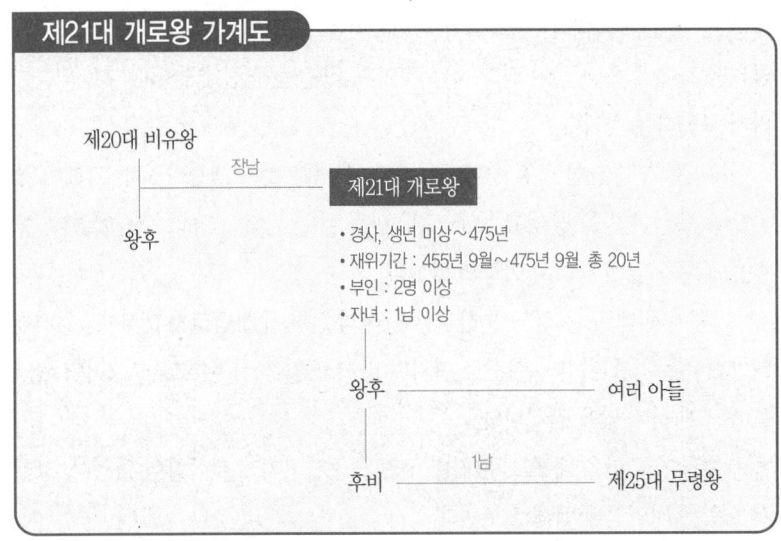

 개로왕의 가족에 대해선 자세한 내용이 없고, 당시 해씨가 조정을 장악했던 점으로 미뤄 부인은 해씨 가문 출신일 것으로 짐작된다. 자식은 여러 명이 있었으나 한성이 무너질 때 죽은 것으로 『일본서기』는 기록하고 있다. 『삼국사기』는 문주왕과 곤지가 개로왕의 아들이라고 기록하고 있으나, 「비유왕실록」에서 그들이 개로왕의 아우임을 이미 밝힌 바 있다.

2. 첩자 도림과 개로왕의 처참한 말로

 한성의 몰락은 장수왕의 치밀한 계획이 거둔 성공이었는데, 여기엔 손자병법이 적절하게 활용되었다. 그 중 첫째 병법은 용간(用間, 첩자를 부리는 일)이었다.
 용간에는 향간, 내간, 반간, 사간, 생간 등 다섯 가지 방도가 있다. 향간은 그 고을의 사람을 꾀어 이용하는 것이며, 내간은 적의 관리를 꾀어 이용하는 것이며, 반간은 적의 간첩을 꾀어 역이용하는 것이며, 사간은 거짓 정보를 아군의 첩자에게 흘려 적이 믿게 하는 것이며, 생간은 적진에 들어갔다가 되돌아와서 보고하는 것이다.

이 다섯 가지 간첩 작전 중에 장수왕이 선택한 것은 생간이었다. 그래서 생간으로 보낼 사람을 물색했는데, 그때 선뜻 나선 사람이 승려 도림이었다. 도림은 장수왕 앞에 나서서 이렇게 말했다.

"소승이 원래 도는 알지 못하지만 나라의 은혜에 보답코자 합니다. 원컨대 대왕께서는 저를 어리석은 자로 여기지 마시고 일을 시켜주소서. 그러면 왕명을 욕되게 하지 않을 것입니다."

장수왕이 도림을 대해보니, 가히 생간을 구사하기에 부족함이 없었다. 그래서 도림을 비밀리에 백제로 보냈다.

도림은 죄를 지어 도망하는 체하고 백제에 잠입해 개로왕에게 접근했다. 개로왕은 장기와 바둑을 즐겼는데, 도림은 바둑이 수준급이었다. 그래서 한성 대궐에 이르러 개로왕에게 글을 올려 이렇게 말했다.

"제가 어려서부터 바둑을 배워 상당한 묘수의 경지를 알고 있으니, 대왕께 알려드리고자 합니다."

원래 바둑을 좋아하는 사람이 바둑 친구를 외면하는 법은 없다 했다. 개로왕은 당장 도림을 입궁시켜 바둑 실력을 시험해보았다. 대국을 해보니 과연 도림의 실력은 국수였다. 개로왕은 그때부터 도림을 상객으로 대접하면서 아주 친근하게 대해줬다. 도림을 늦게 만난 것을 한탄한다고 할 정도였으니, 도림에 대한 개로왕의 총애가 얼마나 대단했는지는 짐작하고도 남을 일이다.

그렇듯 개로왕의 절대적인 신임을 얻어낸 도림은 마침내 본색을 드러냈다. 개로왕에게 큰 공사를 벌이도록 하여 백제의 국력을 크게 소모시키는 것이 도림의 소임이었는데, 그 일을 시작한 것이다.

도림이 하루는 개로왕의 안색을 살피며 이렇게 말했다.

"저는 다른 나라 사람인데, 대왕께서 저를 멀리 하지 않으시고 많은 은혜를 베풀어주셨습니다. 하지만 저는 한 가지 재주 이외에는 보답한 것이 없고, 아직 털끝만 한 이득을 드린 적도 없습니다. 그래서 한말씀 올리려 하오나, 대왕의 뜻이 어떤지 알 수가 없습니다."

그 소리에 개로왕이 말했다.

"말해보라. 만일 나라에 이롭다면, 그것은 선생이 바라는 바일 것이로다."

도림은 마침내 준비한 말들을 쏟아놓기 시작했다.

"대왕의 나라는 사방이 모두 산, 언덕, 강, 바다이니 이는 사람의 힘으로는 이룰 수 없는 천연의 요새입니다. 때문에 사방 이웃 나라들이 감히 엿볼 마음을 품지 못하고 오로지 받들어 섬기기를 원하고 있습니다. 그러니 대왕께서는 마땅히 숭고한 기세와 부유한 치적으로 그들을 놀라게 해야 할 것입니다. 그런데 성곽은 볼품없고, 궁실은 수리도 되지 않았으며, 선왕(비유왕)의 해골은 들판에 가매장되어 있습니다. 게다가 백성들의 가옥은 자주 강물에 허물어지니, 이는 대왕께서 취할 바가 아닌 줄 아옵니다."

도림의 충고를 옳게 여긴 개로왕은 그 길로 대대적인 공사를 벌이기 시작했다. 백성들을 대거 징발하여 흙을 굽고, 성을 쌓고, 그 안에 화려한 궁실, 누각, 사대를 조성했다. 또한 강가에서 큰 돌을 캐다가 관을 만들어 선왕의 해골을 장사한 후, 큰 능을 만들었으며, 강물의 범람을 막기 위해 사성 동쪽에서부터 숭산 북쪽까지 강을 따라 높은 제방을 쌓았다.

이렇듯 대공사가 벌어지자, 백성은 매일같이 부역에 동원되었고, 훈련하고 있어야 할 군사들조차 작업장에 투입되었다. 그 결과 국고는 텅텅 비었고, 백성들은 굶주림에 허덕였으며, 군대는 피로에 지쳤다.

그때쯤, 도림은 고구려로 돌아가서 장수왕에게 한성의 상황을 낱낱이 보고했다. 장수왕은 마침내 군대 3만을 동원하여 남쪽으로 밀고 내려왔다.

손자병법에 이르기를 전쟁에 임하기 전에 다섯 가지 항목으로 아군과 적군을 비교하라고 하였다. 다섯 가지 항목이란 도(道)·천(天)·지(地)·장수·법인데, 여기서 도란 백성들이 임금의 뜻에 따르도록 하는 것이고, 천이란 자연현상을 헤아리는 것이며, 지란 지형을 연구하는 것이며, 장수란 지혜·신의·인자·용기·엄정의 다섯 가지 덕목을 갖춘 장수의 존재 여부이며, 법이란 군대의 규율이 확립되어 있는가를 알아보는 것이다. 그런데 백제의 상황은 백성들이 오랜 부역으로 왕을 불신하고 비난하고 있었으며, 도림에 의해 한성의 지형이 완전히 파악되었으며, 군대는 피로가 누적되어 규율이 무너졌고, 다섯 가지 덕목을 갖춘 장수가 있다 해도 병졸을 지휘할 힘이 없었다. 게다가 장마가 닥치는 여름도 아니었고 추위가 몰아치는 겨울도 아니었으니, 장수왕은 다섯 가지 항목이 모두 우위에 있다고 판단하고 가차없이 공격해왔던 것이다.

그런 철저한 계획 아래 이뤄진 고구려군의 침략 앞에 개로왕은 속수무책이었다. 그래서 그 때서야 도림의 꾀에 속았음을 알고 통탄하며 말했다.

"내가 어리석고 총명하지 못하여 간사한 자의 말을 믿다가 이런 꼴이 되었다. 백성들은 쇠잔하고 군대는 약하니, 비록 위급한 일을 당해도 누가 기꺼이 나를 위하여 힘써 싸우려 하겠는가?"

개로왕은 결국 백제 병력만으론 고구려군을 막아낼 수 없다고 판단하고 상좌평이던 아우 문주에게 말하였다.

"나는 당연히 나라를 위하여 죽어야 하지만 네가 여기에서 함께 죽는 것은 유익한 일이 못 된다. 난리를 피했다가 나라의 왕통을 잇도록 하라."

비록 늦었지만 개로왕은 목숨을 걸고 싸워 한성을 지켜내려고 하였고, 남쪽으로 피신한 문주는 원군을 얻기 위해 신라로 달려갔다.

그런 가운데 고구려군이 한강을 건너 궁성으로 밀어닥쳤다. 이미 고구려군은 한성의 지형을 손바닥 보듯 하였던 터라 순식간에 궁성은 포위되었다. 우선은 한강에 면해 있는 북궁(풍납토성)이 포위되었다.

그때, 개로왕은 남궁에 머물러 있었다. 그는 애를 태우며 북궁의 상황을 주시하고 있었는데 7일 만에 북궁이 무너졌고, 이내 고구려군은 남궁으로 밀려들었다. 궁성이 함락될 지경에 처하자, 개로왕은 궁성을 빠져나가 몸을 피하고자 하였다. 하지만 고구려군의 포위망을 빠져나가지 못하고 잡혔다.

그를 붙잡은 장수는 백제에서 달아난 재증걸루였다. 그는 개로왕의 얼굴을 잘 알고 있던 터라 어렵지 않게 개로왕을 생포했다.

걸루는 개로왕을 사로잡자, 일단 왕에 대한 예를 갖추기 위해 말에서 내려

절을 하였다. 그리고 일어나 개로왕의 얼굴에 세 번 침을 뱉고 죄목을 따졌다. 걸루가 따진 죄목의 내용은 기록되지 않았지만, 개로왕은 왕권을 장악하는 과정에서 걸루의 혈족과 그 측근들을 대거 죽인 것으로 보이는데, 그에 대한 문책을 했던 것이 아닐까.

어쨌든 개로왕은 걸루에 의해 한성 북쪽의 아차성으로 압송된다. 개로왕이 아차성으로 압송되었다는 것은 그 곳에 장수왕이 머물러 있었다는 뜻이다. 따라서 개로왕은 장수왕 앞에 끌려가 치죄를 당한 뒤에 참형에 처해진 것으로 보인다. 장수왕은 죽은 그의 시신을 백제에 돌려주지 않았다. 개로왕의 시신은 비석도 하나 없는 상태로 아차성 근처 어느 산비탈에 묻혔을 것이다. 그래도 명색이 일국의 왕인데, 봉분도 제대로 없이 버려지듯 산에 묻힌 사실만으로도 개로왕의 죽음이 얼마나 비참했는지 짐작할 수 있을 것이다.

3. 개로왕이 북위에 보낸 국서와 북위 현조의 답변

고구려의 남하가 지속되자, 개로왕은 위기를 느끼고 472년에 북위에 국서를 보내 양국이 힘을 합쳐 고구려를 협공하자는 제의를 하는데, 『위서』에 실린 개로왕의 국서 내용은 이렇다.

신이 동쪽 끝에서 나라를 세우고 있음에 승냥이와 이리가 길을 가로막고 있으니, 비록 대를 이어 신령스러운 교화를 입었으나, 번신으로서 책무를 받들 인연을 얻지 못하고 구름 속의 궁궐만을 우러러보고 있기에, 뵙고 싶은 연모의 정은 한이 없을 따름입니다. 산들바람이나 어슴푸레한 느낌에도 엎드려 만백성을 협력하게 하고 화합하게 하는 황제 폐하의 하늘 같은 따사로움을 생각하니, 우러러 사모하는 정을 이기지 못하여, 삼가 사사로이 임명한 관군장군 부마도위 불사후 장사 여례 및 용양장군 대방 태수 사마 장무 등을 파견하여 험난한 파도에 배를 띄우고 하늘길 나루터로 이어지는 길을 찾으며 자연의 운명에 목숨을 의탁하여 만분의 일의 정성을 보내드립니다.

바라건대 하늘과 땅의 신령이 두루 감응하고, 황문의 혼령과 천자의 은혜를 입어 천자의 조정에 능히 닿아 신의 뜻을 널리 알리고 진술하게 된다면, 비록 새벽녘에 이 소식을 듣고 저녁에 목숨이 다하더라도 영원히 여한이 없을 것입니다.

신의 나라는 고구려와 더불어 조상이 부여에서 나왔기에 선대에는 옛 정을 두텁게 하여 숭상하였습니다. 그러나 그들의 조상 소(고국원왕)가 이웃의 우호를 가벼이 깨뜨리며, 직접 사졸의 무리를 건느리고 신의 땅을 침범하였습니다. 신의 조상 수(근구수왕)께서 군사를 정비하고 번개같이 기회를 포착하고 나아가 공격하여 화살과 돌이 잠시간 오가더니 소의 목을 베어 매달았던 것입니다. 그로부터 감히 남쪽을 돌아보지 못하게 되었습니다.

허나 풍씨(북연)의 운세가 다하고부터 그 잔당들이 달아나 숨어들면서 추악한 일들이 점차 성해지더니, 마침내 침범하여 들어와 핍박하는 등 원한으로 얽어지며 재앙이 서른 해 동안이나 꼬리를 물었습니다. 그러니 재물은 다 없어지고 힘이 다하여 스스로 보전하기가 어렵게 되었습니다. 만약 천자의 자애로움으로 굽어 살피시고 가엾게 여겨 먼 곳의 외지라고 외면하지 않고 속히 장수를 보내 신의 나라를 구원하여 주신다면, 마땅히 미천한 여식을 올려 궁궐 뒤뜰을 청소하게 하고, 자제를 보내 외양간에서 말을 키우도록 하겠습니다. 또 한 치의 땅이나 한 명의 백성이라도 스스로 가지지 않겠습니다.

지금 연(장수왕)은 죄가 있기에 나라는 스스로 만신창이가 되었고, 대신과 호족들은 살육하기를 그치지 않으니, 죄악은 가득 차고 쌓였으며 백성들은 어지럽게 흩어지게 되었습니다. 이는 멸망의 때로서 손을 대야만 하는 중요한 시기임을 말합니다. 거기에다 풍씨 일족의 군사들은 억지로 기른 새가 창공을 그리워하듯 하며, 낙랑의 모든 군들은 근본을 그리는 마음을 품고 있습니다. 천자의 위세로 한 차례 일으킨다면 정벌하는 일은 있을지언정 싸움은 없을 것입니다. 신이 비록 불민하나 뜻을 바침에 온 힘을 다하여, 응당 모두를 모아 거느리고 위세를 받들어 호응하겠습니다.

고려(고구려, 고구려를 고려라고도 불렀음)는 의롭지 못한 까닭에 반역하고 속이는 것이 한두 번이 아니니, 겉으로는 번방의 외효처럼 겸손한 말을 지껄이지만, 안으로는 흉악하고도 재앙스러운 저돌적인 행위를 마음에 품고 있습니다. 혹은 남쪽으로 유씨(남송)와 왕래하고 혹은 북쪽으로 유유와 밀약하며, 서로 한통속이 되어 왕의 경계를 침범하고자 도모하고 있습니다.

예전에 당요(요 임금) 같은 지극한 성인께서도 단수의 묘만은 벌하였으며, 맹상군이 비록 어질다고 일컬었지만 길손의 비웃음은 내버려두지 않았습니다. 실개천의 물줄기라 할지라도 의당 일찌감치 막아야 하는 것인데, 만약 지금 다스리지 않는다면 장차 후회를 남길 것입니다.

지난 경진년 후반에 신이 서쪽 경계인 소석산 북쪽 나라의 바다에서 십여 구의 시체를 발견하고, 아울러 의복과 기물 및 안장과 굴제 등을 습득하였는데, 그것을 살펴보니 고려의 물건이 아닌지라, 뒤에 듣건대 그들은 곧 왕의 사람들로서 신의 나라로 내려오던 길이었다 합니다. 그러나 장대한 뱀이 길을 가로막고 있었기에 바다에 빠진 것이라 하는데, 비록 확실한 일은 아니나 매우 분하고도 성낼 일이라 하겠습니다.

옛날에 송나라에서 신주를 죽이자 초의 장왕은 맨발로 뛰어갔으며, 풀어준 비둘기를 새매가 쫓아 잡자 신릉은 음식을 먹지 않았다 하였습니다. 적을 이겨내고 이름을 세운다는 것은 아름답고도 존귀함에 한이 없을 것입니다. 무릇 구구하게 한쪽에 치우쳐 있는 식음의 나라도 오히려 만대의 위신을 생각하거늘, 황차 폐하께서는 천지의 기운을 하나로 하여 그 기세가 산과 바다를 기울이는데, 어찌 보잘것없는 더벅머리 아이(장수왕)로 하여금 상국으로 통하는 요로에 걸터앉아 막아서게 하십니까. 이제 습득한 말 안장 하나를 올려 이로써 증험을 삼고자 합니다(국서에 대방 태수라는 관직이 나오는 것으로 봐서 백제는 개로왕 대에도 산동반도 아래쪽의 대방 땅을 장악하고 있었던 것으로 보인다. 하지만 고구려가 강성해짐에 따라 백제의 영토는 아주 좁아졌던 듯하다).

개로왕의 서찰을 받은 북위의 현조는 후미지고 먼 곳에서 위험을 무릅쓰고 입국하여 조공을 바쳤다 하여 백제의 사신들을 후하게 대접하였으며, 사자 소안을 파견하여 개로왕의 사신과 함께 백제로 보냈다. 그리고 조서를 내려 이렇게 답했다.

　표를 접하고 들으니 별고 없음에 매우 기쁜 일이오. 그대는 동쪽 고을의 모퉁이로 오복의 바깥에 거처하고 있으면서 산길과 바닷길을 멀다 않고 위의 궁궐에 정성을 바치니, 그 지극한 뜻을 기꺼이 가상하게 여기며 진심으로 받아들이오.
　짐은 만세의 업을 이어받아 온 세상에 임금으로 임하여 모든 창생들을 도맡아 다스리고 있소. 지금 나라 안은 하나같이 깨끗하고, 팔방의 먼 곳에서 올바름을 좇아 업고 지고 이르는 자가 헤아릴 수 없으니, 풍속이 화사롭고 사졸과 군마가 번성함은 그 모든 것이 여례 등이 직접 보고 들은 바 그대로일 것이오.
　그대가 고려와 화목하지 않아 누차 침범을 당하였지만, 단지 의로움을 좇으며 어짊으로써 지켜낸다면, 도적질하는 원수를 대한들 또한 어찌 근심하겠소. 앞서 보냈던 사신은 바다를 건너 먼 변방 밖의 나라를 위무하고자 한 것인데, 지금까지 몇 년이 되도록 돌아오지 않기에 생사나 도착의 여부를 자세히 알 수 없소. 그대가 보낸 안장을 옛날에 타던 것과 비교하여 보니, 중국의 물건이 아니오. 비슷하다 하여 꼭 그렇다고 하는 죄목을 만들 수는 없소. (고구려를) 공략하여 다스리는 조치에 대해서는 별도의 교지에 상세히 갖추었소.
　고려가 강성함을 믿고서 그대의 영토를 침범하여, 선대 임금의 묵은 원한만을 다스리고 백성을 편안케 할 큰 덕목은 도외시하며 병사를 오간 것이 몇 년째로서, 이는 해결하기 어려운 변방의 일임을 알고 있소.
　사신은 신서의 정성을 겸하고 있으며, 나라에는 초와 월과 같은 위급함이 있으니, 응당 의로움을 펼치고 미약함을 도와 기회를 타고 번개처럼 쳐야 할 것이오. 그러나 선대의 조정에 번신임을 칭하며 조공의 직분을 다한 지 오래이니, 그대에게는 비록 예전부터 허물이 있었다 할지라도 짐의 나라에 대해서는 법령을 범하는 죄과가 있지 않았소. 그대는 칙사를 처음 왕래하면서 문득 정벌하여줄 것을 요구하니, 일의 마땅함을 더듬어 보더라도 이치에 맞지 않았소. 그러므로 지난해에 예 등을 평양에 보내 그로 말미암은 상황을 조사하고자 하였소. 그러나 고려의 주청이 빈번하고 그 말에 이치를 갖추어 진언하니, 우리 사신은 그들의 요청을 억제할 수 없었고, 법으로 다스린다 하더라도 질책될 만한 것이 없었소. 그런 까닭에 그 주청을 들어주어 조서로써 예 등을 돌아오게 하였던 것이오.

만약 지금 교지를 위반하면 곧 과오와 허물이 더욱 드러나는 것이니, 그 뒤에 비록 스스로 변명하여 밝힌다 하더라도 죄를 벗어나지 못할 것인즉, 그런 후에 군대를 일으켜 그를 토벌하는 것이 의리에 타당할 것이오. 구이의 나라들은 대대로 바다의 바깥에 거처하며 왕도가 번창하면 곧 번신의 책무를 받들고, 은혜를 거둬들이면 곧 국경을 지키는 까닭에, 번국으로 예속시켜 두는 것은 선대로부터의 법전에 밝혀져 있으며, 호목화살의 조공은 해마다의 절기에 먼 곳으로부터 도래하였었소.

그대는 강하고 약한 형세를 갖춰 진술하고 지난 시대의 자취를 갖춰 나열하였으나, 풍속은 달라지고 사정은 변하는 것이기에, 옛 일에 비기고 견주는 것은 나의 생각과 어긋나는 것이니, 큰 꾀나 책략은 따로 이룰 때가 있을 것이오. 지금 중화는 하나같이 평온하고, 나라 안은 근심이 없으니, 매번 동쪽 끝으로 위엄을 떨치고 국경 밖에 깃발을 휘날리며, 편벽된 나라에서 기근에 굶주리는 백성들을 건짐으로써 황제의 위풍을 먼 지방에까지 펼치려 하고 있소. 진실로 고려가 곧 제자리를 찾았기에 정벌을 생각하기까지는 이르지 않았소.

허나 이제 만약 조서의 교지를 따르지 않는다면, 곧 그대가 밝힌 책략이 짐의 뜻과 합당하므로, 큰 무리의 군사를 일으켜 길을 나서게 함에 길이 멀다고는 하지 않을 것이오. 곧 군사를 거느리고 함께 일어날 것을 예상하여 모든 것을 갖추고 일에 대비해야 할 것이며, 때때로 보고하는 사신을 보내어 저들의 정황을 신속히 알게 해야 할 것이오.

군사가 일어나는 날엔 그대가 길을 인도하는 선봉이 되면 큰 승리를 올린 후에 으뜸가는 공로의 상을 받을 것이니, 이 또한 좋지 않겠소. 헌납한 비단이며 베와 해산물 등은 비록 모든 것을 갖추어 보내지는 않았지만, 경의 지극한 마음을 밝혀 내보이는구려. 이제 여러 가지 물건을 하사하니, 별도의 내용과 같소.

현조는 이런 조서를 안겨 사신 소안 등을 고구려를 가로질러 백제로 보냈으나, 장수왕은 현조의 사신을 지나가지 못하게 했다. 그래서 소안 등은 되돌아올 수밖에 없었다.

3년 뒤에 다시 바다를 건너 백제로 사신을 보내려 했으나, 이번에는 풍랑을 만나 뜻을 이루지 못했다. 때문에 현조의 조서는 결국 백제에 전달되지 못했고, 백제는 북위가 자신의 뜻을 받아들이지 않은 것으로 판단하고 그 뒤로는 사신을 보내지 않았다.

▶ 개로왕 시대의 세계 약사

이 시대 중국은 남북조 시대로 접어들어 남과 북이 각각 하나의 왕조 아래 지배 체제를 구축하고 있었기에 전체적으론 안정기에 접어들었다고 할 수 있다. 하지만 북위가 비교적 왕권이 안정되어 있던 데 비해 남송은 반란과 반정이 반복되고, 함부로 황제가 교체되는 혼란을 겪고 있었다.

한편, 서구는 로마가 동서로 나뉜 가운데 서로마는 456년에 게르마니아의 용병장군 리키메르에게 정권을 장악당함으로써 멸망의 전조를 보였다. 465년에 황제 세베루스가 죽자, 리키메르가 황제를 세우지 않고 스스로 통치하여 서로마를 장악하였다. 이후 허수아비 황제 안테미우스, 로물루스 아우구스툴루스 등이 제위에 오르지만, 476년에 게르만족 용병대장 오도아케르가 황제를 폐함으로써 서로마는 멸망한다.

제22대 문주왕실록

1. 위기의 백제와 살얼음판 위의 문주왕
(?~서기 477년, 재위기간:서기 475년 9월~477년 9월, 2년)

문주(文周, 혹은 汶洲)왕은 비유왕의 둘째 아들이며, 개로왕의 아우이다 (『삼국사기』는 그가 개로왕 대에 재상격인 상좌평의 직위에 있었다고 했는데, 이는 그가 태자나 왕자가 아니었음을 방증한다. 전지왕 대에 처음으로 상좌평 제도가 도입된 이래 왕자나 태자가 상좌평에 앉은 예는 없었고, 현실적으로 왕자가 재상에 오르는 일은 불가능한 일이었다. 따라서 『일본서기』 웅략천황 21년 3월 기사의 주(註)의 문주왕이 개로왕의 아우라는 기사가 더 설득력이 있다고 판단하였다).

상좌평 임무를 수행하고 있던 문주는 475년 9월에 장수왕이 정병 3만을 이끌고 한성을 압박해왔을 때, 개로왕으로부터 특명을 받았다. 개로왕은 왕자들과 더불어 한성을 지킬 것을 맹세하면서, 그에게는 신라로 가서 원군을 얻어 오라는 막중한 임무를 맡겼다. 문주는 무장 목협만취와 조미걸취의 보호를 받으며 서라벌로 가서 신라의 자비왕에게 병력 1만을 얻어 한성으로 돌아왔다.

그러나 그가 돌아왔을 땐, 한성은 쑥대밭이 되었고, 개로왕도 고구려군에게 붙잡혀 처형당한 뒤였다.

비록 한성에선 고구려군이 떠나고 없었지만, 궁궐은 불타고, 성곽은 무너져 도저히 왕도로 사용할 수 없는 지경이었다. 게다가 한강 건너편에 포진하고 있는 고구려군이 언제 또다시 강을 건너 쳐들어올지 알 수 없는 노릇이었다. 문주왕은 별수 없이 국도를 웅진(공주)으로 옮겨야 했다. 이로써 온조왕 13년(서기전 6년) 이후 약 500년 동안 지속됐던 한성시대는 종말을 고했다.

음력 10월, 쌀쌀한 초겨울 날씨 속에 문주왕은 남쪽으로 행군하여 백강(금강)을 건너 웅진성에 도착했다. 하지만 웅진엔 궁궐도 없고, 종묘도 마련되지 않았기에 그는 행궁 생활을 하며 궁궐이 수축되기만을 기다려야 했다.

문주왕은 이듬해 2월에 대두산성을 수축하여 그 곳으로 한강 이북의 민가를 대거 이동시켰다. 3월에는 남송에 사신을 보내려고 하였으나 고구려가 뱃길을 막아버린 탓에 성사시키지 못했다. 이는 백제 해군이 고구려 해군에게 완전히 제압당한 상태였음을 의미한다.

문주왕은 도읍을 옮기는 극단적 조치로 왕실을 유지하긴 했지만, 백제 왕실은 일대 몰락의 위기에 몰려 있었다. 백성들은 이미 부여씨 왕실에 대한 믿음을 저버렸고, 조정 대신들 역시 왕실을 깔보고 있었다. 특히 정권을 장악하고 있던 외척 해씨 세력은 왕권을 능가하는 힘을 행사하며 기강을 문란케 했다. 거기에다 곳곳에서 도적이 일어나 설쳐댔고, 대신들 중에는 도적과 결탁하여 사익을 챙기는 자도 있었다.

476년 8월, 해씨 세력의 핵심인 해구가 병관좌평에 임명되면서부터 왕권은 한층 유명무실해지고, 권력은 모두 해구에게 집중되었다.

그런 어수선한 분위기 속에서 재위 3년(477년) 2월에 가까스로 궁실이 마련되어 문주왕은 궁궐에 거할 수 있게 되었다. 그렇게 되자, 문주왕은 아우 곤지를 내신좌평에 임명해 해씨 세력의 독주를 견제하고, 맏아들 임걸(삼근왕)을 태자에 책봉해 국가 기강을 바로잡으려 했다.

그러나 해씨 세력의 반발이 만만치 않았다. 내신좌평에 오른 곤지가 조정을

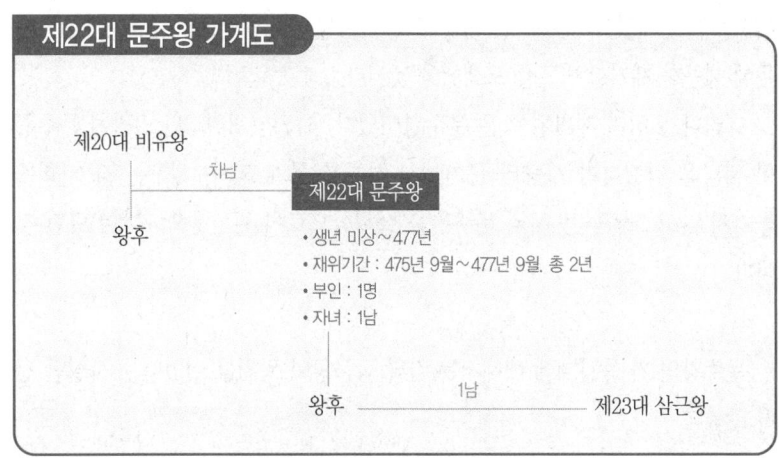

추스리기 위해 안간힘을 썼지만 역부족이었다. 당시 상황은 자세히 기록되지 않았으나, 『삼국사기』는 이렇게 은유하고 있다.

"3년 5월, 검은 용이 웅진에 나타났다."

검은 용이란 곧 왕권을 위협하는 세력을 의미한다. 말하자면 근왕 세력의 핵심인 곤지와 해구가 한판 힘싸움을 벌이고 있었다는 뜻이다. 그러나 결과는 해구의 승리였다.

두 달 뒤인 7월에 곤지는 죽었다. 그 내막은 기록되지 않았으나, 해구와의 다툼에서 패배하여 살해되었을 것이다.

다음 기사는 그런 사실을 명백히 증언하고 있다.

"3년 8월, 병관좌평 해구가 마음대로 권력을 행사하여, 법 질서를 문란하게 하며, 임금을 경시하였으나, 왕은 이를 저지하지 못했다."(『삼국사기』 연표는 문주왕이 재위 3년에 죽은 것으로 되어 있다. 때문에 학계 일부에서는 재위 4년의 기사는 잘못 들어간 것으로 주장하고, 다른 일부에서는 재위 3년의 기사로 봐야 한다고 주장한다. 여기에선 후자의 주장을 택해, 재위 4년의 기사를 모두 재위 3년에 일어난 사실로 처리했다.)

문주왕은 이미 허수아비나 다름없었다. 하지만 해구에겐 여전히 문주왕이 위험스런 존재였다. 문주왕은 어떻게 해서든 왕권을 되찾으려 했을 것이고, 때문에 해구를 제거할 방도를 모색했을 것이다.

그러나 오히려 제거된 쪽은 문주왕이었다. 477년(재위 3년) 9월에 문주왕이 사냥을 나갔다가 사냥터 근처에서 하루를 묵게 되자, 해구는 그 기회를 놓치지 않고 도적들을 시켜 문주왕을 살해함으로써 권력을 독식해버렸던 것이다.

문주왕의 가족 관계에 대해서는 장남 삼근왕이 왕위를 이었다는 사실만 전하고 있다.

제23대 삼근왕실록

1. 세 근(斤)짜리 어린 왕 삼근왕의 서글픈 치세
(서기 465~479년, 재위기간: 서기 477년 9월~479년 11월, 2년 2개월)

삼근(三斤, 혹은 임걸(壬乞)이라 하고, 『일본서기』엔 문근(文斤)으로 기록되어 있음)왕은 문주왕의 맏아들로 465년에 태어났다. 477년 4월에 태자에 책봉되었고, 477년 9월에 문주왕이 해구에게 살해되자 13살의 어린 나이로 왕위에 올랐다. 하지만 군권과 조정을 모두 병관좌평 해구(解仇, 전지왕 대에 병관좌평을 맡았던 해구(解丘)와는 다른 인물임)가 장악하고 있었기 때문에 전혀 왕권을 행사할 수 없었다.

해구의 정권 장악은 곧 모든 권력이 외척인 해씨 가문에 집중되어 있었다는 뜻인데, 이는 다른 귀족들의 반발을 불러일으켰다. 그것은 유력한 호족 세력으로 한때 가장 힘 있는 외척 중의 하나였던 진(眞)씨 세력에겐 호재가 아닐 수 없었다.

진씨 세력은 고이왕 대에 권력의 핵심으로 부상하여 아신왕 대까지 약 160년간 유력한 외척으로서 백제 조정을 장악했었다. 하지만 전지왕 등극 과정에

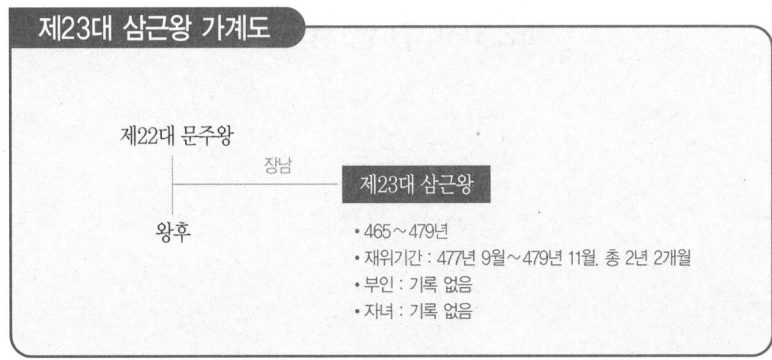

서 몰락하여 해씨 세력에게 권좌를 내주고 정권의 뒷면으로 사라졌는데, 마침내 과거의 영화를 되찾을 기회를 맞은 것이다.

해씨가 정권을 주도하고 있던 중에 개로왕이 죽어 한성이 몰락했고, 그 이후에 해구가 정권을 장악하고 내신좌평 곤지와 문주왕을 죽이고 어린 왕 삼근을 허수아비로 앉혀놓자, 백성들과 여타의 귀족들은 해씨에게서 등을 돌린 상태였다.

이런 상황에서 488년 2월에 진씨 세력의 거두인 좌평 진남이 병력 2천을 일으켜 궁성을 장악했고, 다급해진 해구는 은솔 연신과 함께 백강(금강) 북쪽으로 달아나 대두성(현재의 충남 공주시 사곡면의 무성산성)에 거점을 형성하고 반격의 기회를 노렸다.

그러나 대세는 이미 진씨 세력 쪽으로 기울어진 상태였다. 진남은 덕솔 진로의 정예병 5백을 앞세워 대두성을 함락시키고 해구를 죽이는 데 성공했다. 또한 해구 편에 섰던 은솔 연신은 패색이 짙어지자 고구려로 달아났고, 그의 처자들은 체포되어 웅진 저잣거리에서 참수되었다.

어린 삼근왕은 이 혼란의 소용돌이 속에서 아무런 힘도 발휘하지 못하고 두려움에 떨며 구경만 해야 했다.

『삼국사기』는 좌평 진남이 혁명군을 일으켜 해구와 연신의 군대를 대두성으로 몰아냈을 때, 삼근왕이 대두성에 대한 공격을 명령한 것으로 기록하고 있다. 이는 진남이 혁명을 일으킬 때 이미 삼근왕의 신변을 확보한 상태였다는 것을 말해주고 있다.

그러나 삼근왕은 오래 살지 못했다. 진남이 혁명에 성공한 이듬해 11월에 그는 15세의 어린 나이로 생을 마감했다.

정변의 소용돌이 속에서도 살아남았던 그가 이렇듯 어린 나이로 죽은 것은 아무래도 석연치 않은 구석이 있다. 말하자면 그는 살해당했을 가능성이 높다는 뜻이다.

제24대 동성왕실록

1. 왜에서 건너와 왕위에 오르는 모대

　삼근왕이 죽은 뒤에 왕위에 오른 사람은 곤지의 아들 모대(牟大)였다. 『삼국사기』는 모대가 어떻게 해서 왕위에 오르게 되었는지 전혀 기록하지 않고 있다. 하지만 『일본서기』 웅략천황 조에 그의 즉위와 관련한 기사가 보인다.

　23년 여름 4월, 백제의 문근왕(삼근왕)이 죽었다. 천황이 곤지왕의 다섯 아들 중에 둘째인 말다왕(末多王)이 젊고 총명하므로, 칙령을 내려 궁중에 불렀다. 친히 머리를 쓰다듬으며, 타이르심이 은근하여 그 나라의 왕으로 하였다. 무기를 주고, 아울러 축자국[筑紫國, 스쿠시, 지금의 기타큐슈(北九州) 지방]의 군사 5백으로 호위토록 하여 그 나라에 보냈다. 이를 동성왕이라 한다.

　『일본서기』의 기록을 존중한다면, 동성왕은 왜에 머물고 있다가 웅략천황 23년(서기 479년) 4월에 백제에 와서 왕이 되었다. 당시 백제는 해구의 권력 독식에 반발한 진남이 군대를 일으켜 해구를 죽이고, 그 일당들을 몰락시킨 상태였다. 이 때 삼근왕은 살아 있었다. 『일본서기』에는 삼근왕이 그해 4월에 죽었다고 했지만, 『삼국사기』는 그해 11월에 죽었다고 쓰고 있다. 해구를 쫓아낸 진남 세력은 삼근왕에게 왕위를 맡길 수 없다고 생각하고 새로운 왕을 추대하려 했던 것이다.

그렇다면 왜 하필 왜에 머물고 있던 모대를 왕으로 추대했을까? 이는 당시 백제 땅엔 왕위를 이를 만한 마땅한 인물이 없었기 때문일 것이다. 개로왕에겐 여러 명의 아들이 있었으나, 한성이 궤멸될 때 모두 죽었고, 개로왕의 아우 문주왕에게도 삼근왕 이외에 몇 명의 아들이 더 있었을 것으로 짐작되나, 삼근왕이 장남이었기에 모두 너무 어렸다. 그래서 할 수 없이 왜에 머물고 있던 곤지의 아들들 중에서 하나를 택할 수밖에 없었을 것이다.

곤지는 개로왕과 문주왕의 아우로서 개로왕 7년에 왜에 파견되어 왜와 백제의 외교 관계를 다진 인물이었고, 문주왕 3년에 형 왕 문주의 부름을 받고 귀국하여 내신좌평에 임명되었다. 내신좌평에 오른 그는 왕권과 조정을 지키기 위해 해구 세력과 대치하다가 해구에게 살해되었다. 살아 있을 당시, 곤지는 진씨 세력과는 꽤 밀접한 관계를 유지했을 것이다. 해구를 핵심으로 하는 해씨 세력에 대항하기 위해서는 유력한 외척인 진씨 일가와의 결탁은 필연이었을 것이기 때문이다.

정변에 성공한 진씨 세력이 왜에 머물고 있던 곤지의 아들을 택해 왕으로 삼고자 한 것은 그와 같은 배경에서 이뤄진 것이다.

하지만 삼근왕이 버젓이 살아 있는 상황에서 새로운 왕을 옹립한다는 것은 명분이 서지 않는 일이었다. 그래서 정권을 장악하고 있던 진남은 삼근왕이 변란 중에 죽었다고 말했을 가능성이 높다. 『일본서기』에서 삼근왕이 죽은 뒤에 동성왕이 백제로 간 것으로 기록된 것도 그런 까닭일 것이다.

그런데 『일본서기』는 동성왕을 백제에 보내기로 결정할 때, 그에 대해 '유년총명(幼年聰明)'이라고 쓰고 있다. 이것을 직역하면 '어린 나이에도 총명했다'가 된다. 이를 두고 학계 일각에서는 동성왕이 즉위 당시 15세 이하의 어린 나이였을 것이라는 주장을 내놓고 있다.

하지만 『일본서기』는 곤지가 왜에 올 때, 이미 다섯 명의 아들이 있었다고 쓰고 있다. 곤지가 왜에 파견된 것은 웅략천황 재위 5년, 즉 서기 462년이었다. 말하자면 462년에 이미 곤지에겐 다섯 명의 아들이 있었고, 모대는 그 중에 둘째였다. 그렇다면 462년에 모대에겐 3명의 남동생이 있었다는 뜻인데, 이 사실은 그때 모대의 나이가 적어도 다섯 살은 되었다는 뜻이다. 모대가 왕으로 추대되어 백제로 간 것이 479년이니, 5살 무렵의 어린 나이로 왜에 온 지 17년이나 지난 뒤였다. 백제로 귀국할 때 모대의 나이가 적어도 22살 이상이었다는 뜻이다. 따라서 『일본서기』의 '유년총명'은 『일본서기』 자체 기록에 근거하여 '어린 나이에도 총명했다'가 아니라 '젊고 총명했다'로 해석해야 옳다.

『삼국사기』는 즉위 당시 동성왕에 대해서 평하길 '담력이 대단히 컸으며, 활을 잘 쏘아 백발백중이었다'고 쓰고 있다. 이 기록도 동성왕이 즉위 무렵에 이미 장성한 어른이었다는 사실을 방증해주고 있다.

어쨌든 20대 초반의 젊고 용맹한 모대는 왜국 천황의 추천을 받아 왕으로 등극하기 위해 백제 땅에 도착했다. 그런데 그가 막상 도착해보니, 죽었다던 삼근왕이 살아 있는 것이 아닌가. 모대는 어지간히 당혹스러웠을 것이다. 이미 삼근왕은 허수아비나 다름없는 마당이었고, 정권은 자신을 추대한 진씨 일가가 장악하고 있었지만, 그래도 엄연히 왕이 있는데, 자신이 왕으로 등극할 수는 없는 노릇이었다.

삼근왕은 그때 겨우 15살의 소년이었기에 자연사할 가능성은 극히 희박했다. 게다가 삼근왕은 모대에겐 사촌동생이었다. 힘으로 내쫓자니 백성들의 눈을 의식해야 하고, 그대로 두면 왕위에 오를 수 없었다. 또 폐위한다손 치더라도 살려둔다면 모반의 빌미가 될 소지가 있고, 죽이자니 주변의 비판이 염려스런 처지였다.

하지만 어떻게 해서든 모대는 왕위에 올라야 했고, 삼근왕은 죽어야 했다. 비정한 일이지만 쫓아낸 왕을 살려둔다는 것은 반역의 불씨를 남겨두는 일이었기 때문이다.

이런 상황에서 진씨 세력과 모대가 선택한 방법은 무엇일까?

똑같은 상황은 아니지만, 유사한 상황이 조선사에 보인다. 수양대군이 조카 단종을 밀어내고, 왕위를 차지하는 과정이 그것이다.

수양대군은 먼저 어린 단종의 측근들을 모두 죽이거나 유배 보내 단종을 위협하였고, 수하들을 동원하여 회유와 압력을 가하여 단종이 두려움에 질려 스스로 상왕으로 물러앉도록 만든다. 이 때 수양 일당은 단종이 스스로 왕위에서 물러나겠다는 공포를 하고, 수양대군은 세 번이나 왕위를 사양하다가 마지못해 받아들이는 형태를 연출했다. 단종이 상왕으로 물러난 뒤에 집현전 학사 출신들에 의한 단종 복위 계획이 적발된다. 정확하게 주모자가 누군지도 모르는 것은 물론이고, 단지 논의만 됐을 뿐 미수에 그친 이 사건과 단종은 전혀 무관했으나, 단종은 이 일로 상왕에서 쫓겨나 왕자로 강등된 뒤 유배된다. 유배 후에는 다시 수양의 동생 금성대군에 의해 단종 복위 계획이 이뤄졌고, 이것이 적발되면서 단종은 비운의 최후를 맞이한다.

삼근왕이 제거되는 상황도 이와 유사했을 것으로 짐작된다. 일단 삼근왕을 상왕이나 그와 비슷한 위치로 밀어낸 다음, 반란 계획을 빌미로 유배시키고, 다시 또 복위 사건을 조작하여 죽였을 것이다.

동성왕 모대의 치세는 이처럼 삼근왕이라는 어리고 불쌍한 인간을 죽이는 것으로부터 시작되었다.

2. 동성왕의 강단 있는 정치와 되찾은 옛 명성
(?~서기 501년, 재위기간: 서기 479년 11월~501년 11월, 22년)

동성(東城)왕은 비유왕의 아들이자 개로왕과 문주왕의 동생인 곤지의 차남이며, 이름은 모대(혹은 마모)이다. 462년에 어린 나이로 아버지 곤지를 따라 왜에 갔으며, 478년 4월에 백제 조정의 요청을 받은 왜왕 웅략천황에 의해 백제 왕에 천거되어 귀국했다. 귀국 후 삼근왕이 살아 있었던 까닭에 바로 왕위에 오르지 못하다가, 479년 11월에 삼근왕이 죽자, 백제 제24대 왕에 올랐다.

동성왕 초기에는 진씨 세력에 의해 조정이 움직였는데, 해구에 대항하여 반군을 일으킨 진남이 병권을 쥐고 병관좌평에 올라 있었고, 해구의 목을 친 진로가 덕솔로서 군사를 지휘하고 있었다. 재위 4년(482년)에는 진로가 병관좌평에 올랐는데, 기록에 나오지는 않지만 진남은 상좌평으로 승격된 듯하다.

진로는 그로부터 동성왕 재위 19년까지 약 15년 동안 병관좌평에 머무르면서 군권을 장악하고 있었는데, 이 때까지는 진씨 정권 시대라고 해도 과언이 아니다. 하지만 이 기간 동안 진씨 이외에도 조정의 중추 세력으로 등장한 세력이 있었는데, 이들은 사(沙)씨, 백(苩)씨, 연(燕)씨 등이다.

이는 동성왕 6년에 내법좌평 사약사를 남제에 보내 조공하려 했고, 8년에 백가를 위사좌평에 임명했으며, 19년에는 달솔로 있던 연돌을 병관좌평에 임명한 기록들을 통해 알 수 있다.

『수서』에 백제에는 '큰 성씨로 여덟 씨족이 있는데, 사(沙)씨, 연(燕)씨, 리씨, 해씨, 정씨, 국(國)씨, 목(木)씨, 백씨 등이다.'라고 했는데, 사씨와 백씨, 연씨 등은 동성왕 때를 전후하여 성장한 성씨이다. 해씨와 연씨는 온조 일행이 망명해올 때 함께 온 부여 출신인데, 해씨는 온조왕의 본가 쪽 성씨이고, 연씨는 외가 쪽 성씨이다. 리씨, 정씨, 백씨, 사씨 등은 마한 본토배기일 것이며, 목씨나 국씨 등은 왜에서 건너온 성씨인 듯하다. 그런데 이 여덟 성씨 중에 진씨가 포함되어 있지 않은 것은, 동성왕 이후에 진씨 일족이 몰락했음을 의미한다. 동성왕 19년에 진로가 죽은 뒤로 『삼국사기』에 진씨 일족의 이름이 전혀 거명되지 않는 것도 그 점을 증명해주고 있다.

재위 19년에 진로의 후임으로 연돌을 병관좌평으로 삼았다는 사실을 통해 이 무렵부터 동성왕이 진씨 일족의 영향력에서 벗어나 독자적인 세력을 구축했다는 것을 알 수 있다.

동성왕은 즉위 이후 줄곧 백제의 옛 명성을 되찾기 위해 많은 노력을 기울였는데, 그 때문에 여러 번 전쟁을 치러야 했다. 첫 전쟁은 일방적으로 당한 싸움이었다. 재위 4년 9월에 말갈이 한산성(남한산성)을 습격하여 함락시키고, 백성 3백여 호를 포로로 잡아 돌아갔다.

당시 백제는 정치와 군사가 모두 불안한 상태였기에 말갈을 공격할 힘이 없던 때였다. 때문에 동성왕은 이듬해 봄에 직접 한산성으로 가서 열흘 동안 머무르며 군사와 백성을 안정시키는 것으로 만족해야 했다.

이 사건이 있은 뒤로 동성왕은 궁실을 중수하고 성곽을 보수함으로써 외침에 대비하였는데, 그 무렵 중대한 사건이 발생했다. 선비의 탁발 씨가 세운 북위와 마찰을 일으켜, 전쟁으로 비화되었던 것이다.

싸움의 원인은 아마도 백제가 대륙 영토를 회복하려 했기 때문일 것이다. 영토 회복에 주력하던 동성왕은 개로왕 대까지만 해도 백제 영토였던 산동성 지역의 옛 대방 땅을 장악했을 터이고, 그 곳을 지배하고 있던 북위는 488년에 대방 땅에서 백제를 몰아내기 위해 군사를 동원했을 것이다.

북위가 쳐들어오자, 동성왕은 저근, 양무 등의 장수를 보내 방어전을 펼친 끝에 북위 군대를 막아냈다. 북위를 패퇴시킨 동성왕은 남제에 표를 올려 전공을 세운 장수에게 관작을 내려줄 것을 요청하여 뜻을 이뤘다.

북위는 490년에 다시 한 차례 공격을 가해왔다. 이번에는 수십만 기병을 앞세우고 기세좋게 쳐들어왔지만, 백제 장수 사법명 등의 전술에 말려 참담한 패배를 안고 퇴각해야만 했다.

이 사건 이후 백제의 힘은 막강해졌다. 그래서 재위 15년(493년)에는 신라에 사신을 보내 혼인할 왕녀를 요청했다. 이미 정비와 여러 후비를 거느리고 있던 상황에서 다른 나라의 왕녀를 요청했다는 것은 그만큼 백제의 힘이 강성해졌다는 뜻인데, 신라도 그 점을 인정하여 이찬 비지의 딸을 동성왕에게 시집보냈다.

494년에는 신라가 고구려의 살수까지 진격하여 한바탕 싸움을 벌였는데, 이 싸움에서 신라는 패배하여 퇴각하였다. 그리고 견아성에서 고구려군에게 포위되어 일대 위기를 맞고 있었다. 이 때 동성왕은 군사 3천을 파병하여 신라군을 구해냈다. 이 때문에 이듬해 고구려가 백제의 치양성을 공격해왔다. 그러자 동성왕은 신라군과 연합하여 고구려군을 막아냈다.

이렇듯 안팎으로 힘을 과시한 동성왕은 495년에 또 한 차례 남제에 표를 올려 북위와의 싸움에서 전공을 세운 휘하 장수들에게 벼슬을 내려줄 것을 청했다. 사법명을 포함한 백제 장수들은 북위를 물리친 뒤에 대륙의 옛 땅을 상당 부분 회복하여 다스리고 있었는데, 남제의 황제가 그들에게 벼슬을 내려 그 곳이 백제 땅임을 확인시켜 달라는 요청이었다.

남제의 황제는 동성왕의 요청을 받아들여 사법명, 찬수류, 해례곤 등에게 왕 또는 태수, 장군 등의 작호를 내렸다.

재위 20년에 탐라(제주도)에서 공납과 조세를 바치지 않자, 동성왕은 자신이 직접 탐라를 다스리겠다며 군대를 이끌고 무진주(광주)로 향했다. 동성왕이 직접 군대를 이끌고 탐라를 응징하려 한 것은 진로의 죽음으로 왕권이 강화된 상태에서 군왕의 위엄을 보이고자 한 행동이었다. 탐라에서 그 소식을 듣고 즉시 사신을 보내 사죄했다.

왕권을 확립했음을 확인한 동성왕은 이 때부터 사치스런 면모를 드러내며 거만한 행동을 일삼았다. 499년 여름에는 큰 가뭄이 들어 백성들이 서로 잡아먹는 사태가 일어나고, 백성 2천 명이 고구려로 달아나는 사태가 벌어졌다. 하지만 동성왕은 아랑곳하지 않고 대궐 동쪽에 8미터 높이의 임류각을 세우고, 그 주변에 연못을 파고 기이한 짐승들을 기르는 등 사치와 향락을 일삼았다.

간관들이 이에 항의하여 글을 올렸지만, 동성왕은 듣지 않고 대궐 문을 닫아버렸다. 또 우두성으로 사냥을 다니며 백성들의 원성을 샀고, 측근들과 함께 임류각에서 연회를 열며 밤새도록 실컷 즐기기도 했다.

동성왕은 신라에 대해서도 거만한 태도를 보였고, 이는 신라와의 관계를 극도로 악화시켰다. 신라에서는 백제 정벌론이 대두되었고, 그 때문에 동성왕은 탄현에 목책을 세워 신라의 침입에 대비하고, 가림성을 쌓아 외침에 대비토록 했다.

하지만 여전히 동성왕의 사치스런 행각은 그치지 않았다. 정사는 뒷전으로 밀어놓고 자주 사냥을 다녔는데, 501년 겨울에는 웅천 북쪽 벌판과 사비 서쪽 벌판에서 사냥을 하다가 큰 눈에 길이 막혀 마포촌에 머물러야 했다.

이 때 백가라는 인물이 칼로 찔러 죽임으로써, 동성왕은 비명에 생을 마감

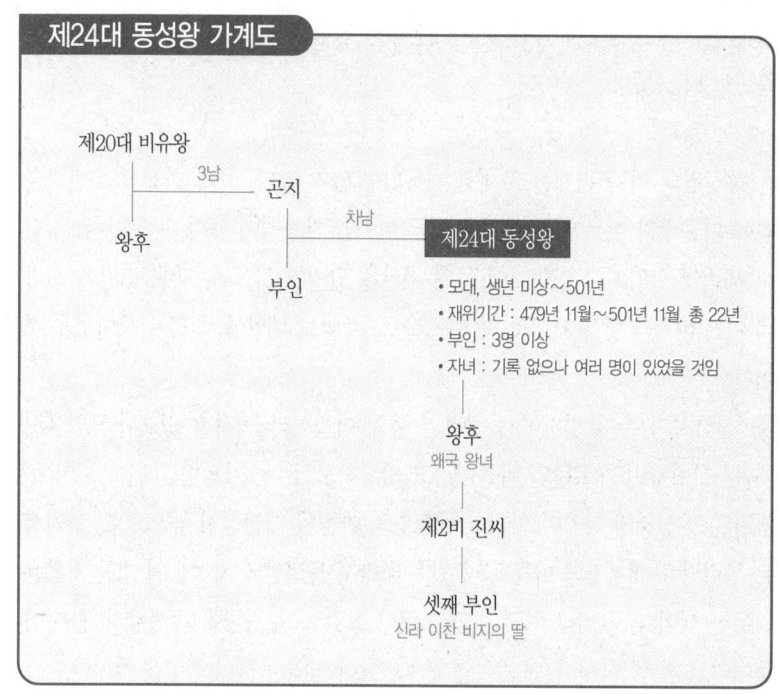

했다.

　백가는 동성왕 8년에 위사좌평에 임명되었고, 23년 8월에 가림성 성주로 임명되어 그 곳으로 떠나야 했다. 『삼국사기』는 이 때 백가가 가림성으로 가기 싫어 병을 핑계하고 관직에서 물러나고자 했지만, 동성왕은 억지로 그를 가림성으로 보냈고, 이 때문에 백가는 원한을 품고 있었다고 쓰고 있다. 그리고 사냥을 하다가 길이 막혀 마포촌에 머물러 있다는 소식을 듣고 가림성의 군사를 동원하여 동성왕을 죽였다는 것이다. 그러나 이 사건에 대해 『일본서기』는 동성왕이 '포학무도하여 국인(國人)이 살해했다.'고 기록하고 있다. 즉, 단순한 원한에 의한 살인이 아니라 동성왕의 학정을 견디다 못해 나라를 아끼는 마음으로 죽였다는 것이다. 당시 동성왕이 정사를 제쳐놓고 사냥과 주색에 빠져 있었다는 것을 감안할 때, 『일본서기』의 기록은 신빙성이 있다. 즉, 백가가 군대를 동원하여 동성왕을 죽인 것은 개인적인 원한보다는 왕의 학정에 대항하는 측면이 더 강했다는 것이다.

동성왕의 가족 관계는 자세히 기록되어 있지 않다. 그가 이십대 초반까지 왜에 머물렀기 때문에 첫 부인은 왜국 여자일 가능성이 높다. 귀국한 뒤에 진씨 세력이 장악하고 있었기에 둘째 부인은 진씨일 것이며, 재위 15년에 신라의 이찬 비지의 딸을 아내로 맞이했으므로 적어도 부인이 세 명 이상이었을 것이다.

『삼국사기』는 무령왕이 동성왕의 둘째 아들이라고 적고 있으나, 『일본서기』는 무령왕이 개로왕의 아들이라고 기록하고 있다. 기록의 앞뒤로 보아 무령왕은 동성왕의 아들이 아니라 개로왕의 아들일 개연성이 높으므로, 여기서는 무령왕을 개로왕의 아들로 다뤘다. 따라서 동성왕의 자식들에 대한 기록은 전무한 셈이다. 그러나 여러 명의 부인이 있었고, 무령왕을 동성왕의 둘째 아들이라고 한 『삼국사기』의 기록을 볼 때, 여러 명의 아들이 있었을 것이다.

3. 북위와의 일대 격전과 그 배경

백제와 북위가 싸운 이유에 대해서는 어느 사서도 명확히 밝히고 있지 않다. 그러나 당시 정황을 분석해보면, 그 내막을 대충 알아낼 수 있다.

동성왕은 즉위 후 줄곧 백제의 옛 명성을 되찾기 위해 노력했고, 그것은 자연스럽게 잃었던 땅을 회복해야 한다는 지론으로 이어졌을 것이다. 백제의 땅 중에 가장 크게 잃은 곳은 역시 대방 지역의 대륙 영토였다. 한반도에서도 한강 북쪽 땅 일부를 고구려에 빼앗기긴 했지만, 그것은 그다지 넓지 않았다. 하지만 백제의 대륙 영토는 발해와 황해의 해안선을 따라 요서 지역에서 양자강에 이르는 광활한 땅이었다. 고이왕이 대륙을 개척한 이래, 근초고왕 대를 거치면서 크게 확대된 백제의 땅은 아신왕 대에 고구려의 광개토왕에게 대폭 빼

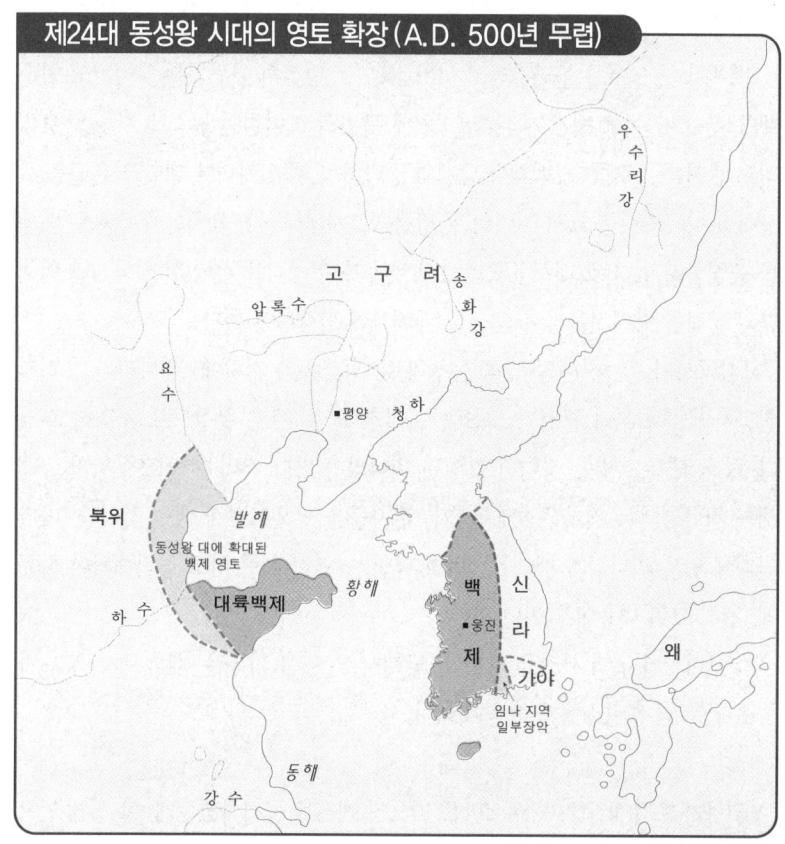

동성왕은 즉위 이후 꾸준히 대륙백제의 고토회복에 주력했다. 동성왕의 그런 의지는 당시 요서 지역을 장악하고 있던 북위와 부딪치는 결과를 낳는데, 이 때문에 북위와 백제 사이에 전쟁이 일어난다. 전쟁은 488년과 490년 두 차례에 걸쳐 벌어졌고 이 전쟁에서 승리한 백제는 요서 지역까지 영토를 확대한다. 또한 무역 중심지였던 임나 지역의 일부 영토도 차지함으로써 가야와 고구려의 반발을 사게 된다.

앗겼고, 다시 개로왕 대에 장수왕에게 한성이 함락되면서 그나마 남아 있던 영토마저도 영향력이 크게 약화되었다.

　동성왕은 어떻게 해서든지 잃었던 대륙 영토를 회복하는 것이 옛 영화를 되찾는 지름길이라고 생각하고, 여러 모로 그것의 실현을 강구했을 법하다. 그런데 당시 대륙백제의 옛 영토는 거의 북위가 소유하고 있었다. 때문에 백제는 북위에게 그 영토의 일부만이라도 돌려달라고 했을 공산이 크다.

백제가 옛 영토를 돌려달라고 하자, 북위는 당연히 어림없는 일이라고 일축했을 것이다. 이에 백제는 486년 3월에 북위의 라이벌인 남제에 사신을 보내 외교 관계를 수립했다. 백제가 남제와 결탁하여 대방 지역에 대한 영유권을 주장하고 나아가서는 요서 지역의 옛 땅을 회복하려 하자, 북위는 무력으로 백제를 응징하려 했다. 그래서 488년에 백제에 대한 공격을 감행했다. 하지만 백제군의 강력한 방어진을 뚫지 못하고 패배하여 퇴각해야 했다.

『삼국사기』는 이 때의 일을 동성왕 10년(488년) 기사에 '위나라가 우리를 침공하였으나 우리 군사가 그들을 물리쳤다.'는 짧은 문장으로 처리하고 있다. 중국 대륙 북방을 장악하고 있던 위나라가 바다 건너 한반도에 위치한 백제를 침략했다는 기록은 『삼국사기』 편자들을 당혹스럽게 했을 것이다. 바다 건너에 있는 위나라가 백제를 침략했다면, 당연히 배를 타고 공격해와야 하는데, 전혀 그런 내용이 없었던 것이다.

더구나 2년 뒤의 사건을 기록한 『남제서』의 다음 기록은 『삼국사기』의 편자들을 한층 더 혼란스럽게 했을 것이다.

위나라 오랑캐가 기병 수십만을 일으켜 백제를 공격하였는데, 그 경계 안으로 들어가니, 모대가 장군 사법명, 찬수류, 해례곤, 목간나를 보내 군대를 통솔시켜, 오랑캐의 군사를 기습하여 크게 물리쳤다.

수군도 아닌 기병이, 그것도 수십만이 백제를 쳐들어왔다면, 그것은 필시 대륙 안에서 벌어진 사건이다. 그렇다면 중국 대륙에 백제의 땅이 있었다는 뜻인데, 『삼국사기』 편자들은 그 사실을 인정하지 않았다. 때문에 『삼국사기』 편자들은 490년에 일어난 이 사건에 대한 기록을 잘못된 것으로 보고, 아예 삭제해버렸다. 백제의 땅이 대륙에, 그것도 요서 지역에서 양자강에 이를 만큼 광활한 영토였다는 사실을 몰랐던 그들로서는 어쩌면 당연한 처사였는지도 몰랐다.

『삼국사기』 편자들의 한정된 시각은 고스란히 현대 사학계에도 이어져, 20년 전만 해도 대다수의 사학자들이 이 기록을 잘못된 사료라고 해석했으니, 통일신라 이후 형성된 한반도사관의 깊은 골은 백제의 대륙 역사를 무려 1300년 동안 땅 속에 묻어버렸던 셈이다.

하지만 『남제서』는 당시의 일을 동성왕이 건무 2년(495년)에 올린 다음의 표문을 통해 잘 알려주고 있다.

신은 예로부터 책봉을 받고 대대로 조정의 영예를 입으며, 분에 넘치게도 하사하신 부절과 도끼를 받아들고 여러 제후들을 극복하여 물리쳤습니다. 지난번 저근 등이 나란히 관작을 제수받는 은총을 입은 것으로 신과 백성들이 함께 기뻐하였습니다. 지난 경오년(490년)에 험윤이 회개하지 않고 병사를 일으켜 깊숙이 핍박하여 들어왔습니다. 신이 사법명 등을 보내 군대를 거느리고 그들을 맞아 토벌하매, 밤중에 불시에 공격하여 번개같이 들이치니, 흉노의 선우가 당황하여 무너지는 것이 마치 바닷물에 쓸려 내려가는 것 같았습니다. 적이 패주하는 기회를 타고 추격하여 머리를 베니, 들녘은 엎어진 주검으로 붉게 물들었습니다.

동성왕의 표문은 이처럼 당시 상황을 생생하게 그려내고 있다. 이 때 쳐들어온 위나라의 군대를 수십만 기병이라고 명시한 것은 『남제서』의 편자들이었고, 동성왕의 표문은 그저 '험윤이 병사를 일으켜'라고 담담하게 표현하고 있다. 즉, 동성왕의 표문에서는 위나라 병력에 대해 부풀리지도 않았고, 상황을 과장하지도 않았다는 뜻이다.

표문에서 드러나는 또 하나의 사실은 이 때의 위나라의 침입은 한 차례만 있었던 것이 아니었다는 점이다. 표문에서 '험윤이 회개하지 않고 병사를 일으켜'라는 부분과 '지난번 저근 등이 관작을 제수받은 은총을 입은 것으로'라는 부분이 그 점을 증명하고 있다. 전자는 험윤이 이미 첫 침입에서 패배했는데도 반성하지 않고 또 침입을 감행했다는 뜻이며, 후자는 이 때 첫 침입을 막아낸 장수가 저근이었다는 사실을 명시하고 있다. 이는 『삼국사기』 동성왕 10년(488년)의 '위나라가 우리를 침입했으나 우리 군사가 그들을 물리쳤다.'는 내용이 『남제서』 490년 경오년의 기록과 중복되는 것이 아님을 증명한다. 즉, 위나라의 백제에 대한 공격은 488년과 490년, 두 차례에 걸쳐 이뤄졌다는 것이다(학계에서는 『삼국사기』 488년 기사를 『남제서』의 490년 기사를 옮겨 적은 것으로 보는 학자들이 다수이다).

동성왕이 표문을 올린 목적은 490년 전쟁에서 공을 올린 장수들에게 남제의 황제가 직접 관작을 제수하도록 하기 위함이었다. 그래서 이렇게 말하고 있다.

지금 나라가 고요하고 평온한 것은 사법명 등의 책략이 결실을 맺은 것이니, 그 공훈을 찾아 마땅히 기리고 드러내야 할 것입니다. 이제 사법명을 행정로장군매라왕으로 임시하고, 찬수류를 행안국장군벽중왕으로 삼고, 해례곤을 행무위장군불중후로 삼으며, 목간나는 앞서 군공이 있는 데다 또한 누선을 쳐 빼앗았으니 행광위장군면중후로 삼았습니다. 엎드려 원하건대 천자의 은혜로 특별히 가엾게 여기시고 청을 들어 제수하여 주시기 바랍니다.

신이 보낸 행용양장군 낙랑 태수 겸 장사 신 모유와 행건무장군 성양 태수 겸 사마 신 왕무 및 겸참군행진무장군 조선 태수 신 장색, 그리고 행양무장군 진명 등은 관직에 있으면서 사사로움을 잊고 오로지 임무를 공변되게 하며, 위태로움을 보면 목숨을 바치고 어려움을 이행함에 뒤를 돌아보지 않습니다. 이제 신의 사신으로 임명함에 거듭되는 험난을 무릅쓰고 다니며 지극한 정성을 다하였습니다. 진실로 마땅히 관작을 올려줘야 함에 각기 행(行)으로 임명하여 임시합니다. 엎드려 원하건대, 조정에서 특별히 (정식으로) 관작을 제수하여 주시기 바랍니다.

이 내용에서도 위나라의 침입이 처음이 아니었음을 알게 해주는 대목이 있다. '목간나는 앞서 군공이 있는 데다' 라는 부분이 그것이다. 즉, 목간나도 저근과 함께 위나라의 1차 침입을 막아낸 장수라는 것이다. 또한 목간나가 위나라의 '누선을 쳐 빼앗았다'는 것은 위나라가 수군도 동원했다는 사실을 밝혀주고 있다.

동성왕이 올린 관직에는 모두 '행(行)'자가 붙어 있는데, 이는 본문에서도 나왔듯이 임시직책이라는 뜻이다. 즉, 관작은 남제의 황제가 내리는 것이므로 동성왕이 관작을 확정할 수 없기에 '행'을 붙여 임시직으로 삼고, 임시직으로 올린 그 관작을 정식으로 인정해 달라는 요구이다. 남제의 황제는 '조서로써 허락하고 나란히 군호를 하사하였다'고 『남제서』는 기록하고 있다.

동성왕이 올린 관작은 중요한 사실을 또 하나 일깨우고 있는데, 그것은 관작에 포함된 지명들이 가지는 의미이다. 표문에서 동성왕은 행건위장군 광양 태수 겸 장사로 있던 고달을 행용양장군 대방 태수로, 행건위장군 조선 태수 겸 사마에 있던 양무를 광릉 태수로, 회매는 청하 태수로 임명해 달라고 요청하고 있다. 또 모유의 관작에 낙랑 태수, 왕무의 관작에 성양 태수 등의 호칭이 보이고 있다. 그렇다면 여기에 보이는 광양, 광릉, 대방, 조선, 청하, 낙랑, 성양 등의 지명은 어디에 있는 땅인가? 이미 밝혔듯이 낙랑은 하북성 발해 연안에, 대방은 산동반도와 그 남쪽에 비정한 바 있으므로, 이 지명들은 모두 중국 대륙, 그것도 요서 지방에서 양자강에 이르는 중국 해안 지역에서 찾아야 할 것이다. 즉, 이 일곱 개의 지명은 백제가 영유권을 행사하던 대륙백제의 땅이라는 뜻이다.

(이미 그 위치의 대략을 비정한 바 있어 다음에 골자만 옮긴다. 자세한 내용은 「근초고왕실록」, '대륙백제의 확대와 고구려와의 충돌'을 참조 바란다.

동성왕이 제나라에 보낸 『남제서』의 글을 보면 이 때 백제가 장악한 지역이 관직과 함께 기록되어 있다. 그 지역들을 열거하면 광양, 조선, 낙랑, 대방, 광릉, 청하, 성양 등이다. 또 『송서』에는 백제의 비유왕이 대사 풍야부를 서하 태수에 임명한다는 내용이 보인다. 『남제서』와 『송서』에 나타난 지명들이 구체적으로 어디를 가리키는지는 알 수 없으나, 짐작하건대 대방은 지금의 산동 지역, 낙랑은 그 북쪽, 조선은 낙랑 북쪽의 요서 지역을 지칭하는 것으로 보인다.

서하·성양·광릉·광양·청하 등은 강소성 지역에 자리한 백제 땅으로, 서하는 회수 주변, 광릉과 광양과 성양은 양자강 남북의 양주와 상주 일대, 청하는 양주 북쪽의 청강 지역을 일컫는 듯하다.)

표문에서는 또 하나의 놀라운 사실이 발견되는데, 그것은 면중왕, 도한왕, 아착왕, 매라왕, 매중왕 등의 작호가 보인다는 사실이다. 백제의 신하에게 남제의 황제가 왕의 관작을 내린다는 것은 특별한 의미가 있다. 동성왕에게는 백제 왕의 작호가 내려졌는데, 굳이 사법명과 찬수류, 저근, 여력, 여고(餘古) 등에게 왕의 칭호를 내린 까닭은 무엇인가? 동성왕이 요구한 것으로 봐서, 그것은 백제에서 꼭 필요한 조치였던 것은 분명하다. 그렇다면 도대체 왜왕의 칭호를 쓰는 장수가 필요했을까?

짐작하건대, 동성왕의 이런 요구는 대륙백제의 지배를 원활하게 하기 위한 조처였을 것이다. 왕의 관작을 받은 이들은 대륙백제를 나눠 다스리는 총독 같은 역할을 하고, 해례곤과 목간나, 여고(餘固) 등은 불중후와 면중후, 불사후로서 그들을 보좌하고, 낙랑·조선·성양·광릉·대방·광양 태수들이 그들 아래에 있으면서 대륙백제의 각 지역 행정을 맡았을 것이다. 그들에게 남제 황제가 내린 관작이 필요했던 것도 대륙에서의 입지를 강화하기 위함이었을 것이다. 북위의 군대를 몰아내고 대륙백제의 고토를 회복한 장수들은 동성왕 대의 대륙백제를 다스리는 총독으로서, 왕과 같은 역할을 했다는 뜻이다.

이렇듯 백제는 두 차례에 걸친 위나라와의 전쟁을 통해 대륙 영토의 상당 부분을 회복하고, 국제 무대에서도 그 영유권을 인정받았던 것이다.

4. 남제에 보낸 동성왕의 표문

『남제서』에는 동성왕이 남제의 황제 무제에게 올린 표문이 두 가지 실려 있다. 하나는 490년에 올린 표문이고, 또 하나는 495년에 올린 표문이다. 490년 표문은 488년에 쳐들어온 북위의 군대를 물리친 장수들에 대한 관작을 요청하는 내용이고, 495년 표문은 490년에 재차 침입한 북위의 군대를 물리친 장수들에 대한 관작을 요청하는 내용이다. 490년에 올린 표문은 그 원문의 전반부가 사라지고 없으며, 495년 표문은 대체로 원형이 보존되어 있다. 495년 표문은 이미 앞의 '북위와의 일대 격전과 그 배경' 편에서 모두 언급하였으므로, 여기엔 490년 표문만 싣는다.

490년 표문 : (전반부 결문) ― 공로와 근면함에 보답하고자 실로 그 이름을 열거하여 보존하려 합니다. 가행영삭장군 신 저근 등 네 사람은 힘을 다하여 충성함으로써 나라의 어려움을 떨쳐버렸으며, 뜻과 용기에 과단성이 있고 명장의 위세에 견줄 만합니다. 국가의 성곽이며 사직을 지키는 견고한 보루라 할 만하기에 공로를 논하고 노고를 헤아림에 있어 마땅히 드러내는 것이 있어야 할 것입니다. 이제 전례에 의거하여 함부로 '행'의 직책을 임시로 주었습니다. 엎드려 바라건대, 은혜로써 가엽게 여기시어 임시한 바를 제수하여 주시기 바랍니다.

영작장군면중왕 저근은 시대의 급무에 조력을 다하였으며, 아울러 무공도 뛰어나기에 이제 행관군장군도장군도한왕으로 임시합니다. 건위장군팔중후 여고(餘古)는 약관의 나이로 보좌하며 충성된 공적이 일찍이 널리 알려졌으니, 이제 행녕삭장군아착왕으로 임시합니다. 건위장군 여력은 충정과 정성이 서로 어울리매 문무의 공덕이 함께 드러나니, 이제 행용양장군매로왕으로 임시합니다. 광무장군 여고(餘固)는 시대의 급무에 충성을 다하였으며 국정을 크게 베풀었으니, 이제 행건위장군불사후로 임시합니다.

신이 보낸 행건위장군 광양 태수 겸 장사 신 고달과 행건위장군 조선 태수 겸 사마 신 양무 및 행선위장군 겸 참군 신 회매 등 세 사람은 지조와 덕행이 맑고 밝으며 충정과 정성이 이미 널리 알려졌습니다. 지난 태시(461~471년) 중에 송의 조정에 여러 번 사신으로 갔으며, 지금 신의 사신으로 임명하매 거듭되는 험난한 여정을 무릅쓰고 다니며 좋은 결과에 이르도록 하니, 마땅히 작위를 올리고 삼가 선례에 의거하여 각기 '행'의 직책으로 임시합니다.

더욱이 오묘한 은택과 영험한 안식은 만리 밖에서도 바라는 바인데, 황차 천자의 뜰에 가까이 있으면서 어찌 은혜를 입고 의지하려 하지 않겠습니까? 엎드려 원하건대, 제(帝)께서 살피시고 특별히 가엾게 여기시어 (정식으로) 제수하여 주시기 바랍니다.
　고달은 변방의 임무에서 그 정성이 일찍이 널리 알려졌으며, 공무에 힘써 노력하니 이제 행용양장군 대방 태수로 임시합니다. 양무는 지조와 덕행이 많고 전념하여 공무를 게을리 하지 않으니, 이제 행건위장군 광릉 태수로 임시합니다. 회매는 뜻을 지키매 빈 구석이 없고 힘써·좋은 결과에 누차 이르니, 이제 행광무장군 청하 태수로 임시합니다.
　동성왕 표문에 대한 남제 무제의 조치 : 조서를 내려 허락하여 나란히 군호를 하사하고 태수로 제수하였다. (백제) 왕은 사지절도독백제제군사진동대장군으로 삼았다. 사신 겸 알자복야 손부가 천자의 명으로 모대에게 죽은 조부 모도의 관작을 답습하게 하여 백제 왕으로 삼았다. 이르기를 '오호라 오로지 이 시대에 충절을 이어받아 멀리까지 정성을 드러내니, 큰 바닷길은 삼가 맑으며 조공의 맹세는 쇠퇴한 적이 없도다. 통상의 법전에 따라 귀한 관작을 계승하게 할 것이다. 그 위업을 삼가 이어받았으니, 어찌 신중하지 않을 수 있겠는가. 제서를 내려 행도독백제제군사진동대장군백제왕 모대를 이제 조부 모도의 관작을 답습하게 하여 백제 왕으로 삼고, 즉위의 인장과 인끈 및 옥과 구리와 호랑이 가죽과 대나무로 된 네 개의 책자를 내리노라. (백제) 왕이 이를 공경하여 삼가 받으면 또한 경사스럽지 않겠는가.' 하였다.

▶ 동성왕 시대의 세계 약사

이 시대 중국에선 남송의 소도성이 479년에 송 황실을 폐하고 스스로 황제를 칭하며 남제를 세웠다. 또 북위는 거란을 굴복시켜 세력을 확대했다. 이로부터 여러 차례에 걸쳐 북위와 남제가 서로 세력을 다투는 양상이 전개된다. 그러나 남제는 황실이 어지럽고 정권 다툼이 잦아 502년에 수비대장을 맡고 있던 소연에 의해 멸망된다.

북위에서는 483년에 동성혼금지법이 마련되었고, 492년에 남제에서는 심약에 의해 『송서』가 편찬된다.

이 무렵, 서구에선 프랑크족의 클로비스 1세가 즉위(481년)함으로써 메로빙거 왕조가 시작되고, 486년에는 정식으로 프랑크 왕국이 건립되었다. 489년에 동고트 왕 테오도리쿠스가 이탈리아를 침입하였고, 이듬해에는 서고트의 후원으로 이탈리아의 오도아케르를 격파했으며, 493년에는 오도아케르를 죽이고 동고트 왕국을 건설했다.

484년에 로마에서는 동서교회가 분리되었고, 491년 동로마에서는 아타나시우스 1세가 즉위하여 기독교를 박해하였다. 반대로 프랑크 왕 클로비스 1세는 496년에 기독교로 개종했다.

제25대 무령왕실록

1. 무령왕의 출생과 즉위 과정

『삼국사기』는 무령왕을 동성왕의 차남이라고 기록하고 있으나, 이는 옳지 않다. 동성왕은 20대 초반인 479년에 왕위에 올라, 약 22년간 재위하다가 40대 중반에 죽었다. 그런데 이 때 무령왕의 나이는 이미 40살이었다. 따라서 동성왕은 무령왕의 아버지일 수 없다.

『일본서기』는 웅략천황 5년(461년) 기사에 무령왕의 출생에 관한 이야기를 쓰고 있는데, 이 기사에 따르면, 무령왕은 개로왕의 아들로 461년 6월에 태어난 것으로 되어 있다. 당시 정치적으로 어려움을 겪고 있던 개로왕은 왜의 힘을 얻기 위해 아우 곤지를 왜에 파견하려 했고, 곤지는 개로왕의 내심을 확인하기 위해 임신한 형수를 자신에게 달라고 요구했다. 개로왕은 곤지에게 신뢰를 주기 위해 자신의 아내를 내주면서, 만약 도중에 아이를 낳거든 아이와 산모를 모두 돌려보내라는 조건을 달았다. 곤지는 개로왕과의 약조대로 왜로 가던 도중에 형수가 아이를 낳자, 산모와 아이를 형에게 돌려보냈다. 이 때 아이는 축자국의 각라도라는 섬에서 태어났는데, 그 때문에 아이의 이름을 도(島,

일본어로 시마 또는 사마)라 하여 도군(島君)이라고 불렀다. 무령왕을 '사마왕'이라고 부르는 것도 그 때문이다.

무령왕릉에서 발견된 지석에는 무령왕의 출생 연도가 462년으로 되어 있다. 『일본서기』의 기년이 부정확하고, 또 무령왕 당시의 왜국은 즉위년을 원년으로 삼지 않고, 즉위 이듬해를 원년으로 삼았을 것으로 추정되는바, 기사를 옮겨 적는 과정에서 기년 산출에 오차가 발생했을 수 있으므로 웅략천황 5년을 462년으로 보아도 무방할 것이다. 따라서 『일본서기』와 무령왕릉 지석의 출생 연도는 차이가 없는 것으로 간주할 수 있다.

무령왕의 출생 연도와 관련하여 무령왕릉 지석문과 『일본서기』의 기록이 같다는 것은 『일본서기』에 기록된 무령왕의 출생담을 사실로 간주할 수 있는 근거가 된다. 『일본서기』의 기록이 사실이라는 것을 인정할 때, 무령왕은 개로왕의 아들이 된다. 하지만 개로왕이 곤지에게 시집보낸 아내가 정비는 아닐 것이므로, 무령왕은 개로왕의 서자인 셈이다. 또한 그의 생모가 곤지에게 시집간 상태에서 태어났기 때문에 그는 곤지의 아들이기도 했다. 말하자면 개로왕은 그의 생부이고, 삼촌인 곤지는 양부인 셈이다.

무령왕의 성장과 관련한 기록은 전혀 보이지 않는데, 무령왕을 '섬'에 대한 일본식 발음인 '사마'라고 부른 것을 볼 때, 그는 성장기에 왜에 있었을 가능성이 높다. 즉, 사마와 그의 생모는 태어나면서 일단 백제로 돌아갔지만, 오래지 않아 그들은 왜에 머물고 있던 곤지에게 보내졌을 것이라는 뜻이다. 사마의 생모는 이미 곤지에게 시집간 몸이었기 때문에 당연히 곤지에게 보내졌을 터이고, 생모와 함께 사마도 왜로 보내졌을 것이다.

475년에 한성이 무너지고, 개로왕이 전사할 때, 개로왕의 왕자들도 거의 모두 죽은 것으로 『일본서기』는 전하고 있다. 그런데 이 때 사마는 무사했다. 이는 사마가 475년 당시에 한성에 있지 않았을 것이라는 추론을 가능케 한다.

만약 사마가 왜에서 성장했다면, 언제 백제로 왔을까? 이 물음엔 대충 두 가지 경우를 설정할 수 있다. 첫째는 479년에 동성왕이 입국할 때, 수행자로 따라온 경우다. 479년에 사마는 18세의 청년이었기에 형 왕인 동성왕을 수행할 나이로는 부족함이 없다. 더구나 그는 키가 8척이나 될 정도로 기골이 장대했다고 하니, 동성왕이 그를 신뢰했을 가능성이 높다. 두 번째는 북위와의 관계가 냉각되고 있던 시점에 동성왕을 조력하기 위해 귀국했을 경우다. 백제와 왜는 긴밀한 관계에 있었고, 때문에 북위와 전쟁을 치르던 당시에 백제와 왜 사이엔 군사 협조가 이뤄졌을 것이다. 이 때, 왜에서 백제에 병력을 지원했다면, 사마는 그 병력과 함께 백제에 돌아왔을 가능성이 높다.

혹, 동성왕이 죽은 뒤에 왜에서 귀국했을 가능성은 없는가? 단언컨대, 그럴 가능성은 전혀 없다.

동성왕이 백가에 의해 살해되었을 때, 사마는 백제에 있었다. 그는 이 때, 우두성 성주 한솔 해명을 시켜 백가를 공격하게 했는데, 이 사실은 사마가 동성왕 시절부터 병력을 통솔할 수 있는 위치에 있었다는 의미이다. 즉, 사마는 동성왕 재위 당시에도 조정에서 무시할 수 없는 권력자의 위치에 있었다는 뜻이다. 따라서 사마는 동성왕이 살해되기 오래 전부터 백제 조정에 머물러 있었다는 것을 알 수 있다.

사마의 공격을 받은 백가는 스스로 나와서 항복하였는데, 사마는 백가의 목을 베어 백강(금강)에 던져버렸다고 한다. 백가가 동성왕을 살해한 것은 그의 학정을 더 이상 두고 볼 수 없었기 때문이다. 그리고 사마가 우두성의 군대를 동원하여 공격했을 때, 크게 저항하지 않고 항복한 것은 항전할 마음이 없었다는 뜻이다. 그럼에도 사마는 백가를 살려두지 않고 목을 베어 강물에 던져버렸다. 사마의 이런 행동은 역적을 처단했다는 명분을 얻기 위한 조처였을 것이며, 한편으론 민심을 얻고 권력을 장악하여 왕위를 차지하려는 의도였을 것이다.

어쨌든 사마는 동성왕이 재위 만년에 학정을 일삼다가 백가에게 살해된 상황에서, 우두성의 병력을 동원하여 백가를 제거하고 백성들의 신임을 얻어 스스로 왕좌를 획득한 셈이다.

2. 대국화(大國化)를 이끌어낸 무령왕과 백제의 위상 강화
(서기 462~523년, 재위기간:서기 501년 11월~523년 5월, 21년 6개월)

무령(武寧)왕은 개로왕의 아들이며, 곤지의 양자이다. 462년 왜로 가는 도상인 각라도에서 태어났고, 이름은 융이며, 생시에는 주로 사마(斯麻)왕이라고 불렸다. 501년 11월에 동성왕이 가림성 성주 백가에게 살해되자, 군대를 동원하여 백가를 물리치고 왕위에 올랐다. 『삼국사기』는 그에 대해 신장이 8척에, 눈매가 그림과 같이 잘생겼고, 인자하고 너그러워 민심이 그를 따랐다고 전하고 있다.

무령왕은 재위 초기부터 고구려와 힘싸움을 전개했다. 즉위년 11월에 달솔 우영에게 군사 5천을 안겨 고구려의 수곡성을 습격토록 했다. 고구려가 동성왕의 죽음을 알고 습격해올 것에 대비해 선제 공격을 감행한 것이다. 하지만 별다른 성과를 거두지 못하고 퇴각했고, 이듬해엔 봄가뭄으로 백성들이 굶주리고 전염병이 돌자, 무령왕은 다시 우영을 보내 고구려의 변경을 공격했다.

이에 고구려는 503년 3월에 말갈을 시켜 마수책을 소각하고 고목성을 공격했다. 하지만 우영의 병력 5천에 막혀 말갈군은 성과 없이 퇴각했다.

506년에 백제 땅에는 전염병이 돌고 3월부터 5월까지 비가 내리지 않아 봄가뭄이 극심해지자, 백성들이 몹시 굶주려 국고로써 구제해야 하는 지경에 처했다. 고구려는 이 기회를 놓치지 않고 7월에 말갈을 사주하여 공격을 감행해왔다. 말갈의 거센 공격에 고목성이 무너지고, 6백여 명이 죽거나 포로로 잡혀가는 사태가 발생했다. 그러자 고구려는 4개월 뒤인 11월에 다시 공격을 감행해왔다. 하지만 이 때 폭설이 내리는 바람에 제대로 공격도 못하고 물러나야만 했다.

무령왕은 507년 5월에 고목성 남쪽에 두 개의 목책을 세우고, 장령성을 쌓아 말갈의 재침에 대비했다. 백제의 예상대로 고구려는 말갈과 연합전선을 펼치며 그해 10월에 공격을 감행해왔다. 고구려는 한성을 치기 위해 횡악 아래에 진을 쳤는데, 무령왕이 강력하게 저지하는 바람에 퇴각해야 했다.

백제와 고구려의 대립은 그것으로 끝나지 않았다. 512년 9월에 고구려의 급습에 밀려 가불성을 빼앗기고, 다시 원산성도 격파되었다. 위기 의식을 느끼던 무령왕은 기병 3천을 직접 거느리고 나가 위천 북쪽에서 고구려군을 대패시켜 전세를 역전시켰다. 위천 싸움에서의 승리로 백제군의 사기는 되살아났고, 고구려군은 전쟁을 자제하고 한동안 침입을 감행하지 않았다. 그러자 무령왕은 자신감을 회복하고 양나라에 사신을 보내 백제의 위상을 높이는 표문을 올렸다. 이에 양나라는 무령왕에게 사지절도독백제제군사영동대장군의 봉함을 내리고 백제의 국제적인 위상을 인정해주었다.

이후, 무령왕은 523년에 한성에 직접 거둥하여 좌평 인우와 달솔 사오로 하여금 15세 이상의 한수 이북 백성들을 징발하여 쌍현성을 쌓고, 고구려와 말갈의 침입에 만전을 기한다.

무령왕 대에 와서 백제와 고구려가 이처럼 첨예한 대립을 한 것은 동성왕 이후 지속적으로 백제가 영토 확장을 감행함으로써 고구려의 국제적 영향력을 약화시켰기 때문이다. 당시 고구려에 옥을 바치던 섭라(섬진강 주변의 가야 땅, 『일본서기』에는 상다리, 하다리, 사타, 모루, 기문, 대사 등의 임나 지명으로 나옴)가 백제에 병합되었고, 또 금을 바치던 부여는 물길의 팽창 정책에 밀려 크게 곤란을 겪고 있었다. 이 때문에 고구려는 위에 옥과 금을 보내지 못하는 사태가 발생했는데, 이 일로 위는 고구려를 몹시 원망하고 있었다. 심지어 위나라 세종은 사신으로 온 고구려의 예실불에게 직접 그런 현실을 들추며 면전에서 핀잔을 주기까지 했다. 말하자면 고구려는 대국으로서의 위신에 큰 손상을 입은 셈이고, 그것을 회복하기 위해 부여를 병합하고, 섭라를 독립시키려는 움직임을 보였다. 그래서 백제에 섭라 땅을 돌려줄 것을 요구했는데, 백제는 고구려의 요구를 받아들이지 않았고, 이는 결국 전쟁으로 비화되었다.

그러나 섭라를 놓고 벌인 고구려와 백제의 자존심 싸움은 결국 백제의 승리로 귀착되었고, 이를 두고 『양서』는 '백제가 다시 강국이 되었다'고 쓰고 있다. 즉, 국제사회에서 백제는 다시 고구려와 같은 위치로 위상이 격상된 것이다.

백제의 섭라 점령은 당시 국제사회에서 최대의 쟁점이었다. 백제가 섭라를 차지하자, 가장 크게 반발한 쪽은 가야였다. 가야는 고래로 섭라가 자신들의 영역이었다고 주장하며, 군사적 대응도 불사하겠다는 반응을 보였고, 한편으론 고구려, 위, 양, 신라, 왜 등의 국제사회에 도움을 요청하기도 했다. 그러나 백제의 대응도 만만치 않았다. 백제는 섭라 지역에서 물러날 뜻이 없는 것은 물론이고, 오히려 섭라가 예로부터 백제 땅이었다고 주장했다. 백제는 군사적 압력을 가해오는 고구려에 대해서는 군사적 대응으로 맞불을 놓으며 강력한 의지를 천명했고, 왜와 양나라에도 사신을 파견하여 섭라 지역의 영유권을 인정해줄 것을 요구했다. 왜는 섭라 지역에 많은 왜인이 파견되어 있었을 뿐 아니라, 섭라가 백제로 통하는 길목이었기 때문에 섭라의 영유권 싸움은 국가의 이익과도 밀접하게 관련되어 있는 문제였다. 그런 까닭에 왜는 섭라 문제를 놓고 조정에서 파벌이 갈려 치열한 언쟁을 벌여야 했다. 이 과정에서 백제 측에서는 유력한 대신들에게 뇌물을 먹이기도 했다.

섭라 문제와 관련하여 왜는 선택의 여지가 없었다. 백제는 왜에 선진 문물을 전해주는 유일한 통로였고, 서로 왕족과 신하를 교환할 정도로 친밀한 형제국가였다. 거기에다 왜 조정에서 활동하고 있던 백제인들의 힘 또한 막강했다. 그에 비해 가야는 여러 분국으로 갈라져 있는 힘없는 국가였고, 국제사회에서도 백제와는 비교도 할 수 없을 정도로 미미한 세력이었다. 따라서 왜가 백제의 손을 들어준 것은 필연적인 결과였다.

거기에다 당시 왜의 국왕 계체천황(남대적)은 무령왕과 각별한 사이였다. 왜의 무열천황이 학정을 일삼으며 나라를 혼란으로 몰아넣고 있을 때, 무령왕은 유망한 정치세력이던 남대적에게 구리거울(인물화상경)을 보내 지지 의사를 분명히 밝혔고, 그런 무령왕의 지지에 힘입어 남대적은 천황의 자리에 오를 수 있었다. 때문에 남대적은 무령왕에게 큰 신세를 지고 있었던 터라, 백제의 섭라 영유권을 인정해주지 않을 수 없었다.

그러나 왜 조정 내부에서도 백제가 섭라를 장악하게 되면, 가야와 신라에 대한 백제의 영향력이 확대될 것이라며 백제의 섭라 소유에 반대하는 세력도 만만치 않았다. 이렇듯 섭라에 대한 영유권 분쟁이 한창이던 513년에 무령왕은 장군 조미문귀와 주리즉미를 왜에 파견하고, 그들과 함께 오경박사 은양미를 보내 계체천황과 왜 조정을 적극적으로 설득하여 섬진강 유역의 무역 중심지인 섭라를 차지하는 데 성공했다.

당사자인 백제, 가야와 더불어 섭라에 가장 많은 이권이 달려 있던 왜가 백제의 손을 들어주자, 가야 조정은 왜에 등을 돌리고 신라에 손을 내밀었다. 수백 년 동안 유지하던 왜, 가야, 백제의 공조가 깨지는 순간이었다.

섭라를 빼앗긴 가야 분국들은 힘을 합쳐 백제에 대항하였고, 신라는 은근히 가야를 지원하며 이익을 챙겼다. 이 때문에 섭라 문제는 무령왕이 죽고 가야가 신라에 병합될 때까지 논쟁거리로 남게 되고, 신라와 백제가 영토 싸움을 벌이는 원인으로 작용한다.

어쨌든 무령왕은 섭라를 장악하고 한수 이북 영토의 안정을 되찾음으로써, 내적으로는 정치적 안정을 이끌어냈고, 외적으론 영토를 확장하여 백제의 국제 위상을 크게 높였다. 그러나 523년 5월, 그는 62세의 나이로 의욕에 가득 찼던 생을 접어야 했다. 백제의 대국화에 열정을 쏟던 그였지만, 세월을 이길 수는 없었던 것이다.

무령왕의 능은 충남 공주시 금성동에 자리잡고 있으며, 이 곳에는 무령왕과 그의 왕비가 합장되어 있다. 왕릉에서는 두 개의 지석(지신에게 묘소로 쓸 땅을 매입했다는 내용을 돌에 새겨넣은 것)이 발견되었는데, 하나는 무령왕의 것이요, 다른 하나는 왕비의 것이다. 두 매지권의 주요 내용은 다음과 같다.

무령왕 매지권 : 영동대장군 백제 사마왕은 62세가 되던 계묘년(523년) 5월 임진일 7일에 붕어하셨다. 을사년(525년) 8월 갑신일인 12일에 대묘에 올라 안장되었으니 그 내용은 다음과 같다.

왕비 매지권 : 병오년(526년) 12월 백제국 왕대비가 돌아가시자 정서방 땅에서 상을 치르고, 기유년(529년) 2월 갑자일인 12일에 개장하여 대묘로 돌아왔으니 그 내용은 다음과 같다.

이 내용에서 특별한 것은 무령왕의 죽음을 '붕(崩)'이라고 표현했다는 점이다. 원래 '붕'은 황제의 죽음을 가리키고, '훙(薨)'은 왕의 죽음을 가리켰다. 따라서 무령왕에게 '붕'이란 표현을 썼다는 것은 백제인들이 자국의 왕을 중국의 황제와 동일시했다는 것을 의미한다.

무령왕 묘지석에는 연호 같은 것이 전혀 보이지 않고, 오직 육십 갑자만 보이는데, 이는 백제가 연호를 사용하지 않았다는 것을 의미한다.

무령왕은 죽은 지 2년 3개월 만에, 왕비는 2년 2개월 만에 대묘에 안장되는데, 이는 당시 백제인들이 삼년상을 치렀음을 알려주고 있다.

3. 무령왕의 가족들

무령왕의 가족에 대해서는 자세한 언급이 없어 그 왕후들의 면면에 대해서는 알 수 없다. 다만 무령왕릉에서 발견된 매지권에는 무령왕의 왕후가 526년 12월에 죽어, 529년 2월에 왕릉에 합장된 것으로 기록되어 있다. 자식으로는 장남 순타와 성왕, 왜로 건너간 사아, 계체천황의 황후가 된 수백향 등이 있다. 성왕은 「성왕실록」에서 따로 다루기로 하고, 여기서는 순타와 사아에 대해서만 간단하게 언급한다. 수백향에 대해서는 '무령왕과 왜왕 계체천황' 편에서 따로 다룬다.

순타(?~513년)

순타(淳陀)는 무령왕의 장남이자, 태자이다. 그에 대한 기록은 『삼국사기』엔 보이지 않고, 『일본서기』 계체천황 7년(513년) 8월 기사에 '백제의 태자 순타가 훙(薨)하였다.'는 내용만 보인다.

사아(생몰년 미상)

사아(斯我)는 무령왕의 아들로 짐작되는 인물이다. 왜의 25대왕 무열천황 7년 4월 기사에 그에 대한 기록이 다음과 같이 나온다.

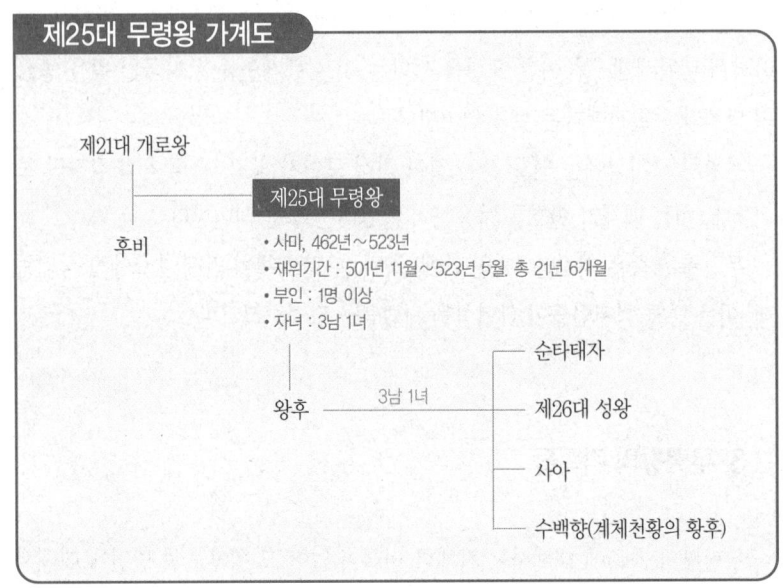

　백제의 왕이 사아군을 보내어 조공하였다. 따로 표를 올려 "먼젓번에 조공을 간 사신 마나는 백제국 왕의 골족이 아닙니다. 그러므로 삼가 사아를 보내어 천황을 섬기게 합니다."라고 말하였다.

　사아를 무령왕의 아들로 보는 것은 그가 무령왕의 골족이라는 표현에 근거한 것이다(『일본서기』의 기록에서 조공이니, 표를 올린다느니, 천황을 섬기게 한다느니 하는 표현은, 백제가 망한 뒤에 만들어진 이 책이 왜를 백제보다 상국으로 인식시키기 위해 의도적으로 사용한 용어들로 판단된다).
　사아는 왜에 머무르면서 정치적인 영향력을 행사하는데, 그의 아들은 법사군(法師君)이라 하며, 왜군(倭君)의 선조라고 적혀 있다. 법사군은 승려에 대해 붙이는 호칭으로 보이며, 따라서 사아의 아들 중에 승려로 이름을 떨친 사람이 있었음을 알 수 있다.

4. 백제의 섭라(임나) 병합과 가야의 반발

섭라(涉羅)라는 국호는 『삼국사기』「고구려본기」 문자명왕 13년 기사에 다음과 같이 기록되어 있다.

13년 여름 4월, 위나라에 사신을 보내 조공하였다. 위나라 세종이 우리 사신 예실불을 동당에서 접견하였다. 예실불이 앞으로 나아가 말했다.

"우리 나라가 황제를 섬기기로 약속한 것을 누대에 걸쳐 성실하게 지켰으며, 토산물을 바치는 조공도 어긴 적이 없었습니다. 다만 황금은 부여에서 생산되고, 옥은 섭라에서 생산되는데, 부여는 물길에게 쫓기고, 섭라는 백제에 병합되었으니, 두 가지 물품이 왕의 창고에 들어가지 못하는 것은 실로 두 적국의 탓입니다."

세종이 말했다.

"고구려는 대대로 상국의 도움을 받아 해외를 다스리고 오랑캐의 교활한 무리들을 모두 정복하였다. 그러나 고구려의 보물이 적어졌으니, 우리의 수치이다. 그런데 이는 정작 누구의 허물인가? 지난날 조공이 충실하지 못한 책임은 지방관에게 있다. 그대는 나의 뜻을 그대의 왕에게 전달하여, 그로 하여금 위엄과 회유의 책략을 잘 사용하여 나쁜 자들을 없애고 동방의 백성들을 편안케 하여, 부여와 섭라로 하여금 각각 옛 땅으로 돌아오게 하여 토산물의 공납을 어기지 않도록 하라."

이 내용으로 볼 때, 백제의 섭라 장악은 고구려의 위신을 크게 훼손한 일이었다. 섭라에서 들어오는 옥을 위나라에 보내는 공물로 쓰던 고구려는 적국인 백제가 섭라를 장악해버리는 바람에 중요한 무역 물품인 옥을 북위에 공급할 수 없게 되었던 것이다. 이 때문에 북위의 세종은 사신으로 온 예실불에게 핀잔을 주며 힐난하고 있다. 고구려 입장에서는 크게 망신을 당한 셈이었다.

북위의 왕 세종이 직접 고구려 사신에게 핀잔을 줬다면, 그 이전에도 북위는 여러 차례에 걸쳐 조공 무역의 물품 중에 섭라의 옥이 빠졌다는 사실을 지적하며, 고구려에 시정을 요구했을 것이다. 때문에 고구려는 섭라의 영토를 원상태로 돌려줄 것을 요청하고, 백제가 그 청을 들어주지 않자 무력시위를 한 것이 분명하다. 무령왕이 즉위와 동시에 고구려를 공격한 것은 그런 무력시위에 대한 응징의 의미였던 것이다.

그렇다면 이 섭라는 도대체 어디에 있던 나라인가? 이는 당시 백제가 어느 지역의 영토를 차지하려 했는지를 알면 쉽게 찾아낼 수 있다. 이와 관련하여 『일본서기』는 다음과 같은 기록을 남기고 있다.

현종천황 3년(488년, 백제 동성왕 9년) 4월, 이 해에 기생반(紀生磐) 숙미가 임나에 있다가 양쪽에 걸쳐 고구려와도 통교하였다. 서쪽으로 삼한의 왕이 되려고 하여, 관부를 정비하고 스스로 신성(神聖)이라 하였다. 임나의 좌로, 나기타갑배 등이 계략을 써서 백제의 적막미해를 미림에서 죽였다. 대산성을 쌓고 동도(東道)를 지켰다. 식량을 운반하는 항구가 끊겨 군사들을 기아에 빠지게 했다.

백제 왕(동성왕)이 크게 노하여 영군 고미해, 내두 막고해를 보내 군사를 거느리고 대산을 쳤다. 이에 기생반 숙미는 역공을 가하여 (백제군을) 격파하고, 기세가 한층 높아져 가는 곳마다 모두 물리쳤다. 그야말로 일당백이었다. 그러나 병력의 힘이 다하여 일이 성사되지 못할 것을 알고 임나에서 도망쳐왔다. 이 때문에 백제국은 좌로와 나기타갑배 등 3백여 명을 죽였다.

이 기록은 임나의 수뇌부들이 왜의 장수 기생반과 결탁하여 고구려와 백제에 양다리를 걸치려고 하다가 실패하는 바람에 오히려 임나를 백제에게 빼앗기는 과정을 서술해놓은 것이다. 기록에서 보듯 당시 임나는 백제와 왜를 잇는 교통 요지였으며, 많은 백제 군대가 이 곳에 주둔하고 있었다. 말하자면 백제는 이미 오래 전부터 임나를 군사적으로 장악한 상태였고, 이에 불만을 품은 임나의 수뇌부들은 왜의 기생반과 결탁하여 백제 세력을 몰아내려 한 것이다.

그래서 임나를 지배하고 있던 백제 신하 적막미해를 살해하는데, 이 소식을 들은 동성왕은 크게 진노하여 기생반을 비롯한 임나 수뇌부들을 척결하고자 했다. 기생반 등은 임나의 군대를 이끌고 백제군에 저항했지만, 결국 패배하여 기생반은 왜로 달아나고, 좌로와 나기타갑배 등 3백여 명의 임나 및 왜인들이 목숨을 잃었다.

당시 왜국 조정은 정세가 불안하고 몹시 혼란스런 상황이었다. 때문에 조정은 여러 파벌로 갈려 죽고 죽이는 피바람의 소용돌이 속에 있었다. 왜 조정엔 전통적으로 백제에서 도래한 정치인들이 큰 세력을 이루며 영향력을 행사하고 있었고, 다른 쪽에선 왜 원주민 출신들이 또 하나의 세력으로 포진하고 있었다. 원주민 세력도 여러 파벌로 갈려 있었는데, 기생반은 그 파벌 중의 한 세력으로 보인다. 이들 세력은 과거 수백 년 동안 지속되어 오던 백제와의 동맹 관계를 끊고, 대국 고구려와 접촉하여 새로운 국제 관계를 형성하려 했던 것이다. 이를 위해 기생반은 가야와 백제의 군대가 함께 머무르고 있던 임나로 가서 좌로와 나기타갑배 등의 임나 수뇌부와 모의하여 백제의 대사격인 적막미해를 살해하고 고구려와 통교하는 데 성공했다. 하지만 백제의 병력에 밀려 결국 기생반은 왜로 쫓겨오고, 나머지 임나 권력자들은 살해되었다.

이 사건 이후, 무역 도시인 임나는 백제의 손아래 놓이게 되었고, 동시에 임나의 자주권은 완전히 사라졌다. 임나는 그간 무역 도시로서 왜와 가야, 백제는 물론이고 고구려를 통해 중국 국가들과도 교역을 하고 있었는데, 이 때부터 백제에 의해 자유로운 무역 행위가 전면 차단된 것이다.

임나는 원래 가야에 속한 땅으로 왜와 백제, 가야 삼국의 교역 중심지였다. 말하자면 일종의 자유무역 도시였던 셈이다. 때문에 백제인과 가야인, 왜인들이 자유롭게 드나들던 곳이었다. 이 곳이 비록 가야에 속한 땅이었지만, 백제와 왜는 자국 상인들을 보호한다는 명목 아래 군대도 파견할 수 있었던 것이다.

고구려에서 '섭라'라고 부르던 나라는 바로 이 때 백제가 장악해버린 임나를 지칭한다. 동성왕 대에 백제가 장악한 유일한 영토는 바로 임나였고, 『삼국사기』도 백제가 동성왕 대에 '섭라'라는 땅을 장악한 것으로 기록하고 있다. 그렇다면 임나와 섭라는 동일한 곳일 수밖에 없다.

백제가 장악한 임나는 어느 땅인가? 이와 관련한 기록이 『일본서기』 계체천황 조 기록에 다음과 같이 보인다.

계체천황 6년 4월, 혜적신(穗積臣) 압산(押山)을 백제에 사신으로 보냈다. 축자국의 말 40필을 보냈다.

계체천황 6년 12월, 백제가 사신을 보내 조를 올렸다. 따로 표를 올려 임나국의 상다리, 하다리, 사타(娑陀), 모루(牟婁) 네 현을 달라 하였다. 다리의 국수(國守) 혜적신(穗積臣) 압산(押山)이 주청하여 말하였다.

"이 네 현은 백제와 가까이 이웃해 있고, 일본에서 멀리 떨어져 있습니다. 조석으로 통행하기 쉽고, 닭과 개의 주인도 구별하기 어려울 정도입니다. 지금 백제에 줘서 한 나라로 만들면, 보전의 대책이 이보다 나은 것이 없을 줄 생각됩니다. 땅을 (백제에) 줘서 나라를 합치면 자연스럽게 후세에 닥칠 위험이 유예될 것입니다. 설사 경계선을 긋는다고 해도 몇 년이나 지킬 수 있겠습니까?"

대반대련(大伴大連) 금촌(金村)이 이 말을 새겨듣고 똑같은 생각을 아뢰었다. 이에 물부대련(物部大連) 녹록화(麁鹿火)를 칙을 전할 사신으로 정하였다.

— (중략, 녹록화는 아내의 만류에 따라 병을 핑계대고 칙서를 전하지 않는다는 내용)—

그래서 사신을 새로 임명하였다. 선물과 칙의 요지를 줘서 표로 올린 대로 임나 4현을 (백제에) 주었다.

이 『일본서기』의 기록엔 마치 임나 4현이 왜의 땅이었는데 백제의 요구에 따라 준 것처럼 보인다. 그러나 실상은 다르다. 백제는 임나 4현을 장악하고, 그 땅의 영유권에 대해 왜 조정이 인정해줄 것을 요청한 것이다. 이에 대해 왜 조정은 백제가 임나를 차지한 것을 현실로 인정하고, 천황의 이름으로 임나 4현이 백제의 땅이 되었음을 동의해준 것이다.

이에 대해 왜국 조정 내부에서도 반발이 없지 않았다. 심지어 계체천황의 태자인 대형황자까지 나서서 "응신천황 이래 객관을 둔 나라를 이웃 나라가 달란다고 하여 쉽게 줄 수 있는가?" 하면서 천황이 보낸 칙서가 무효라고 주장했다. 그래서 백제 사신이 머무르고 있는 객관까지 찾아가서 그런 주장을 펼쳤다. 하지만 백제 사신은 이렇게 말한다.

"아버지인 천황께서 편의를 위해 칙언하셨으니, 이 일은 이미 끝난 것이다. 아들인 황자가 천황의 칙언에 반하여 망령되이 뒤집으려 하는가? 필시 이는 허망한 짓이다. 지금의 실상은 곤장을 잡고 큰 쪽 면으로 때리는 것과 작은 쪽 면으로 때리는 것 중에 어느 것이 더 아플 것인지를 헤아리는 것과 같다."

이 말을 듣고 황자는 물러났다.

백제의 대사가 왜국 태자에게 이런 훈계를 할 정도였다면, 당시 백제와 왜의 관계는 보지 않고도 알 만한 것이다. 오랜 혼란과 무열천황의 학정을 백제의 도움으로 청산하고 어렵게 왕위에 오른 계체천황은 현실적으로 무령왕의 영향력에서 자유로울 수 없었던 것이다.

이렇듯 임나에 객관을 두고 있던 왜국이 임나 4현의 소유권이 백제에 있음을 천명한 뒤에도 백제는 임나의 나머지 땅을 잠식해 들어갔다. 이 때문에 가야의 분국들은 크게 반발했다. 특히 가야 분국 중에 가장 큰 세력을 형성하고 있던 반파국(伴跛國, 고령과 성주 일대의 대가야)은 군대를 동원하여 임나의 일부인 기문(己汶, 섬진강 하류 동쪽 지역)을 차지하고 전투 태세를 보였다.

기문엔 당시 왜인들이 다수 거주했던 모양이다. 그래서 왜국 군대도 일부 주둔했던 것으로 보이는데, 그들 왜군이 은근히 반파국과 내통하고 있었던 것 같다. 그래서 백제는 계체천황 7년(513년)에 왜국에 장수 조미문귀와 주리즉미, 오경박사 은양미를 보내 기문 땅과 대사(帶沙, 다사(多沙)라고도 불렸다. 섬진강의 옛 명칭이 다사강임을 감안할 때, 섬진강 하류 유역에 해당하는 지명임을 알 수 있다.) 지역의 영유권도 백제에 있음을 천명해 달라는 요구를 하였다. 계체천황은 가야 분국의 대사들이 보는 앞에서 기문과 대사도 백제 땅임을 천명해버린다.

이에 반파국에서 최지를 사신으로 파견하여 보물을 바치면서 기문의 영유권을 주장하지만, 왜국 조정의 결정을 번복시키지 못했다. 그러자 가야는 왜와 등을 돌리고 신라와 손을 잡는다. 또한 섬진강 주변에 있던 왜인과 백제인 마을을 침입하여 살상하고, 그들의 재물을 탈취함으로써 왜와 백제에 대한 일종의 선전포고를 했다.

이 때의 상황을 『일본서기』는 이렇게 전하고 있다.

계체천황 8년(514년, 무령왕 14년) 3월, 반파는 자탄(子呑, 거창)과 대사(하동)에 성을 쌓아 만계(滿奚, 함양)에 연결하고, 봉화를 올리는 곳과 식량을 두는 창고를 만들어 일본에 대비하였다. 또 미열비(爾列比), 마수비(麻須比)에 성을 쌓고 마구계(麻具奚), 추봉(推封)에 연결하였다. 사졸과 무기를 모아서 신라와 가까이 지냈다. 자녀를 약취하고, 촌읍을 약탈하였다. 흉적이 가는 곳에 남는 것은 드물었다. 포학하고, 사치하고, 괴롭히고, 침략하고, 살상하는 일이 많았다. 이루 다 기재할 수 없을 정도였다.

이렇듯 가야의 저항은 대단했다. 때문에 백제는 섬진강 좌우에 형성되어 있던 임나 지역 중에 서쪽 지역에 해당하는 상다리, 하다리, 사타, 모루 등 4현만 차지해야 했다. 그러나 무령왕 이후에도 임나 지역의 소유권을 두고 백제와 가야, 신라가 치열한 다툼을 벌인다.

임나 문제는 한국과 일본 양국 사학계의 견해가 첨예하게 대립하고 있는 것으로, 그간 다분히 감정적 차원에서 다뤄지는 경향이 있었다. 이는 일본이 조선을 식민화하는 과정에서 임나 문제를 조선 침략을 정당화하는 수단으로 사용했기 때문이다. 당시 일본 정부의 논리를 따르자면, 한반도 남부에 임나라는 나라가 있었는데, 일본은 4세기에서 6세기에 걸쳐 이 곳에 일본부를 설치하여 통치했었다는 것이다. 이 사실을 기반으로 일본사학계는 한반도는 원래부터 외세에 의해 지배되었으며, 그 대표적인 사례가 한사군과 임나일본부라고 했다. 따라서 일본의 조선 병합은 한사군이나 임나의 사례와 같은 것으로 지극히 정당한 행동이며, 한국의 역사적 전통과도 부합된다고 주장했던 것이다.

당시 일본 정부가 펼친 이 논리는 누가 봐도 억측에 지나지 않는 것이어서 논할 가치도 없다. 또한 중요한 역사 사료를 제국주의의 시녀로 전락시켰다는 점에서 학문의 순수성과 학자들의 양심을 크게 오염시킨 몰염치한 행각이었다.

일본은 『일본서기』의 기록과 광개토왕릉비문을 근거로 왜가 한반도의 임나 지역에 일본부를 두고 있었고, 그것은 왜가 200년 동안 한반도 일부를 장악하고 있었다는 의미라고 주장해왔다. 그러나 한국 사학자들은 『일본서기』는 철저히 조작된 것이며, 광개토왕릉비문 역시 조작된 흔적이 있다며 일본측 주장을 일축했고, 이는 학문적 차원을 벗어나 감정적 차원으로 비화돼왔다.

그간 임나 문제에 대한 학문적 해석이 도외시되고, 민족 감정 차원의 대립적 해석들만 판을 친 것은 20세기 초에 일본 제국주의의 정치 논리에 학자적 양심을 팔아버린 일본 사학계의 유산이라 할 것이다.

그렇다고 임나 문제를 감정적 차원으로만 이해하고 그에 대한 학문적 해석을 기피한다는 것은 옳은 처사가 아니다. 임나 문제에 있어서 한국 사학계는 일본제국주의 사학의 식민 논리에 저항하는 수준에서 크게 벗어나지 못했다. 그 결과, 일부 학자 집단 내부에서만 논의되기 십상이었고, 정작 역사를 제대로 알고 받아들여야 하는 국민 대중에게 그것은 그저 반일 감정을 돋우는 수단 정도로 인식되어 있다. 그리고 이는 우리 역사를 식민사관의 범주에 묶어두는 결과를 낳았다.

일본의 침략을 정당화시키는 제국주의 사관이 논할 가치도 없는 형편없는 논리라는 것은 자명한 사실로 굳어 있다. 그럼에도 우리는 여전히 식민사관에 매달려 있다. 그 근본적인 이유는 역사를 민족 감정적인 차원으로 이해하고, 그 해석을 바탕으로 또 하나의 제국주의적 역사관을 형성하려 하기 때문이다.

이젠 그런 시각에서 과감히 탈피해야 한다. 역사는 감정의 대상이 아니고, 학문의 대상이다. 역사를 감정의 골 속에 가둬두면 둘수록 우리의 역사는 점점 미궁에 빠져들 수밖에 없고, 그것은 결국 우리의 역사를 축소시키는 결과를 낳을 것이다.

　임나에 대한 해석 문제는 이제 감정적 차원에서 벗어나야 한다. 그래야만 임나의 역사가 우리의 역사로 자리매김할 수 있을 것이다.

　임나에 대한 해석 문제에 있어 가장 큰 걸림돌은 한국 사학계가 『일본서기』에 나오는 임나에 대한 모든 기록을 조작된 것이라고 보는 시각이다. 더구나 한국 사학계는 『일본서기』를 사료로서 인정하는 것조차 거부하고 있다. 그러나 『일본서기』는 '조작된 사서'라고 한마디로 잘라 말할 수 있을 만큼 형편없는 사료가 아니다. 『일본서기』는 오히려 『삼국사기』와 짝을 이뤄 한국과 일본 고대사를 풀어내는 열쇠이다. 『일본서기』의 표현과 기록 방식이 지나치게 일본 입장에서 서술된 것은 사실이지만, 그런 부분을 걸러내면, 양국의 고대사에 한층 가깝게 다가설 수 있을 것이다.

　감정적 차원의 연장선에서 혹자는 임나를 대마도에 설정하기도 했고, 또 일본 본토에 설정하기도 했다. 사료를 면밀히 검토하고 대조해본 결과, 『일본서기』가 여러 면에서 왜곡되고, 은폐, 조작, 가필된 흔적이 역력하지만, 그렇다고 임나를 왜국 본토나 대마도에 설정할 근거는 발견하지 못했다. 따라서 임나는 한반도 내에 설정해야 옳을 것이다.

　하지만 일본 사학계의 주장처럼 임나가 일본에 의해 지배된 것은 아니었다. 임나엔 백제, 가야, 왜의 군대가 모두 주둔하고 있었고, 백제와 왜는 대사관 격인 객관을 두고 있었다. 하지만 『일본서기』의 기록을 살펴보면, 임나의 땅 주인은 가야이다. 가야는 6개의 분국으로 갈라져 있는 상태였고, 백제와 왜에 비해 국력이 쇠약했다. 그래서 가야는 왜와 백제 양국과 동맹을 맺고, 임나 지역을 자유무역 도시로 내놓고 공동 관리를 한 것이다. 덕분에 임나는 당시 최대의 국제무역 도시로 성장할 수 있었으며, 왜와 백제는 물론이고 고구려와 중국의 제국들도 임나에서 거래되는 물품을 사갔을 정도였다. 고구려가 섬라에서 사서 중국에 팔던 옥도 역시 임나에서 거래되던 것이었다. 현재 한반도 내에서 옥 생산지가 어디였는지 밝혀지지는 않았지만, 옥은 아마도 임나 지역에서 대거 생산되었던 듯하다. 임나는 그 옥을 기반으로 경제권을 형성하고, 국제적인 무역 도시로 성장했던 것이다.

5. 무령왕과 왜왕 계체천황

　무령왕 치세에 일어난 일들 중에 많은 부분이 『일본서기』에 기록되어 있는데, 특히 왜의 제26대 왕인 계체천황 대에 집중되어 있다. 뿐만 아니라 무령왕은 계체천황의 즉위와도 밀접한 관련이 있는 것으로 보인다. 따라서 계체천황과 무령왕의 관계를 밝히는 것은 당시 백제사를 이해하는 데 매우 중요한 사안일 수밖에 없다.

　무령왕 즉위 당시인 501년에 왜는 499년에 즉위한 제25대 왕 무열(武烈)천황이 학정을 일삼고 있었다. 그는 임신한 부인의 배를 갈라 그 태를 보고, 사람의 생손톱을 뽑고서 산마를 캐게 하였으며, 머리털을 뽑고 그 사람을 나무 위에 올라가게 한 뒤에 나무 밑둥치를 베어 나무 위의 사람이 떨어져 죽도록 하기도 했다. 수문에 사람을 집어넣고 수문을 열어 물살에 흘러나오는 사람을 삼지창으로 찔러 죽이기도 했고, 나무 위에 사람을 올려놓고 활을 쏘아 죽이고, 여자를 발가벗겨 판자 위에 앉히고, 말을 끌고 앞으로 가서 교접을 시키고, 여자의 음부를 보고 정액을 흘린 자는 죽이고, 흘리지 않는 자는 관노로 삼는 등 그야말로 극악무도한 짓을 서슴지 않았다. 게다가 매일같이 창기들을 불러놓고 음란한 짓거리를 하거나 나체춤을 추게 하는 등 변태적인 행위를 일삼으며 주색에 빠져 지내기까지 했다.

　501년 11월에는 백제 출신 왕족 의다랑이 죽었는데, 아무래도 그의 학정과 무관하지 않은 듯하다. 무령왕은 의다랑이 죽은 뒤에 한동안 왜와 통교를 끊고, 사신을 보내지도 않았는데, 이는 의다랑의 죽음이 무열천황에 의한 것임을 시사하는 것이다.

　무령왕이 다시 사신을 보낸 것은 504년 10월이었다. 이 때 사신으로 간 사람은 마나(麻那)인데, 그를 '군(君)'이라고 칭한 것으로 봐서 부여씨 성을 쓰는 왕족이었음을 알 수 있다. 그러나 『일본서기』는 '마나는 백제 국왕의 골족이 아니다.'고 밝히고 있다. 즉, 마나는 왕족이긴 하나 무령왕의 직계는 아니었던 것이다.

무령왕과 계체천황의 관계는 왜에 마나를 파견하기 전에 이미 시작된 것으로 보인다. 계체천황은 생시에 남대적천황으로 불리었는데, 남대적은 계체천황의 속명이었다. 즉, 무령왕이 생시에 속명을 딴 사마왕으로 불리었듯이 계체천황도 남대적천황으로 불리었던 것이다.

무열천황의 극악한 행위가 지속되고 있을 때, 왜국 내부에서는 반정의 움직임이 있었고, 남대적이 바로 그 핵심 인물이었다. 504년 10월에 무령왕이 마나군을 사신으로 왜에 보낸 것은 남대적과 연계하여 무열천황을 제거하기 위함이었을 것이다.

무령왕이 남대적과 긴밀한 관계를 형성하고 있었다는 것은 우전(隅田)신사에서 발굴된 인물화상경의 명문에 잘 나타나 있다. 둥근 모양의 이 동경 가운데엔 9인의 인물 화상이 주조되어 있고, 그 둘레로 48자의 명문이 새겨져 있는데, 그 내용은 이렇다.

계미년(503년, 무령왕 3년) 8월 10일 대왕년, 남제왕이 의자사가궁에 머물 때, 사마가 장수를 염원하며 개중비직(관직) 세인(穢人, 백제 도래인) 금주리 등 2인을 보내 좋은 백동 2백 간을 모아 이 거울을 만들었다.

원문 : 癸未年 八月日十 大王年 南弟王 在意紫沙加宮時 斯麻念長壽 遣開中費直穢人今州利二人等 取白上同二百杆 作此竟

이 명문에서 남제왕은 남대적을 일컫는다. 503년은 무령왕이 왜에 마나군을 보내기 전이었고, 남대적이 왕위에 오르기도 전이었다. 하지만 무령왕은 이미 남대적을 왕이라고 부르고 있다. 무령왕이 남대적을 왕이라고 호칭한 것은 두 가지로 해석될 수 있다. 첫째는 이미 남대적을 왜의 왕으로 인정했다는 뜻이고, 둘째는 비록 왕위에 오르지는 않았지만, 남대적은 작호로서 왕을 칭하고 있었다는 뜻이다. 상황으로 봐서 두 번째 해석이 설득력이 있다.

　남대적은 응신천황의 5세손인 언주인왕의 아들로 기록되어 있다. 따라서 아버지의 봉작을 그대로 계승하여 왕으로 불리었을 가능성은 충분하다. 백제도 동성왕 시절에 신하들에게 도한왕, 아착왕 등의 왕칭을 내린 선례가 있고, 『일본서기』에서도 천황이 아닌 사람에게 왜언왕, 향반왕, 인웅왕 등의 호칭을 사용한 예들이 있기 때문이다. 더구나 무령왕이 스스로를 일컬어 대왕이라고 칭한 것을 보면, 남대적에 대한 왕칭은 봉작이 분명하다. 당시 백제와 왜의 관계는 대등한 사이였다. 따라서 무령왕은 왜국 천황에겐 스스로를 대왕이라고 칭할 수 없었다. 하지만 남대적 같은 봉작왕에게는 당연히 대왕이라는 칭호를 사용해야 옳다. 남대적이 '의자사가궁에 머물 때'라는 단서도 당시 남대적이 천황궁에 거하던 신분이 아니었음을 증명해주고 있다(동경의 '대왕년'에 대해서는 논란이 많다. 일본측 학자들은 이 대왕은 무열천황을 지칭한다고 보고, 한국측 학자들은 무령왕을 가리키는 것으로 보고 있다. 문장 흐름상 무령왕을 지칭하는 것이 맞다. 하지만 한국측 학자들은 이것을 근거로 당시 백제가 왜의 상국이었다고 주장하는데, 이는 옳지 않다. 남대적이 왕위에 오르기 전의 봉작왕이므로 무령왕이 스스로를 대왕으로 칭하는 것은 백제가 상국이었다는 것을 증명하는 근거가 되지 못하기 때문이다. 지금껏 한국과 일본 사학자들이 왜와 백제 중 누가 상국이었는가 하는 문제를 놓고 소모적인 논쟁을 벌여왔는데, 백제와 왜는 어느 누구도 상국으로 있지 않은 대등한 관계였음을 밝혀둔다).

　그렇다면 무령왕은 왜 남대적에게 동경을 보냈을까? 동경은 예로부터 천황의 상징이요, 신물이었다. 때문에 무령왕이 남대적에게 왕의 상징인 동경을 만들어 보냈다는 것은 학정을 일삼는 무열천황을 제거하고 천황의 자리에 오르라는 뜻을 나타낸 것이다. 물론 물심양면으로 지원하겠다는 뜻이 포함되어 있다.

　따라서 504년에 마나를 왜에 보낸 것은 무령왕이 무열천황을 제거하고 남대적을 천황의 자리에 앉히겠다는 의중을 행동으로 옮긴 조치였다.

　마나가 왜에 사신으로 갔을 때, 무열천황은 백제가 몇 년 동안 통교를 끊은 일을 놓고 몹시 분노하고 있었다. 그런 상황에서 무령왕은 505년 4월에 자신의 아들 사아(斯我)를 다시 왜에 파견했다. 무령왕은 아들을 파견할 정도로 왜의 정치적 상황에 깊이 관여하고 있었던 것이다.

당시 왜의 정국은 한치 앞을 내다볼 수 없을 만큼 혼란스런 상황이었는데도 무령왕이 아들을 파견했다는 것은 어느 정도 안전 장치가 있었기 때문일 것이다. 즉, 이 때는 남대적의 세력이 크게 성장하여 조정을 거의 장악한 상태였기에 무열천황도 감히 그를 어떻게 할 수 없었다는 뜻이다.

남대적의 세력 확대엔 왜 조정에서 활약하고 있던 백제 도래인들의 역할이 컸을 것이다. 무령왕이 마나를 파견하여 남대적을 지원함으로써, 자연스럽게 백제 출신 신하들은 남대적을 지지했을 것이기 때문이다. 거기에다 무령왕의 아들 사아군까지 가세하자, 남대적의 힘은 한층 더 강해졌을 것이다.

무열천황은 이듬해 12월에 죽는데, 아마도 남대적에 의해 제거된 것으로 보이며, 이는 사아군의 가세가 남대적에게 얼마나 큰 힘이 되었는지를 단적으로 보여주는 일이다. 말하자면 남대적은 백제 세력을 기반으로 무열천황을 제거했던 것이다.

무열천황이 죽자, 왜 조정의 장관 격인 대반대련 금촌은 조정 중신들과 의논하여 중애천황의 왜언왕(倭彦王)을 천황에 앉히려 했지만, 왜언왕은 살해될까 염려스러워 은신해버렸다. 아마도 남대적을 의식한 행동이었을 것이다.

『일본서기』는 무령왕의 아들 사아군은 왜로 건너가 아들을 낳았는데, '그 아들이 법사군이고, 이가 곧 왜군(倭君)의 시조'라고 했으며, 응신천황 대에 17현을 이끌고 건너간 아지(阿知, 아직기의 형제인 듯함)는 '왜한직(倭漢直)의 선조'라고 쓰고 있다. 이들의 작호에 근거해볼 때, 작호에 '왜(倭)'라는 글자가 들어가는 사람들은 백제에서 도래한 사람들임을 알 수 있다. 따라서 금촌과 대신들이 천황에 앉히려 한 왜언왕은 백제 계통의 인물일 것이다.

왜언왕이 숨어버리자, 금촌 등은 결국 남대적을 천황으로 받들어 앉히게 된다. 천황에 오른 남대적은 수백향(手白香) 황녀를 황후로 삼는데, 이는 정치적인 선택이었을 것이다. 수백향이 황후가 되기 전에 이미 남대적에겐 몇 명의 아들이 있었다. 즉, 본부인이 있었다는 것이다. 그럼에도 부인을 황후로 책봉하지 못하고 수백향을 맞아들여 황후로 삼고, 오히려 원래의 부인과 후실들을 후궁으로 삼아 수백향의 명령을 받도록 했다. 이는 수백향이 남대적을 천황에 앉히는 데 큰 역할을 한 세력 출신임을 의미한다.

그렇다면 남대적을 천황에 앉히는 데 가장 큰 역할을 한 세력은 누구인가? 이미 밝혔듯이 당연히 백제 세력이었다. 그런데 수백향은 황후에 책봉되기 전에 황녀의 신분이었다. 당시 백제인 중에 황녀로 불릴 수 있는 사람은 무령왕의 딸뿐이다.

『일본서기』는 중요한 황후들에 대해서, 특히 정변을 일으켜 즉위한 천황의 황후나 천황의 모후에 대해서는 그 혈통을 대개 밝히고 있다. 하지만 예외적으로 수백향의 혈통에 대한 언급은 전혀 하지 않았다. 더구나 수백향은 제29대 흠명(欽明)천황의 모후다. 따라서 수백향의 혈통에 대한 기록은 『일본서기』 편자들이 고의로 누락시킨 것으로 해석할 수밖에 없다.

왜 그랬을까? 왜 『일본서기』 편자들은 수백향에 대해서 어떠한 정보도 수록하지 않은 것일까? 그것은 바로 수백향이 무령왕의 딸이었기 때문이다. 다시 말해 남대적은 무령왕의 사위였던 것이다.

남대적이 임나의 4현에 대한 영유권을 인정하는 칙서를 달라는 백제의 요구를 거절할 수 없었던 이유도 바로 이런 정치적 상황 때문이었다. 왜국 조정은 후대에도 임나의 4현이 백제 소유라는 것을 인정한 칙서 때문에 가야로부터 크게 원망을 듣고, 또 가야를 병합하는 신라로부터도 많은 비판을 받는다. 그만큼 임나의 영유권 다툼은 첨예한 사안이었고, 왜국으로서는 기피하고 싶은 문제였다. 그럼에도 남대적이 임나의 영유권이 백제에 있다고 선언한 것은 그의 정치적 기반이 백제와 백제 도래인들에게 있었기 때문이다.

▶ 무령왕 시대의 세계 약사

이 시대 중국은 502년에 소연이 남제의 황실을 폐하고 스스로 제위에 올라 양을 세웠으니, 이가 양나라 무제다. 무제는 504년에 불교를 국교로 정하고, 주와 군에 학교를 설치하여 문치를 주창한다. 505년 8월에 북위가 양을 공격하자, 이 때부터 양국은 적대 관계를 형성하여 패권 다툼을 일삼았다.

이 때 유럽에서는 동로마와 페르시아가 대립하고 있었고, 동로마에서는 518년에 유스티니아누스 1세가 즉위하여 황금기를 일군다. 서구에서 영웅서사시 「베어울프」, 「아서왕 이야기」 등이 완성되는 것도 이 무렵이다.

제26대 성왕실록

1. 희대의 책략가 성왕의 불운과 추락하는 백제
(?~서기 554년, 재위기간:서기 523년 5월~554년 7월, 31년 2개월)

성(聖)왕은 무령왕의 아들이며, 이름은 명농이다. 그가 언제 태자가 되었는지 알 수 없으나, 무령왕의 첫 번째 태자 순타가 죽은 513년 즈음에 책봉된 것으로 보이며, 523년 5월에 무령왕이 죽자 왕위에 올랐다. 『삼국사기』는 그에 대해 '지혜와 식견이 뛰어나고, 일을 처리함에 있어 결단성이 있었다.'고 쓰고 있으며, 『일본서기』는 '천도 지리에 통달하여 이름이 사방에 널리 알려졌다.'고 평가하고 있다. 이는 성왕이 꽤 판단력이 뛰어나고, 여러 면에 두루 능통했음을 알려준다.

523년 당시, 백제 주변을 둘러싼 국제 관계는 매우 복잡하고 미묘하게 얽혀있었다. 임나의 영유권 문제로 가야가 백제와 등을 지고 신라와 손을 잡으면서 백제, 왜, 가야 삼국의 혈맹 관계는 무너졌다. 이런 상황에서 고구려는 여전히 백제를 응징하기 위해 다각도로 압력을 행사하고 있었고, 신라는 그 같은 역학 관계를 이용하여 영토 확장의 계기로 삼고자 하였다.

한편, 고구려를 견제하고 있던 북위에서도 심상치 않은 분위기가 조성되고 있었다. 위 왕 탁발원굉은 한족의 지지를 얻기 위해 한족과 선비족 간의 결혼을 장려하고 선비족의 성을 한족의 성으로 바꾸는 등 한족화정책을 실시했는데, 이 때문에 선비의 귀족들이 불만을 품고 있었다. 그리고 급기야 523년에 하북성 일대에서 군인들이 봉기를 일으켰다. 이후 산동성, 감숙성, 섬서성 등에서도 잇따라 대규모 군사 봉기가 일어나 국가의 기강이 크게 흔들렸다. 그러자 북위와 라이벌 관계에 있던 남조의 양나라는 이 기회를 이용해 세력을 확대하려는 움직임을 보이고 있었다.

이런 상황에서 왕위에 오른 성왕은 대륙백제의 영토를 확대하려는 움직임을 보였고, 이를 눈치 챈 고구려군은 성왕 즉위년 8월에 수만의 군대를 이끌고 대륙백제를 공격해왔다. 이에 성왕은 고구려 군사가 패수(浿水)에 이르렀을 때, 좌장 지충에게 기병 1만을 안겨 격퇴시켰다(흔히 이 전쟁을 예성강 근처에서 일어난 것이라고 주장하는데, 이는 격전지인 패수를 예성강으로 비정한 데서 비롯됐다. 그러나 당시 백제의 한반도 영토는 임진강에도 미치지 못하였으므로 예성강까지 군대를 이끌고 나아갈 입장이 아니었다. 여기서 말하는 패수는 중국 황하 남쪽 산동성에 있는 패수(沛水) 즉, 지금의 소청하이다. 따라서 이 싸움은 한반도에서 일어난 것이 아니라 대륙백제에서 일어난 것이다).

비록 고구려군을 격퇴시키긴 했지만, 백제의 힘만으로 대국 고구려를 상대한다는 것은 여간 어려운 일이 아니었다. 때문에 성왕은 먼저 524년에 양나라에 사신을 보내 양국의 우호 관계를 확인하고, 525년에 신라와 사신을 교환하여 두 나라의 관계가 돈독하다는 것을 과시하였다. 또한 내부적으론 웅진성을 축성하는 등 도성의 방비책도 세웠다.

그 무렵, 백제에 임나의 4현을 빼앗긴 가야는 신라와의 관계를 다지고 있었다. 무령왕이 죽기 2개월 전인 523년 3월에 가야의 구형왕이 신라에 사신을 보내 혼인을 청했고, 신라는 이찬 비조부의 누이를 그에게 시집보냈다. 또 524년 9월에는 신라의 법흥왕이 남쪽 지역을 순시하자, 구형왕은 그를 찾아가 회견하면서 가야의 북쪽 땅을 신라에 내주고 그 대신 서로 협력할 것을 약속했다.

이렇게 되자, 왜와 백제는 가야를 응징하려는 움직임을 보였다. 백제는 고구려와 대치 상황에 있었으므로 왜를 움직여 가야를 치고자 하였는데, 왜국 조정은 이 문제로 내분 양상을 보였다. 근왕 세력은 백제를 도와 가야를 쳐야 한다고 주장했고, 축자국(스쿠시코쿠, 지금의 기타큐슈) 등 가야와 친밀한 관계를 유지하고 있던 세력은 가야 공격을 반대했다. 이 때문에 왜국은 내분을 일으켜, 급기야 극한 대립으로 치달았다.

축자국의 국조 반정(磐井)은 원래 가야 출신이었기 때문에 백제가 장악한 임나 땅은 마땅히 가야에 돌려줘야 한다고 주장하고 있었다. 이에 백제파가 주축이 된 근왕 세력은 근강모야(近江毛野)에게 병력 6만을 안겨 반정을 압박하였고, 반정은 자신을 옹호하던 주변 세력과 힘을 합쳐 모야의 군대를 저지했다.

결국, 모야는 반정에게 패배하여 퇴각하였고, 계체천황은 조정 대신들과 숙의하여 물부대련 녹록화(麁鹿火)로 하여금 다시 반정을 공격하도록 했다. 그래서 528년 11월에 반정과 녹록화 사이에 일대 격전이 벌어졌고, 그 과정에서 반정의 목이 달아났다. 그러자 반정의 아들 갈자(葛子)가 충성을 맹세하고 병력을 거둬들임으로써 왜의 내분은 일단락되었다.

한편, 신라와 가야 사이엔 묘한 신경전이 벌어지고 있었다. 523년에 구형왕에게 시집온 신라 이찬 비조부의 딸은 가야에 온 뒤에도 신라의 의복을 입고 지냈으며, 자신을 따라온 1백 명의 시종에게도 모두 신라옷을 입도록 했다. 이 때문에 가야 조정은 여러 차례 그들에게 가야의 의복을 입을 것을 요구했지만, 그들은 듣지 않았다. 결국 분노한 가야 왕은 529년에 왕녀를 따라온 시종들을 모두 신라로 돌려보내버렸다. 그러자 이번에는 신라의 법흥왕이 노발대발하며 왕녀를 돌려달라고 하였다. 하지만 가야측에선 '이미 부부 관계를 맺었고, 자식까지 있는데 어떻게 돌려줄 수 있느냐'며 받아들이지 않았다.

가야 왕이 자신의 요구를 무시하자, 신라의 법흥왕은 곧 군대를 동원하여 가야를 압박하고, 도가(刀伽), 고파(古跛), 포나모라(布那牟羅) 등 세 성을 장악했다. 또 가야 북쪽 국경의 성 5개를 빼앗았다.

이 문제로 가야는 신라를 비난하며 백제와 왜에 왕족을 파견하여 도움을 요청했다. 그래서 백제는 장군 윤귀와 마나갑배, 마도 등을 파견하였고, 왜는 모야를 파견하여 대책을 의논하였다. 가야, 왜, 백제의 대신들은 서로 협력하여 가야의 땅을 회복하기로 하고, 신라에 사람을 보내 그 내용을 전했다. 그러자 분노한 법흥왕은 이사부에게 병력 3천을 안겨 오히려 가야 남쪽 지역을 공략하여 유린해버렸다.

신라가 그렇듯 막무가내로 나왔지만, 왜와 백제는 별다른 대응을 할 수 없었다. 백제는 고구려에 대항하기 위해서는 신라의 도움이 필수적이었고, 왜는 내정이 안정되지 못한 데다, 지리적으로 멀리 떨어져 있어 함부로 신라와 싸울 수 없는 처지였다.

더구나 그해 10월에 고구려의 안장왕이 직접 군대를 이끌고 달려와 대륙백제의 북쪽 요새인 혈성을 공격해 함락시켜버렸다. 성왕은 연모에게 보병과 기병 3만 명을 내주어 막도록 했으나, 연모는 오곡 벌판에서 2천여 명의 사망자를 내고 패퇴하고 말았다.

오곡 벌판의 패배 이후, 백제의 대륙군은 계속해서 내몰렸고, 그 같은 전쟁은 약 3년간 계속되었다. 시간이 지날수록 백제군은 점점 수세에 몰렸고, 결국 532년 7월에 백제군은 또 한 번의 대패로 대륙 기지를 거의 상실하기에 이른다(『삼국사기』는 이 사건에 대해 구체적으로 밝히지 않고, '성왕 10년 7월 갑진에 별이 비 오듯 떨어졌다.' 고만 쓰고 있다. 만약 이것이 실제 유성이 떨어진 사건을 기록한 것이라면 신라측 기록에도 있어야 한다. 하지만 같은 해 「신라본기」 기록에는 이런 내용이 없다. 따라서 이 기록은 전쟁에서 연모의 군대가 패배함에 따라 숱한 장수들이 죽어간 것을 은유적으로 표현한 내용으로 보아야 한다. 『삼국사기』에 당시 대륙백제의 군대를 이끌었던 연모에 대한 언급이 더 이상 없는 것으로 봐서, 이 때 연모도 전사한 것으로 보인다).

성왕이 이렇듯 대륙백제에 신경을 곤두세우고 있을 때, 군대를 이끌고 가야에 와 있던 왜의 사신 근강모야는 자의적으로 구사모라(久斯牟羅)성을 차지해버렸다. 이 때문에 가야는 백제와 신라에 도움을 청해 모야의 군대를 몰아내줄 것을 청했고, 결국 백제와 신라군이 연합하여 모야의 군대를 성안에 몰아넣고 공격을 가하였다.

근강모야가 구사모라성을 장악한 것은 가야에 파견될 당시에 계체천황으로부터 받은 밀명에 의한 것이었다. 계체천황은 가야의 혼란을 이용하여 백제와 신라와 마찬가지로 가야 땅 일부를 차지하려 했던 것이다. 하지만 백제와 신라가 연합하여 협공을 가해오는 데다, 왜에 머물고 있던 가야의 사신이 모야의 행위를 따지고 들자, 계체천황은 모야에게 밀사를 보내 귀환할 것을 명령했다. 그러나 모야는 사람을 보내 "명령을 이룬 후에 조정에 돌아가서 사죄하기를 기다려주십시오."라며 그냥 돌아갈 수 없다는 의지를 밝힌다.

그 후 나제 연합군과 모야의 대치는 한동안 이어지지만, 상황은 점점 모야에게 불리하게 돌아갔다. 만약 모야가 나제 연합군에 생포된다면, 계체천황이 내린 밀명이 탄로날 것이고, 그에 따른 백제와 신라의 비난이 만만치 않을 터였다. 계체천황은 불안한 나머지 다시 목협자(木頰子)를 모야에게 보내 돌아올 것을 종용했다. 모야도 더 이상 버틸 재간이 없던 터라, 구사모라성을 버리고 도주했다. 하지만 대마도에 이르러 목숨을 잃어야 했다(『일본서기』는 모야가 병들어 죽었다고 했지만, 정황으로 봐서 계체천황에 의해 암살된 것으로 보인다).

모야에게 밀명까지 내리면서 가야 땅 일부를 차지하려 했던 계체천황의 모험적인 행동은 결국 이렇게 막을 내렸고, 설상가상으로 계체천황은 531년 2월에 생을 마감하고 말았다. 계체천황이 죽은 뒤에 왜국 조정은 왕위계승권 다툼으로 엄청난 혼란에 휩싸였는데, 그런 상황에서 532년에 금관가야의 왕 김구해는 왕비 및 그의 세 아들 노종, 무덕, 무력과 함께 신라에 항복해버렸다. 가야 땅 장악을 위한 계체천황의 행동은 결과적으로 신라의 가야 장악을 도운 꼴이 되고 말았던 것이다.

한반도에서 가야를 둘러싼 신라, 왜, 백제의 각축전이 이어지고 있을 때, 혼란을 거듭하고 있던 북위는 우문 선비 출신의 우문태와 한인 출신의 고환이 권력을 양분하여 다툼을 벌이고 있었다. 그리고 이는 급기야 북위의 붕괴로 이어져, 국토가 양분되고 동서에 왕조가 양립하는 상황으로 치달았다. 결국 북위는 남경을 분기점으로 동위와 서위로 나뉘었다. 이렇게 되자, 남경과 그 동쪽을 차지한 동위는 산동성 쪽으로 세력을 팽창하였고, 이는 고구려에 밀려 급격하게 쇠락하고 있던 대륙백제의 몰락을 재촉했다.

대륙백제의 몰락은 백제인들에게 엄청난 충격이 아닐 수 없었다. 고이왕이 개척하고, 근초고왕이 확대하여 숱한 세파를 견디며 줄기차게 이어져 오던 대륙백제는 한때 크게 위축되었다가 동성왕과 무령왕에 의해 다시 일어났다. 그런데 성왕 대에 이르러 완전히 자취를 감추게 되었으니, 백제인들이 절망감에 휩싸이는 것은 당연했다.

성왕은 이 같은 상황을 타개하기 위해 538년에 도읍을 사비(충남 부여)로 옮기고, 국호를 '남부여'로 변경하는 과감한 조치를 취했다. 성왕이 '남부여'라는 국호를 취한 것은 백제가 고구려에 의해 멸망한 부여의 후예라는 점을 천명하고, 고구려가 차지한 부여 땅에 대한 권리을 주장하기 위한 것으로 보인다. 말하자면 부여의 옛 영토를 되찾겠다는 옹골찬 의지의 표출이며, 노골적으로 북진정책을 천명한 것이다.

성왕은 그 첫 번째 조치로 540년에 장군 연회에게 병력을 안겨 고구려의 우산성을 공격하도록 했다. 하지만 연회는 별다른 성과 없이 퇴각하고 말았다. 그러자 성왕은 고구려와 단독으로 싸워서는 승산이 없다고 판단하고 일단 한 발 물러서서 외교 관계에 주력하였다.

541년에 양나라에 사신을 보내 표문을 올리고 학자와 화가, 기술자, 서적 등을 요청하여 받아들였다. 그 무렵, 신라에서는 540년 5월에 법흥왕이 사망함에 따라 진흥왕이 7살의 어린 나이로 왕위에 올라 법흥왕의 딸 지소태후의 섭정을 받기 시작했다. 성왕은 지소태후에게도 사신을 보내 화친을 재확인하였다. 그리고 가야에 머물고 있던 왜국 객관(일본부)의 집사(대사 격의 외교 관리)와 가야의 집사를 불러 임나의 재건을 논의하였다. 성왕은 임나를 재건하고, 가야에 힘을 실어줌으로써 가야, 왜, 신라, 백제의 연합군으로 고구려를 상대하겠다는 계산이었다. 그러나 임나의 왜국 객관은 신라와 내통하고 있었고,

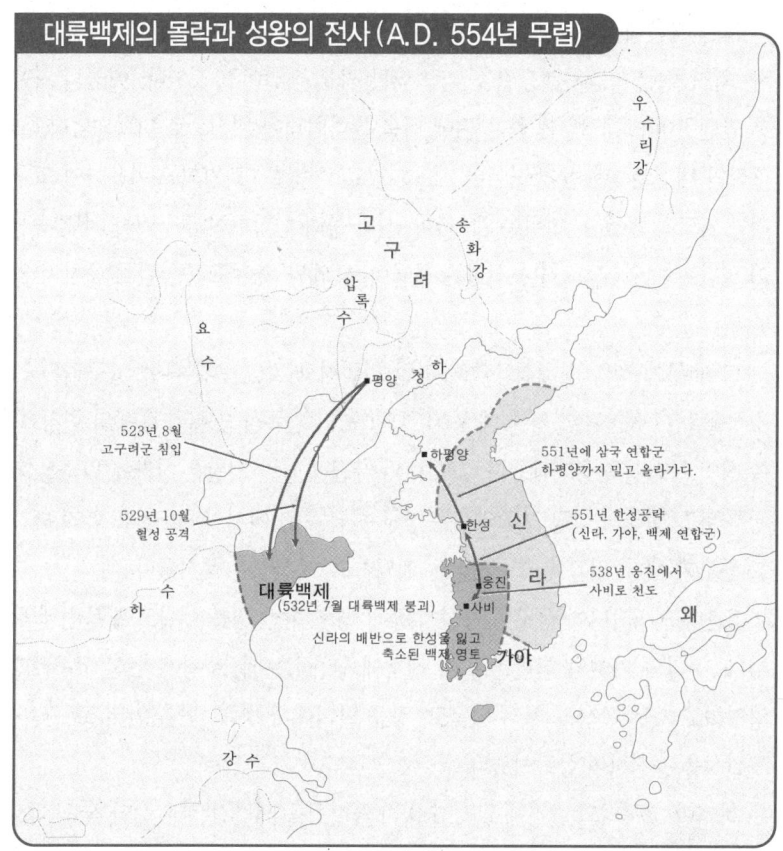

신라의 배반으로 한성을 잃고 축소된 백제의 영토. 성왕은 등극 이후 북위의 붕괴를 기회로 대륙 백제를 확대하려 했다. 그러나 낌새를 알아차린 고구려가 523년에 선제 공격을 감행해 패수 싸움을 일으켰다. 고구려는 529년 10월에 대륙백제의 최대 요인인 혈성을 공격하여 함락시키고 532년에 대륙백제의 땅을 완전히 병합했다. 성왕은 그 후에도 영토 회복에 주력하여 한성을 되찾고 하평양까지 진주하였으나 신라의 배반으로 영토가 축소된다.

신라 또한 임나의 재건을 바라지 않았기 때문에 성왕의 바람은 이뤄질 수 없었다. 오히려 성왕의 임나 재건 의도가 신라에 전해짐으로써 백제와 신라의 공조 관계에 균열이 생기는 결과만 낳았다. 또한 가야는 임나의 영유권 문제로 백제를 불신하고 있었기 때문에 성왕을 믿지 않았고, 왜국 조정도 백제를 신뢰하지 않았다. 이런 상황에서 성왕은 다시 가야와 왜를 끈질기게 설득했다.

그런 가운데 545년에 고구려에서는 내분이 일어났다. 안원왕이 중병이 들자, 외척들 간에 왕위계승권을 놓고 한판 싸움이 벌어진 것이다. 이들의 싸움은 안원왕이 그해 3월에 죽은 뒤에 더욱 본격화되어 내전으로 비화되었다. 고구려의 내전은 1년 반 동안이나 계속되었고, 성왕은 그 기회를 이용하여 고구려를 치고자 하였다. 성왕은 왜, 가야, 신라 등과 연합하여 고구려를 치면 승산이 있다고 보았다. 그러나 신라는 물론이고, 왜와 가야도 좀처럼 호응하지 않았다.

그 때문에 성왕의 계획은 차일피일 미뤄지고 말았는데, 후에 고구려가 그 소식을 듣고 548년 정월에 예(동예, 한반도 낙랑)족을 앞세워 백제의 한강 북쪽 성인 독산성을 공격해왔다. 고구려의 급습에 놀란 성왕은 신라에 원군을 요청하였고, 신라의 섭정 보도태후는 장군 주진(주령)에게 병력 3천을 안겨 백제를 돕도록 했다. 덕분에 고구려군은 패퇴하고, 독산성은 무사했다.

3년 뒤인 551년에 성왕은 자신이 직접 병력 수만 명을 이끌고 보복전에 나섰다. 신라와 가야의 연합군도 이 전쟁에 합세했는데, 성왕은 우선 고구려가 장악하고 있던 한성을 쳐서 되찾고, 장군 달기에게 병력 1만을 안겨 고구려의 도살성을 공격하여 함락시켰다.

하지만 고구려의 반격에 밀려 오히려 금현성을 빼앗겼는데, 신라 장군 이사부가 고구려와 백제 양쪽 군대가 피로해진 틈을 노려 도살성과 금현성을 모두 차지하고, 군사 1천을 머물게 하여 지키도록 했다. 이후 백제·신라·가야 연합군은 고구려의 뒤를 후리며 평양(하평양, 대동강 유역의 평양)까지 밀고 올라갔다. 그 결과, 신라는 10개의 군을 얻고, 백제도 6개의 군을 회복하는 큰 성과를 올렸다.

고구려가 이렇듯 백제와 신라 연합군에 맥없이 무너진 것은 돌궐의 갑작스런 침입으로 신성이 포위되고 도성이 위험에 처하는 어려운 상황이 초래되고 있었기 때문이다. 하지만 장군 고흘의 활약으로 돌궐군이 쫓겨가자, 고구려는 전열을 가다듬고 반격을 가하기 시작했다. 이에 신라는 마음을 바꿔 고구려와 손을 잡고 되레 백제를 공격했다.

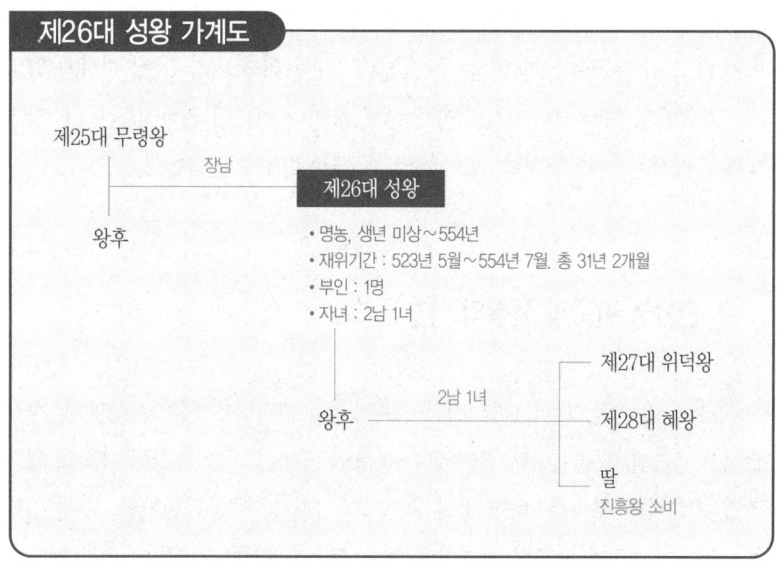

신라의 배반으로 백제는 당혹하여 어쩔 줄을 몰라했고, 그렇게 백제군이 우왕좌왕하는 사이에 신라군은 한강 이북의 백제 땅을 차지하고, 한성까지 장악해버렸다. 궁지에 몰린 성왕은 자신의 딸을 신라에 시집보내는 굴욕적인 조치를 취하며 가까스로 신라의 맹공을 누그러뜨렸다.

눈물을 머금고 사비성으로 돌아온 성왕은 복수를 다짐하였고, 왜에 파병을 요청하며 일전을 준비했다. 그리고 554년 5월에 왜의 수군이 도착하자, 성왕은 가야 군대와 함께 신라의 관산성(충북 옥천)을 공격했다. 하지만 불행하게도 이 전쟁에서 성왕은 유명을 달리해야 했다. 선봉대를 이끌던 태자 창(위덕왕)을 위로하기 위해 보병과 기병 50명만 이끌고 밤길을 가던 그는 구천에서 신라의 복병에게 습격을 당해 포로로 잡히고 말았고, 급기야 목이 달아나 그 머리는 신라 북청의 계단 아래 묻히고, 목 잘린 몸체만 백제에 보내졌다.

둘도 없는 책략가요, 희대의 영웅이요, 존경받던 군왕의 죽음치고는 너무나 비참하고 허무한 결말이 아닐 수 없었다.

성왕의 가족 사항에 대해서는 자세히 전하지 않는다. 부인은 몇 명인지 분명치 않고, 창(위덕왕), 계(혜왕) 두 아들과 진흥왕의 소비가 된 딸 하나가 있었다. 그 외에도 여러 자식이 있었을 것으로 보이나 이름이 전하지 않는다. 창과 계에 관해서는 「위덕왕실록」과 「혜왕실록」에서 별도로 언급한다.

2. 관산성 싸움과 성왕의 최후

554년 5월 3일, 왜의 전함 40척이 축자국을 출발하여 백제로 향했다. 승선 병력은 총 1천, 군마는 1백 필이었다. 성왕의 끈질긴 파병 요청이 마침내 왜의 조정을 움직인 것이다. 파병된 왜군 병력은 1천 명에 불과했지만, 그것은 백제·신라·고구려 삼국의 각축전에 왜가 국운을 걸고 뛰어든 중요한 사건이었다.

성왕이 처음으로 파병을 요청한 것은 541년이었다. 이 때의 명분은 임나를 재건하자는 것이었다. 하지만 왜는 쉽게 이에 응하지 않았다. 신라와 고구려의 눈치를 보지 않을 수 없었던 것이다. 뿐만 아니라 왜는 은밀히 신라와 내통하며 가야 지역에 터전을 구축하려는 시도를 하고 있었다. 그럼에도 성왕은 줄기차게 특사를 보내 백제와 가야, 왜가 연합군을 형성하여 신라와 고구려에 대항해야만 임나를 재건할 수 있다는 논리를 내세워 왜 조정을 설득했다. 당시 왜는 자유무역 도시인 임나가 분쟁지역으로 변함에 따라 한반도 및 중국 대륙과의 무역 거래가 거의 중단된 상태였고, 이에 따른 경제적 피해가 막대했다. 성왕은 그 점을 십분 이용하여 임나 재건을 외치며 왜군을 백제에 파병해줄 것을 요청한 것이다.

성왕의 파병 요청은 무려 13년 동안이나 지속됐고, 그동안 국제 정세도 크게 변했다. 가장 큰 변화는 역시 신라의 성장이었다. 신라는 가야 땅의 절반 이상을 수중에 넣었고, 한강 유역은 물론이고 그 북방의 고구려 땅 중 10개의 군을 장악했다. 게다가 백제에 등을 돌리고, 고구려와 뒷거래를 하며 백제를 압박했다.

그런 상황에서 백제가 의지할 곳은 역시 오랜 동맹국인 왜와 가야였다. 하지만 왜와 가야도 나름대로 내부 사정이 복잡했다. 가야는 신라파와 백제파가 갈려서 세력을 다투고 있었고, 왜 역시 백제의 임나 장악에 대한 비판적인 시각이 만만치 않았다. 그러나 신라와 고구려의 공조는 왜와 가야를 몹시 불안하게 하였다. 고구려와 신라의 공조로 백제가 무너지면, 가야는 필연적으로 신라에 병합될 수밖에 없었고, 왜 역시 외톨이 신세로 남아 고구려와 신라에 머리를 숙여야 하는 상황으로 내몰리기 십상이었다. 때문에 백제의 위기는 곧 왜와 가야의 위기이기도 했다. 왜 조정이 늦게나마 성왕의 파병 요청을 받아들인 것은 백제와 가야, 왜의 혈맹 관계를 복원하지 않으면 중대한 위기 상황이 도래할 것이라는 자각 때문이었다.

왜의 군대가 백제에 도착하자, 성왕은 신라에게 빼앗긴 땅을 회복하기 위해 출정식을 거행했다. 금지옥엽 같은 딸을 진흥왕의 소비로 내주면서까지 복수의 칼날을 갈고 있던 터라, 성왕은 목숨을 걸고 일전을 치를 각오였다.

성왕의 첫 공격목표는 관산성(옥천)이었다. 관산성은 소백산맥 동쪽에 자리잡고 있어서, 백제의 도성인 사비까지 한나절이면 당도할 수 있었다. 때문에 그 곳에 신라군이 주둔하고 있다는 것은 백제에겐 크나큰 위협이 아닐 수 없었다. 신라의 기병이 언제 기습 공격을 감행해올지 알 수 없었다. 그야말로 관산의 신라 병력은 성왕의 눈알을 노리는 창날과 같은 존재였던 것이다.

성왕은 노도와 같이 군대를 내몰아 관산성을 압박했다. 휘하 병력은 왜와 가야, 백제군으로 된 연맹군이었다.

성왕의 군대가 몰려오자, 신라에서는 우덕과 탐지가 맞서왔다. 그러나 그들은 성왕의 군대를 당해내지 못하고 뒷걸음질을 쳤다. 그렇듯 상황이 신라에게 불리하게 돌아가자, 한강 유역에 머물고 있던 아찬 김무력이 병력을 이끌고 달려왔다. 또한 삼년산군(보은)의 비장 도도까지 가세했다.

한주의 군대를 이끌고 달려온 김무력은 가야 왕 구형의 막내아들이었다. 따라서 그가 이끌고 있던 군대의 상당수는 가야 병력이었고, 그것은 백제 연맹군에 가담하고 있던 가야 군대를 몹시 혼란스럽게 하는 일이었다. 가야 군대의 그런 혼란은 성왕의 지휘 체계를 약화시키는 역할을 했고, 그것은 결국 백제 연맹군의 사기를 크게 떨어뜨렸다.

그 기회를 놓치지 않고 김무력은 태자 창이 이끌고 있던 백제군의 선봉을 두들겼다. 그 소식을 듣고 성왕은 군대의 사기를 높이기 위해 자신이 직접 전선으로 달려갔다. 그것도 어두운 밤길을 단지 50명의 호위병만 이끌고.

그런데 그것이 화근이었다. 성왕이 이동하고 있다는 정보를 입수한 신라 삼년산군의 장수 도도가 성왕과 그 호위병들을 급습한 것이다. 성왕을 호위하고 있던 병력은 비록 일당백의 근위병들이었지만, 50명으로 수천 명의 군대를 당해낼 수는 없었고, 결국 성왕은 포로로 붙잡히는 신세가 되었다.

성왕을 붙잡은 도도는 노비 출신의 장수로서 공을 세워 신분이 상승되길 바랐다. 그래서 그는 어떻게 해서든 성왕의 목을 얻고자 하였고, 바야흐로 그 기회를 잡은 것이다. 성왕을 사로잡은 그는 일단 왕에 대한 예를 갖추며 큰절을 두 번 하고, 이렇게 말했다.

"대왕의 머리를 베도록 해주소서."

그러자 성왕은 그를 무섭게 노려보며 대꾸했다.

"왕의 머리를 종의 손에 맡길 수 없다."

하지만 도도는 물러서지 않고 성왕을 힐난했다.

"우리 나라의 법에는 맹세한 것을 어기면 국왕이라고 해도 마땅히 종의 손에 죽습니다."

성왕은 딸을 진흥왕에게 시집보낼 때, 신라와 화친 관계를 유지하겠다고 맹세했던 모양이다. 도도가 성왕더러 맹세를 어겼다고 한 것은 바로 화친의 맹약을 깨고 관산성을 공격한 것을 말함이었다.

그 소리에 성왕은 의자에 걸터앉은 채 차고 있던 자신의 칼을 내주고 하늘을 우러러 탄식을 쏟아내며 눈물을 흘렸다. 그리고 목을 내밀고 말했다.

"짐은 매양 뼈에 사무치는 고통을 참고 살아왔지만, 이제 구차하게 목숨을 구걸하고 싶지 않다. 자, 내 목을 베라."

도도는 그 소리가 떨어지자마자, 곧 칼을 휘둘러 성왕의 목을 쳤다. 그리고 성왕의 목 잘린 시신을 서라벌에 보냈다. 성왕의 시신을 접수한 신라 조정은 그의 두개골을 수습하여 도당이 있는 북청의 계단 밑에 묻고, 나머지 뼈는 백제에 보냈다.

성왕이 참수됐다는 소식은 이내 백제군에게 전해졌고, 그로 인해 백제군은 전의를 상실하고 퇴각했다. 신라군은 달아나는 백제군의 뒤를 후려 약 3만의 병력을 몰살시켰고, 태자 창도 포위되어 생포될 처지에 놓였다. 그때 궁술에 능한 축자 국조가 신라군의 선봉에 선 장수를 활로 쏘아 넘어뜨려 활로를 뚫었고, 덕분에 태자 창은 구사일생으로 목숨을 건졌다.

그러나 관산성 전투의 패배는 백제에 엄청난 후유증을 남겼다. 성왕의 죽음으로 가야와 왜, 백제를 하나로 묶어 이끌 수 있는 영도자를 잃었다는 것이 가장 큰 문제였고, 다음으론 3만의 정예병을 잃은 탓에 향후에는 방어전 일변도로 전쟁에 임해야 한다는 것이었고, 세 번째로는 가까스로 형성된 백제, 왜, 가야 연맹군이 첫 싸움에서 완전히 대패하는 바람에 연맹에 대한 회의감을 일으킨 것이다.

또한 태자 창은 개인적으로 아버지를 지키지 못한 불효를 저질렀고, 장수로서는 패전의 부끄러움을 안고 살아야 했다. 그 자책감을 이기지 못해 그는 스스로 머리를 깎고 중이 되려고도 하였다. 다행히 신하들의 강한 만류로 그는 출가를 포기했지만, 성왕이 죽은 후 3년 동안 그는 왕위를 비워두고 참회의 나날을 보내야만 했다.

▶ 성왕 시대의 세계 약사

성왕 시대, 중국의 남북조는 큰 변화를 맞이하고 있었다. 북조의 북위는 한족화정책의 실패로 곳곳에서 봉기가 일어나 혼란에 빠졌고, 결국 534년에 몰락하여 동위와 서위로 나뉜다. 그러나 550년에 동위의 실권자 고환의 아들 고양이 동위를 폐하고 황제에 올라 북제를 건국했다. 한편, 남조의 양나라에서도 549년에 후경이 반란을 일으켜 건강을 함락시키고, 스스로 한(漢) 황제라 칭하는 사태에 직면했다.

이 무렵, 서양에서는 동로마가 페르시아를 맞아 힘겨운 싸움을 벌이며 세력을 유지하고 있었고, 몰락한 서로마 지역에선 프랑크국이 부르군트 왕국을 병합하고, 동고트와 반달 왕국은 동로마에 멸망한다.

제27대 위덕왕실록

1. 위덕왕의 생존 전략과 국제 정세의 급변
(서기 525~598년, 재위기간: 서기 554년 7월~598년 12월, 44년 5개월)

위덕(威德)왕은 성왕의 장남이며, 이름은 창이다. 525년에 태어났으며, 554년에 성왕이 전사하자 30살의 나이로 국정을 이어받았다. 그는 태자 시절부터 성왕을 도와 국정에 깊이 참여하였고, 신라가 동맹을 어기고 한강 유역을 장악했을 땐, 신라 정벌론을 펼쳤다. 그의 강경론에 따라 성왕이 신라 공격을 결심하자, 554년에 자신이 선봉에 서서 관산성 공략에 나섰다. 이 일은 많은 신하가 반대하였으나, 창은 주장을 굽히지 않고 기어코 관산성을 공격했다. 성왕은 관산성을 공격하고 있던 태자 창을 위로하기 위해 밤길을 달려가다 신라군에게 급습을 당해 죽었는데, 창은 그 죄책감에 시달리며 출가하여 승려가 되려고도 했다. 하지만 신하들이 강하게 만류하자, 뜻을 굽히고 왕위를 승계했다. 그는 성왕의 삼년상을 치르고 557년 3월에야 정식으로 왕위를 승계했는데, 이는 자기 탓으로 부왕이 죽은 것에 대한 참회의 의미로 보인다.

성왕이 전사하여 나라가 불안한 가운데 태자로서 왕의 임무를 수행하던 그는 국정을 맡자마자 고구려의 침입을 받아야 했다. 고구려는 554년 10월에 군대를 이끌고 쳐들어왔는데, 이는 성왕이 죽은 지 불과 3개월 만이었다. 고구려는 신라가 길을 열어주자, 단숨에 웅진성까지 달려와 백제를 위협하였다. 백제의 옛 도읍이자 군사적 요충지인 웅진성은 사비성에서 불과 한나절 거리도 떨어져 있지 않은 곳이었다. 말하자면 백제의 폐부와 같은 곳인데, 고구려가 한달음에 달려왔으니, 백제로서는 당황하지 않을 수 없었다.

위덕왕은 총력전을 펼쳐 가까스로 고구려군을 패퇴시켰지만, 고구려의 재침을 염려하지 않을 수 없었다. 또한 고구려 침략은 신라가 길을 터준 결과였으므로, 고구려와 신라가 연합하여 공격해올 수도 있었다. 때문에 백제의 의지처는 오랜 동맹국인 왜와 가야밖에 없었다.

그런 판단 아래 그는 아우 계(혜왕)를 왜에 파견하였다. 왜로 떠난 계는 555년 2월에 왜국 도성에 도착하여 흠명(欽明)천황을 만나 군대를 요청하였고, 당시 왜국 조정을 장악하고 있던 소아도목(蘇我稻目)의 동의를 얻어냈다. 1년가량 왜에 머무르던 계는 556년 1월에 왜군 1천여 병력의 호위를 받으며 돌아왔다.

백제는 신라와 고구려의 협공을 막기 위해서는 무엇보다도 백제, 왜, 가야 삼국의 공동 대응이 절실한 입장이었다. 이를 실현시키기 위해서는 먼저 가야의 재건이 필요했다. 가야의 힘이 강해지면, 신라가 함부로 병력을 움직이지 못할 것이고, 거기에 왜의 군대까지 가세하면, 백제는 고구려와의 싸움에 주력할 수 있다는 계산이었다. 왜 역시 가야의 몰락으로 한반도에 대한 영향력을 완전히 상실한 터라, 가야 재건에 나서지 않을 수 없었다. 때문에 위덕왕은 아우 계를 파견하여 왜와 백제가 함께 가야를 복원시키자는 제의를 하였고, 왜 조정이 이에 호응했던 것이다.

물론 위덕왕은 가야 쪽에도 밀사를 파견하여 신라에 빼앗긴 가야 땅을 되찾을 방법을 모색하였고, 그것은 562년 7월에 신라에 대한 공격으로 나타났다. 백제가 신라를 공략하는 사이, 가야는 내부를 수습하고 신라의 뒤를 후리는 양동작전을 구사했던 것이다.

그러나 백제군은 신라의 반격에 말려 1천 명의 사상자를 내고 패주함으로써 작전은 실패로 돌아갔다. 백제군을 물리친 신라는 그 여세를 몰아 가야를 공격했다. 가야를 집어삼킬 기회를 엿보며, 침략의 명분을 찾고 있던 신라로서는 더 이상 좋은 기회가 없었던 것이다.

이사부가 이끄는 신라군은 장군 사다함을 앞세워 순식간에 가야 전역을 휩쓸어버렸고, 그것은 그나마 명맥을 유지하고 있던 가야의 몰락으로 이어졌다.

가야가 그렇게 쉽게 무너지자, 가장 당황한 쪽은 백제가 아니라 왜였다. 가야와의 무역을 기반으로 자국의 식량 부족을 해소하고 있던 왜국으로서는 자칫 식량 부족에 허덕여야 할 위기 상황을 맞은 것이다. 그간 백제가 끊임없이 가야 재건을 위해 병력 파견을 충동질했을 때도 섣불리 나서지 않은 것은, 일이 잘못되어 가야가 완전히 신라 수중에 떨어질 것을 염려한 때문이었다. 왜의 영토는 대부분 산악지대이고, 그것도 여러 섬으로 나뉘어 있어, 항상 식량 부족에 시달리는 형편이었다. 왜가 일찍부터 가야와 동맹을 맺고 형제처럼 지낸 가장 큰 이유는 양곡이 충분히 생산되는 가야와의 무역을 통해 식량 부족을 해결하기 위함이었다. 그런데 왜의 식량 부족분을 채워주던 가야가 적국 신라에 패망함으로써 왜는 졸지에 식량난을 염려해야 될 처지가 되었다.

그렇듯 발등에 불이 떨어진 왜는 563년 7월에 마침내 백제에 병력을 파견하여 신라 공략에 나섰다. 사실, 위덕왕이 진정으로 원한 것은 가야의 재건이 아니라 왜의 적극적인 개입이었는지도 몰랐다. 어차피 가야는 몰락지경에 처해 있었기에 재건은 요원한 일이었다. 거기에다 가야가 쇠망하지 않고 그럭저럭 버티고 있는 상황에서는 왜가 쉽사리 신라를 공격하지 않을 터였다. 그래서 백제는 차라리 가야를 몰락시키고, 왜가 적극적으로 신라 공략에 나서도록 하는 전략을 짰을 가능성이 높다.

어쨌든 왜는 백제가 그토록 원하던 병력을 파견하여 신라를 공격했다. 왜와 백제는 백제에 속한 옛 임나 땅인 다리(섬진강 하류 지역)에 군대를 집결하여 가야 지역으로 치고 들어갔다. 하지만 왜의 수장 기남마려(紀男麻呂)는 신라군의 전략에 말려 많은 군사를 잃고 백제 땅으로 퇴각하고 말았다.

그 뒤로 왜와 백제는 섣불리 신라를 공격하지 못했고, 신라 역시 왜와 연합한 백제를 함부로 건드리지 않았으며, 고구려에 길을 열어주지도 않았다. 덕분에 위덕왕은 고구려와 신라의 위협으로부터 벗어날 수 있었다(577년에 백제가 신라의 서부 지역을 공격하여 한 차례 전쟁을 치르긴 하나, 별로 심각하지 않은 국경 분쟁에 불과했다).

전쟁 위협이 사라지자, 위덕왕은 외교 경로를 통해 고구려를 고립시키는 전략을 구사하였다.

당시 중국 대륙은 한바탕 변화의 소용돌이 속에 있었다. 남조에선 진패선이 557년에 양을 멸망시키고 진(陳)을 세웠으며, 북조에서도 557년에 서위를 무너뜨린 우문 선비의 북주(周)와 동위를 차지한 한족 고씨의 북제(齊)가 양립하고 있었다.

백제는 남진과 북제에 모두 사신을 보내 외교 관계를 맺고 외교적 안정을 꾀하였다. 또 577년에 북주에 의해 북제가 멸망되고, 581년에 북주의 외척 양견이 주 왕실을 무너뜨리고 수나라를 세우자, 위덕왕은 양견에게 사신을 파견하여 외교 관계를 유지했다. 그리고 589년에 양견이 진을 몰락시키고 대륙을 통일하자, 위덕왕은 수나라를 충동질하여 고구려에 대한 공격을 유도한다는 계획을 세웠다.

수가 진을 몰락시킬 당시, 수나라의 전함 한 대가 탐라(제주도)에 표류해왔는데, 위덕왕은 그들의 배를 수리해주고, 선물까지 가득 안겨 돌려보냈다. 양견은 이 일로 백제를 매우 신임하고, 굳이 사신을 보내고 조공을 바치는 일을 하지 않아도 된다는 조서를 내리기까지 하였다. 수로 하여금 고구려에 대한 공격을 유도한다는 계획은 이런 상황에서 이뤄진 것이다.

정황을 살피며 수나라에 그런 의지를 전달할 기회를 엿보고 있던 위덕왕은 598년에 수와 고구려가 요동 땅을 놓고 전쟁을 벌이자, 장사 왕변나를 수나라에 보냈다. 그리고 고구려는 예의가 없고 오만한 나라라고 비난하면서, 만약 수나라가 다시 고구려를 친다면, 백제가 향도가 되어 도와주겠다는 제의를 했다.

그러나 양견은 아직 고구려를 재침할 여력이 없다고 판단하고, 위덕왕의 제의를 받아들이지 않았다.

한편, 백제가 수나라로 하여금 고구려를 치도록 충동질하고 향도가 되겠다고 한 사실을 전해들은 고구려 조정은 즉시 병력을 동원하여 백제 국경을 노략질하며 보복을 감행하고 돌아갔다.

위덕왕은 그런 상황에서 598년 12월에 74살의 나이로 생을 마감했다(위덕왕은 44년여의 오랜 세월을 왕위에 머물렀지만, 그의 치세에 대한 기록은 극히 미미하다. 특히 『삼국사기』의 기록만으로는 그의 치세를 제대로 판단할 수도 없을 정도다. 『일본서기』에 위덕왕과 관련한 기록들이 다소 남아 있어, 그나마 다행스런 상황이다).

『삼국사기』엔 위덕왕의 가족에 대해 전혀 언급이 없다. 다만 『일본서기』 추고천황 편에 백제 왕자 아좌(阿佐)라는 이름이 보인다. 597년 4월 위덕왕이 그를 왜에 파견했으며, 왕자라는 호칭을 쓴 것으로 봐서, 그는 위덕왕의 아들임이 분명하다. 또한 위덕왕을 대신하여 국정을 의논할 목적으로 왜에 건너갔다는 것에서 그가 태자의 신분이었음을 알 수 있다.

당시 고구려와 수나라 사이에는 팽팽한 긴장감이 돌았고, 국제 정세가 심상치 않게 돌아갔다는 점을 감안할 때, 아좌는 백제와 왜의 군사 협력 문제를 논의하기 위해 왜에 갔을 것이다.

그러나 『일본서기』는 그가 언제 백제로 돌아갔는지 기록하지 않았다. 또한 위덕왕의 사망과 혜왕의 즉위에 대해서도 전혀 기록하지 않았다.

어쨌든 이듬해에 위덕왕을 이어 왕위에 오른 사람은 혜왕, 즉 위덕왕의 아우였다. 태자가 멀쩡히 있는데, 그것도 일흔이 넘은 혜왕이 왕위에 올랐다는 것은 곧 혜왕이 왕위를 찬탈했다는 뜻이 된다.

그렇다면 혜왕의 왕위 찬탈은 언제 이뤄진 것일까? 아마도 태자 아좌가 왜에 있을 동안에 벌어진 사건일 것이다. 당시 위덕왕은 일흔이 넘은 나이였다. 하지만 아좌가 왜에 파견될 당시엔 병중에 있지는 않았을 것이다. 만약 그랬다

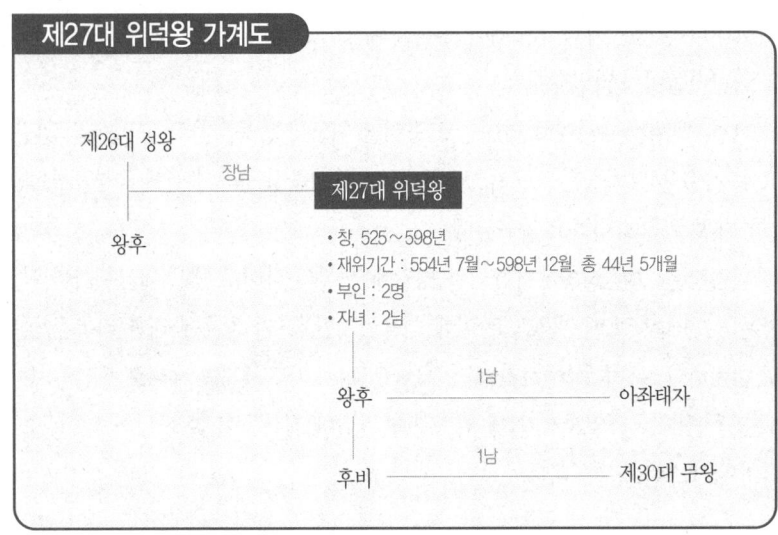

면, 태자를 왜에 파견하지 않았을 것이기 때문이다. 즉, 위덕왕은 아좌가 왜로 떠난 뒤에 급작스럽게 병상에 누웠고, 그런 와중에 아우 계(혜왕)가 위덕왕을 대신하여 왕권을 행사했을 것이다. 그리고 급기야 계와 그의 아들 효순(법왕)이 정권을 장악하고 왕위를 넘보게 된 것이다.

아좌태자는 국정을 의논하기 위해 왜에 왔기 때문에 필시 잠시 머물고 돌아갔을 것이다. 그리고 사비에 당도한 뒤에 혜왕 세력에 의해 제거되었을 가능성이 높다.

위덕왕에겐 아좌태자 이외에도 여러 아들이 있었을 것으로 보이나, 기록이 남아 있는 사람은 무왕(제30대)뿐이다. 무왕은 『삼국사기』와 『삼국유사』에서 모두 법왕의 아들로 기록하고 있으나, 『북사』와 『수서』에서는 위덕왕의 아들이라고 기록하고 있다. 당시 백제의 정치적 상황과 관련 설화에 따른 성장 과정을 따져볼 때, 무왕은 위덕왕의 아들일 가능성이 높다. 이에 대해서는 무왕 실록에서 보다 자세하게 다루기로 하겠다.

2. 일본에 불교를 전파한 백제인들

일본에 불교를 전해준 나라는 백제이다. 국가적 차원에서 공식적으로 백제가 왜에 승려를 파견한 것은 성왕 대인 552년이다. 성왕은 석가불의 금동상 1구와 경전 몇 권을 보내며 다음과 같이 말했다.

"이 법은 모든 법 중에서 가장 훌륭한 것입니다. 이해하기 어렵고, 입문하기 어려워, 주공과 공자도 알지 못했습니다. 이 법은 무량무변한 복덕과보를 낳고, 무상의 보시에 도달할 수 있습니다. 비교하건대, 사람들이 여의주를 품으면 모든 것이 마음먹은 대로 되듯이 이 묘법의 보물도 그러합니다. 기원하는 것은 마음대로이며, 모자라는 것은 없습니다. 천축에서 삼한에 이르기까지 받들어 모시고, 존경하지 않는 자가 없습니다."

이렇듯 성왕의 뜻과 함께 불상과 경전이 전해지자, 왜국 조정은 부처를 받아들일 것인지 말 것인지 논의했다. 당시 실권자 소아도목은 "서쪽의 여러 나라가 다 섬기고 있습니다. 일본이 어찌 혼자 배반할 수 있겠습니까?" 하고 말하며 흠명천황에게 불교를 받아들일 것을 청했다.

하지만 대신 미려(尾輿)와 중신 연겸자(連鎌子)가 전통적인 신도를 거스르는 처사라며 강력하게 반대했다. 그러자 흠명천황은 소아도목에게 불상을 내리고 예배토록 했다.

그 뒤에 왜국 전역에 역병이 번지자, 미려와 연겸자가 불상 때문에 일어난 일이라고 주청하며 불상을 던져버리라고 하자, 흠명천황은 그들의 의견을 받아들였다. 그래서 불상을 강물에 던지고, 불상을 안치했던 절을 태워버렸다.

이 사건 후, 왜는 한동안 불법을 접하지 못하다가, 32년 후인 584년 민달(敏達)천황에 이르러 다시 불교가 전파되었다. 이 때 불교를 왜에 전파한 사람은 백제 사람 녹심신(鹿深臣)과 좌백련(佐伯連)이었다. 그들은 왜에 들어오면서 각각 미륵석상 1구와 불상 1구를 가지고 들어왔다.

그들은 불상을 소아도목의 아들 마자(馬子)에게 주었고, 마자는 사방으로 사람을 풀어 수행자를 찾았다. 비록 공식적으로 불교가 들어온 것은 얼마 되지 않았지만, 이미 왜국엔 불법을 받아들여 승려가 된 사람들이 있었던 것이다. 사방으로 수소문을 해본 결과, 고구려 출신 환속 승려인 혜편(惠便)이라는 인물을 찾는 데 성공했다. 마자는 그를 스승으로 삼고, 사마달등(司馬達等)의 딸 도(島)를 출가시켰다. 그리고 도의 제자가 될 두 여인을 다시 출가시켰다.

마자 대신은 혼자 불법에 귀의하여 세 명의 여승을 섬겼고, 자기 집 동쪽에 절을 지어 미륵상을 안치했다. 또한 세 비구니를 초청하여 법회를 열기도 했다. 이렇듯 왜의 불교는 마자 대신의 노력으로 확산되기 시작했다.

그러나 다시 역병이 창궐하자, 반소아파 조정 대신들은 모든 것이 소아 대신이 불법(佛法)을 일으켰기 때문이라고 비판하기 시작했다. 이에 따라 탑과 사찰이 무너지고, 비구들은 소환되어 감금되었다. 그런데 이번에는 두창이 번져 그것으로 죽는 자들이 늘자, 백성들은 불상을 불태웠기 때문에 일어나는 현상이라고 수군거렸다.

그 무렵 소아마자도 병에 걸려 있었는데, 그는 자신의 병은 불법의 힘을 빌려야만 나을 수 있다고 주장했다. 그 때문에 민달천황은 소아 대신 혼자만 불법을 섬길 수 있도록 허락하고, 감금했던 세 명의 여승을 풀어줬다.

민달천황이 죽고, 용명(用明)천황이 왕위에 올랐는데, 즉위 2년에 두창에 걸린 그는 불교에 귀의하려고 했다. 이 일로 대신들 간에 찬반 양론이 일었고, 치열한 공방전이 전개되었다. 그런 가운데 용명천황은 두창이 심해져 죽었고, 이후 왜 조정은 왕위계승권을 둘러싼 싸움에 휩싸였다.

치열한 다툼 끝에 내분은 결국 소아 세력의 승리로 끝나고, 왜 조정은 불교를 받아들이기로 결정하여 백제에 승려를 요청했다. 588년에 백제에서 혜총 등 세 명의 승려에게 불사리를 모시게 하여 보내왔다. 또 영조율사, 영위, 혜중, 혜숙, 도엄, 영개 등의 승려와 기와 장인, 탱화 장인, 절 목수 등을 파견하여 왜의 불법 전파에 도움을 주었다.

또 선신(善信) 등의 비구들을 백제 사신에게 딸려 보내 불교를 배워오도록 했으며, 법흥사를 창건했다.

백제로 떠난 선신 등의 비구들은 2년 뒤인 590년에 왜로 돌아왔고, 그 뒤로 귀족의 딸과 아들들이 대거 출가하여 승려가 됨으로써 일본은 불교의 토대를 닦기 시작했다.

이렇듯 일본의 불교 수입은 단순한 종교적 차원의 문제만은 아니었다. 불법 포교를 둘러싼 논쟁의 배경엔 친백제파와 반백제파와의 팽팽한 정치적 다툼이 도사리고 있었는데, 그것은 마치 조선 말기에 천주교에 대한 입장 차이를 드러냈던 벽파와 시파의 당파 싸움과 유사했던 것이다. 따라서 소아씨와 같은 불교 옹호론자들의 승리는 친백제파가 왜국 조정을 장악했다는 뜻이다.

어쩌면 성왕과 위덕왕의 진짜 목적은 거기에 있었는지도 모른다. 즉, 불교를 지렛대로 삼아 왜국 조정에 친백제파 세력을 키우려 했다는 것이다. 그런 의미에서 본다면, 백제가 왜에 불교를 전파한 행위는 정치적 목적에 따른 음모의 일환이라고도 볼 수 있다.

▶ 위덕왕 시대의 세계 약사

위덕왕 시대 중국은 거대한 변화의 소용돌이 속에 휘말려 있었다. 남조에서는 양나라가 멸망하고 진이 섰으며, 북에서는 북주가 북제를 병합하였다. 그러나 북주의 외척 양견은 주 왕실을 무너뜨리고 수를 세웠으며, 다시 남진을 병합하여 중국을 통일하였다. 후한이 멸망한 이래 중국 대륙이 하나로 통합된 것은 실로 370여 년 만의 일이었다.

이 때 서양에서는 554년에 동로마가 이베리아반도의 해안지역까지 진출하였고, 555년에 이탈리아의 동고트 왕국을 멸망시켜 병합했으며, 563년에는 동로마와 페르시아 사이에 화친약조가 이뤄져 평화를 다짐했다. 그러나 571년에 동로마의 유스티누스 2세가 페르시아에 대한 세공을 거부함으로써 양국의 평화는 깨지고, 다시 20년간 전쟁의 악순환이 계속되다가 591년에 겨우 화친을 복원했다.

한편, 서로마 지역의 맹주로 부상한 프랑크 왕국은 558년에 로타르 1세에 의해 통일되었으나 561년에 다시 분열되었고, 580년에는 삼분되어 왕권은 유명무실해지고 제후들이 실권을 장악했다.

제28대 혜왕실록

1. 늙은 혜왕의 왕위 찬탈과 짧은 재위
(?~서기 599년, 재위기간: 서기 598년 12월~599년 12월, 1년)

혜(惠)왕은 성왕의 둘째 아들이며, 이름은 계(季)다. 그는 위덕왕과 함께 성왕을 보필하였으며, 왕자 시절부터 정치에 깊이 관여했다. 성왕이 전사한 직후인 555년 2월에는 위덕왕의 명을 받고 왜로 가서 실권자 소아도목과 흠명천황을 만나 병기와 군대를 지원해줄 것을 요청했다. 이 일로 왜국 조정은 논란을 거듭하였고, 그 같은 논쟁은 약 1년 동안 계속되었다. 계는 상황을 지켜보며 왜에 머물다가, 왜 조정이 백제를 지원하겠다는 확답을 하자, 556년 정월에 귀국하였다.

왜의 흠명천황은 그의 귀국길에 무기와 양마를 보태주고, 여러 가지 진귀한 보물들을 선물로 안겨주었다. 또한 축자국의 수군으로 하여금 그를 호송토록 했으며, 따로 축자국의 화군(火君)이 지휘하는 병력 1천을 붙여주었다.

이렇듯 혜왕은 위덕왕 즉위 초기에 중요한 역할을 수행하였고, 이후로도 위덕왕을 도와 여러 가지 정책을 수립하고, 지휘하였다. 『삼국사기』는 그의 직

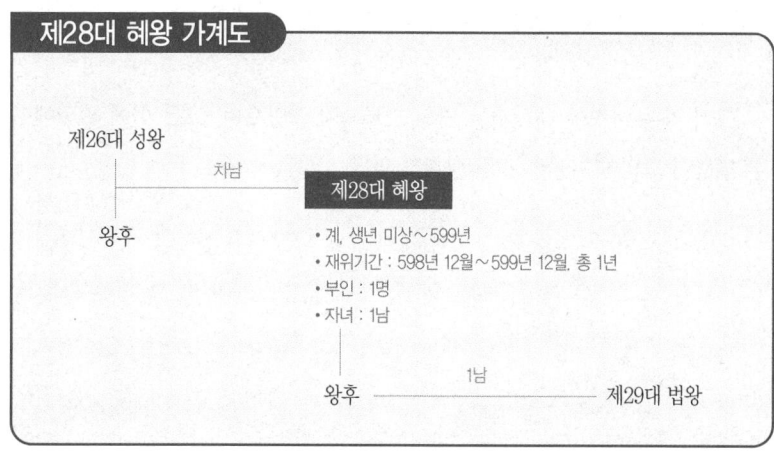

책에 대해 언급하지 않았지만, 관례로 봐서 그는 상좌평의 직위에 있었을 것으로 보인다. 말하자면 위덕왕 시절의 정책 대부분이 그의 머리에서 나왔다는 뜻이다.

그런데 그는 상좌평의 직위에 만족하지 않았다. 597년 4월에 위덕왕의 태자 아좌가 왜에 파견되는데, 그는 이 기회를 이용하여 왕권을 장악했던 것이다.

위덕왕이 아좌를 왜에 파견한 것은 수나라와 고구려의 관계 악화를 기회로 백제의 옛 땅을 회복하려는 의도였다. 즉, 왜와 연합전선을 형성하여 수와 고구려가 전쟁을 벌이는 동안, 그 뒤를 치겠다는 뜻이었다. 아좌가 이 같은 막중 대사를 위해 왜에 건너간 그 때, 위덕왕은 노환을 이기지 못하고 병석에 누웠고, 왕권은 자연스럽게 혜왕의 손아귀에 쥐어졌다.

그런 상황에서 아좌가 왜에서 돌아오자, 혜왕은 세력을 결집하여 아좌를 제거하고 왕위계승권을 차지한 것이다. 그리고 598년 12월에 위덕왕이 죽자, 마침내 혜왕은 왕좌에 올랐다.

이 때 혜왕도 일흔이 넘은 노인이었다. 비록 왕좌를 탐하여 조카를 제거하고 왕위에 올랐지만, 그도 세월의 힘 앞에서는 어쩔 수 없이 무너졌다. 왕위에 오른 지 채 1년도 되지 않은 이듬해에 그는 생을 마감했던 것이다.

그의 가족 사항에 대해서는 거의 기록되지 않았으며, 그를 이어 왕위에 오른 법왕이 그의 맏아들인 것만 밝혀져 있다.

제29대 법왕실록

1. 왕권 강화를 위해 불제자를 자처한 법왕

(?~서기 600년, 재위기간:서기 599년 12월~600년 5월, 5개월)

　법(法)왕은 혜왕의 맏아들이며, 이름은 선(宣) 또는 효순이다(『수서』는 그를 위덕왕의 아들이라고 했는데, 정황으로 봐서 혜왕의 아들이 맞을 것이다). 599년에 혜왕이 죽자 왕위에 올랐으나, 그는 이미 혜왕 시절부터 왕권을 행사했을 것으로 보인다. 위덕왕이 죽고, 혜왕이 왕위에 오르긴 했으나, 실제 위덕왕의 태자 아좌를 제거하고, 왕위를 확보한 사람은 효순이었을 것이다. 위덕왕이 죽을 당시에 혜왕은 일흔을 넘긴 나이였고, 즉위한 지 채 1년도 되지 않아 죽은 것을 볼 때, 노환에 시달리고 있었을 것이다. 때문에 혜왕은 왕좌를 유지할 입장이 되지 못했다. 따라서 아좌태자의 왕권을 찬탈한 주범은 당시 50대 전후의 나이였던 효순이었던 것이다.

　사촌인 아좌태자를 죽이고 불법적으로 왕위에 오른 그는 그런 비난으로부터 벗어나기 위해 불교를 장려했던 모양이다. 그의 묘효가 법왕이라는 사실부터 그 점을 증명하고 있다. 또 그는 즉위하면서 살생을 금하고, 민가에서 기르

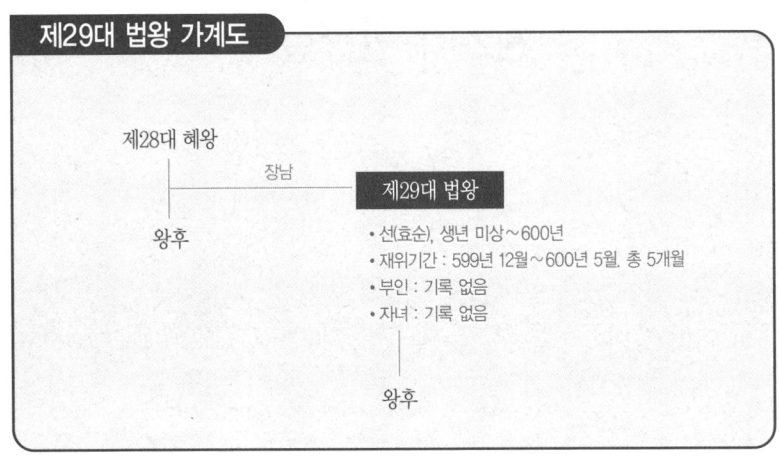

는 매와 새매를 놓아주도록 했으며, 고기 잡고 사냥하는 도구들까지도 모두 태워버리라는 명령을 내렸다. 말하자면 살생을 금하라는 불교 계율을 국법에 도입한 것이다.

이는 마치 조선시대 수양대군이 조카 단종의 왕위를 찬탈하고, 정적인 조신들을 대거 참살하고 심지어 형제들까지 죽인 뒤에 불교를 장려했던 것과 유사한 모습이라 할 수 있다.

어쨌든 법왕은 불교를 부흥시키기 위해 갖은 노력을 하였고, 즉위 한 달 만에 왕흥사를 창립하고 승려 30여 명에게 도첩을 내리는 행사도 거행하였다. 또한 기근이 들었을 때는 칠악사 절간에 가서 기우제를 올리기도 했다.

법왕이 이렇듯 불교 부흥에 열을 올렸던 진짜 이유는 따로 있었다. 성왕이 전사한 뒤로 백제의 왕권은 극도로 약화되어 있었고, 그런 왕권의 불안은 위덕왕 대에도 마찬가지였다. 거기에다 혜왕과 법왕이 태자 아좌를 죽이고 왕위를 탈취하면서 왕실의 위엄은 더욱 실추되고, 왕권은 한층 더 약화되었다. 법왕의 불교 부흥은 이런 상황에서 벗어나기 위한 왕권확립정책의 일환이었을 것이다. 즉, 법왕은 불교 계율을 국법에 적용하여 신법을 만들어내고, 신법에 반대하는 정적들을 제거하는 방식으로 왕권 강화를 꾀했다는 뜻이다.

그러나 법왕의 신법은 채 5개월도 버티지 못하고 600년 5월에 막을 내렸다. 불교 교리를 국법에 도입한 것도 무리가 있었지만, 아좌태자를 죽이고 왕위를 찬탈한 것에 대한 백성들의 비난과 조정 대신들의 반발을 무마시키지 못했던 것이다. 『삼국사기』는 그가 어떤 이유로 죽었는지 밝히고 있지 않지만, 즉위한 지 불과 5개월 만에 죽은 것으로 볼 때, 그는 친위 세력과 정적들 간의 대립 과정에서 살해되었을 것이다.

법왕의 가족 사항에 대해서는 뚜렷한 것이 없다. 다만 『삼국사기』와 『삼국유사』는 무왕이 그의 아들이라고 기록했고, 『북사』와 『수서』는 무왕을 위덕왕의 아들로 기록하고 있다. 법왕이 살해되고, 무왕이 오랫동안 서인으로 살았다는 사실에 비춰볼 때, 무왕은 법왕의 아들이 아니라 위덕왕의 아들일 가능성이 높다.

제30대 무왕실록

1. 한낱 서동에서 왕으로 등극한 무왕

『삼국사기』와 『삼국유사』는 무왕을 법왕의 아들이라고 기록하고 있으나, 『북사』와 『수서』는 위덕왕의 아들로 쓰고 있다. 『삼국유사』는 『삼국사기』의 기록을 따른 것이고, 『수서』는 『북사』의 기록을 따른 것이기에, 무왕의 혈통은 『삼국사기』와 『북사』의 내용 중에 어느 것을 옳게 보느냐에 따라 결정될 것이다.

이미 밝혔듯이 법왕은 정적들에 의해 제거된 것으로 보이는데, 그렇다면 무왕을 추대한 세력은 법왕의 정적들이어야 한다. 법왕의 정적들은 위덕왕 또는 그의 태자 아좌의 측근들이다. 그런 그들이 법왕의 자식을 다시 왕위에 앉힌다는 것은 자기 목에 칼을 대는 꼴이다. 그들은 당연히 위덕왕의 혈통을 왕위에 앉혔을 것이고, 그 대상이 바로 무왕이었다. 따라서 무왕은 위덕왕의 아들로 보아야 할 것이다.

그런데 무왕은 여느 왕손과는 성장 과정이 크게 달랐다. 대궐에서 어린 시절을 보낸 것도 아니요, 제왕 수업을 받은 것도 아니다. 『삼국유사』는 그가 홀

어머니 손에서 자랐으며, 마를 캐는 서동(薯童) 생활을 했다고 전한다. 이는 무왕의 왕위 승계 과정이 결코 평탄치 않았다는 사실을 시사해준다.

그렇다면 한낱 마 캐는 아이로 살던 서동이 어떤 과정을 거쳐 왕위에 올랐을까?

위덕왕이 죽고, 그의 태자 아좌가 법왕 세력에 의해 제거될 때, 아좌의 형제들은 거의 모두 살해되었을 것이다. 하지만 무왕은 궁궐 바깥에서 서민의 신분으로 살고 있었던 덕분에 무사했다. 어쩌면 그는 혜왕과 법왕 재위시에 쫓기는 처지였는지도 모른다. 그래서 마를 캐는 서동으로 행세하며 살아야 했을 것이다.

그런 서동이 왕위에 오른 과정은 고구려의 미천왕이나, 고려의 현종, 또 조선의 철종과 유사했을 것이다. 미천왕은 봉상왕에게 쫓겨 머슴, 소금장수, 거지 생활을 하며 지내다 창조리의 반정으로 봉상왕이 쫓겨나자 신하들에 의해 추대되어 왕위를 승계한 경우다. 현종은 왕위를 차지하려던 목종의 모후 헌정왕후와 김치양에게 쫓겨다니며 가까스로 목숨을 보존하다가 강조의 반정으로 왕으로 추대된 경우이며, 철종은 강화도에서 일자무식의 촌부로 살다가 허수아비 왕이 필요했던 안동 김씨 정권에 의해 얼떨결에 왕위에 오른 경우다.

법왕 세력에 의해 위덕왕의 자식들이 대부분 죽임을 당하고, 다시 반법왕 세력에 의해 반란이 일어나 법왕의 자식들이 거의 죽임을 당하는 바람에, 백제는 왕실의 씨가 마르는 사태에 직면했을 법하다. 그때 찾아낸 것이 위덕왕의 서자 서동이었다면, 앞의 세 가지 사례 가운데 미천왕의 경우와 유사하다고 할 수 있다. 그러나 서동 이외에도 왕위를 승계할 만한 왕손이 있었는데도 굳이 서동을 택했다면, 그것은 철종처럼 권력자들의 필요성에 의한 왕위 승계일 것이다. 또 서동의 왕위 승계 배경에는 미천왕과 철종의 승계 형태가 혼합되어 있는지도 모른다.

어쨌든 서민으로 살던 서동은 600년 5월, 법왕이 반대 세력에 의해 제거되자, 신하들의 추대를 받아 백제 제30대 왕으로 등극했다. 그야말로 땅을 기던 지렁이가 하루아침에 용이 되어 승천한 격이었다.

서동의 왕위 승계를 논하자면, 선화공주라는 인물을 언급하지 않으면 안 된다. 『삼국유사』에 따르면, 선화공주는 신라 제26대 진평왕의 딸이며, 서동의 아내로서 그가 왕위에 오르는 데 큰 역할을 한 것으로 되어 있다.

그런데 선화공주는 정말 진평왕의 딸이었을까? 만약 그렇다면 무왕은 진평왕의 사위가 되는 셈이고, 과정이야 어찌 됐든 백제와 신라 양국은 일종의 결혼동맹을 맺은 것이다. 그러나 『삼국사기』의 기록 어디에도 무왕과 진평왕이 사위와 장인 사이임을 나타내는 말이 없고, 또 당시에 결혼동맹을 맺었다는 내용도 없다. 때문에 『삼국유사』의 기록은 신빙성이 떨어진다.

『화랑세기』에 따르면 진평왕은 정비인 마야왕후에게서 두 명의 딸만 얻은 것으로 되어 있다. 첫 딸은 천명공주이고, 둘째 딸은 덕만공주였다. 하지만 선화공주에 대한 언급은 없다.

마야왕후가 죽은 뒤에 진평왕은 또 한 명의 왕후를 뒀는데, 승만왕후이다. 그녀는 아들을 한 명 낳았으나, 아이는 태어난 지 얼마 되지 않아 죽었다. 그리고 딸을 낳았다는 기록은 없다.

『화랑세기』는 화랑의 우두머리인 풍월주의 계보와 그 주변 혈통에 대해 기록한 책인데, 특이하게도 이 책은 왕이나 왕후의 딸들에 대한 기록이 매우 세세한 편이다. 풍월주들이 왕의 딸이나 왕후의 사녀(私女, 왕비가 왕이 아닌 다른 남자와 상간하여 낳은 딸)와 결혼함으로써 지위를 보장받는 경우가 많았기 때문이다. 따라서 진평왕에게 선화공주라는 딸이 있었다면, 『화랑세기』에서 필시 이름을 언급했을 것이다. 그러나 선화공주라는 이름은 없다.

특히 진평왕은 아들이 없어 둘째 딸인 덕만(선덕왕)에게 왕위를 넘겨줬다. 대개 아들이 없을 경우 사위가 왕위를 이어받던 것이 당시의 관례였지만, 진평은 덕만이 제왕감이 된다고 판단하여 그녀를 후계자로 삼은 것이다. 그 때문에 진평왕은 큰딸 천명공주와 큰사위 김용수(김춘추의 친아버지)에게 양보해줄 것을 요청했다. 만약 이 때 선화공주가 있었다면, 역시 그녀에게도 동의를 구해야 옳다. 하지만 그런 내용은 없다.

이렇듯 『삼국사기』와 『화랑세기』의 기록 어디에도 진평왕에게 선화라는 딸이 있었던 흔적은 없다. 그렇다면 선화가 진평왕의 딸도 아니고, 신라의 공주도 아니었다는 추측을 해볼 필요가 있는 것이다.

『삼국유사』는 서동과 선화공주가 금맥을 발견하여 신라 궁중에 많은 금을 보내자, 진평왕이 서동을 남다르게 생각하게 되었고, 그 덕분에 서동은 인심을 얻어 왕위에 올랐다고 쓰고 있다.

그러나 이 내용은 전혀 설득력이 없다. 당시 백제와 신라는 관계가 극도로 악화되어 원수처럼 지내고 있었다. 때문에 서동이 신라의 공주와 결혼하여 진평왕의 신임을 얻는 것은 오히려 서동이 왕위에 오르는 데 걸림돌로 작용해야 옳다. 더구나 서동은 전혀 정치적 기반이 없는 입장이었다. 그런 그가 적국의 딸과 결혼한 처지에서 백제 왕으로 옹립된다는 것은 불가능한 일이다.

또 만약 무왕이 진평왕의 사위로서 그의 총애에 힘입어 왕위에 올랐다면, 무왕 즉위 이후에 백제와 신라의 관계는 한층 호전되어야 한다. 그런데 무왕이 즉위하자마자 백제와 신라의 관계는 그 이전보다 훨씬 악화되었다. 무왕은 전 병력을 동원하여 누차에 걸쳐 신라를 공격했고, 심지어는 신라에 속한 성들을 장악하고 그 성주들의 목을 베는 극단적인 상황도 몇 차례 벌어졌다.

이런 사실들은 무왕이 진평왕 덕분에 인심을 얻어 왕위에 올랐다는 『삼국유사』의 기록이 조작되었거나, 잘못 전해진 이야기임을 증명하고 있다. 더불어 선화공주가 진평왕의 딸이라는 기록도 믿을 수 없게 만든다.

그렇다면 선화공주는 그저 가공된 인물일까?

『삼국유사』의 미륵사 창건 이야기에서도 무왕과 선화공주가 함께 등장하는 것을 보면, 선화공주는 결코 가공의 인물은 아닌 듯하다. 그리고 공주라는 호칭을 중시한 것을 볼 때, 그녀가 원래 왕녀 출신인 것도 사실인 듯하다. 그렇다면 선화공주는 어느 왕실의 공주이며, 누구의 딸인가? 이미 신라의 공주도, 진평왕의 딸도 아님이 증명되었다. 그러면 그녀는 혹 백제의 공주가 아닐까?

『삼국유사』는 서동과 선화공주가 금을 발견하여 그것을 궁중으로 보내자, 선화공주의 아버지는 서동을 총애하였고, 그 덕분에 서동은 인심을 얻어 왕위에 올랐다고 했다. 그렇다면 서동을 총애한 선화의 아버지는 신라 왕이 아니라 백제 왕이 되어야 정상이다. 당시 백제 왕이라면, 혜왕이나 법왕일 것이다. 그럴 경우, 선화공주는 혜왕과 법왕 중 누구의 딸이었을까?

『삼국사기』는 무왕을 법왕의 아들이라고 했으나, 이미 밝혔듯이 무왕은 위덕왕의 아들이며, 법왕의 사촌동생이다. 하지만 『삼국사기』가 무왕을 법왕의 아들이라고 말한 것을 볼 때, 무왕은 혜왕보다는 법왕과 더 깊은 관계를 맺고 있었을 것이다. 즉, 무왕의 아내 선화공주는 법왕의 딸이었다는 뜻이다. 말하자면 무왕은 위덕왕의 아들이며, 동시에 법왕의 사위로서 왕위를 승계한 것이다.

무왕 대에는 8대 귀족 가문 중에 해씨, 연씨, 백씨, 사씨 등이 모두 고루 등용되었고, 왕씨, 우씨 등의 신진세력도 함께 중용되었다. 이는 무왕 치세에는 파벌 싸움이 거의 일어나지 않았다는 것을 증명한다. 말하자면 무왕 대에는 위덕왕 세력과 법왕 세력이 화해하고, 연합정권을 수립한 것이다.

양대 파벌이 화해하는 데 가장 크게 기여한 것은 역시 위덕왕계의 무왕과 법왕계의 선화공주가 결혼한 사건일 것이다.

『삼국유사』의 무왕 관련 기사는 서로 적대국인 신라 공주와 백제 왕자가 결혼하여 양국이 화해 국면으로 접어드는 이야기 구조를 가지고 있다. 그런데 선화공주를 법왕의 딸로 설정했을 때도, 똑같은 이야기 구조가 생긴다. 서동에게 선화공주는 정적의 딸이고, 법왕에게 있어서 서동은 꼭 죽여야 되는 화근이다. 그런데 서동과 선화가 결혼함으로써 양쪽은 극적으로 화해했다. 서동과 선화 이야기는 이렇게 백제 내부에서 벌어진 일인데, 구전되는 과정에서 더 극적으로 만들어져 『삼국유사』에는 백제와 신라 양국 사이에 벌어진 일로 변화되었을 가능성이 높다.

2. 마지막 전성기를 구가한 무왕과 격변하는 국제 정세
(?~서기 641년, 재위기간 : 서기 600년 5월~641년 3월, 40년 10개월)

무왕은 위덕왕의 서자이며, 이름은 장(璋)이다. 600년 5월에 법왕이 죽자, 신하들에 의해 추대되어 왕위에 올랐다. 『삼국사기』는 그에 대해 풍채가 훌륭하고, 뜻이 호방하며, 기상이 걸출했다고 쓰고 있다.

무왕이 즉위하자, 수년간 계속되던 정쟁에서 벗어나 안정을 되찾기 시작했다. 이에 따라 신라와 고구려에 뺏긴 옛 영토를 되찾는 작업에 착수했다. 그 첫 번째 사건이 재위 3년(602년)에 벌어진 아모산성(충북 음성 일대) 싸움이다. 무왕은 그해 8월에 해수에게 군대를 안겨 아모산성을 포위하였고, 이에 신라의 진평왕은 정예 기병 수천 명을 보내 맞서왔다. 신라는 소타, 외석, 천산, 옹잠 등에 각각 성을 쌓고, 오히려 백제 땅으로 치고 들었다. 그러자 위기 의식을 느낀 백제는 전면전을 벌이며 군대 4만을 동원하여 신라의 네 성을 공격했다.

신라는 장군 건품과 무은을 앞세워 해수의 군대를 상대케 했는데, 해수는 그들에게 밀려 천산 서쪽 소택지로 퇴각하여 복병을 숨겨놓고 기다렸다. 그것도 모르고 승세를 잡았다고 생각한 무은은 갑병 1천 명을 거느리고 소택지까지 추격해왔다. 그때 해수의 복병이 급습을 가하자, 무은은 우왕좌왕하다가 말에서 떨어졌다.

무은은 몹시 당황하여 사색이 되었지만, 그의 아들 귀산과 소장 추항이 창을 휘두르며 활로를 뚫기 시작했다. 비록 그들은 그 과정에서 죽었지만, 그들의 살신성인은 신라군의 전의를 불살랐고, 전세는 역전되어 해수가 부하들을 모두 잃고 단신으로 쫓겨왔다.

이렇듯 백제는 첫 싸움에서 큰 성과를 거두지 못하고 물러났다. 이듬해 8월에 고구려가 신라의 북한산성을 침입하고, 신라는 병력 1만으로 고구려군을 상대함으로써 삼국은 다시 험한 전쟁 양상으로 치달았다. 그야말로 아군과 적군이 따로 없는 혼란스런 상황이 전개되자, 무왕은 신라의 침입에 대비하여 605년 2월에 각산성을 쌓았는데, 예상대로 그해 8월에 신라군이 동쪽 변경을 공격해왔다.

그 무렵, 고구려와 수나라의 관계도 악화되고 있었다. 604년 7월에 수나라의 양견(문제)이 아들 양광(양제)에게 살해되었는데, 양광은 야심이 강하고 정복욕이 남달랐다. 그는 낙양을 새로운 중심지로 건설하고, 낙양과 탁군(북경)을 잇는 대수로를 개발함으로써 고구려를 비롯한 북방 국가들을 위협하였다. 북쪽으로는 돌궐을 압박하여 돌궐 왕을 입조시키고, 고구려에 대해서도 조공과 입조를 요구했다. 하지만 고구려는 받아들이지 않았고, 결국 양국은 팽팽한 긴장 상태에 돌입했다.

무왕은 그 같은 역학 관계를 활용하기 위해 607년 3월에 좌평 왕효린과 한솔 연문진을 수나라에 보내 함께 고구려를 치자고 제의했다. 양광이 백제의 제의를 받아들이고, 고구려의 동정을 살펴줄 것을 부탁했다.

고구려가 그 소식을 듣고 송산성으로 쳐들어왔는데 함락시키지 못하자, 이내 석두성을 습격하여 백성 3천 명을 포로로 잡아 돌아갔다. 무왕은 이듬해 다시 수나라에 사신을 보내 고구려를 협공하자는 제의를 하였고, 양광은 답례로 왜에도 사신을 보내 고구려 침략 문제를 논의했다.

이렇듯 국제 정세는 점점 전쟁 분위기로 흘러갔고, 611년에 이르러서는 수나라의 고구려 공격이 기정사실화되었다. 4월에 양광은 자신이 직접 백만이 넘는 군대를 탁군에 집결시켰다. 무왕은 그와 때를 맞춰 국지모를 수나라에 파견하여 그들의 행군 일정을 묻고, 도움을 주겠다고 약속했다. 양광은 기뻐하며 상서기부랑 석률을 무왕에게 보내 고구려 공략을 상의했다.

바야흐로 중원을 장악한 수나라와 북방의 맹주 고구려, 그 외에 돌궐, 백제, 신라가 모두 전쟁 준비를 하는 가운데, 611년 10월 백제는 느닷없이 신라의 가잠성을 공격하여 장악하고 그 곳 성주 찬덕을 죽였다. 신라의 시선을 고구려에 돌려놓고 급습을 가한 전술의 쾌거였다.

612년 정월, 마침내 양광은 병력 113만여 명을 이끌고 고구려를 쳤다. 그러자 무왕은 수나라에 협조한다는 성명을 발표했지만, 쉽사리 전쟁에 개입하지는 않았다. 전쟁 상황을 지켜보고, 그 결과에 따라 행동 방향을 결정하겠다는 계산이었다.

백제가 길을 안내하고, 후미를 공략해줄 것으로 기대했던 계획에 차질이 생겼지만, 수나라는 공격을 포기하지 않았다. 양광은 614년 봄까지 줄기차게 고구려를 두들겼다. 그러나 그때마다 번번이 패퇴하였고, 그런 가운데 수와 고구려 사이엔 화친 약조가 이뤄졌다.

그때 이미 수나라는 곳곳에서 내란이 일어나 반란군이 설치고 다녔기에 이미 쇠망의 전주곡이 울리고 있던 상황이었다. 613년에 양현감이 10만 군대를 일으켜 반란을 도모했고, 농민들이 합세함에 따라 반군의 세력은 점차 커져갔다. 617년에는 태원의 귀족 이연이 반군에 가담했고, 618년 봄엔 양광이 강도에서 살해됨으로써 수나라는 몰락했다. 그리고 이연이 세력을 규합하여 당나라를 세웠다.

이렇듯 중국 대륙이 한바탕 전쟁의 회오리에 휩싸여 있을 때, 무왕은 616년 10월에 달솔 백기에게 군사 8천을 안겨 신라의 모산성을 공격했다. 그러자 신라는 2년 뒤인 618년에 변품을 앞세워 백제가 차지했던 가잠성을 공격해왔고, 그 곳 성주 해론이 전사했다. 그에 대한 보복으로 백제는 623년에 신라의 늑노현을 공격하였고, 624년에는 신라의 속함, 앵잠, 기잠, 봉잠, 기현, 용책 등 6개 성을 동시에 공격하여 함락시킴으로써 기선을 제압했다. 또 그 여세를 몰아 626년에는 신라의 왕재성을 공격하여 그 곳 성주 동소를 죽였으며, 627년에는 장군 사걸을 내세워 신라 서부 변경의 두 성을 함락시키고, 남녀 3백 명을 포로로 잡아왔다.

무왕은 이 때부터 전면전을 선언하고, 웅진성에 대군을 집결하여 신라에게 빼앗긴 백제 땅을 되찾으려 하였다. 신라의 진평왕은 이 소식에 겁을 먹고, 당나라에 사신을 보내 도움을 요청했다. 그러자 무왕도 조카 복신을 당 태종에게 보내 조공하고, 당나라의 의중을 살폈다.

당 태종은 고구려, 백제, 신라 삼국의 사신을 모두 불러놓고 전쟁을 중지할 것을 요구하며, 무왕에게도 조서를 보내 신라 공격을 중지할 것을 요청했다. 무왕은 일단 당에 표문을 올려 전쟁을 중지하겠다고 약속했지만, 몇 달 뒤인

628년 2월에 신라의 가잠성을 공격함으로써 당의 요구를 받아들이지 않았다.

가잠성 공략이 실패로 돌아가자, 무왕은 한동안 무력 동원을 자제하고 내치에 힘을 쏟았다. 629년에는 당나라에 사신을 보내 신뢰를 회복하고, 630년에는 사비의 궁전을 중수하였으며, 632년에는 장남 의자를 태자에 책봉하였다.

그리고 그해 2월에 마천성을 고쳐 쌓은 뒤에 7월에 군사를 동원하여 신라 공략을 재개하였다. 633년 8월에는 신라의 서곡성을 공격하여 13일 만에 함락시켰고, 636년 5월에는 장군 우소로 하여금 신라의 독산성을 공격하게 하였다. 하지만 우소는 신라 맹장 알천에게 기습당해 패배하고, 포로로 잡히는 신세가 되었다.

이 사건 이후 무왕은 더 이상 신라에 대한 공격을 가하지 않았다.

그간 신라와의 전쟁에서 여러 차례 승리한 덕분에 백제인의 사기는 올라 있었고, 정치적으로도 안정되었다. 그런 탓인지 무왕은 만년에 이르러서는 풍류를 즐기며, 여유를 부리는 모습을 보였다.

632년 7월에는 생초 벌판에서 사냥을 즐기기도 하였고, 634년에는 법왕 이후로 30년 동안 지속되던 왕흥사 창건의 기쁨을 맛보며 불교에 심취하기도 했다. 왕흥사는 강가에 지어져 있어 가람과 풍경이 빼어나고, 채색 장식이 웅장한 대단히 화려한 절이었다. 무왕은 매번 배를 타고 절에 들어가서 향을 피우고 불공을 올리곤 하였다.

그해 3월에는 대궐 남쪽에 못을 파서 20여 리 밖에서 물을 끌어들이고, 사면 언덕에 버들을 심고 물 가운데 방장선산을 흉내낸 섬을 쌓는 등 사치스런 면모까지 드러냈다. 636년 3월에는 측근 신하들을 데리고 사비하(백마강) 북쪽 포구에서 잔치를 베풀었는데, 포구의 양쪽에는 기암괴석이 서 있고, 그 사이엔 진기한 화초가 있어 마치 한 폭의 그림 같은 장면이었다고 『삼국사기』는 기록하고 있다. 이 날 무왕은 몹시 즐거워하며 술에 흠뻑 취해 스스로 거문고를 잡고 노래를 부르기도 했고, 함께 수행한 신하들과 어울려 춤을 추기도 했다고 한다.

같은 해 8월 기사에도 무왕이 망해루에서 군신들과 함께 잔치를 베풀며 놀

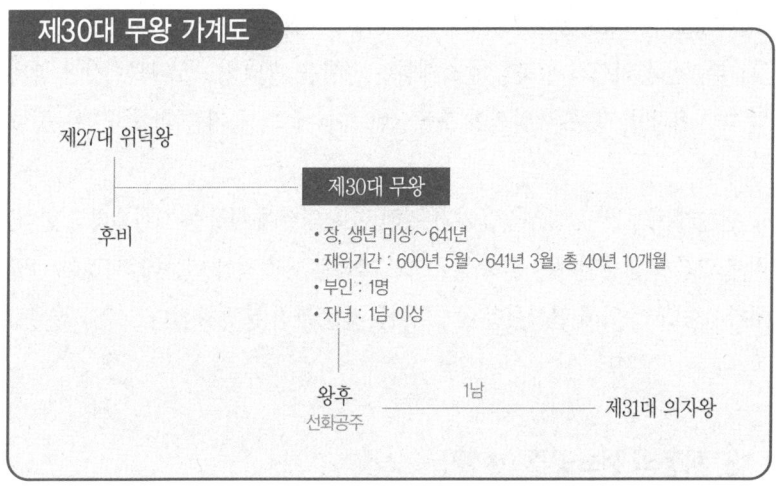

앉다는 기사가 보이고, 638년 3월에는 궁녀들을 데리고 큰 못에 배를 띄우고 놀았다는 기사가 보인다.

이 무렵엔 당나라와도 사이가 좋아 때마다 사신을 보내 당 태종에게 소식을 전하고, 637년 12월에는 당 태종에게 철 갑옷과 조각한 도끼를 보냈다. 그것의 아름다움에 반한 당 태종이 그 보답으로 비단 도포와 채색 비단 3천 단을 보내 오기도 했다. 이에 639년 10월에 무왕은 다시 철 갑옷과 도끼를 당나라에 보냈고, 640년에는 왕자들을 당나라 국학에 입학시켜 달라고 요청하기도 했다.

그러나 641년 3월, 그는 40여 년의 치세를 뒤로 하고 생을 마감했다.

그는 비록 한낱 마 캐는 아이로 살다가 얼떨결에 왕위에 오르긴 했으나, 지략이 뛰어나고 판단력이 출중하여 국제 관계에 능숙하게 대처했다. 또한 물러날 때와 공격할 때를 능히 알아 영토 회복에 크게 기여하였으며, 특유의 친화력과 인간미로 신하들을 잘 다독거려 정쟁을 종식시켰다. 이는 곧 한없이 추락하던 백제의 위상을 크게 높이는 결과로 이어졌으니, 무왕은 가히 성군이라 할 만했다.

무왕에게는 의자왕을 비롯한 여러 자식이 있었으나, 그들의 이름은 전하지 않는다. 전북 익산시 팔봉동에 소재하는 쌍릉을 그의 능으로 보는 것이 학계의 대세이지만, 쌍릉은 일찍이 도굴당한 까닭에 그 증거를 확보하지는 못한 상태다.

일설에는 무왕이 도읍을 옮기기 위해 전북 익산에 왕궁을 건설했다고 한다. 현재 익산시 왕궁면에는 흔히 왕궁터로 불리는 유적지가 있는데, 이것이 정말 무왕이 천도를 위해 건설했던 궁성이었는지는 아직 분명치 않다.

3. 서동과 선화공주 이야기

서동에 얽힌 이야기는 『삼국유사』 '기이' 무왕 편에 나온다. 일연은 이 이야기를 어디서 발췌했는지 정확하게 밝히고 있지 않다. 주(註)를 통해 '고본(古本)'의 내용을 옮긴 점을 피력하고 있지만, 고본이 구체적으로 무엇인지는 언급하지 않았다. 일연이 밝힌 바에 따르면, 고본에는 서동이 장성하여 '무강왕'이 된 것으로 쓰여 있었다. 그런데 일연은 '백제에는 무강왕은 없다'라고 하면서 서동은 무왕이라고 단정했다. 따라서 서동을 무왕이라고 설정한 것은 어디까지나 일연의 판단인 셈이다. 다시 말해서 서동은 무왕이 아닌 다른 인물일 수도 있다는 뜻이다.

학계 일각에서는 무강왕을 부령왕이나 동성왕으로 보기도 한다. 무령과 무강은 그 발음과 뜻이 유사하다는 측면을 들 수 있고, 또한 동성왕이 신라 왕실의 여자를 부인으로 맞아들여 혼인동맹을 맺은 일이 있다는 사실을 그 근거로 제시한다.

그러나 무령왕과 동성왕을 서동과 연결시킬 수 있는 근거가 희박하기 때문에 이 주장은 설득력이 떨어진다. 동성왕은 어린 시절을 왜에서 보냈고, 무령왕은 홀어머니 밑에서 마를 캐며 연명할 상황에 처할 이유가 없었기 때문이다.

따라서 당시 사료를 충분히 검토한 일연의 판단을 존중하여 서동을 무왕으로 설정하고, 그와 관련한 『삼국유사』의 기록을 여기에 옮긴다.

제30대 무왕의 이름은 장이다. 그의 어머니가 경도(사비)의 남지란 못둑에 집을 짓고 홀어미로 살더니, 그 못의 용과 상관하여 그를 낳았다. 아명은 서동(薯童)이니, 그의 재능과 도량을 헤아릴 수 없었다. 그는 평소에 마를 캐어 팔아서 생업을 삼았으므로 나라 사람들이 그렇게 불렀다.

그가 신라 진평왕의 셋째 공주 선화가 아름답고 곱다는 소문을 듣고, 머리를 깎고 경도(서라벌)로 들어와 동리 아이들에게 마를 나눠 먹였더니, 여러 아이가 그와 친하게 되어 잘 따랐다. 그래서 그는 동요를 지어 여러 아이들에게 이를 부르게 하였는데, 그 노래는 이렇다.

선화공주님은(善花公主主隱)
남몰래 시집 가 두고(他密只嫁良置古)
서동의 방을(薯童房乙)
밤에 몰래 품으려고 간다.(夜矣卯乙抱遺去如)

이 동요가 경도 안에 잔뜩 퍼져 대궐까지 알려졌다. 백관이 이 일을 책잡는 바람에 공주를 먼 지방으로 귀양 보내게 되었는데, 떠날 때 왕후가 순금 한 말을 노자로 줬다.

공주가 귀양지를 향해 가는데, 서동이 도중에 뛰어나와 절을 하면서 호위를 하겠다고 했다. 공주는 비록 그가 어떤 사람인지 알지 못했지만, 괜히 마음이 당기고 좋았기 때문에 따라오게 했다. 그리고 남몰래 관계를 한 뒤에야 서동이라는 그의 이름을 알고서 동요가 맞다는 것을 믿게 되었다.

두 사람은 함께 백제까지 와서 왕후가 준 금을 내놓고 장차 살림 꾸릴 일을 논의하는데, 서동이 웃으면서 물었다.

"이게 무슨 물건이오?"

공주가 말했다.

"이것은 황금입니다. 이것으로 한평생 부자로 살 수 있어요."

"내가 어릴 적부터 마를 캐던 곳에는 이것을 내버려 쌓인 것이 흙더미 같소이다."

공주가 그 소리에 크게 놀라며 말했다.

"이것은 세상에 다시없는 보물입니다. 당신이 지금 금 있는 곳을 알거든, 그 보물을 부모님 계신 궁궐로 실어보내는 것이 어떻겠습니까?"

서동이 좋다며 금을 끌어모아 산더미처럼 쌓아놓고, 용화산 사자사 지명 법사의 처소를 찾아갔다. 그리고 금을 실어나를 계책을 물으니, 법사가 말했다.

"내가 신력(神力)으로 보낼 수 있으니, 금을 가져오시오."

공주가 편지를 써서 금과 함께 사자사 앞에 가져다 놓았더니, 법사가 귀신의 힘으로 하룻밤 동안에 신라 궁중에 날라다 두었다. 진평왕이 이 신기한 일을 상서롭게 여겨 서동을 더욱 존경하면서 편지를 띄워 안부를 물었다. 서동이 이 덕분에 인심을 얻어 왕위에 올랐다.

이것이 무왕의 왕위 승계와 관련한 『삼국유사』의 기록 전부이다. 일연은 이 이야기에 미륵사 창건 설화를 덧붙여 놓았는데, 그 내용은 이렇다.

하루는 왕이 부인과 함께 사자사로 가고자 용화산 밑 큰 못가까지 왔더니, 미륵불 셋이 못 속에서 나타났다. 왕이 수레를 멈추고 치성을 드렸다. 부인이 왕에게 말하기를 "여기에다 꼭 큰 절을 짓도록 하소서. 진정 저의 소원입니다." 하니 왕이 이를 승낙하고 지명 법사를 찾아가서 못 메울 일을 물었다. 지명 법사가 신통한 힘으로 하룻밤 사이에 산을 무너뜨려 메우고 평지를 만들었다.

이리하여 미륵불상 셋을 모실 전각과 탑, 행랑채를 각각 세 곳에 따로 짓고, 미륵사(국사에는 왕흥사라 함)라는 현판을 붙였다. 진평왕이 여러 장인들을 보내 도와줬으니, 그 절이 지금도 남아 있다.

이 때 지은 미륵사는 현재 절터만 남아 있는데, 전라북도 익산시 금마면 기양리에 소재하고 있다. 이 곳에 남아 있는 미륵사지 석탑은 국보 제11호로, 높이가 14.24미터나 되는 우리 나라 최고 최대의 석탑이다.

▶ 무왕 시대의 세계 약사

무왕 시대 중국에서는 수가 멸망하고 당이 건립된다. 수나라는 고구려와의 무리한 전쟁으로 인해 내란을 겪은 끝에 몰락하고, 618년에 이연이 당을 세웠던 것이다. 그러나 이연은 왕위계승 문제로 아들 세민(태종)과 불화를 일으켰다가, 627년에 세민에게 왕위를 빼앗겼다. 태종 즉위 이후 당은 정치와 사회가 모두 안정되고, 문화적 기틀을 마련하게 된다.

이 무렵, 유럽에서는 동로마와 페르시아가 전쟁을 지속하는 가운데, 마호메트가 이슬람교를 확대하여 메카를 장악하였고, 그가 죽은 뒤에는 그의 후예 사라센 제국이 아라비아를 통일하여 페르시아의 사산 왕조를 무너뜨리며 세력을 크게 확대한다.

제31대 의자왕실록

1. 해동증자 의자왕과 백제의 패망
(?~서기 660년, 재위기간 : 서기 641년 3월~660년 7월, 19년 4개월)

의자(義慈)왕은 무왕의 맏아들로 무왕 재위 33년(632년)에 태자에 책봉되었으며, 641년 3월에 무왕이 죽자 왕위에 올랐다. 그는 부모에 대한 효심이 지극하고, 형제간에 우애가 남달라 중국의 현인증자(曾子)와 같다 하여 '해동증자'로 불리었다고 『삼국사기』는 전하고 있다.

그러나 해동증자라는 별칭과는 달리 그는 즉위와 함께 매우 야심차고 공격적인 면모를 드러냈다. 우선 즉위년 8월과 642년 정월, 두 차례에 걸쳐 당나라에 사신을 보내 국제 정세를 파악하는 한편, 그해 2월에는 전국의 주와 군을 순행하면서 백성들의 민심을 살폈다. 5개월 뒤인 7월에는 자신이 직접 군대를 이끌고 신라를 공격하여 미후 등 40여 성을 함락시킴으로써 위용을 떨쳤다. 그로부터 불과 한 달 만인 8월에는 장군 윤충에게 군대 1만을 안겨 대야성을 공격하여 함락시켰다. 대야성은 백제에서 신라의 경도 서라벌로 가는 길목으로 아주 중요한 군사적 요충지였다. 때문에 신라의 실권자 김춘추는 자신의 사위 김품석에게 이 곳을 맡겼는데, 품석이 향락에 빠져 민심을 잃자, 급습하여 장악하고 품석을 사로잡은 것이다. 윤충은 항복한 품석과 그의 처자를 모두 죽이고, 남녀 1천여 명을 사로잡아 서쪽 지방의 주현에 나눠 살게 하고, 군사를 남겨 성을 지키도록 했다.

대야성 장악 소식을 들은 의자왕은 윤충을 불러 치하하고, 말 20필과 곡식 1천 석을 상으로 내리며 자축했다.

한편, 신라의 선덕왕은 백제에 보복전을 가하기 위해서 고구려에 김춘추를 보내 군대의 파견을 요청했다. 하지만 고구려 막리지 연개소문은 고구려의 옛 땅인 죽령 서북 지역을 돌려주면, 군대를 파견할 수 있다고 했다. 이에 김춘추가 화를 내며 거절하자, 연개소문은 그를 별관에 가둬버렸다. 구원군을 청하기 위해 고구려를 찾았다가 되레 포로 신세가 된 김춘추는 거짓으로 연개소문의 요구를 들어주겠다고 말하여 풀려난 뒤, 접경지역에 와 있던 김유신의 결사대 1만의 도움을 받아 무사히 귀환했다.

이렇듯 고구려와 신라의 관계가 악화된 것을 기회로 의자왕은 643년 11월에 보장왕에게 사신을 보내 고구려와 화친을 맺었다. 의자왕의 목적은 신라가 당으로 갈 때 사용하던 항구인 당항성(당진)을 뺏기 위함이었다.

화친이 성립되자, 의자왕은 다시 신라를 공격하여 유린하였다. 이에 신라의 선덕왕은 위기감을 느끼고 당나라에 사신을 보내 구원을 요청하였고, 의자왕은 사태의 확산을 막기 위해 일단 군대를 철수했다.

의자왕은 곧 당나라를 달래기 위해 이듬해 정월에 사신을 보냈고, 당 태종 이세민은 사농승 상리현장을 고구려에 파견하여 고구려와 백제가 신라에 대한 공격을 멈출 것을 요구했다. 의자왕은 일단 이세민의 요구를 받아들이고, 표를 올려 전쟁을 재개하지 않을 것을 약속했다.

하지만 고구려의 연개소문은 신라가 차지한 고구려의 옛 땅을 되찾기 전에는 신라 공격을 멈출 수 없다며 이세민의 요구를 단호하게 거절했다. 이 때문에 당과 고구려 사이에는 팽팽한 긴장감이 돌았고, 결국 이세민은 고구려를 무력으로 응징하겠다는 결심을 굳혔다.

상황이 그렇게 돌아가자, 자연히 신라와 백제 사이에도 전쟁 기운이 돌았고, 결국 그해 9월에 신라 장군 김유신이 백제를 공격하여 7개의 성을 빼앗음으로써 잠시나마 유지되었던 화해 분위기는 사라졌다.

이듬해인 645년 3월, 마침내 당 태종은 당나라 정예병 10만과 돌궐과 거란군 5만을 합쳐 15만 병력으로 고구려를 침공했다. 그러자 의자왕은 5월에 빼앗겼던 7개 성을 공략하여 다시 회복하였고, 신라에서는 김유신을 보내 백제에 대한 총공세를 가해왔다.

그 무렵, 고구려를 침입한 당의 군대는 비사성과 개모성을 함락시키고, 요동성마저 장악했다. 그러나 안시성에서 대패하여 음력 10월의 겨울 바람을 안고 이세민은 퇴각했다. 하지만 전쟁은 끝난 것이 아니었다. 돌아간 당 태종은 보복을 다짐했고, 또 한 번의 고구려 침략을 위해 대대적인 전쟁 준비에 돌입했다.

국제정세가 그렇듯 험악하게 흘러가고 있던 647년 10월, 의자왕은 장군 의직에게 보병과 기병 3천을 안겨 감물과 동잠 두 성을 공격했다. 그러나 김유신의 반격으로 의직은 군대를 모두 잃고 단기필마로 쫓겨왔다. 이듬해 3월, 의직은 다시 신라의 서부 변경 요차성을 공격하여 함락하고, 다시 10여 개의 성을 습격하여 빼앗음으로써 명예를 회복했다. 하지만 4월에 옥문곡에서 다시 김유신에게 당해 또 한 번 패배의 아픔을 맛보아야 했다.

그때 고구려에서도 한바탕 전쟁이 벌어지고 있었다. 이세민이 설만철에게 군대 3만을 내주어 평양을 공격하게 한 것이다. 그러나 설만철은 별다른 성과를 얻지 못하고 공방전만 지속하고 있었다. 그 때문에 이세민은 30만 병력을 동원하여 고구려를 재침한다는 계획을 세웠으나, 649년 4월에 그는 고구려에 대한 공격을 중지하라는 유시를 남기고 저세상 사람이 되었다.

이세민의 죽음으로 당은 함부로 군사를 동원할 수 없게 되었고, 의자왕은 기회를 잡은 듯 다시 신라에 대한 공략을 시작했다. 649년 8월에 좌장 은상에게 정예 병력 7천을 안겨 신라의 석토 등 7개 성을 빼앗자, 신라는 김유신, 진춘, 천촌, 죽지 등의 장수를 앞세워 응전해왔다. 처음엔 백제군이 우세하여 김유신의 군대를 내몰았으나, 도살성 아래서 상황이 역전되어 패퇴했다.

이 때 신라는 또 당나라에 김춘추의 맏아들 법민(문무왕)을 보내 백제와 고구려가 침략을 일삼고 있다면서 당이 중재하여 전쟁을 중지시켜줄 것을 요청했다. 당 고종은 백제에 조서를 보내 신라에게서 뺏은 땅과 포로를 돌려주지 않으면, 당은 신라를 지원하고 고구려로 하여금 백제를 돕지 못하도록 할 것이라고 엄포를 놓았다. 또한 고구려가 말을 듣지 않으면 거란과 모든 번방 국가들에게 명령하여 고구려를 공격하겠다고 덧붙였다.

당 고종의 강력한 경고에 의자왕은 일단 한발 물러섰다. 그래서 652년에 고종에게 사신을 보내 당을 달래고, 한편으론 653년에 왜에 사신을 보내 우호관계를 맺었으며, 고구려와 긴밀한 관계도 유지하였다. 당과 신라가 연합할 경우를 대비한 의자왕의 치밀한 포석이었다.

그렇게 몇 년을 보낸 의자왕은 655년 정월에 고구려, 말갈과 함께 신라를 공격하여 23개 성을 무너뜨렸다. 당황한 신라의 무열왕(김춘추)은 급히 당에 사신을 파견하고 도움을 요청했다. 신라의 요청을 받은 당은 그해 2월에 정명진과 소정방을 보내 고구려를 쳤으나, 패하여 5월에 돌아갔다. 그런 상황에서 백제는 8월에 고구려와 말갈의 지원을 받으며 신라를 공격하여 다시 여러 성을 빼앗았다. 이로써 신라는 졸지에 30여 성을 잃고 말았다.

그러나 이 사건 이후, 의자왕은 자만해져서 음란과 향락에 빠졌고, 임자와 같은 간신들을 가까이 하며, 늘 궁녀들과 어울려 지내며 정사를 등한시하고 술에 취해 있었다. 그 모습을 보고 좌평 성충이 충언으로 적극 말렸으나, 의자왕은 진노하여 성충을 옥에 가둬버렸다. 그 뒤로 신하들이 감히 간언하지 못했다.

성충은 식음을 전폐하고 옥에서 굶어죽었다. 그는 죽기 전에 전쟁은 반드시 일어날 것이라며 의자왕에게 몇 가지 충고를 남겼지만, 의자왕은 듣지 않았다.

성충의 예언대로 전쟁은 발발했다. 당은 658년에 정명진과 설인귀를 보내 고구려를 침략하더니, 659년에도 재차 침입했다. 660년 6월에는 소정방이 군사 13만을 거느리고 와서 신라의 5만 군대와 함께 백제를 공격해왔다.

의자왕이 이 소식을 듣고 급히 신료들을 모아 대응책을 논의했으나 의견이 대립되어 결정을 내리지 못했다. 그래서 귀양살이를 하고 있던 좌평 흥수에게 사람을 보내 물었더니, 흥수는 백강과 탄현의 길목을 지켜야 한다고 했다. 그러나 대신들은 흥수의 말을 따르지 않고 당나라 군사를 백강 안으로 끌어들여 일시에 공격하여 무너뜨릴 것을 주청했다.

의자왕은 결국 대신들의 말을 따랐는데, 이것이 화근이었다. 먼 곳을 달려온 당나라 군대는 속전속결을 목표로 하고 있었는데, 백제가 그런 의도를 도와준 꼴이 되고 만 것이다. 당군과 신라군은 순식간에 백강과 탄현을 거쳐 사비성으로 밀려왔고, 의자왕은 당황하여 달솔 계백에게 결사대 5천으로 신라군을 저지할 것을 명령했다. 계백은 황산(충남 연산)에 진을 치고 신라군의 길을 막아 시간을 지연시켰으나, 중과부적이었다. 계백은 네 차례나 이겼으나, 병력의 열세를 넘지 못하고 전사했던 것이다.

한편, 의자왕은 전 병력을 웅진 어귀에 집결하여 당군과 대치했으나, 당나라 수군과 육군의 협공을 당해내지 못하고 마구 밀렸다. 그는 결국 태자 효를 데리고 웅진성으로 달아났고, 둘째 아들 태가 스스로 왕이 되어 도성을 지켰다.

그러자 태자 효의 아들 문사가 삼촌 융에게 이렇게 말했다.

"대왕께서 아버지와 함께 나가버렸고, 숙부는 자기 마음대로 왕 노릇을 하고 있으니, 만일 당나라 군사가 포위를 풀고 가버리면 우리들은 안전할 수 없을 것입니다."

그리고 문사는 자신의 측근들과 함께 밧줄을 타고 성문을 빠져나갔다. 그 소식을 듣고 많은 백성이 성을 빠져나갔는데, 소정방은 그 틈을 이용해 성에 군사를 투입하여 당나라 깃발을 꽂아버렸다. 그러자, 부여 태는 성문을 열고 항복하였고, 이어 웅진성으로 달아난 의자왕은 성문을 열고 나와 항복하고 신라 무열왕과 당의 소정방에게 술잔을 올리는 굴욕적인 처지가 되었다.

소정방은 9월에 의자왕과 태자 효, 왕자 태와 융, 연 및 대신과 장병 88병과 백성 1만 2천 8백 7명을 호송하여 당의 도읍 낙양으로 데려갔다. 이로써 백제는 온조가 나라를 세운 지 678년 만에 몰락하여 역사의 뒤편으로 사라졌다. 한때 해동증자라 불리며 성군 소리를 듣던 의자왕은 결국 망국의 주범이 되고 만 것이다.

당으로 압송된 의자왕은 그 곳에 이른 지 얼마 되지 않아 사망하였고, 무덤은 손권의 손자인 손호의 무덤 옆에 만들어졌다. 그러나 의자왕의 무덤이 어디 있는지 정확하게 밝혀지지는 않았다. 다만 낙양의 북망산 봉황대 일대로 추정하고 있는데, 이는 그의 아들 부여 융의 묘지석이 북망산에서 출토된 것에 근거한다.

2. 의자왕의 가족들

『삼국사기』는 의자왕에게 41명의 서자가 있었다고 기록하고, 그들 이외에도 여러 적자의 이름도 전하고 있다. 여러 적자와 많은 서자가 있었다는 것은 그에게 여러 부인이 있었다는 뜻이기도 하다. 하지만 부인들의 면면은 기록되지 않았고, 41명의 서자들에 대해서도 구체적인 기록이 없다. 따라서 여기서는 이름이 전하고 있는 융, 풍, 효, 태, 연, 용, 궁, 충승, 충지 등에 대해서만 간단하게 언급한다.

부여 융(615~682년)

융(隆)은 의자왕 재위 4년인 644년에 태자에 책봉된 것으로 봐서 의자왕의 장남일 것이다. 그러나 그는 태자의 지위를 계속 유지하지 못했다. 백제가 몰락하던 660년에 백제의 태자는 효(孝)였다. 어떤 경위로 태자가 교체되었는지는 기록되지 않았으나, 태자를 바꾸는 문제는 결코 간단한 일이 아닌 만큼 태자 교체 과정에서 엄청난 정치적 소용돌이가 있었음을 짐작할 수 있다.

의자왕 재위 16년(656년)에 좌평 성충이 감옥에 갇히고, 당과 신라의 연합군이 쳐들어오던 660년에 좌평 흥수가 감옥에 갇혀 있었던 점으로 미뤄, 태자

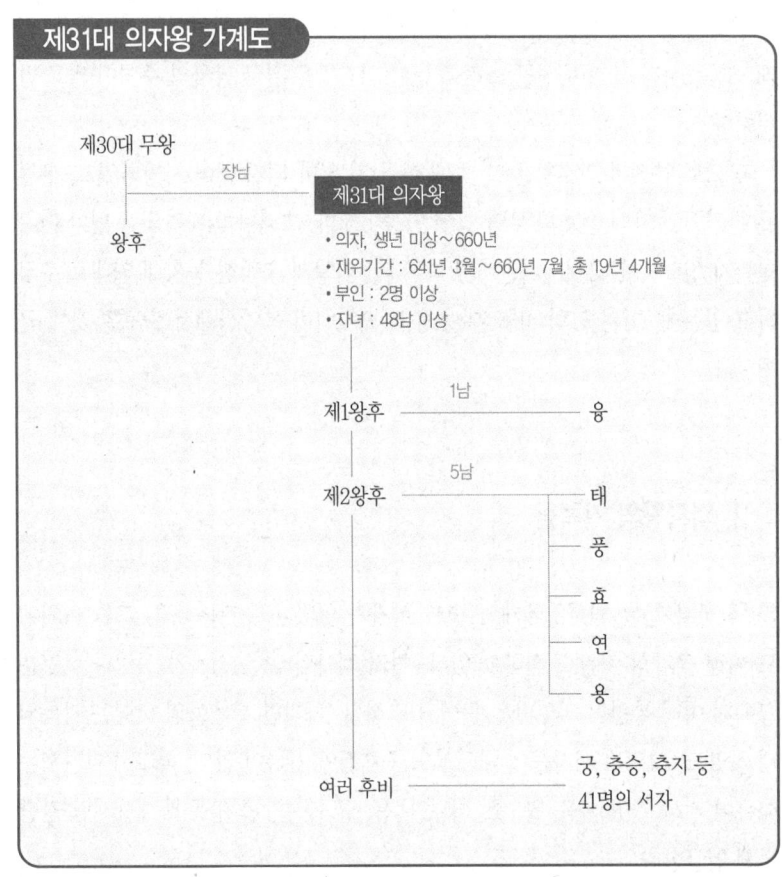

가 융에서 효로 바뀐 시점은 656년일 가능성이 높다.

그렇다면 의자왕은 왜 태자를 교체했을까? 아마도 그것은 외척들 간의 정권 다툼에서 비롯된 것으로 보인다. 의자왕은 즉위 초부터 왕권을 강화하고, 그 과정에서 여러 귀족들을 제거했다. 이들 제거된 귀족 중에는 외척들도 많았을 것인데, 태자 융의 외가도 이 때 희생되었을 가능성이 높다. 즉, 융과 효는 서로 다른 어머니에게서 태어났는데, 그들의 외가끼리 정쟁을 벌여 효의 외가가 융의 외가를 무너뜨리고 조정을 장악하면서 융은 폐태자가 되고, 그 자리를 효가 차지했다는 뜻이다.

융은 태자의 위에서 밀려난 뒤로 여느 왕자와 같은 신분으로 지내다가 660년 7월에 사비성이 함락되고, 의자왕이 당으로 호송될 때 함께 낙양으로 끌려갔다. 그 뒤, 복신과 부여 풍 등에 의해 백제부흥전쟁이 발발하자, 당은 그에게 웅진도독대방군왕의 직책을 내려 장군 손인사와 함께 토벌군 7천을 주어 백제로 돌려보냈다. 백제부흥군은 나당연합군과 백강에서 마지막 일전을 치렀지만 패배하였다. 그 뒤 융은 신라 문무왕을 만나 백제의 옛 땅에 대한 지배권이 웅진도독부에 있음을 인정받았다. 이에 따라 옛 백제의 귀족 관료들을 중심으로 1도독부 7주 51현제를 백제 옛 땅에 실시하였다.

백제 옛 땅을 웅진도독부에 예속시킨 것은 당의 전략에 따른 것이었다. 당은 백제 땅에 웅진도독부를 형성하여 그 곳을 수중에 넣길 원했고, 부여 융은 그들의 허수아비 노릇을 한 것이다.

그러나 신라는 백제에 대한 권리를 쉽게 포기하지 않았다. 때문에 융은 유인원이 당으로 돌아가자, 백제 유민의 분열과 신라의 압력을 두려워하여 당나라로 되돌아갔다. 그 후 신라는 백제의 고도 사비성에 소부리주를 설치하고 백제 옛 땅에 대한 지배권을 장악했고, 웅진도독부는 한반도에서 축출되어 677년 2월에 만주의 건안고성으로 옮겨갔다. 융은 이 곳에서 백제 유민들을 모아 다스리다가 682년에 죽었다. 그가 죽고 난 뒤 그의 작위는 손자 경(敬)이 계승하였다. 묘지는 중국 낙양의 북망산에 마련되었다.

부여 태(생몰년 미상)

태(泰)는 의자왕의 차남이다. 사비성이 당나라 군대에 의해 포위되었을 때, 의자왕이 태자 효와 함께 웅진성으로 몸을 피하자, 그는 의자왕을 대신하여 사비성을 지켰다. 그러나 함께 있던 효의 아들 문사는 혹 그에 의해 살해될까 염려하여 측근들을 데리고 사비성을 빠져나갔고, 많은 백성이 문사를 따라 성을 이탈했다. 이 일로 그가 이끌던 군대와 백성들의 전의가 상실되었고, 결국 그는 성문을 열고 항복했다.

660년 9월에 소정방에 의해 낙양으로 압송되었으며, 그 곳에서 여생을 마쳤다.

부여 풍(생몰년 미상)

풍(豊)은 『일본서기』엔 풍장(豊璋)으로 기록되어 있다. 무왕 32년(631년)에 볼모가 되어 왜에 간 것으로 기록되어 있으며, 그 뒤 줄곧 왜에서 성장하였다. 백제가 몰락한 뒤, 무왕의 조카 복신이 백제부흥운동을 주도하며 왜에 구원군을 요청했는데, 이 때 왜는 풍에게 전함 170척과 병력 1만을 내주어 복신을 돕도록 했다. 풍이 도착하자, 복신 등은 그를 왕으로 추대하고 나당연합군을 상대로 싸웠다.

그러나 복신과 함께 부흥운동을 주도하던 승려 도침이 서로 반목하여 갈등을 일으켰고, 결국 복신은 도침을 살해하는 극단적인 조치를 취한다. 뿐만 아니라 풍왕까지도 제거하려 했다. 풍왕은 그런 낌새를 먼저 눈치 채고 복신을 살해한 뒤 실권을 장악했다.

663년 9월 그는 백강에서 나당연합군을 상대로 일대 격전을 벌였는데, 이 전쟁에서 패배하여 고구려로 망명하였다. 그 뒤, 백제 재건을 꾀하던 아우 용(勇)과 연락하며 재기를 노렸으나 성공하지 못했다. 그의 죽음과 묘지에 관한 기록은 남아 있지 않다.

부여 효(생몰년 미상)

효(孝)는 의자왕의 태자이다. 원래 융이 태자였으나, 의자왕 재위 후반기에 그로 교체되었다. 그 과정은 기록되지 않았으나 융과 효의 외가 사이에 일대 정쟁이 있었던 것으로 보이며, 효의 외가가 정권을 잡아 그를 태자에 앉힌 것으로 판단된다.

660년 7월, 사비성이 위기에 처했을 때, 그는 의자왕과 함께 웅진성으로 몸을 피했으나, 사비성이 함락된 후 의자왕과 함께 나당연합군에 항복하였다. 그리고 그해 9월에 당나라 낙양으로 압송되어 그 곳에서 여생을 마쳤다.

부여 연(생몰년 미상)

연(演)은 의자왕의 아들이며, 의자왕과 함께 낙양으로 압송되어, 그 곳에서 죽었다. 이름만 전할 뿐 그의 행적에 대해서는 전혀 기록이 없다.

부여 용(생몰년 미상)

용(勇)은 의자왕의 아들이며, 백제부흥운동에 참여한 인물이다. 663년의 백강 전투에서 백제부흥군을 지휘하며 나당연합군과 싸웠으나, 패배하여 무리를 이끌고 왜로 망명하였다.

왜에 머물면서도 그는 여전히 백제 재건의 꿈을 버리지 않았고, 고구려에 망명 중이던 형 풍과 연락하며 그 방도를 모색했다. 그러나 이 사실을 포착한 당나라가 664년에 웅진도독부의 사신을 왜에 파견하여 그를 비롯한 백제 유민의 동태를 살피고 압력을 행사하는 바람에 성과를 거두지는 못했다.

그는 여생을 왜에서 보내다 그 곳에서 죽었으나, 묘지에 관한 기록은 남아 있지 않다.

부여 궁(생몰년 미상)

궁(躬)은 의자왕의 서자이다. 660년 7월에 나당연합군이 사비성을 포위하자, 다급해진 백제는 당나라 군대를 회유하려 했다. 이 때 그는 상좌평과 함께 당군 진영으로 가서 풍성한 음식으로 그들을 접대하면서 군대를 철수시킬 것을 요청했다. 당군이 그의 제의를 거절하자, 그는 좌평 여섯 명을 이끌고 당군 진영을 다시 찾아가 죄를 빌면서 철병을 요청했으나, 성과를 얻어내지는 못했다. 그 이후에 대한 기록은 남아 있지 않다.

충승(생몰년 미상)

충승(忠勝)은 의자왕의 아들로서 백제부흥운동에 가담한 인물이다. 660년에 사비성이 함락되고 의자왕이 항복하자, 충지와 함께 주류성에 웅거하면서 부흥운동을 전개하였다. 그러나 663년의 백강전투에서 패배하여 나당연합군에 항복하였다.

충지(생몰년 미상)

충지(忠志)도 충승과 함께 부흥운동에 가담한 의자왕의 아들이다. 사비성 함락 이후 주류성을 거점으로 부흥운동을 주도했으나, 백강전투에서 패배하여 충승과 함께 나당연합군에 항복했다.

3. 『삼국사기』에 기록된 백제 몰락의 징후들

『삼국사기』는 백제의 몰락이 이미 예견된 일이라는 듯, 몰락 1년 전부터 그 징후들이 나타났다고 쓰고 있다. 하지만 이것은 백제왕조의 몰락을 천명으로 인식시키려는 신라인들의 역사 왜곡의 결과일 것이며, 또한 의자왕의 타락과 삼천궁녀 운운한 것도 같은 맥락에서 이해되어야 할 것이다. 그럼에도 여기에 백제 몰락의 징후들을 기록한 『삼국사기』의 내용을 옮겨놓는 것은 당시 사람들이 자연의 기이한 현상과 국가의 운명을 어떻게 연계시켰는지 알게 하기 위함이다.

백제 왕조의 몰락을 예견하는 자연현상들은 의자왕 19년(659년) 2월부터 20년(660년) 6월까지 비교적 다양하고 자세하게 기록되어 있으니, 다음과 같다.

19년 봄 2월, 여우 떼가 궁중에 들어왔는데, 흰 여우 한 마리가 상좌평의 책상에 올라앉았다.

여름 4월, 태자궁에서 암탉이 참새와 교미하였다.

5월, 서울 서남쪽 사비하에서 큰 고기가 나와 죽었는데, 길이가 세 발이었다.

8월, 여자 시체가 생초진에 떠내려왔는데, 길이가 18척이었다.

9월, 대궐 뜰에 있는 홰나무가 사람이 곡하는 소리처럼 울었으며, 밤에는 대궐 남쪽 행길에서 귀신의 곡소리가 들렸다.

20년 봄 2월, 서울의 우물이 핏빛으로 변했다. 서해에 조그만 물고기들이 나와 죽었는데, 백성들이 다 먹을 수도 없을 정도로 많았다. 사비하의 물이 핏빛처럼 붉었다.

4월, 두꺼비 수만 마리가 나무 꼭대기에 모였다. 서울 백성들이 까닭도 없이 놀라 달아나니, 누가 잡으러 오는 것 같았다. 그러다가 쓰러져 죽은 자가 1백여 명이나 되고, 재물을 잃은 자는 셀 수도 없었다.

5월, 폭풍우가 몰아치고 천왕사와 도양사의 탑에 벼락이 쳤으며, 또한 백석사 강당에도 벼락이 쳤다. 검은 구름이 용처럼 공중에서 동서로 나뉘어 서로 싸우는 듯하였다.

6월, 왕흥사의 여러 중들이 모두 배의 돛대와 같은 것이 큰 물을 따라 절 문간으로 들어오는 것을 보았다. 들사슴 같은 개 한 마리가 서쪽으로부터 사비하 언덕에 와서 왕궁을 향하여 짖더니, 잠시 후에 행방이 묘연해졌다. 서울의 모든 개가 노상에 모여서 짖거나 울어대다가, 얼마 후에 흩어졌다. 귀신 하나가 대궐 안에 들어와서 "백제가 망한다, 백제가 망한다."고 크게 외치다가 곧 땅 속으로 들어갔다.

왕이 이상하게 생각하여 땅을 파게 하였다. 석 자 가량 파내려가니 거북 한 마리가 나왔다. 그 등에 "백제는 둥근 달 같고, 신라는 초승달 같다."라는 글이 있었다. 왕이 무당에게 물으니, 무당이 말했다.

"둥근 달 같다는 것은 가득 찬 것이니 가득 차면 기울며, 초승달 같다는 것은 가득 차지 못한 것이니 가득 차지 못하면 점점 차게 됩니다."

그 소리에 왕이 노하여 무당을 죽여버렸다.

어떤 자는 이렇게 말했다.

"둥근 달 같다는 것은 왕성하다는 것이요, 초승달 같다는 것은 미약한 것입니다. 생각건대, 우리 나라는 왕성해지고 신라는 점차 쇠약해져 간다는 뜻인가 합니다."

왕이 그 소리에 기뻐하였다.

4. 백제의 황혼을 장식한 두 영웅

하늘이 낳은 불세출의 재상, 성충(?~656년)

"성충의 말을 듣지 않다가 이 지경에 이르게 된 것이 후회스럽구나."

의자왕이 패망을 면할 수 없음을 알고 탄식하며 했던 이 말은 성충이라는 인물이 얼마나 뛰어난 인물이었는지 알게 해준다. 그야말로 백제의 운명이 그의 어깨에 얹혀 있었다고 해도 과언이 아니었다. 의자왕이 말했듯이 성충만 살아 있었다면, 백제는 패망의 비운에 처하지 않았을지도 모른다.

『삼국사기』에는 그에 대한 기록이 자세하지 않지만, 신채호의 『조선상고사』에는 비교적 상세하게 나온다. 신채호는 아마도 『해상잡록』이라는 책에서 성충에 대한 기록을 취한 듯한데, 불행히도 『해상잡록』은 현재 전하지 않는다. 그러나 『조선상고사』에 실린 내용이 역사적 사실과 상당히 일치한다는 점을 감안하여, 신채호의 기록을 바탕으로 성충의 삶을 정리한다.

성충은 부여씨로서 백제 왕족 출신이며, 문리에 깊고 병법에 밝아 가히 하늘이 낳은 재사라 할 만했다. 그는 어릴 때부터 꾀가 많기로 이름이 높았는데, 『조선상고사』에는 그의 진면목을 보여주는 다음과 같은 일화 하나가 소개되고 있다.

성충은 어릴 때부터 지모가 뛰어나서 일찍이 예(동예, 한반도 낙랑)의 군사가 침략해오자, 고향 사람들을 거느리고 나가 산중턱에 웅거하고 지키는데, 늘 기묘한 계교로 많은 적을 죽였다. 그래서 예의 장수가 사자에게 궤를 보내 이렇게 말했다.

"그대들의 나라를 위하는 충절을 흠모하여 약간의 음식을 올리오."

사람들이 궤를 열어보려 하였으나 성충이 이를 굳이 못하게 말리고서 불 속에다 넣게 하였다. 그 속에 든 것은 벌과 독충들이었다. 이튿날 또 예의 장수가 궤 하나를 보냈다. 모두 이것을 불에 넣으려 하니, 성충이 그것을 열어보게 하였다. 그 속에는 화약과 염초 따위가 들어 있었다. 사흘째 되는 날 적은 또 하나의 궤를 보내왔는데, 성충은 그것을 톱으로 켜게 하였다. 그러니까 피가 흘렀다. 칼을 품은 용사가 허리가 끊어져 죽어 있었다.

그 뒤, 의자왕이 그에 관한 소문을 듣고 불러 앞일에 관해 묻자, 성충은 신라가 쳐들어올 것이라고 말하면서 그에 대한 방비책을 세워야 한다고 대답했다. 그러자 의자왕이 이렇게 물었다.

"신라가 침범해오면 어디로 올 것 같소?"

성충이 확신하는 얼굴로 대답했다.

"선대왕(무왕)께서 성열성 서쪽의 가잠성 동쪽 지역을 차지하시니, 신라가 원통해한 지가 이미 오래되었습니다. 하여 신라는 반드시 가잠성을 공격해올 것입니다."

"그러면 가잠성 수비를 증강시켜야 하지 않겠소?"

"가잠성주 계백은 지혜와 용기를 겸비한 장수로 비록 신라가 전국의 군사로 포위하여 공격한다 하더라도 쉽사리 깨뜨리지 못할 것이니 염려하지 마소서. 또한 급히 나서서 적의 허를 찌르는 것이 병가의 상책이니 신라의 정병이 가잠성을 공격해오거든 우리는 가잠성을 구원한다 일컫고 군사를 내어 다른 곳을 공격하는 것이 좋을 것입니다."

"그러면 어느 곳을 치는 것이 좋겠소?"

"신이 들으니 대야주 도독 김품석이 김춘추의 딸 소랑의 남편이 되어 권세를 믿고 군사와 백성을 학대하고 음탕과 사치를 일삼아서 원한의 대상이 된 지 이미 오래라고 합니다. 이제 우리 나라에 국상(國喪)이 있다는 말을 들으면 수비가 한결 소홀해질 것이고, 신라의 정병이 가잠성을 포위 공격하는 때이면 대야성이 위급해지더라도 갑자기 구원하지는 못할 것입니다. 우리 군사가 대야성을 함락시키고 그 여세를 몰아 공격하면 신라 전국이 크게 소란해질 것이니, 이를 쳐 멸망시키기는 아주 쉬울 것입니다."

"그대와 같은 지략가는 고금에도 드문 일이었소."

의자왕은 성충을 상좌평에 임명하고 그의 전술에 따라 윤충(성충의 아우)에게 군대를 내주며 대야성을 공략하게 하였다. 윤충은 품석에게 아내를 뺏긴 신라 비장 금일을 이용하여 대야성 내부를 교란시켜 무너뜨리고, 그 주변의 40여 성을 함께 얻었다.

대야성은 백제에서 신라의 서라벌로 가는 길목이며 군사적 요충지였다. 따라서 대야성 함락은 신라에 엄청난 타격을 안겨주었고, 백제에게 기선을 제압당하는 원인이 되었다.

이후 성충은 의자왕의 눈귀와 손발이 되어 전략을 수립하고 전술을 구사하였는데, 고구려에 가서 연개소문을 직접 만나 화친 약조를 얻어내기도 했다. 이 일과 관련한 일화 하나를 『조선상고사』는 이렇게 기록하고 있다.

성충이 고구려에 가서 이해를 따져 연개소문을 달래서 동맹의 조약이 거의 맺어지게 되었는데, 연개소문이 갑자기 성충을 멀리하여 여러 날을 만나보지 못했다. 성충이 의심이 나서 탐지해보니, 신라의 사신 김춘추가 와서 고구려와 백제의 동맹을 막고 고구려와 신라의 동맹을 맺으려고 하는 것이었다.

그래서 성충은 곧 연개소문에게 글을 보내 말했다.

"공이 당과 싸우지 않으면 모르지만, 만일 당과 싸우고자 한다면 백제와 화친하지 않으면 안 될 것이오. 왜냐하면 시국(당)이 고구려를 칠 때에 번번이 양식 운반의 불편으로 패하였으니, 수나라가 그 분명한 본보기요. 이제 백제가 만일 당과 연합하면 당은 육로인 요동으로부터 고구려를 침노할 뿐 아니라 배로 군사를 운반하여 백제로 들어와서 백제의 쌀을 먹어가며 남에서부터 고구려를 칠 것이니, 그러면 고구려가 남과 북 양면으로 적을 받게 될 것인데, 그 위험이 어떠하겠습니까? 신라는 동해안에 나라가 있어서 당의 군사 운반의 편리가 백제만 못할 뿐더러 신라는 일찍이 백제와 화약하고 고구려를 치다가 마침내 백제를 속이고 죽령 밖 고현 안의 10군을 함부로 점령하였음은 공이 잘

아는 바이니, 신라가 오늘에 고구려와 동맹한다 하더라도 내일에 당과 연합하여 고구려의 땅을 빼앗지 않으리라 어떻게 보증하겠습니까?"

연개소문이 이 글을 보고는 김춘추를 가두고 죽령 밖 욱리하 일대의 땅을 빼앗으려고 하였다. 이리하여 성충은 마침내 고구려와 동맹을 맺고 돌아갔다.

『조선상고사』에는 성충의 계책으로 백제가 당의 강남 땅을 장악했다는 내용이 나오는데, 성충은 당나라가 반드시 고구려를 침략하게 될 것이라고 하면서, 그때를 이용하여 당나라의 강남 땅을 공격하면 능히 장악할 수 있을 것이라고 하였다. 의자왕이 이 말을 믿고 있다가 당이 30만 대군을 동원하여 고구려를 침입하고 안시성을 무너뜨리지 못해 교착상태에 빠지자, 성충의 계책을 실행했다. 계백에게 명하여 신라의 후방을 습격하고 성열 등 7개 성을 점령하고, 또 윤충을 보내 부사달 등 10여 성을 점령하였으며, 수군으로 당나라의 월주를 점령하였다는 것이다.

신채호가 어떤 사료를 보고 이와 같은 내용을 담았는지 알 수 없으나, 전혀 가능성 없는 이야기는 아니다. 『삼국사기』에 보면 백제가 신라의 성들을 장악했는데, 7개 성이니, 10개 성이니, 30여 성이니, 40여 성이니 하는 형태로 기록되어 있을 뿐 그 구체적인 지명이 등장하지 않는다. 또한 의자왕이 재위 15년에 말갈과 고구려와 함께 신라 30여 성을 함락시킨 뒤부터 기고만장하여 사치스러워지고 향락에 젖은 것을 볼 때, 당나라 강남의 땅을 장악했을 가능성도 배제할 수 없는 것이다. 그러나 그런 내용들이 기록되지 못한 것은 『삼국사기』 편자들의 역사 가치관의 한계 때문이었을 것이다.

어쨌든 성충과 관련한 일련의 일화에서 보듯 그는 언변이 뛰어나고 논리가 명확하며 정세 파악에 남다른 뛰어난 재사였던 것만은 분명하다. 그러나 그런 그도 불운을 피해갈 수는 없었던 모양이다.

백제에는 임자라는 인물이 있었는데, 좌평의 직위에 있으면서 의자왕의 비위를 잘 맞추고 듣기 좋은 소리만 하는 위인이었다. 그에 비해 성충은 절개가 굳어 그릇된 행동을 그냥 넘기지 않았다. 때문에 의자왕이 향락에 젖어 지내자, 성충은 의자왕의 행동을 비판하며 간언하였는데, 임자는 성충이 그간의 공을 믿고 거만해져서 왕을 무시한다고 하였다. 이 소리를 듣고 의자왕은 성충을 감옥에 가두고 음식을 주지 못하게 하였다.

감옥에 갇힌 성충은 여러 날을 먹지 못해 굶어죽을 처지가 되었는데, 죽기 전에 의자왕에게 글을 올려 간했다.

"충신은 죽어도 임금을 잊지 않는 것이니 한마디 말만 하고 죽겠습니다. 제가 항상 형세의 변화를 관찰하였는바, 전쟁은 틀림없이 일어날 것입니다. 무릇 전쟁에는 반드시 지형을 잘 선택해야 하는데, 상류에서 적을 맞아야만 군사를 보전할 수 있습니다. 만일 다른 나라 군사가 오거든 육로로는 침현(탄현)을 통과하지 못하게 하고, 수군은 기벌포(백강)의 언덕으로 들어오지 못하게 하십시오. 험준한 곳에 의거하여 방어해야만 방어할 수 있을 것입니다."

그 말을 남기고 성충은 656년 3월에 생을 마감했다. 생명이 꺼져가는 중에도 이렇듯 그는 신하의 도리를 다하였고, 나라의 운명을 염려했지만, 의자왕은 그의 말을 듣지 않고 멸망을 자초했다.

황산벌에 피어난 불멸의 꽃, 계백(?~660년)

성충과 흥수는 백강의 언덕을 지키고, 탄현의 길목을 막아 적군이 그 안으로 들어오지 못하게 하라고 의자왕에게 충고했다. 의자왕은 이 충언을 받아들이지 않고, 당군에게 백강 진입을 허용하고, 신라를 탄현 안으로 끌어들여 일시에 공격하자는 달솔 상영 등의 주장을 따랐다. 그러나 막상 백강과 탄현 길이 열리자, 당군과 신라군은 해일처럼 밀려들었고, 그 위세가 너무 강해 막아설 수가 없었다. 당황한 의자왕은 좌평 충상과 달솔 계백, 상영 등에게 5천의 결사대를 주고 황산으로 가서 신라군을 저지토록 명령했다.

계급상으론 5천 결사대의 총지휘자는 좌평 충상이었지만, 결사대를 이끌 사람은 장수인 계백과 상영이었다. 그런데 상영은 당군에게 백강을 열어주고 신라군을 탄현으로 끌어들여야 한다는 엉터리 전술을 내놓은 터라 의자왕의 신임을 잃은 상태였다. 따라서 5천 결사대의 실질적인 총사령관은 계백이었다.

　백제의 운명을 지고 황산으로 향한 계백에 대해서는 자세하게 알려져 있지 않다. 일설에는 그가 부여씨로서 왕족이라고도 하지만, 사실 여부는 확인되지 않았다. 다만 좌평에 이어 제2품인 달솔의 위치에 있었던 것을 보면, 귀족 출신인 것은 분명하다. 백제의 귀족 중에 계씨는 없었기에, 계백은 이름일 것이다. 또한 부여씨를 쓰는 왕족의 경우 성씨를 떼고 이름만 기록한 경우가 많아, 계백을 부여씨로 보는 것은 타당한 측면이 있다. 신채호가 『조선상고사』에서 계백의 성을 부여씨로 서술한 것도 이런 이유 때문일 것이다. 5만의 신라군을 맞아 싸우게 된 계백은 싸움에서 질 경우 자신의 아내와 자식들이 신라인의 노비로 살며 치욕을 당할 것이라고 생각하고, 직접 처자를 모두 죽이고 전장으로 나아갔다.

　이 행위를 놓고 후대의 학자들은 비난과 찬사로 견해가 엇갈렸다. 조선 초의 학자 권근은 그의 행동을 무도하고 잔인하며 도의에 어긋난다고 하면서 먼저 사기를 떨어뜨려 싸우기도 전에 굴복한 것이라고 비난했다. 그러나 『동사강목』의 저자 안정복은 권근의 비판은 병법을 전혀 모르는 데서 기인한 잘못된 논리라며, 계백이 처자를 죽이고 전장으로 떠난 것은 사욕과 사리를 끊고 죽을 결심으로 싸우겠다는 전의를 표출한 것이라고 옹호했다.

　당시 사람들이 계백의 행동을 높이 평가하고, 적국인 신라인들조차 계백을 존경했던 것을 보면, 안정복의 주장이 삼국시대 당시의 가치관에 부합되는 것으로 보인다. 그러나 굳이 처자를 죽여야만 했는지는 여전히 의문이다. 만약 전장에서 자신이 죽는다면, 그 다음의 선택은 남아 있는 처자의 몫으로 남겨둘 수는 없었을까?

　어쨌든 계백은 처자를 죽이고 비장한 각오로 황산으로 떠났다. 황산에 이른 그는 세 개의 진을 치고, 싸움을 시작하기 전에 병사들에게 소리쳤다.

　"옛날 월 왕 구천은 5천의 군사로 70만의 오나라 대군을 격파하였다. 오늘 우리는 각자 분발하여 싸우고 승리하여 나라의 은혜에 보답해야 한다."

　『삼국사기』에는 이렇듯 짧은 문구만 실려 있지만, 문맥으로 봐서 계백은 구천의 5천 군대는 70만도 이겼는데, 결사대 5천으로 신라의 5만 군대를 이기는 것은 어려운 일이 아니라고 하면서 병사들의 사기를 북돋았을 것이다. 또한 자신은 이미 처자를 죽이고 온 몸이라 죽을 각오로 싸울 준비가 되어 있다는 비장한 말들과 병사들 역시 개인의 처지를 생각하지 말고 오직 나라를 위해 싸우면 반드시 이길 수 있다는 내용을 설파했으리라.

계백의 그런 확신에 찬 말들은 부하들의 사기를 드높였고, 그것은 일당백의 전력으로 나타났다. 신라 장수 김흠춘과 김품일이 네 번에 걸쳐 백제군을 공략했지만, 사기 충천한 백제군을 뚫지 못했다. 그러자 신라군의 사기는 바닥에 떨어졌고, 흠춘과 품일은 그들의 사기를 높이기 위해 극단적인 사기진작책을 구사했다. 흠춘은 아들 반굴을 적진에 뛰어들어 죽게 하고, 품일 또한 아들 관창을 죽음의 장으로 내몰았던 것이다.

계백은 16세의 소년 관창을 사로잡았을 때, 처음엔 살려서 돌려보냈다. 그러나 관창이 다시 달려오자, 그의 머리를 벤 뒤, 말안장에 매달아 신라 진영으로 보냈다. 품일이 관창의 머리를 잡고 피를 닦으며 부하들의 전의를 촉발시켰고, 그것은 신라군의 사기를 되살리는 계기가 되었다.

전의에 불타는 5만의 신라군이 밀려들자, 계백의 5천 결사대도 죽기를 각오하고 막아섰지만, 중과부적의 상황을 넘어서지 못하고 무너졌다. 그러자 좌평 충상과 달솔 상영은 목숨을 구걸하며 항복하였고, 계백은 끝까지 싸우다 장렬하게 전사했다.

지금 충남 논산시 부적면 신풍리 수락산 언덕에는 계백의 묘라고 불리는 무덤이 하나 있다. 아직까지 증명되지는 않았으나, 무덤에 얽힌 이야기와 위치 등으로 봐서 계백의 무덤일 가능성이 높다.

조선 숙종 대인 1688년에 이 무덤 앞쪽에 계백의 위패를 모신 충곡서원이 창건되었고, 계백 장군 위패 좌우로 조선 시대 충절의 대명사인 박팽년, 성삼문 등을 비롯한 17현의 위패가 함께 배향되어 있다.

5. 들불처럼 번져간 백제부흥운동

의자왕이 소정방과 문무왕에게 무릎을 꿇고 침 세례를 받으며 항복의 술잔을 올린 뒤에도 뜻있는 장수들은 백제의 몰락을 시인하지 않고 부흥운동을 전개했다. 그 첫 번째 인물이 복신이었다.

복신은 왕족이며 무왕의 조카이다. 627년에 사신으로 가서 당나라 조정을 다독거리고 돌아올 정도로 외교 능력이 뛰어났으며, 군대를 지휘한 경험까지 있어 문무를 겸비한 인물로 평가되었다. 660년 당시 그는 이미 60세를 넘긴 노인이었으나 용맹이 높고 기개가 대단하여 스스로 군대를 일으키고 백제부흥운동을 전개한 것이다.

주류성에 거점을 형성한 복신은 승려 도침의 도움을 받으며 유민들을 끌어모아 세력을 확대하는 데 성공했다.

그 무렵, 임존성(충남 예산)에서는 장군 흑치상지가 잔병과 유민을 끌어모아 역시 부흥의 깃발을 내걸었다.

660년 8월부터 본격화된 이들의 부흥운동은 백성들의 호응을 받으며 들불처럼 번져갔고, 순식간에 수만 명의 병력이 되었다. 흑치상지는 불과 10일 만에 3만을 모아 소정방의 당군을 공격하기 시작했고, 복신의 군대도 급속도로 수를 불리며 조직적인 공격을 가할 수 있었다.

소정방은 그런 와중에 의자왕을 비롯한 왕족 및 신료 93명과 1만 2천여 명의 주민을 낙양으로 압송했다.

소정방이 떠나자, 부흥운동은 오히려 활기를 띠며 한층 거세져 급기야 9월 23일에는 사비성을 포위하는 상황으로 치달았다.

사비성은 당나라 장수 유인원이 주둔하고 있었는데, 복신이 사비성을 포위하자 그 주변의 백제 병력이 합세하여 30여 성이 부흥군에 가담했다. 복신은 신라군의 후면 공격을 막기 위해 사방에 성을 수축하여 방어망을 형성하고 사비성에 대한 압박을 강화했다. 그로 인해 유인원이 고립되어 외부와 연락이 끊기는 위기 상황에 몰렸다.

복신은 그때 이미 왜에 사람을 파견하여 의자왕이 항복한 사실과 부흥운동 소식을 전하고, 구원군을 요청해둔 터였다. 또한 왜에 머물고 있던 부여 풍을 받들어 왕으로 추대할 수 있도록 도와달라고 했다. 왜왕 제명천왕은 복신이 보낸 좌평 귀지에게 부여 풍으로 하여금 원군을 이끌도록 하여 백제 부흥을 돕겠다고 약속했다.

그 무렵, 신라 무열왕이 태자 법민(문무왕)과 함께 직접 군대를 이끌고 이례성(논산시 연산면)을 공격하여 함락시키고 그 주변의 20여 성을 무너뜨렸다. 무열왕은 그 여세를 몰아 사비성을 포위하고 있던 부흥군의 후미를 치고 들었다. 신라군의 급습을 받은 부흥군은 1천 5백 명의 전사자를 내고 왕흥사 쪽으로 퇴각하였다. 신라군은 거기서 멈추지 않고 낙화암 동쪽을 흐르는 계탄을 건너 가차없이 짓쳐들었고, 부흥군은 그 기세에 밀려 7백여 명의 희생자를 내고 사비성으로 통하는 길을 열어줘야만 했으니, 이 때가 660년 11월 5일로 차가운 겨울 바람이 거세게 몰아대고 있을 때였다.

만약 이 때 신라가 길을 뚫지 못했다면, 사비성 안의 당군은 굶주림을 이기지 못하고 스스로 성문을 열고 나와야 할 판국이었다. 그야말로 유인원의 군대는 몰살을 눈앞에 둔 절체절명의 순간에 신라군의 도움으로 가까스로 목숨을 건진 것이다.

어쨌든 부흥군의 기세를 누그러뜨린 나당연합군은 백제의 유민들에게 여러 회유책을 구사하며, 포로로 잡혀 있던 백제 왕족과 장수들로 하여금 부흥군 진압에 앞장서도록 했다.

그러나 그 정도로 부흥군의 사기가 저하된 것은 아니었다. 복신은 여러 차례에 걸쳐 왜국에 사람을 보내고, 당군의 포로들까지 호송하며 구원군을 요청하고 있었다. 또한 당군을 백제 땅에서 몰아내는 것을 최우선 목표로 설정하여 다시 한 번 유인원이 주둔하고 있던 사비성을 공격해 들어갔다.

사비성 공략을 향한 집요한 노력 끝에 부흥군은 661년 2월에 드디어 또 한 차례의 사비성 포위전을 시작했다.

그때, 당나라에서는 유인궤를 검교대방주자사로 임명해서 백제 땅에 급파한 상태였다. 당 고종은 유인궤에 앞서 웅진도독 왕문도에게 군대를 안겨 사비성을 구원하도록 했는데, 왕문도는 백제 땅에 도착하던 660년 9월에 병을 얻어 급사하고 말았다. 유인궤는 그의 후임으로 임명된 것이다.

유인궤는 해로를 타고 들어와 곧장 금강으로 진입하려 했으나 복신의 군대가 금강 하구에 2개의 목책을 설치하고 저지했다. 부흥군은 어떻게 해서든 유인궤가 사비성으로 진입하는 것을 막아야 한다고 판단하고 세력을 둘로 나눠 총력전을 펼치고 있었다.

그러자 신라 군대가 유인궤와 힘을 합쳐 금강을 지키고 있던 부흥군의 목책을 들이쳤다. 부흥군은 격렬하게 저항하며 막아섰지만, 나당연합군의 협공에 말려 1만여 명의 전사자를 내고 길을 비켜줘야만 했다. 그러자 사비성을 포위하고 있던 복신은 군대를 몰아 임존성에 몸을 의탁했고, 밀려들던 나당연합군도 수천 명의 병력 손실이 있었던 탓에 섣불리 진격하지 못하고 일단 뒤로 물러났다.

그 무렵, 신라에서는 역병이 크게 돌아 병력 지원에 애를 먹고 있었다. 그 점을 간파한 부흥군은 두량윤성 남쪽에 주둔하고 있던 신라군을 급습하여 크게 이겼고, 다시 주류성을 공격해오는 신라군과 싸워 패퇴시켰다. 이로써 부흥군의 기세는 하늘을 찌를 듯했고, 사태를 지켜보던 숱한 성들이 부흥군에 가세하는 고무적인 결과를 얻었다. 그렇게 되자, 당군은 사비성에 군대 일부를 남겨두고, 웅진성으로 웅진도독부를 옮겨갔다. 부흥군은 웅진성을 거세게 공격하며 포위했고, 그 바람에 웅진성의 당군은 완전히 고립되어 식량난에 허덕이게 되었다.

복신은 그 소식을 왜에 전하면서 구원군을 파견해줄 것을 끈질기게 요구하고 있었다. 그러나 왜국 조정은 이 문제로 논란을 일으키고 있었다. 구원군을 보내봤자 패할 것이라고 생각한 여러 대신이 원군 파견 계획을 취소할 것을 주장했던 것이다. 그 때문에 원군 파견이 지연되고 있는데, 설상가상으로 661년 7월에 제명천황이 세상을 떴다. 다행히 제명천황이 죽은 뒤에도 백제부흥을 지지하는 파가 우세하여 왜국 조정은 구원군을 위한 군대 편성을 추진하고 있었지만, 반대파의 반발은 여전했다.

　부흥군은 급조된 병력인 까닭에 한번 붕괴되기 시작하면 걷잡을 수 없다는 것을 복신은 잘 알고 있었다. 때문에 정예 부대의 지원이 무엇보다도 절실했고, 왜국은 정예 병력을 보내줄 수 있는 유일한 희망이었다. 하지만 왜군은 부흥군 지도부의 애만 태울 뿐 쉽사리 군대를 보내주지 않았다.

　신라군이 조직적으로 제2차 부흥군 토벌 작전을 전개한 것은 바로 그 시점이었다. 661년 9월 25일에 신라군은 부흥군의 전략적 요충지인 옹산성(대전 근처)을 함락시키며 기선을 제압했다. 옹산성에서 수천 명의 부흥군을 궤멸시킨 신라군은 곧 웅진성을 포위하고 있던 부흥군의 후미를 치고 들었다. 당황한 부흥군은 급히 포위망을 풀어 발을 뺐고, 덕분에 웅진성에 갇혀 있던 당군 지도부는 안도의 한숨을 쏟아낼 수 있었다.

　신라의 공격은 다시 우술성으로 이어졌다. 그 곳의 부흥군은 격렬하게 저항하며 수성전을 펼쳤지만, 1천여 명의 희생자를 낸 뒤 무너지고 말았다. 이 때부터 부흥군은 신라군에게 일방적으로 몰리면서 수성전으로 일관하며 방어전을 펼치는 상황이 되었다. 간간이 기습전을 펼쳐 신라군의 대오를 흩어놓으려는 시도가 없지는 않았지만, 이미 대세가 기울어지고 있었다.

　그런 상황에서 마치 한줄기 빛처럼 부여 풍이 왜군 1만을 이끌고 달려왔다. 그야말로 부흥군에겐 천군만마가 아닐 수 없었다. 풍왕이 백제 땅에 발을 디딘 것은 662년 5월이었다. 631년 3월에 왜에 볼모로 갔던 풍왕은 무려 31년 만에 고국 땅을 다시 밟은 것이다.

　복신이 풍을 맞아 왕으로 추대함으로써 왜군 정예 병력 1만이 가세하자, 부흥군의 사기는 순식간에 회복되었다. 부흥군의 첫 번째 목표는 역시 당군을 백제 땅에서 몰아내는 것이었으므로, 부흥군은 먼저 웅진성으로 진격하여 금강 동쪽에 포진했다. 웅진도독부와 신라군의 연결 통로를 끊어 당군을 고립시키겠다는 계산이었고, 그것은 주효했다.

　그러나 기껏 당군을 궁지에 몰아넣은 부흥군은 불행히도 내분에 휘말리고 말았다. 복신과 도침이 주도권 다툼을 벌이며 대립하다가, 복신이 도침을 살해해버린 것이다. 그 후 복신은 부흥군을 장악하고 당군 수장 유인원에게 사람을 보내 말했다.

"대사 등은 언제 서쪽으로 돌아가려는가? 그 때 우리가 사람을 보내 전송해 주겠다."

그 소리에 발끈한 유인원은 웅진 동쪽으로 군대를 몰아 복신과 한판 결전을 벌였다. 이 싸움에서 복신은 크게 패했다. 그 때문에 부흥군의 요새인 지라성과 윤성 등을 빼앗기고 많은 전사자까지 내며 진현성으로 물러났다. 거기에다 또 한 번 당군의 급습을 받아 8백여 명의 전사자를 내고 진현성에서도 쫓겨났다.

이 사건 이후, 당군과 신라군 사이에 수송로가 소통되었고, 유인원은 본국에 사람을 보내 증원병을 요청했다. 당에서는 좌위위 장군 손인사에게 병력 7천을 내주고 바다를 건너게 하는 한편, 부여 융을 웅진도독으로 삼아 함께 파견하였다. 당 조정이 부여 융을 파견한 것은 백제 유민들의 당에 대한 반감을 줄이기 위한 술책이었다.

한편, 풍왕은 부흥군의 약세가 복신의 권력 전횡에서 비롯되었다며 비판을 가하기 시작했고, 그것은 복신과 풍왕의 관계를 크게 악화시켰다. 두 사람 사이에 감정의 골이 깊어지자, 복신은 풍왕을 살해할 계획을 세우고, 병을 핑계로 굴실에 누워 있었다. 풍왕이 문병을 오면 그 기회를 놓치지 않고 죽일 계획이었다. 그러나 복신은 오히려 제 꾀에 넘어가고 말았다. 복신의 계획을 눈치 챈 풍왕이 문병을 핑계로 심복들을 이끌고 굴실로 찾아와 복신을 결박해버린 것이다.

그러나 풍왕은 함부로 복신을 죽일 수 없었다. 복신은 여전히 부흥군의 영웅이었고, 수장이었던 것이다. 때문에 풍왕은 복신을 꿇어앉힌 상태에서 그의 모반죄를 성토한 후, 신하들에게 처리 방법을 물었다.

비록 복신을 옹호하는 자가 없지는 않았지만, 묶인 처지가 된 그를 위해 선뜻 목숨을 내놓을 사람은 없었다. 오히려 복신과 함께 부흥운동을 해왔던 달솔 덕집 등이 앞장서서 복신을 처형해야 한다면서 풍왕의 속내를 대변했다. 복신은 덕집에게 침을 뱉으며 '썩은 개 같은 놈'이라고 소리치며 그의 비겁함을 꾸짖었다. 그러나 차가운 칼날이 그의 목을 가르자, 그는 외마디 비명도 지르지 못하고 죽었다. 그 뒤, 풍왕 일행은 그의 머리통으로 젓을 담아버렸으니, 부흥운동을 이끌었던 영웅의 말로치고는 참담하기 짝이 없었다.

부흥군은 그렇게 내분을 수습했지만, 복신과 도침이라는 두 영웅이 졸지에 황천으로 떠나자, 병졸들의 사기는 땅으로 곤두박질쳤다. 거기에다 당에서 파견된 손인사의 7천 군대가 몰려온다는 소식을 접하자, 풍왕은 급히 왜와 고구려에 사람을 보내 원군을 보내줄 것을 요청하고, 왜의 수군으로 손인사의 군대를 막아섰다. 그러나 왜군은 수전에서 크게 패하여 퇴각하였고, 손인사의 군대는 육지에 상륙하여 유인원의 군대와 합세하였다.

군세가 강화된 당군은 곧 부흥군 토벌작전에 돌입하였고, 문무왕이 이끄는 신라군이 가세하였다. 나당연합군은 부흥군의 중심 거점인 주류성을 공격하기로 했다. 인사와 인원, 문무왕 등은 육군을 거느리고 나아가고, 유인궤와 별수두상, 부여 융은 수군과 군량 실은 배를 거느리고 웅진으로부터 백강으로 가서 육군과 합세하는 방법으로 주류성을 공략한다는 계획이었다.

유인궤가 이끄는 당나라 수군이 웅진을 출발하여 백강으로 향하자, 왜군이 백강 어귀에 진을 치고 있다가 그들을 막아섰다. 일대 격전을 벌인 양 군은 네 차례 부딪쳤는데, 부흥군은 함선 4백여 척이 불타는 대패를 하고 말았다.

백강 전투의 대패로 부흥군은 순식간에 무너졌고, 풍왕은 탈출하여 고구려로 달아났다. 그러자 풍왕 휘하에 있던 부여 충승과 충시 등이 풍왕의 잔병을 거느리고 왜국 군사들과 함께 항복하였고, 나머지 부흥군은 임존성에 남아 외롭게 버티는 형국이 되었다.

임존성엔 흑치상지, 상여, 지수신 등의 장수들이 웅거하고 있었는데, 유인궤는 은밀히 임존성에 사람을 보내 흑치상지와 상여를 설득하고 항복을 종용했다. 유인궤는 부여 융에게 웅진도독부를 맡길 것을 약속하며, 흑치상지와 상여가 부여 융을 도와 웅진도독부를 이끌어달라는 말로 회유했던 것이다. 흑치상지와 상여는 유인궤의 그 말에 귀가 솔깃하여 반란을 일으켜 임존성을 장악해버렸고, 지수신은 처자를 버리고 고구려로 달아났다. 이후 흑치상지는 부흥군을 모두 이끌고 나와 당군에 항복하였다. 이로써 3년 동안 지속됐던 백제부흥운동은 종말을 고하였다.

이렇듯 비록 실패로 끝났지만, 왕조가 몰락한 뒤에도 무려 3년 동안이나 이어진 백제부흥운동은 백제인들의 무서운 저력을 보여준 사건으로 678년 동안 타오르다 한 줌의 재로 사그라진 백제 왕조에 대한 진혼제라고 할 수 있을 것이다.

부록

1. 백제의 관제 및 행정 체계

2. 백제인의 발자취

3. 백제왕조실록 관련 사료

4. 백제시대를 거쳐간 중국 국가들

5. 백제왕조실록 인물 찾기

1. 백제의 관제 및 행정 체계

백제는 초기에 고구려 관제를 그대로 적용했다. 중앙 조정은 재상격인 좌보와 우보에 의해 운영되었으며, 지방은 방향부 체제인 동서남북부와 도성 주변의 중부를 합해 5부 체제였다.

좌·우보에는 왕족을 비롯한 유력한 귀족이 임명되었다. 임명 이후, 이들은 죽을 때까지 그 자리에 있었으며, 전임자가 죽은 이후에 후임자가 그 뒤를 잇는 것이 관례였다.

좌우보 제도가 정착된 것은 제2대 다루왕 대이며, 온조왕 대까지만 하더라도 우보만 있고 좌보라는 직책은 없었다. 초대 우보로는 온조의 재종숙부 을음이 임명되었고, 온조 41년에 그가 죽자 해루를 제2대 우보로 삼았으며, 다루왕 7년에 해루가 죽자, 동부의 흘우를 제3대 우보로 임명했다. 그러다 다루왕 10년에 흘우는 좌보로 승격되고, 북부의 진화가 우보에 임명됨으로써 좌우보 제도가 확립되었다. 이후 이 제도는 제8대 고이왕 27년에 좌평제도가 성립될 때까지 유지된다.

지방 조직인 5부 체제는 온조왕 대에 이미 성립되었다. 온조왕 31년에 우선 남북부가 설치되었고, 33년에 다시 동부와 서부가 추가됨으로써 4부 체제가 되었고, 자연스럽게 도성과 그 주변이 중부로 인식되면서 5부 체제가 확립되었다.

좌·우보와 5부 체제의 골격 아래엔 서열과 직능을 가리키는 관직이 있었을 것으로 판단되지만, 그에 관한 구체적인 기록은 남아 있지 않다.

2보 5부의 백제 행정 체계는 그것이 확립된 다루왕 10년(서기 37년)부터 고이왕 27년(서기 260년)까지 223년 동안 지속된다. 그러나 고이왕 대에 이르러 국토가 확장되고, 대륙에도 영토가 개척되면서 전면적인 관계 및 행정 체계의 개편이 요구되자, 고이왕은 6좌평 16관등제를 탄생시킨다.

고이왕은 재위 27년 정월에 6좌평 16관등제를 전면 공포 실시했는데, 이는 중앙집권화의 토대를 만드는 작업이기도 했다. 좌우보 제도가 재상 중심의 정치라면, 6좌평 제도는 왕 중심의 정치라 할 수 있는데, 이는 조선 시대의 의정부서사제와 육조직계제에 비견할 만하다. 즉, 좌우보 제도가 의정부서사제에 해당한다면, 6좌평 제도는 육조직계제로서 왕권이 한층 강화된 형태인 것이다.

6좌평은 왕명 출납을 담당하는 비서실장 격인 내신좌평, 물자와 창고에 관한 일을 맡아 하는 내두좌평, 예법과 의식을 주관하는 내법좌평, 숙위 병사 및 중앙 군사에 관한 일을 관장하는 위사좌평, 형벌과 송사를 책임지는 조정좌평, 지방 군사에 대한 일을 책임지는 병관좌평 등이다.

초대 좌평으로는 내신좌평에 고이왕의 아우 우수, 내두좌평에 진가, 내법좌평에 우두, 위사좌평에 고수, 조정좌평에 곤노, 병관좌평에 유기 등이 임명되었다.

이들 좌평을 1품으로 하여 그 아래 15품계가 설치되었는데, 2품은 달솔, 3품은 은솔, 4품은 덕솔, 5품은 한솔, 6품은 나솔, 7품은 장덕, 8품은 시덕, 9품은 고덕, 10품은 계덕, 11품은 대덕, 12품은 문독, 13품은 무독, 14품은 좌군, 15품은 진무, 16품은 극우라 했다.

이 같은 6좌평 제도는 전지왕 4년(서기 408년)에 전지왕의 이복 동생 부여 신이 상좌평에 임명되면서 전환기를 맞이한다. 상좌평은 군사와 정사를 책임지는 국상으로서 내각책임제의 총리와 같은 직책이었다. 따라서 상좌평 제도의 도입은 왕권의 약화를 의미하며, 동시에 왕족 및 귀족 세력이 강화되었음을 뜻하는 것이다. 전지왕은 왜국에 볼모로 머물다가 아신왕의 급작스런 죽음 이후에 부여 신과 해구, 해수 등의 힘에 의해 왕위에 올랐기 때문에 그들에게 정사를 맡길 수밖에 없었고, 그 결과로 나타난 것이 바로 상좌평 제도이다.

초대 상좌평 부여 신을 이어 비유왕 3년(서기 429년 10월)에는 내법좌평을 맡고 있던 해수가 제2대 상좌평에 임명되었다.

그러나 상좌평은 정치 상황의 변화에 따라 그 역할과 비중이 달라지기 일쑤였고, 좌평이란 품계도 상좌평, 중좌평, 하좌평 등으로 세분화되는 경향을 띠게 되면서 대좌평과 같은 특진의 관등도 발생한다. 또한 의자왕 대에는 그의 서자 41명이 모두 좌평의 품계를 받았다는 기록이 있는 것으로 봐서, 후대에 이르면서 좌평의 의미는 관직보다는 품계로서의 의미가 더 강해진다.

좌평 이하 16관등제는 그 품계에 따라 복색이 구별되었다. 좌평에서 6품 나솔까지는 자색, 7품 장덕에서 11품 대덕까지는 비색, 12품 문독에서 16품 극우까지는 청색이었다. 또 7품 이하는 띠의 색에 의해서도 관등이 구분되었는데, 장덕은 자주색, 시덕은 검은색, 고덕은 붉은색, 계덕은 푸른색, 대덕과 문독은 황색, 무독·좌군·진무·극우는 흰색이었다.

관모의 장식에 있어서도 구분이 되었는데, 임금은 금제, 좌평에서 나솔까지는 은제였다. 그 이후 품계의 관모의 장식에 대해서는 기록이 없으나, 아마도 장덕에서 대덕까지는 동제, 그 이하로는 철제로 장식했을 것이다.

관등제가 이처럼 복식과 장식의 구분에까지 영향을 끼친 것을 볼 때, 16관등은 신분을 구분하는 구실을 했을 것으로 보인다. 즉, 좌평에서 나솔까지는 왕족 및 귀족으로 구성된 제1신분, 장덕에서 대덕까지는 지역 대호족 출신으로 구성된 제2신분, 문독에서 극우까지는 중소 호족과 평민을 포함한 제3신분 등으로 나뉠 수 있다. 이들 신분 차이는 아마도 신라의 골품제처럼 개인 관등의 상하한선에 영향을 끼쳤을 것으로 보인다.

이 같은 관등제를 기반으로 중앙과 지방의 행정 및 군사 조직이 짜여졌는데 중앙의 22부, 지방의 22담로가 그것이다.

중앙의 22부는 내관 12부와 외관 10부로 구성되었다. 내관은 궁정과 왕실의 업무를 맡은 관청이며, 외관은 일반 서정을 맡은 기관이었다. 내관 12부는 왕실 관계의 업무와 왕명 출납의 직무를 관장한 전내부, 곡물과 육부, 왕실의 창고 업무를 맡은 내경부와 외경부, 왕실 및 궁궐에 이용되는 말을 관리하는 마부, 궁 안의 무기 관리를 맡은 도부, 불교 사원을 관리하는 공덕부, 약의 제조와 치료를 관장하는 약부, 궁궐 및 왕실에 소요되는 목재를 관리하는 목부, 의장 관계 및 율령 관계를 담당하는 법부, 왕의 후궁 및 궁녀에 관계되는 일을 맡아보는 후궁부 등이다.

하지만 내관 및 외관의 22부는 시대와 상황에 따라 신축적으로 운영되었을 것이므로, 부서의 수 또한 고정되지 않았을 것이다.

지방의 22담로제는 방향부 체제가 해체되고 6좌평 16관등제가 실시된 이후에 설치되었다. 설치 시기는 대체로 근초고왕 대로 판단한다. 하지만 고이왕 대에 중앙집권화를 목적으로 한 좌평 제도가 실시된 점을 감안할 때, 이미 고이왕에 의해 그 골격이 마련된 것으로 보아야 할 것이다.

『양서』 '백제전'은 "읍을 일러 담로라 하는데, 중국의 군현과 같은 말이다. 그 나라에는 22개의 담로가 있는데, 모두 자제와 종족을 분거하게 하였다."고 기록하고 있는데, 이는 담로가 백제의 지방 통치 조직이었음을 알려준다.

담로가 지방 조직이었다는 것은 영토의 확장과 축소, 또는 정치적 원인에 따라 그 수가 늘기도 하고 줄기도 했을 것이라는 사실을 전제한다. 때문에 담로의 수는 항상 22개로 고정되어 있었던 것은 아니다.

담로에 파견된 지방관은 대개 왕족 출신이거나 유력한 귀족 가문 출신이었고, 이는 담로가 중앙집권화의 기초가 되었다는 뜻이기도 하다.

이러한 담로 제도는 성왕 대에 이르러 큰 변화를 겪는다. 성왕은 도성을 웅진에서 사비(부여)로 옮겨 국호를 남부여라고 하고, 대대적인 조직 정비를 감행했다. 전국을 크게 동서남북중 5방으로 나누고 그 아래 군과 성과 현을 뒀다. 방의 중심지 치소를 방성이라고 하고, 방성의 장관을 방령이라 했는데, 대개 달솔의 품계를 가진 자가 방성의 성주가 되었다. 5방 관할의 각 군에는 군장이 있고, 그들은 대개 덕솔의 품계였다. 군 안에는 다시 여러 성이 있는데, 이들 성은 군장과 방령의 명령을 받아야 했다. 성중에서 규모가 크고 인구가 많아 독립적인 조직이 필요한 성에 현을 설치했다.

성왕 당시에 백제 땅에 설치된 군은 총 37군단이었고, 현의 수는 대략 200개에서 250개 정도였다. 『삼국사기』는 멸망 당시 백제 인구를 76만 호라고 기록하고 있다. 『당평백제국비명』에는 24만 호에 620만으로 기록하고 있다. 그러나 『삼국유사』는 백제 전성기의 호수를 15만 2천 3백호로 기록하고 있는데, 어느 기록이 정확한지 알 수 없다.

2. 백제인의 발자취

무덤

백제의 고분은 돌을 쌓아 만든 적석총과 흙으로 봉분을 만든 봉토분으로 나뉜다.

적석총은 돌무지무덤이라고 하는데, 대표적인 것은 만주 길림성 집안현에 있는 고구려의 장군총이다. 적석총은 원래 고구려인들이 창안했는데, 고구려의 영향을 받은 백제에서도 조성됐다. 백제 고분군이 형성된 서울 석촌동의 낮은 대지 위에는 수십 기의 적석총이 있었으나, 현재 그 원형이 제대로 남아 있는 것은 3호분과 4호분 두 기밖에 없다.

3호분은 동서 55.5미터, 남북 43.7미터, 높이 4.5미터의 대형 고분이며, 4호분은 제1단의 평면이 17미터, 높이 3미터의 중형 고분이다.

백제 중기로 오면 적석총은 없어지는 대신에 석실분이 유행하고 전축분(벽돌을 쌓아 만든 무덤)이 주류를 이루는데, 이는 중국의 영향을 받은 것이다. 대표적인 전축분은 공주 송산리 6호분과 무령왕릉이다.

봉토분은 무덤 내부에 돌로 방을 만든 석실분과 관을 돌로 짠 석관묘(돌널무덤), 구덩이를 파서 그 속에 바로 유해를 안치하는 토광묘(널무덤), 옹기로 관을 만든 옹관묘 등으로 구분된다.

석실분은 대개 규모가 크기 때문에 귀족이나 왕실의 무덤으로 조성되었다. 서울의 가락동과 방이동, 여주 상리 등에 분포하고 있으며, 대개 얕은 구릉의 경사면에 마련됐다.

토광묘는 삼국시대에 흔히 볼 수 있는 서민들의 무덤이며, 돌이나 기와를 흙 표면에 깐 것이 특징이다.

옹관묘는 영산강 하류인 나주와 영암 일대에 군집을 이룬 채 발견되었는데, 이것이 일본의 고분들과 비슷한 관계로 사학계의 주목을 받고 있다.

현재 백제의 고분이 가장 많이 남아 있는 곳은 마지막 도읍지 부여이다. 부여군 전역에 분포되어 있는 고분의 총수는 약 600여 기이고, 대부분 석실분이다. 이들의 형식과 구조는 고구려 고분의 형태를 띠고 있는데, 거석을 사용한 것이나 벽화가 그려져 있는 것이 그 대표적인 사례이다. 그러나 벽화를 그려 넣은 과정은 다소 고구려 벽화와 차이가 있다. 능산리 1호분을 예로 들자면, 이 곳 벽화는 판석의 표면을 곱게 물갈이하여 그려졌는데, 벽면에 회를 칠하거나 직접 그린 고구려 벽화와는 확연히 구분된다.

성곽

성곽은 대개 축조에 사용된 재료에 따라서 토성과 석성으로 나눌 수 있는데, 우리 나라 성곽은 대개 석성이다. 하지만 중국의 성은 토성이 주류인데, 그 영향을 받아 백제에서는 토성이 지어지기도 했다. 백제의 대표적인 토성은 서울 풍납동 토성과 몽촌토성이다. 하지만 이 두 성은 크게 훼손되어 그 규모와 정확한 형태를 아직 알아내지 못했다.

성곽은 또 축조된 목적과 기능에 따라 구분될 수 있는데, 왕궁과 종묘사직을 지키기 위한 도성, 지방의 행정·경제·군사의 중심지인 읍성, 유사시에 대비하여 방어용으로 쌓은 산성, 창고를 지키기 위해 만든 창성, 군사적 요충지에 쌓고 군인이 주둔하던 진보, 왕이 행차할 때 일시석으로 머물기 위한 행재성, 국경과 요새에 쌓은 행성(또는 장성) 등이 있다.

중국의 성은 대개 네모진 모양인 데 비하여 한국의 성은 모양이 다양하고 굴곡이 많은 것이 특징이다. 중국 기록에 부여의 성은 "모두 둥그렇게 쌓아 마치 감옥과 같다."고 표현되어 있고, 고조선의 도성인 왕검성은 "매우 험고하다."고 쓰여 있다. 이는 중국의 성들이 대개 평지에 지어진 것에 비해 한국의 성은 산을 끼고 지어지는 까닭에, 요새의 기능을 함께 갖췄다는 의미다. 또한 지역에 성을 조성한 것은 공격보다는 방어적인 의미가 크다는 것을 알 수 있다.

성곽 중에서 가장 중요한 곳은 역시 왕이 머무는 도성이다. 한국 고대의 도성은 대개 두 가지 형태로 나타나는데, 첫째는 왕성 주변의 산성이 왕성을 보조하는 형태이다. 두 번째는 내성과 외성이 함께 지어지는 형태이다.

첫 번째 형태는 보통 4세기 이전의 도성들로, 고조선의 왕검성, 고구려의 환도성 및 국내성, 백제의 위례성 및 한성, 신라의 월성 및 금성이 이에 속한다. 이들 도성들은 왕성이 위급해지면 그 주변의 산성으로 피하여 적을 막는다. 백제의 한성 주변에는 한산성이 있고, 위례성 주변에는 북한산성이 있는 것이 그런 특징을 잘 말해준다.

4세기 이후에 나타나는 두 번째 형태, 즉 왕성 주변에 직접 외성을 쌓은 형태로는 백제의 웅진성과 사비성이 대표적이다.

이러한 도성의 내외성 형태는 지방의 성곽 구조에도 영향을 끼쳐 각 지역의 중심지는 대부분 내성과 외성으로 이뤄졌다.

한국 땅은 산악 지역이 대부분이기 때문에 특히 산성이 발달하였는데, 현재 남아 있는 성곽의 태반이 산성이다. 산성은 각 지역마다 적어도 서너 개는 있었고, 특히 접경 지역의 성곽은 늘 뺏고 빼앗기는 처지였기 때문에, 이 곳엔 고구려, 백제, 신라의 축조 양식이 함께 나타난다.

백제의 영토 안에 숱한 산성을 쌓았지만, 망한 뒤에 신라에 의해 다시 축조되거나 허물어져 대개는 터만 남아 있거나 성곽의 일부에서만 백제의 흔적을 찾을 수 있다. 북한산성이나 남한산성도 처음엔 백제에 의해 축조되었으나, 신라, 고려, 조선을 거치면서 백제인의 흔적은 점차 줄어들게 되었다.

그나마 원형이 제대로 보존되어 있는 곳은 공주 공산성 정도이다. 현재 충남 공주시 산성동에 있는 이 성은 대표적인 백제식 성곽으로 토축과 석축이 혼재되어 있는 토석혼축산성이다. 전체 둘레는 약 2,200미터이고, 그 중에 석축이 약 1,810미터, 토축이 약 390미터이며, 성벽은 2중으로 쌓여져 있다.

금강변의 야산에 계곡을 둘러싼 포곡식 산성인 이 산성의 축성 연대는 대개 동성왕 대로 보고 있으며, 웅진으로 천도하기 이전에도 성책의 시설이 이미 있었던 것으로 보인다.

궁성

　백제의 궁궐은 위례성, 한성, 웅성, 사비성 등 총 네 곳에 조성됐다(일설에는 무왕 대에 익산에도 궁성이 조성되었다고 하나 아직 증명되지는 않았다). 위례성의 위치는 아직 정확하게 밝혀지지 않았으나, 아차산성 주변에 조성되었을 것으로 보인다. 한성엔 적어도 두 개 이상의 궁성이 있었던 것으로 보이며, 풍납토성과 몽촌토성이 모두 백제 한성 시대의 궁성이었다. 그러나 이 두 성의 구체적인 형태는 아직 제대로 밝혀지지 않았고, 학계 일부에서는 이 두 성 중에 하나가 위례성일 것이라고 주장하고 있다. 한성에 비해 웅성과 사비성의 궁성은 원형이 잘 보존된 편이며, 유적과 유물도 풍부한 편이다.
　학계 일각에서 『삼국사기』의 '하남 위례성'이란 기록을 근거로 한강 남쪽에 위례성이 있었다는 주장을 하고 있으나, 『삼국사기』는 위례성이 한성 동북쪽에 있었다고 엇갈린 기록을 남기고 있고, 한성을 위례성이라고 기록한 사례가 없어 한성을 '하남 위례성'으로 보는 것은 무리가 있다(『일본서기』에는 장수왕에 의해 한성이 무너진 사건을 기록하면서 『백제기』를 인용하여 '드디어 위례를 잃었다'고 쓰고 있으나, 이는 한강 북쪽 지역을 완전히 상실했음을 의미한다). 따라서 여기서는 온조가 세운 한성을 풍납토성으로 보고, 그 강 건너 동북쪽땅인 아차산성 주변을 위례성으로 비정한 것이다. 하지만 이에 대해서는 향후 많은 연구와 발굴이 필요할 것으로 보인다.
　백제 한성의 궁성으로는 풍납토성과 몽촌토성이 유력하다. 장수왕이 한성을 장악할 당시에 고구려군은 먼저 북성을 치고, 이어 남성을 쳤다고 했는데, 북성은 풍납토성을 가리키고, 남성은 몽촌토성을 가리키는 것으로 보인다.
　학계 일각에서는 북성을 북한산성, 남성을 남한산성으로 보는 견해가 있는데, 이는 문제가 있는 판단이다. 당시 고구려군은 북성을 공격한 지 7일 만에 무너뜨렸고, 이내 남성으로 진격하여 개로왕과 왕실 혈족을 사로잡았다. 그런데 만약 북성이 북한산성이라면, 한강이 가로놓인 남성을 이내 공격한다는 것은 상식적으로 불가능하다.

개로왕이 전사한 이후에 그의 아우 문주가 천도하여 터를 잡은 곳이 웅진성이다. 지금의 공주 땅인 이 곳은 전략상 요충지였으며, 산과 강이 잘 어우러져 왕성지로 손색이 없는 곳이다. 475년에 백제 도읍이 된 웅성은 성왕이 538년에 사비로 천도할 때까지 63년간 궁성이 자리잡고 있었다. 사비 천도 이후에도 요충지로 인식되어 방성이 설치되고, 방령이 머물렀다. 백제 몰락 당시 의자왕은 사비성이 함락될 위기에 놓이자, 태자와 혈족들을 이끌고 웅성으로 몸을 피하기도 했다.

무성산성, 만수리산성, 이인산성, 양호산성, 신풍산성, 봉곡산성, 중장리산성, 용성리산성, 평기리산성, 율정산성, 광정리산성 등 많은 산성이 남아 있는 것도 이 곳이 한때 백제의 도읍이었던 사실과 무관하지 않다.

백제의 마지막 도읍인 사비성은 지금의 충남 부여군 부여읍 일대에 형성되었다. 사비성은 궁성과 그 외곽을 둘러싼 나성으로 이뤄졌으며, 궁성 북쪽으로는 백마강이 흐른다. 웅성이나 한성과 마찬가지로 사비성 역시 강물이 곡선을 그리며 북쪽으로 끌어안은 듯이 돌아가는 평지에 조성되었다. 위례성 이후 백제의 도읍이 한결같이 북쪽으로 강을 끼고 있었던 것은 북방의 고구려나 말갈의 침입을 대비하려는 목적이었을 것이다.

이렇듯 백제는 한반도 땅에 네 개의 도읍을 건설했지만, 그 중 어느 것도 원형이 보존되어 있지 않다. 심지어 웅진성이나 사비성조차 그 원형이 어떠했는지 정확하게 파악되지 않고 있다.

절

절을 흔히 가람이라고도 하는데, 이는 절의 어원인 상가람마에서 온 말이다. 이는 남녀 출가자인 비구와 비구니, 남녀 신도인 우바이와 우바새 등 사중이 함께 모여 사는 곳이라는 뜻이다. 이것을 한역하여 승가람마라 하였는데, 줄여서 가람이라고 한다.

백제에 절이 세워진 것은 제15대 침류왕 원년(384년) 9월에 인도 승려 마라난타가 불교를 전파한 이후였다. 백제 최초의 사찰은 385년 2월에 한산(남한산)에 건립되었는데, 그 이후로 불교가 널리 퍼지면서 백제 땅 전역에 절이 없는 곳이 없게 되었다.

　고대 한국의 절은 중국이나 일본과 마찬가지로 도시 중심지에 건립되는 것이 상례였다. 그러나 시대 상황과 사회 여건에 따라 절은 산 속에 지어지는 경우도 많았다.

　절은 입지 조건에 따라 상이한 특징을 갖게 되는데, 그것은 대개 기능적인 이유 때문이었다. 절을 기능별로 나눠보면, 대략 세 가지 형태가 된다. 첫째는 평지가람형으로 왕실의 원당이나 국찰이 이에 속한다. 이는 교통의 편리함에 힘입어 불교 대중화에 큰 역할을 했다. 둘째는 심산유곡에 자리잡은 산지가람형이다. 이는 주로 수행 생활에 적합하도록 설계된 것이 특징이다. 셋째는 천연이나 인공의 석굴에 건립된 석굴가람형이다. 이것은 주로 기도도량으로서의 역할을 했다.

　백제의 절들은 선종이 들어오기 전에 형성된 것이기 때문에 대개는 평지가람형이었다. 그 대표적인 것으로 부여 정림사와 익산 미륵사가 있었다. 지금은 비록 절터만 남아 있어 그 원형을 정확하게 파악할 수 없지만, 이 두 절의 규모는 대단했던 것으로 보인다.

　부여 정림사는 백제의 마지막 도성인 사비성 안에 있었으며, 평지에 조성된 거대 사찰이나. 총면적이 얼마나 됐는지 정확하게 알 수 없으나, 현재 사찰지로 지정된 면적은 약 3만 4천 제곱미터이다. 현재 밝혀진 가람의 형태는 금당과 강당이 남북으로 일직선상에 배치되고, 사방으로 회랑이 조성되어 있었다. 이런 형태를 이른바 장방형의 '남북일탑식 가람'이라고 하는데, 이는 전형적인 백제가람이다. 현재 절터에는 높이 5미터 62센티미터의 석불좌상과 높이 8미터 33센티미터의 오층석탑만 남아 있다.

　익산 미륵사는 흔히 제30대 무왕이 창건한 것으로 알려져 있는데, 그 규모가 대단했던 것으로 전해진다. 하지만 총면적은 정확하게 밝혀지지 않았다.

이 절은 조선 중기까지 유지되다가 17세기에 폐사되어 서쪽의 탑 하나와 당간지주만 남아 있다.

가람 배치는 탑과 금당이 마련된 일탑식 가람이 품(品)자 모양으로 세 개가 합해진 형태로 추정되었으나, 최근에는 이 주장이 맞지 않은 것으로 판명되고 있다. 확인된 가람 배치를 보면 동탑과 서탑이 있고 그 중간에 목탑이 자리 잡고 있으며, 각 탑의 북편에 금당의 성격을 가진 건물이 하나씩 있었던 것으로 확인되었다. 이들 탑과 금당을 한 단위로 구분하는 회랑이 있어 동쪽은 동원, 서쪽은 서원, 중앙은 중원이라는 개념의 삼원식 가람 형태임을 알게 된 것이다.

이러한 가람 배치는 동양 고대 가람 연구에서 밝혀진 적이 없는 독특하고 새로운 형태이다.

지금까지 미륵사지에서 출토된 유물은 주로 기와류로, 총 6천 5백여 점이다. 여기엔 백제에서부터 고려 때까지의 기와가 다양하게 혼재되어 있다.

이와 같은 정림사와 미륵사의 가람 배치 및 규모를 통해 백제 절의 형태와 구조는 어느 정도 파악되고 있으나, 전체적인 윤곽을 알아내는 데엔 여전히 미흡한 상태이다.

탑

탑은 원래 석가모니의 진신사리를 봉안하기 위한 축조물로 '탑파'의 준말이다. 탑파는 인도에서 발생한 것으로 스투파라고도 한다. 스투파는 고대 인도어인 범어의 'stupa'의 소리를 표기한 것이며, 탑파는 팔리어의 'thupa'를 한문으로 표기한 것이다. 스투파는 부처의 사리를 봉안하는 묘라는 의미이다.

백제 탑 중에 대표적인 것은 정림사지 오층석탑과 미륵사지 석탑이다.

정림사지 석탑은 현재 충남 부여군 부여읍 동남리 소재 정림사지에 있으며, 국보 제9호로 지정되어 있다. 높이 8미터 33센티미터의 이 오층탑은 일반적인 석탑에서와 같이 지대석을 구축하고 기단부를 구성한 다음, 그 위에 5층의 탑신부를 놓고 정상에는 상륜부를 형성했다. 여러 개의 장대석으로 지대석을 만들고 그 위에 기단을 놓았는데, 기단은 단층기단으로서 2단의 높은 굄대 위에 면석(面石)이 놓여 있다. 면석의 높이는 낮고 각 면에 양쪽 우주(隅柱)가 마련되었다. 8매의 판석으로 이뤄진 갑석(甲石)은 매우 두꺼운데, 이러한 기단부의 형식은 목조 건축물 기단과 비슷한 형태이다. 이는 정림사지 석탑이 목탑의 형식을 본받았다는 것을 시사하고 있다. 즉, 목조탑의 구조를 석재로 변형하여 표현하고 있다는 것이다. 그러나 세부수법에 있어서는 맹목적으로 목조탑 형식을 따른 것은 아니다. 단순한 모방의 형태를 벗어나 세련되고 창의적인 조형을 보이고 있으며, 전체적으로 장중하고 명쾌하여 격조 높은 기풍을 보이고 있다.

익산 미륵사지 석탑은 높이가 14미터 24센티미터로 우리 나라 최고최대의 석탑이다. 현재 국보 제11호로 지정되어 있는데, 전면이 거의 훼손되어 동북면 한 귀퉁이만 6층까지 남아 있다. 이 탑 역시 정림사지 석탑처럼 목탑의 형식을 따르고 있으며 제작 당시는 높이가 9층 정도, 약 20미터였을 것으로 추정하고 있다.

이 두 탑으로 볼 때 백제의 석탑은 대개 목탑의 형식을 띠는 장엄하고 격조 높은 기풍을 지니고 있었던 것으로 보인다.

불상

불상은 석가의 가르침을 기초로 한 불교 교리의 예배 대상을 시각적인 조형매체를 통하여 표현한 조각이다. 최초의 불상은 인도에서 만들어진 것으로 전한다. 전설에 의하면 석가가 도리천에 올라가서 마야부인에게 설법을 하였는데, 이 때 열렬한 신자였던 스라바스티성의 프라스트나지왕과 코삼비성의 우다야나왕이 각각 금과 향목으로 5척의 불상을 제작했다고 한다. 그러나 유물상으로 보면 불상이 실제로 제작되기 시작한 것은 1세기경인 쿠샨 왕조 시대였다.

이 때 인도는 그리스 문화의 영향을 받아 조각 문화가 널리 보급되었는데, 특히 인도 서북부의 간다라 지역에서 크게 발달하였다. 흔히 이를 간다라 미술이라고 하는데, 그것이 불교에 영향을 미쳐 불상 조각이 유행하게 되었다.

인도에서 만들어진 불상은 중국으로 전해지면서 중국 각 지역의 특색이 가미되어 새로운 형태의 불상으로 변화된다. 그리고 다시 고구려, 백제, 신라, 가야, 왜 등에 불교가 전파되면서 각 나라마다 특징적인 불상을 조각해내게 된다.

백제 불상은 균형미가 뛰어나고 단아한 느낌이 드는 귀족 성향의 불상과 온화하면서도 위엄을 잃지 않는 서민적인 불상으로 나눌 수 있다. 전자를 대표하는 것으로는 부여 군수리에서 출토된 석조여래좌상이 있고, 후자를 대표하는 것으로는 서산 마애삼존불상이 있다.

군수리 석조여래좌상은 높이 13.5센티미터의 소품으로 군수리 절터의 심초석 위에서 출토된 납석제 불상이다. 백제 초기를 대표하는 불상으로, 삼매에 든 선사의 모습을 대하는 듯한 느낌을 주는데, 선이 곱고 자태가 단아하며 표정은 매우 부드럽고 온화하다.

이 불상은 비록 4, 5세기 중국 불상의 영향을 받은 것이지만, 얼굴의 형태와 표정, 신체의 표현 등에서 이미 백제화된 양식이 잘 드러나고 있다. 완숙한 백제 문화를 잘 반영하고 있는 작품으로 평가되고 있으며, 대개 제작 연대를 6세기 중엽으로 추정하고 있다.

서산 마애삼존불상은 군수리 석조여래좌상과는 달리 높이 2.8미터의 거대 불상이다. 이 불상이 있는 충남 서산시 운산면은 중국의 불교 문화가 태안반도를 거쳐 백제의 수도 부여로 가던 길목에 자리잡고 있다. 때문에 6세기 당시 자연스럽게 불교 문화가 꽃피던 곳이었는데, 그 단적인 예가 바로 마애삼존불상이다.

이 삼존상은 『법화경』의 수기삼존불, 즉 석가불, 미륵보살, 제화갈라보살의 삼존불로서 법화경 사상이 백제에 크게 유행한 사실을 입증해주는 사료라고 주장하는 학자도 있고, 석가와 미륵, 관세음을 표현한 것이라고 주장하는 학자도 있다. 그러나 그것이 어느 부처를 표현한 것인지보다 더 중요한 것은 이 삼존불이 풍기는 남다른 느낌이다.

　삼존불의 얼굴은 잔잔한 미소를 머금고 있는 모습으로 매우 온화하고 부드러우며, 신비롭다. 삼존불의 가장 큰 매력이라면 역시 다른 어떤 불상에서도 찾아볼 수 없는 환한 미소다. 미소를 머금고 있는 불상은 많지만, 이 불상들처럼 자태와 옷주름, 어깨와 다리의 선 등 모든 것이 얼굴의 미소와 일치된 불상은 없다. 그야말로 서산 마애삼존불은 미소 자체인 것이다. 웃음이 살아 있다는 것은 곧 인간미가 넘친다는 뜻이다. 대개의 불상이 근엄한 절대자의 모습으로 인간 위에 군림하는 모습과 표정을 가진 데 비해, 서산 마애삼존불은 인간과 한데 어우러지는 정을 표현하고 있다는 점에서 남다르다. 거기다 불상의 구성 형식은 어떤 불상에서도 볼 수 없는 독특함과 자유로움을 지니고 있다. 부처가 깨달음에 이른 사람을 뜻하고, 그 깨달음이 추구하는 것은 '완전한 자유'란 점을 일깨우는 대단한 작품이다.

　군수리 석조여래좌성과 서산 마애삼존불은 공히 인간적인 웃음을 머금고 있는 공통성을 지니고 있다. 이는 흔히 '백제 미소'로 불리는 백제 불상의 가장 특징적인 면이며, 예술성의 극치이기도 하다.

3. 백제왕조실록 관련 사료

한국 사료

『삼국사기 三國史記』

고려 제18대 인종 23년인 1145년에 김부식을 비롯한 11명의 학자가 편찬한 삼국 시대의 정사이다. 『사기』에서부터 비롯된 중국의 정사체인 기전체로 편찬되었으며, 총 50권으로 이뤄졌다. 이를 세분하면 고구려본기 10권, 백제본기 6권, 신라본기 12권 등 28권의 본기와 지(志) 9권, 표 3권, 열전 10권 등이다. 신라의 역사를 중심으로 편찬된 이 책은 1174년에 송나라에 보내졌다는 기록이 보이는 것으로 봐서 당시 대국으로 성장한 금나라에도 보내졌을 것으로 판단된다.

『삼국유사 三國遺事』

고려 제25대 충렬왕 7년인 1281년에 승려 일연이 저술했으며, 총 5권 2책으로 구성되어 있다. 권 구성과는 별도로 왕력(王歷), 기이(紀異), 흥법, 탑상, 의해, 신주, 감통, 피은, 효선 등 9편목으로 이뤄져 있다. 왕력편은 삼국, 가락국, 후고구려, 후백제 등의 간략한 연표이며, 기이편은 고조선에서부터 후삼국까지의 단편적인 역사를 57항목으로 서술하고 있다. 흥법편은 삼국의 불교 수용과 그 융성에 관한 6항목, 탑상편은 탑과 불상에 관한 사실 31항목, 의해편은 고승들의 전기 14항목, 신주편은 신라의 밀교 승려에 대해 3항목, 감통편은 신앙의 영감에 대해 10항목, 피은편은 해탈의 경지에 이른 인물의 행적 10항목, 효선편은 효도와 선행에 대한 미담 5항목을 각각 수록하고 있다.

중국 사료

『사기 史記』

한나라 무제 때 태사공 사마천이 편찬한 것으로 황제(黃帝)로부터 무제 초기인 서기전 101년까지 2,600여 년의 중국 역사를 기록한 통사이다. 이 책은 총 130권으로 본기 12권, 표 10권, 서 8권, 세가 30권, 열전 70권 등으로 구성되어 있다. 사마천은 사관이던 아버지 사마담의 유언에 따라 서기전 104년을 전후하여 편찬에 착수하였으며, 그 과정에서 모반에 연루되어 궁형을 당하기도 하였지만 13년 후인 서기전 91년에 초고를 완성하기에 이르렀다. 편찬 당시 이 책의 원래 명칭은 '사기'가 아니었으며, 처음에는 『태사공기(太史公記)』로 불리다가 후한 말기에 이르러 처음으로 '사기'라는 명칭을 얻었다.

『한서 漢書』

후한(동한) 명제 때 반고가 편찬한 서한의 정사로 한 고조 유방에 의해 한(서한)이 건립된 서기전 206년부터 왕망의 신나라가 몰락한 서기 24년까지 총 229년간의 역사를 기록하고 있다. 총 100편 120권으로 이뤄져 있으며, 본기 12권, 연표 8권, 지 10권, 열전 70권 등으로 구성되어 있다.

『후한서 後漢書』

남북조시대 송나라의 범엽이 편찬한 것으로 후한(동한) 14세 194년간(서기 25~219년)의 정사이다. 총 120권으로 본기 10권, 지 30권, 열전 80권으로 구성되어 있다 이 가운데 지 30권은 범엽이 채 완성하지 못하고 죽자 양나라 사람 유소가 보결한 것이다.

『삼국지 三國志』

진(晉)나라의 진수가 지은 책으로 삼국시대(서기 220~265년) 45년간의 정사이다. 총 65권으로 위지 30권, 촉지 15권, 오지 20권 등으로 구성되어 있다. 책명은 진수 자신이 지은 것이며, 삼국 가운데 위나라를 정통으로 삼아 서술했다. 이 때문에 정통 문제에 대한 시비가 일었는데, 명나라의 나관중은 소설 『삼국지연의』를 통해 촉한을 정통으로 내세우며 진수의 사관을 정면으로 반박한다.

『진서 晉書』

당나라 태종 때 이연수 등 20여 명의 학자가 편찬한 책으로 서진의 4세 52년간(265~316년)의 역사와 동진의 11세 101년간(317~418년)의 역사를 기록한 정사이다. 총 130권으로 제기(帝記) 10권, 지 20권, 열전 70권, 재기(載記) 30권 등으로 이뤄져 있다.

『송서 宋書』

남조 제나라 무제 때인 488년에 심약이 편찬한 것으로 송나라 8세 59년간(420~479년)의 정사이다. 총 100권으로 제기 10권, 지 30권, 열전 60권 등으로 구성되었다.

『남제서 南齊書』

남조 양나라 때 소자현이 만든 것으로 남제 7세 23년간(479~502년)의 정사이다. 총 60권으로 자서 1권, 본기 8권, 지 11권, 열전 40권 등으로 이뤄졌으나 자서 1권은 당나라 대에 없어져 총 59권만 전한다. 이 책은 단초와 강엄에 의해 완성된 『제사』의 지와 오균의 『제춘추』를 자료로 하여 완성하였으며, 원래는 『제서』였으나 『북제서』와 구분하기 위해 송대에 『남제서』로 개칭하였다.

『양서 梁書』

당나라 태종 대인 636년경에 요사렴이 편찬한 책으로 양나라 4세 55년간(502~557년)의 정사이다. 총 56권이며 본기 6권, 열전 50권으로 이뤄져 있다. 이 책은 원래 요찰이 편찬하려고 했으나 완성하지 못하고 죽자 그의 아들

요사렴이 부친의 유업을 받들어 편찬한 것이다.

『위서 魏書』

북제 문선제 때인 554년경에 위수가 편찬한 것으로 북위의 건국에서부터 동위 효정제까지 164년간(386~550년)의 정사를 담고 있다. 총 130권으로 제기 14권, 열전 96권, 지 20권 등으로 이뤄져 있다. 이 책의 편찬에는 위수 이외에도 방연우, 신원식 등 5인이 참여했다.

『남사 南史』

당 태종 때인 640년경에 이연수가 사선한 책으로 남조의 송, 제, 양, 진 4왕조 169년간(420~589년)의 역사를 담고 있다. 총 80권이며 본기 10권, 열전 70권으로 이뤄져 있다. 이 책은 원래 이연수의 아버지 이대사가 계획했던 것인데 뜻을 이루지 못하고 죽자 이연수가 유업을 이어 편찬한 것이다.

『북사 北史』

당 태종과 고종 연간인 640년에서 650년 사이에 이연수가 사선한 책으로 북조의 북위, 북제, 북주, 수 등 4왕조 232년간(386~618년)의 통사이다. 총 100권이며 본기 12권, 열전 88권 등으로 구성되어 있다.

『수서 隨書』

당 태종 연간인 630년경에 위징 등이 편찬한 책으로 수나라 37년간(581~618년)의 정사를 담고 있다. 총 85권으로 제기 5권, 열전 50권, 지 30권으로 구성되어 있다.

『구당서 舊唐書』

오대 후진의 출제 연간인 945년에 유구 등이 칙서를 받들어 편찬한 것으로 당나라 289년간(618~907년)의 역사를 서술한 정사이다. 총 200권이며 본기

20권, 지 30권, 열전 150권으로 이뤄져 있다.

『신당서 新唐書』

송나라 인종 연간인 1044년에서 1060년 사이에 구양수 등이 칙서를 받들어 편찬한 것으로 당나라 289년간의 역사를 담고 있다. 총 225권이며, 본기 10권, 지 50권, 표 15권, 열전 150권 등으로 이뤄져 있다.

『구오대사 舊五代史』

송나라 태조 연간인 974년에 벽거정 등이 칙서를 받들어 편찬한 책으로 후진, 후당, 후량, 후한, 후주 등 5왕조 53년간(90~960년)의 역사를 담고 있다. 총 150권이며 본기 61권, 열전 77권, 지 12권으로 이뤄져 있다.

『신오대사 新五代史』

송나라의 구양수가 『구오대사』의 결점을 보완하기 위해 찬술한 것으로 후진, 후당, 후량, 후한, 후주 5왕조 53년간의 역사를 담고 있다. 총 74권이며 본기 12권, 열전 45권, 고(考) 3권, 세가 10권, 10국세가연보 1권, 사이(四夷)부록 3권 등으로 구성되었다.

『요사 遼史』

원나라 순제 연간인 1344년에 탈탈 등이 칙서를 받들어 편찬한 것으로 요나라 218년간(907~1125년)의 정사를 담고 있다. 총 116권이며 본기 30권, 지 32권, 표 8권, 열전 45권, 국어해 1권 등으로 이뤄져 있다.

『금사 金史』

원나라 순제 연간인 1344년에 탈탈 등이 칙서를 받들어 편찬한 것으로 금나라 119년간(1115~1234년)의 정사이다. 총 135권이며 본기 19권, 지 39권, 표 4권, 열전 73권 등으로 이뤄져 있다.

『송사 宋史』

원나라 순제 연간인 1344년에 탈탈 등이 칙서를 받들어 편찬한 것으로 북송과 남송 319년간(960~1279년)의 정사이다. 총 496권이며 본기 47권, 지 162권, 표 32권, 열전 255권으로 이뤄져 있다.

『원사 元史』

명나라 태조 연간인 1370년에 송렴, 왕위 등이 칙서를 받들어 편찬한 책으로 원대 11세 108년간(1260~1368년)의 정사이다. 총 207편 210권으로 본기 47권, 지 53권, 표 8권, 열전 97권 등으로 구성되어 있다.

일본 사료

『일본서기 日本書紀』

일본의 관찬 역사서로 신화 시대부터 지통왕까지의 역사를 편년체로 기록한 책이다. 이 책은 처음에는 『일본기』로 불리다가 후에 명칭이 바뀌었다. 『속일본서기』에는 720년에 사인친왕(舍人親王) 등이 『일본기』 30권, '계도(系圖)' 1권을 편찬했다고 기록하고 있으나 '계도'는 전하지 않는다. 또한 이 책의 내용은 황당무계한 것이 많아 역사서로서의 신뢰도를 잃고 있다.

『일본고사기 日本古事記』

712년경에 성립된 문헌으로 일본에서 가장 오래 된 책이다. 전체 내용의 구성은 상·중·하로 되어 있으며, 상권은 주로 신들의 활약상을 이야기한 신화 시대를 서술하고 있고, 중권과 하권은 일본의 초대 왕인 신무왕에서 추고왕까지를 다루고 있다. 이 책에 서술된 신화는 한국의 신화와 유사한 것이 많아 한국의 신화 연구에 큰 도움을 주고 있다.

4. 백제시대를 거쳐간 중국 국가들

백제는 서한 말기인 서기전 18년에 건국되어 당 초엽인 660년까지 총 31세 678년 동안 유지된 국가이다. 이 기간 동안 중국 대륙에서는 서한, 신, 동한, 위·촉·오, 서진, 동진, 5족의 16국, 남북조의 9국, 수, 당 등 35개의 나라가 발전과 패망을 반복한다.

서한 西漢

유방이 서기전 206년에 장안에 도읍한 이래 서기 6년까지 약 211년 동안 유지되었으며, 외척 왕망에 의해 멸망했다. 유수가 세운 동한(후한)과 구별하기 위해서 서한(전한)이라 부른다.

신 新

서한의 외척이던 왕망이 서기 6년에 서한의 마지막 왕 유연을 대신하여 섭정하다가 서기 9년에 유연을 독살하고 스스로 왕위에 올라 국명을 '신'이라 하였다. 그 후 신은 서기 23년까지 유지되다가 대대적인 농민봉기에 부딪혀 몰락하였다.

동한 東漢

한 왕조의 후예 유수가 서기 26년에 세워 서기 220년까지 194년 동안 유지되었다. 한의 도읍인 장안보다 동쪽에 자리잡은 낙양에 도읍을 정함으로써 흔히 동한이라 불리며, 후한이라고도 한다.

삼국 시대

동한 왕조가 몰락하면서 위·촉·오 세 왕조가 성립되는데, 이 시기를 일컬어 삼국시대라고 한다.

위 魏

동한의 마지막 왕 유협을 밀어내고 조조의 아들 조비가 220년에 건립한 국가이다. 그 후 266년까지 유지되다가 사마염에게 멸망당했다.

촉 蜀

흔히 촉한이라고도 하는데, 한 왕조의 후예 유비가 221년에 건립했고, 263년에 위에 멸망되었다.

오 吳

강동 지역의 세력가 손권이 229년에 건립했으며, 280년에 사마염이 세운 서진에 의해 몰락하였다.

양진과 16국 시대

사마염이 세운 서진은 304년부터 국토가 분열된다. 이 과정에서 중국 대륙은 흉노, 선비, 강족, 저족, 갈족 등의 5족에 의해 16국이 난립하게 되고, 사마씨 왕조는 강동에서 동진을 일으킨다. 이 시기를 흔히 5호 16국 시대라고 한다.

서진 西晉

위나라의 무장으로 있던 사마염이 266년에 위 왕조를 몰락시키고 세웠으며, 316년까지 4세 50년 동안 유지되다가 흉노 귀족 유연에 멸망되었다.

동진 東晉

316년에 서진이 몰락하자 진 왕조의 후예 사마예는 건강(지금의 남경)에 도읍을 정하고 진 왕조를 유지하는데, 이를 동진이라 한다. 동진은 이후 420년까지 11세 103년 동안 유지된다.

성한 成漢

서진이 붕괴되고 있던 304년에 저족 출신 이웅이 성도를 도읍으로 삼아 건립하였으며, 347년에 동진에 멸망된다.

전조 前趙

흉노 귀족 유연이 304년에 세운 국가이다. 당시 유연은 국호를 '한(漢)'이라 칭했다가 316년에 서진을 멸망시킨 후에 '조'라 칭하였다. 이를 역사적으로 전조라고 한다. 전조는 이후 329년까지 유지되다가 후조에 멸망된다.

후조 後趙

유연의 수하 장수이던 갈족 출신 석륵이 329년에 건립했으며, 350년까지 유지되다가 염위에 멸망된다.

전연 前燕

선비 귀족 출신인 모용황이 337년에 건립했으며, 370년에 전진에 멸망된다.

전량 前凉

한족 출신인 장무가 320년에 건립했으며, 376년에 전진(秦)에 멸망된다.

전진 前秦

저족 출신인 부건이 351년에 건립했으며, 394년에 서진(秦)에 멸망된다.

후진 後秦

강족 출신인 요장이 부견을 살해하고 384년에 건립했으며, 417년에 동진에 멸망된다.

후연 後燕
선비족인 모용수가 384년에 견립했으며, 409년에 북연에 멸망된다.

서진 西秦
선비족인 걸복국인이 385년에 건립했으며, 431년에 하(夏)에 멸망된다.

후량 後凉
저족 출신인 여광이 386년에 건립했으며, 397년에 북량, 남량, 서량으로 분리되었다가 403년에 후진에 멸망된다.

북량 北凉
한족 출신인 단업과 흉노 출신인 저거몽손에 의해 397년에 건립되었으며, 439년에 북위에 멸망된다.

남량 南凉
선비 출신인 독발조고에 의해 397년에 건립되었으며, 414년에 서진(秦)에 멸망된다.

남연 南燕
선비 출신인 모용덕에 의해 398년에 건립되었으며, 410년에 동진(晋)에 멸망된다.

서량 西凉
한족 출신인 이호에 의해 400년에 건립되었으며, 421년에 북량에 멸망된다.

하 夏

흉노 출신인 혁운발발에 의해 407년에 건립되었으며, 431년에 무혼에게 멸망된다.

북연 北燕

한족 출신인 풍발에 의해 409년에 건립되었으며, 436년에 북위에 멸망된다.

남북조시대

동진이 양자강 남쪽을 통일한 뒤에 동진의 부장 유유는 마지막 왕 사마덕문을 내쫓고 왕위에 오르면서 국호를 '송'이라 칭한다. 그리고 북쪽에서 탁발규가 북위를 세우고 16국의 할거 시대를 종식시킨다. 이로써 중국 대륙은 남조와 북조의 두 왕조가 성립된다. 그로부터 남쪽은 송·제·양·진으로 이어지고, 북쪽은 북위·동위·서위·북제·북주로 이어진다. 이 시대를 남북조시대라고 한다.

□ **남조** 남쪽의 송·제·양·진 왕조를 통칭한 말이다.

송 宋

동진의 부장이던 유유가 420년에 건립하여 건강을 도읍으로 삼았다. 이 후 479년까지 8세 59년 동안 유지되다가 소도성에게 멸망되었다.

제 齊

송의 금위군 수장이던 소도성이 479년에 송의 마지막 왕 유준을 쫓아내고 세웠다. 이후 제는 502년까지 7세 23년 동안 유지되다가 소연에게 멸망되었다.

양 梁

제나라 말기에 전국에서 끊임없이 농민봉기가 일어나는 가운데 양양의 수비대장을 맡고 있던 소연이 502년에 제 왕조를 몰락시키고 세웠다. 이후 양은 557년까지 4세 55년간 유지되다가 진패선에 의해 몰락하였다.

진 陳

양의 무장이던 진패선이 557년에 양 왕조를 몰락시키고 세웠으며, 589년까지 5세 32년 동안 유지되다가 수나라에 의해 멸망되었다.

□ 북조 북쪽의 북위·동위·서위·북제·북주를 통칭한 말이다.

북위 北魏

16국 시대 말기인 386년에 선비족 출신 탁발규가 건립한 국가이다. 이후 북위는 439년에 북량을 멸망시킴으로써 북방을 통일하여 북조 시대를 열었으며, 534년에 동위와 서위로 분리될 때까지 12세 148년간 유지되었다.

동위 東魏

북위가 두 개로 분리되는 과정에서 534년에 원선견에 의해 건립되었으나, 550년에 한인 출신 실권자였던 고환의 아들 고양이 원선견을 쫓아내고 북제를 건립하면서 몰락하였다.

서위 西魏

서위 역시 동위와 마찬가지로 535년에 원보거에 의해 건립되었으나, 선비족 출신 실권자였던 우문태의 아들 우문각이 557년에 서위 왕조를 무너뜨리고 북주를 세움으로써 몰락하였다.

북제 北齊

북위가 동위와 서위로 갈라진 뒤 동위는 허수아비 왕 원선견을 뒷받침하던 고환에 의해 유지되었다. 그리고 고환이 죽자 그의 아들 고양이 원선견을 쫓아내고 550년에 북제를 세운다. 이후 북제는 577년까지 6세 27년을 유지하다가 북주에 의해 멸망된다.

북주 北周

서위의 실권자였던 우문태의 아들 우문각이 557년에 세웠으며, 581년에 양견에게 무너질 때까지 5세 24년 동안 유지되었다.

수 隨

북주의 외척이던 양견이 581년에 북주의 마지막 왕 우문천을 몰아내고 세웠다. 양견은 이후 589년에 남방의 진을 멸망시키고 대륙을 통일하였다. 하지만 수는 누차에 걸친 고구려 침략으로 농민대봉기가 일어나 618년에 2세 37년 만에 몰락하였다.

당 唐

수의 제2대 왕 양광이 고구려 침략을 위해 지나치게 국력을 낭비하자 농민봉기가 일어났고, 그 와중에 태원 유수 이연이 군사를 일으켰다. 그리고 618년에 양광이 살해되자 당을 세웠다. 이후 이연은 623년에 대륙을 통일했으나 둘째 아들 이세민에게 쫓겨났다. 그리고 당은 이세민에 의해 발전의 토대가 마련되어 907년에 몰락할 때까지 21세 289년 동안 유지된다.

5. 백제왕조실록 인물 찾기

|ㄱ|
갈성습진언 … 176
건품 … 297
계백 … 310, 322
고미해 … 250
고수 … 101
고환 … 267
고흥 … 25, 134
곤노 … 101
곤우 … 60
곤지 … 195, 205, 216, 220, 223, 240
공손도 … 27, 43
구부 … 132, 139
구저 … 133, 141
구태 … 27, 39, 41
구형왕 … 264
궁월군 … 176
궁준 … 51, 98, 105
근강모야 … 265
금주리 … 258
금촌 … 252, 260
기남마려 … 279
기생반 … 250
길선 … 73
김무력 … 273
김용수 … 294
김유신 … 307
김춘추 … 306, 320
김품석 … 307, 319

|ㄴ|
나기타갑배 … 250
남대적(계체천황) … 245, 252, 257, 265
녹록화 … 252, 265
녹심신 … 283
니하야 … 141

|ㄷ|
대서지 … 171
덕만공주 … 294
도도 … 273
도림 … 202
도침 … 314, 325, 328, 330

|ㅁ|
마나 … 257
마나갑배 … 266
마도 … 266
마라난타 … 148
마려 … 20
마야왕후 … 294
막고해 … 138, 141, 250
모용외 … 131
모용황 … 132, 135
모유 … 234
목간나 … 232, 234
목라근자 … 187
목만치 … 184, 186
목협자 … 267
무강왕 … 302

무열천황 … 245, 257
무은 … 297
문사 … 310, 313
미려 … 283
미사흔 … 173, 192
민달천황 … 284

|ㅂ|

반정 … 265
백가 … 226, 228, 242
법사군 … 248, 260
보과 … 28, 100, 105, 110, 115
보도태후 … 270
복신 … 299, 314, 325
부여 궁 … 315
부여 신 … 165, 181
부여 연 … 315
부여 용 … 315
부여 융 … 311, 329
부여 태 … 310, 313
부여 풍 … 314, 326, 328
부여 홍 … 150
부여 효 … 311
비류 … 15, 27, 38, 82, 94, 97, 118, 189

|ㅅ|

사걸 … 299
사마달등 … 284
사법명 … 227, 232
사아 … 247, 260
사약사 … 226
사오 … 244

상여 … 330
상영 … 322
서동 … 292, 302
선신 … 284
선화공주 … 294, 302
성충 … 309, 318
세종 … 244, 249
소발 … 111
소서노 … 16, 32
소쓰비고 … 176
소아도목 … 278, 283, 286
소아마자 … 284
소정방 … 309, 325
손인사 … 313, 329
수백향 … 247, 260
순도 … 149
순타 … 247
승만왕후 … 294
시마노스구데 … 140
신공황후 … 140
신제도원 … 165, 183, 192

|ㅇ|

아이부인 … 147
아좌 … 281, 287, 289
아직기 … 176
알천 … 300
양견 … 280, 298
양광 … 298
양무 … 227, 235, 237
여고 … 236
여력 … 236
연개소문 … 307, 320

연겸자 … 283
연모 … 266
연문진 … 298
연진 … 89
연타취발 … 16, 19
연회 … 268
오간 … 20
오림 … 98, 106
왕무 … 234
왕변나 … 280
왕인 … 132, 176
왕효린 … 298
용명천황 … 284
우덕 … 273
우두 … 101
우문태 … 267
우복 … 119, 122
우소 … 300
우수 … 96, 101
웅략천황 … 198, 225
유기 … 101
유리(유류) … 18
유연 … 28, 105, 112, 116, 131
유인궤 … 326, 330
유인원 … 313, 325, 329
유충 … 131
윤귀 … 266
윤충 … 306, 320
은양미 … 246, 253
을음 … 20, 30, 33, 63, 179
응신천황 … 153, 177, 181, 184, 186, 190, 192
이사부 … 266, 270, 279

이세민 … 307
이음 … 81
인우 … 244
일우 … 111
임자 … 309, 321

|ㅈ|
장색 … 234
재증걸루 … 201, 204, 208
저근 … 227, 233, 236
적막미해 … 250
정명진 … 309
조미문귀 … 246, 253
주몽 … 15, 39, 41, 43
죽지 … 308
지명 법사 … 304
지수신 … 330
지충 … 264
진가 … 101, 180
진가모 … 152, 180
진고도 … 135, 146, 180
진과 … 81, 88, 180
진남 … 220, 226
진로 … 220, 226, 228
진명 … 234
진무 … 161, 168, 180
진정 … 130, 134, 146, 180
진춘 … 308
진패선 … 280
진회 … 180

|ㅊ|
찬수류 … 228, 232, 234, 236

천명공주 … 294
천촌 … 308
최지 … 254
충상 … 322, 324
충승 … 315, 330
충지 … 316, 330

|ㅌ|
탁발원굉 … 264
탐지 … 273

|ㅍ|
팔수부인 … 184
평군목토 … 177

|ㅎ|
해구 … 164, 180, 198
해례곤 … 228, 232
해루 … 63, 179
해수 … 164, 181
해충 … 166, 181
혈례 … 166, 180
혜적신 … 252
혜총 … 284
혜편 … 284
훈해 … 150, 180
흑치상지 … 325, 330
흘우 … 59, 63
흠명천황 … 283, 286
흥수 … 310, 322

한권으로 읽는 백제왕조실록

초판 1쇄 발행 2000년 10월 18일
재판 1쇄 발행 2004년 11월 18일
재판 50쇄 발행 2024년 8월 14일

지은이 박영규

발행인 윤승현 **단행본사업본부장** 신동해 **편집장** 김경림
마케팅 최혜진 이은미 **홍보** 반여진 허지호 송임선
국제업무 김은정 김지민 **제작** 정석훈

브랜드 웅진지식하우스
주소 경기도 파주시 회동길 20
문의전화 031-956-7359(편집) 02-3670-1123(마케팅)
홈페이지 www.wjbooks.co.kr
인스타그램 www.instagram.com/woongjin_readers
페이스북 www.facebook.com/woongjinreaders
블로그 blog.naver.com/wj_booking

발행처 ㈜웅진씽크빅
출판신고 1980년 3월 29일 제406-2007-000046호

ⓒ박영규 2000 · 2004, 저작권자와 맺은 특약에 따라 검인을 생략합니다.
ISBN 978-89-01-04751-5 ISBN 978-89-01-04749-2(세트)

웅진지식하우스는 ㈜웅진씽크빅 단행본사업본부의 브랜드입니다.
저작권법에 의해 한국 내에서 보호를 받는 저작물이므로 무단전재와 무단복제를 금합니다.
이 책 내용의 전부 또는 일부를 이용하려면 반드시 저작권자와 ㈜웅진씽크빅의 서면 동의를 받아야 합니다.

* 책값은 뒤표지에 있습니다.
* 잘못된 책은 구입하신 곳에서 바꾸어 드립니다.